圖一　張載畫像

圖二　明萬曆四十一年木刻《張子全書》

圖三　張載祠位於陝西眉縣城東橫渠鎮，現為省級重點文物保護單位。原為崇壽院，張載年少時曾在此讀書，晚年隱居後一直在此興館設教。死後人們為了紀念他，將崇壽院改名為橫渠書院。元代元貞元年（1295年）建為張載祠。

圖四　張載祠內的張載塑像

圖五　張載祠內保存的張載手植柏樹

張金泉 注譯

新譯張載文選

三民書局 印行

國家圖書館出版品預行編目資料

新譯張載文選／張金泉注譯. ——初版一刷. ——臺北市：三民, 2011
面； 公分. ——(古籍今注新譯叢書)

ISBN 978-957-14-5368-2 (平裝)

1.(宋)張載 2.學術思想 3.宋元哲學

125.14 99016287

© 新譯張載文選

注譯者 張金泉
責任編輯 邱垂邦
美術編輯 陳宛琳

發行人 劉振強
著作財產權人 三民書局股份有限公司
發行所 三民書局股份有限公司
地址 臺北市復興北路386號
電話 (02)25006600
郵撥帳號 0009998-5
門市部 (復北店) 臺北市復興北路386號
(重南店) 臺北市重慶南路一段61號

出版日期 初版一刷 2011年5月
編號 S 033090
行政院新聞局登記證局版臺業字第○二○○號

ISBN 978-957-14-5368-2 (平裝)

http://www.sanmin.com.tw 三民網路書店

刊印古籍今注新譯叢書緣起

劉振強

人類歷史發展，每至偏執一端，往而不返的關頭，總有一股新興的反本運動繼起，要求回顧過往的源頭，從中汲取新生的創造力量。孔子所謂的述而不作，溫故知新，以及西方文藝復興所強調的再生精神，都體現了創造源頭這股日新不竭的力量。古典之所以重要，古籍之所以不可不讀，正在這層尋本與啟示的意義上。處於現代世界而倡言讀古書，並不是迷信傳統，更不是故步自封；而是當我們愈懂得聆聽來自根源的聲音，我們就愈懂得如何向歷史追問，也就愈能夠清醒正對當世的苦厄。要擴大心量，冥契古今心靈，會通宇宙精神，不能不由學會讀古書這一層根本的工夫做起。

基於這樣的想法，本局自草創以來，即懷著注譯傳統重要典籍的理想，由第一部的四書做起，希望藉由文字障礙的掃除，幫助有心的讀者，打開禁錮於古老話語中的豐沛寶藏。我們工作的原則是「兼取諸家，直注明解」。一方面熔鑄眾說，擇善而從；一方面也力求明白可喻，達到學術普及化的要求。叢書自陸續出刊以來，頗受各界的喜愛，使我們得到很大的鼓勵，也有信心繼續推廣這項工作。隨著海峽兩岸的交流，我們注譯的成員，也由臺灣各大學的教授，擴及大陸各有專長的學者。陣容的充實，使我們有更多的資源，整理更多樣化的古籍。兼採經、史、子、集四部的要典，重拾對通才器識的重視，將是我們進一步工作的目標。

古籍的注譯，固然是一件繁難的工作，但其實也只是整個工作的開端而已，最後的完成與意義的賦予，全賴讀者的閱讀與自得自證。我們期望這項工作能有助於為世界文化的未來匯流，注入一股源頭活水；也希望各界博雅君子不吝指正，讓我們的步伐能夠更堅穩地走下去。

新譯張載文選　目次

橫渠易說（選錄）

導　讀

一、張載的生平簡介

張載（西元一〇二〇～一〇七七年），字子厚，北宋哲學家。原籍大梁（今河南開封），生於長安（今陝西長安），後隨父遷居鳳翔縣橫渠鎮（今陝西眉縣橫渠）。因長期在此講學，深受社會仰慕，被稱為橫渠先生。又因為弟子大多是關中人，他所創立的學派被稱為關學。關學、濂學、洛學和閩學在歷史上並列為理學四大學派。

張載一生追求終極真理，成果卓著，但是，仕途並不順遂。他曾經是一位熱血青年，奮志抗擊契丹和西夏的侵擾，二十一歲，就上書時任陝西安撫副使兼知延州的范仲淹，陳述用兵邊事的謀略。鑒於宋王朝的腐敗和內鬥，范仲淹勸他讀〈中庸〉，從事儒學研究。從此他改變初衷，奮志學術，竟一發而不可收拾。《宋史》載：「（張）載讀其書，猶以為未足，又訪諸釋、老，累年究極其說，知無所得，反而求之六經。嘗坐虎皮講《易》京師，聽者甚眾。」造就了他一生中的第一個學術高潮，《橫渠易說》就是這時候的突出成果。三十八歲時，中進士，歷任祁州司法參軍、丹州雲岩縣令、簽書渭州判官公事等職，曾協助當時渭州軍帥蔡挺籌劃邊防事務，深得信任。實際工作加深了他對社會的認識和對學術的理解，形成改革弊政的主張。到五十歲的時候，也就是宋熙寧二年（西元一〇六九年），機會來了。宋神宗任用王安石實行變法，慕名召張載入京詢問治道，卻因與王安石見解不合，沒有重用。曾經說：「世學不明千五百年，大丞相言之於書，吾輩治之於己，聖人之言庶可期乎！顧所憂謀之太迫則心勞而不虛，質之太煩則泥文而滋弊，此僕所以未置於學者也。」不久回歸橫渠，迎來了第二個學術高潮。史稱「移疾屏居南山下，終日危坐一室，左右簡編，俯而讀，仰而思，有得則識之，或中夜起坐，取燭以書」，終於成就了「以《易》為宗，以〈中庸〉為體，以孔、孟為法，黜怪妄，辨鬼神」獨具特色的學術體系。總結之作《正蒙》問世了，新的學派關學形成了。熙寧九年，王安石變法失敗，辭官還鄉。張載又受到重視。因秦鳳帥呂大防舉薦，授知太常禮院，其後又因主張改革，與有司議禮不合，不得不以疾辭職。在回鄉途中，病死於臨潼。身後不得不靠門人集資奉棺還葬，令人悲嘆。

二、張載的學說與影響

張載學說涵蓋面極廣。他自己說過：「吾之作是書（指代表作《正蒙》）也，譬之枯株，根本枝葉，莫不悉備，充榮之者，其在人功而已。又如晬盤示兒，百物具在，顧取者如何爾。」晬盤，舊俗嬰兒滿周歲時，用盤盛弓箭、珍寶、玩器、針線等物品，讓嬰兒抓取，以預測其一生的志趣。換句話說就是一部百科全書。現代學界認為在中國哲學發展史上，他第一次提出系統的氣的理論學說，建立起完整的氣一元論的哲學體系，開闢了古代樸素唯物主義哲學的新階段。他關於對立統一規律的學說，是這個古代辯證思維的又一個高峰。他用這個學說貫穿對萬事萬物的研究，提出了質變和漸變的理論、感性認識和理性認識的理論、「民吾同胞，物吾與也」的理論（這句話成為近代民主革命者反封建的口號）、變化氣質的理論（主張「人之剛柔、緩急、有才與不才，氣之偏也。天本參和不偏，養其氣，反其本而不偏，則盡性而天矣。」）、實行禮制要因時制宜的理論等等。這些理論的內涵，我們在內文中會有進一步的探討。還應當提到張載的學術是在研究儒家經典的基礎上形成的，因此，如何學習儒家經典，他積累了豐富的讀書經驗。他曾說：「聖人文章無定體，《詩》、《書》、《易》、《禮》、《春秋》，只隨義理如此而言。」所以他的研究能貫通六經，相互印證。對於我們讀儒家經典甚至其他的書，都是很有用的。

在宋代中期，張載的關學和程顥、程頤的洛學、王安石的新學三足鼎立，盛極一時。宋寧宗嘉定十三年（西元一二二〇年）謚他為明公，宋理宗淳祐元年（西元一二四一年）又追封他為郿伯，從祀孔子廟庭，進一步肯定他在儒學發展中的重要地位。他的著作在明代永樂年間就已編入《性理大全書》，成為開科取士的必讀書。他的學說對宋以後各個歷史時代，都發生了重大影響。明代著名思想家王夫之就說過：「張子之學，上承孔、孟之志，下救來茲之失，如皎日麗天，無幽不燭。聖人復起，未有能易焉者也。」

三、張載的主要著作

張載的著作主要有《正蒙》、《橫渠易說》、《經學理窟》、《張子語錄》和文集等。據古代書目所載，還有《禮樂說》、《論語說》、《孟子說》、《春秋說》等等，但是，在明代時都已散佚。現存最為完整的當推一九七八年中華書局出版的《張載集》。

《正蒙》是他的結論性之作。呂大臨〈橫渠先生行狀〉記述：「熙寧九年秋，先生感異夢，忽以書屬門人，乃集所立言，謂之《正蒙》，出示人曰：『此書予歷年致思之所得，其言殆於前賢合與！大要發端示人而已，其觸類廣之，則吾將有待于學者。正如老木之株，枝別固多，所少者潤澤華葉爾。』」可見是精選語錄的彙編，內容涵蓋方方面面，自然也概括了他的學說的基本內容。至於把這些語錄分類分篇，卻是他的弟子蘇昞所為。

《橫渠易說》是他研究《易經》的專書，是張載學說的基礎。全書以做注解的形式，附在《易經》原文的相關文句之下，顯露了氣一元論的雛形，是了解張載學說來源和形成的重要著作。

《經學理窟》是關於經學語錄的彙編。經學相當於儒學，這裡的「經」所指的都是儒家的重要經典。理窟，也就是精髓、淵源的意思。可以看作張載研究儒學所得的總匯。其中〈自道〉、〈學大原上〉與〈學大原下〉諸篇，對於了解他的治學尤為有益。

《張子語錄》收集了專書未收的語錄，內容繁富，而且編排沒有系統。正因為是未收入專書的語錄，對於閱讀專書倒有了補充發明的效用。

本書對《正蒙》做了全文譯注，而對《橫渠易說》、《經學理窟》和《張子語錄》則選取重要並比較合適的部分，做了譯注，應該是能夠了解張載其人其書了。張載的書世稱難讀，須要精讀和通讀相結合，並且還要反覆讀。我做譯注，反反覆覆讀了很多遍，每讀每有所得。不但修正甚多，而且常有意猶未盡的感覺。只是個人所學有限，認識不到處在所難免，還望方家與讀者諸君不吝指教。

張金泉 謹識

正蒙

【說明】這部書是張載學術成果的總匯，也是他畢生的理想。蒙，是昏蒙、蒙昧的意思。正蒙定為書名，取自《易經・蒙卦》：「蒙以養正，聖功也。」張載在本書的〈中正篇〉裡解釋為「使蒙者不失其正，教人者之功也。盡其道，其惟聖人乎！」因此說正蒙也就是啟蒙，就是教育，目的是使人脫離蒙昧走向文明，從而認識自然和社會，直至成為與客觀世界融和的自由自在之身。這當然是人類最偉大的事業，所以《易經》稱之為「聖功」，張載說它是聖人的事。《正蒙》正是教導人們脫離蒙昧達到文明的書，他的學生蘇昞為書作序記述張載的自白，「先生曰：『吾之作是書也，譬之枯株，根本枝葉，莫不悉備，充榮之者，其在人功而已。又如晬盤示兒，百物具在，顧取者如何爾。』」晬盤，舊俗嬰兒滿周歲時，用盤盛弓箭、珍寶、玩器、針線等物品讓嬰兒抓取，以預測其一生的志趣。自白表示這書是人生的總綱，凝聚著張載一生的心血，就看讀者如何取用。因此，讀張載的書不能不先讀《正蒙》。

此書又是張載語錄的自選集，語錄則是他的學術成果的主要表述方式。至於以義分篇，成為現存的系統，則出自他的弟子蘇昞，所謂「會歸義例，略效《論語》、《孟子》，篇次章句，以類相從，為十七篇」。每篇都以首二字做篇名，也是與《論語》、《孟子》的體例一樣的。其實《論語》也是語錄的彙編，蘇昞這樣做，就是把他的老師視為孔、孟的當然繼承人，並把《正蒙》一書看成《論語》和《孟子》的延續。後來的學者頗為贊同，如明代著名思想家王夫之就說過：「張子之學，上承孔、孟之志，下救來茲之失，如皎日麗天，無幽不燭。聖人復起，未有能易焉者也。」

《正蒙》書內容豐富，見解獨到，文字精鍊。縱觀全書，前面五篇探討宇宙和萬物的生成、結構及其規律，主張一切物都是由氣形成的。他說：「凡可狀，皆有也；凡有，皆象也；凡象，皆氣也。」又說：「太虛不能無氣，氣不能不聚而為萬物，萬物不能不散而為太虛。」太虛，他用來指宇宙的原始狀態。一切物都具有互相依存和互相對立的兩部分，而且無窮無盡地在變化。這就是他的著名的氣一元論。從第六篇到第九篇則論人和社會，剖析社會規範、為人準則、幸福觀、道德觀、生死觀、人生必須變化氣質以及個人的發展與社會要雙贏等等。總結歷史經驗，堅持並發展了儒家學說。其中非常重視人性的改變，他說：「氣質猶人言性氣，氣有剛柔、緩速、清濁之氣也，質，才也。氣質亦是一物，若草木之生亦可言氣質。惟其能克己則為能變，化卻習俗之氣性，制得習俗之氣。」就是說人的發展取決於後天，故他非常重視教育與學習，他說：「學者不論天資美惡，亦不專在勤苦，但觀其趣向著心處如何。學者以堯、舜之事須刻日月要得之，猶恐不至，有何愧而不為！」最後七篇評述歷史人物和有關儒家經典的解說，認為做人也好，經典也罷，都是離不開一個共同的準則。末篇則是總結，首節規劃出一個民主和諧的封建大家庭，反映作者對現實的不滿和他的政治理想。其中「民吾同胞，物吾與也」兩句，一直成為後人反封建求平等的口號。末節講應當怎樣要求自己，也深得當時人和後人的贊同。這前後兩節被學界稱為西銘和東銘，都是人們所樂用的座右銘。

簡鍊精義是《正蒙》的文字特色，連張岱年先生也說它「艱深難懂」。以下嘗試加以譯注，希望能有助於讀者。

太和篇第一

【題解】本篇是《正蒙》的總論，作者提出自己關於宇宙的構想，與末篇〈乾稱篇〉前後呼應。太和即宇宙的本來狀態，即混沌的氣。它聚合成形便是萬物，散裂無形復歸太虛。太虛即氣，所以世界只分幽和明，不分有和無。氣含陰陽二體，既對立又互相感應，從而造就世界的多樣性，這就是世界發展的動力。人與天也是對立統一，相互促進。佛教「誣世界乾坤為幻化」，是見無而不識有；道教主張「有生於無」，是見物而不知化，都是不認識氣發展變化的「憒者」。作者力斥佛教，同當時社會風氣有關。〈乾稱篇〉說佛教「自其說熾傳中國，儒者未容窺聖學門牆，已為引取，淪胥其間，指為大道。其俗達之天下，致善惡、知愚、男女、臧獲，人人著信……此人倫所以不察，庶物所以不明，治所以忽，德所以亂」，足見佛教泛濫之烈。張載的哲學思想富有現實意義和奮鬥精神。

太和所謂道❶，中涵浮沉、升降、動靜、相感之性❷，是生絪縕、相盪、勝負、屈伸之始❸。其來也幾微易簡❹，其究也廣大堅固❺。起知於易者乾乎！效法於簡者坤乎❻！散殊而可象為氣❼，清通而不可象為神❽。不如野馬❾、絪縕，不足謂之太和。語道者知此，謂之知道；學《易》❿者見此，謂之見《易》。不如是，雖周公才美⓫，其智不足稱也已⓬。

【章旨】總述篇旨，作者認為世界就是氣及其變化，這是認識世界的根本觀點。

【注　釋】❶太和所謂道　太和，最大的融和。指構成世界的氣，並特指其陰陽未分而孕育演化的渾沌狀態。語本《易・乾・彖辭》。道，指氣變化發展的進程。❷中涵浮沉句　內中涵有上浮下沉、上升下降、活動安靜以及互相感應的性能。感是主動，應是被動，有感必有應，此浮則彼沉，此升而彼降，此動而彼靜，並且能夠互向對方轉化。作者認為無形的氣所以能夠演化成萬物，是因為氣具有對立兩面相互感通的能變性。❸是生絪縕句　語本《易・繫辭下》。絪縕，指氣在發生變化前的醞釀狀態。相盪，指相互推動衝激。上句說「性」，此句說「始」；「性」是可能，「始」是實動；由「性」到「始」便是「道」。❹其來也幾微易簡　它的萌發是細小、幽深、平易而簡略的。其，指道。來，接上句的「始」。也，句中語氣詞。❺其究也廣大堅固　它的結果是廣泛、博大、堅牢而凝固的。究，指終極，此指無形的氣演變成有形的萬物。廣大，指無所不在。堅固，指成形。❻起知於易者乾乎二句　平易而足以啟示智能的是乾，簡略而值得效法的是坤。乾和坤是氣涵有的兩種性，乾代表剛健、活躍；坤代表柔順、安靜，是對上文浮沉、升降等的概括。太和本無知無能，只是平易簡略而已。由於涵有乾坤二性，於是有知有能。❼散殊句　分裂解散而產生各不相同的有形物就是氣。作者認為世界由氣構成，所以〈乾稱篇〉又說「凡象皆氣也」。現代學者因此把它叫做氣一元論。❽清通句　純一並無不貫通卻不具有物象的就是神。清，指純一不雜。通，指無不感應。神，是氣的性，即萬物內在的能變本性。氣是神的依據，神是氣的作用。❾野馬　指天地間的游氣。❿易　《易經》的簡稱，又名《周易》，是儒家重要經典。書分經、傳兩部分。經的部分產生於周初，傳的部分大致為戰國至秦漢人所作，且不只一人。全書運用八卦，推測社會和自然的演化，認為陰陽二種勢力的相互作用是產生萬物的根源。⓫周公才美　周公，名旦，姬姓，因封邑在周（今陝西岐山北）而稱周公。曾輔助兄武王滅商，武王死後，成王年幼，由他攝政輔主，鎮壓反叛，鞏固皇權。相傳他曾制禮作樂，創立了一系列典章制度，為中國歷史上最著名的政治家之一。⓬也已　語氣詞連用，表示肯定。

【語　譯】太和叫做道，其中包含上浮和下沉、上升和下降、活動和安靜、相互感應的性能，這是發生二氣交感、相互推動、互為勝敗、互為屈伸的起點。它初出現時，顯得細小、幽隱、平易而簡略，它的終極，顯得廣大、普遍、凝固而堅牢。平易而足以啟示智能的是乾吧！簡略而值得效法的是坤吧！分裂解散成各不相同的有形物是氣，純一通貫無不感應而不具備物象的是神。不似原野上蒸騰的游氣和蓬勃的醞釀狀態，夠不上叫太和。談論道體的人懂得了這個理，叫做懂得道體；學習《易經》的人看懂了這個理，叫做看懂了《易經》。

不這樣的話，即使像周公那樣才能卓越，他的智慧也是不值得稱道的了！

太虛無形❶，氣之本體❷；其聚其散，變化之客形爾❸。至靜無感，性之淵源❹；有識有知，物交之客感❺爾。客感客形與無感無形，惟盡性者一之❻。

天地之氣，雖聚散、攻取百塗❼，然其為理也順而不妄❽。氣之為物，散入無形，適得吾體❾；聚為有象，不失吾常❿。太虛不能無氣，氣不能不聚而為萬物，萬物不能不散而為太虛。循是出入，是皆不得已而然也⓫。然則聖人盡道其間，兼體而不累者⓬，存神其至⓭矣。彼語寂滅者往而不反⓮，徇生執有者物而不化⓯，二者雖有間⓰矣，以言乎失道則均焉。

聚亦吾體，散亦吾體，知死之不亡⓱者，可與言性矣。

知虛空即氣，則有無、隱顯、神化、性命通一無二⓲；顧聚散、出入、形不形⓳，能推本所從來⓴，則深於《易》者也。若謂虛能生氣，則虛無窮，氣有限，體用殊絕，入老氏「有生於無」自然之論㉑，不識所謂有無混一之常；若謂萬象為太虛中所見之物，則物與虛不相資㉒，形自形，性自性，形性、天人不相待而有㉓，陷於浮屠以山河大地為見病之說㉔。此道不明，正由懵者略知體虛空為性㉕，不知本天道為用，反以人見之小因緣天地㉖。明有不盡㉗，則誣㉘世界乾坤為幻化㉙。幽明不能舉其要㉚，遂躐等妄意㉛而然。不悟一陰一陽範圍㉜天地，通乎晝夜、三極大中之矩㉝，遂使儒㉞、佛㉟、老㊱、莊㊲混然一塗㊳。語天道性命者㊴，不罔㊵於恍惚夢幻㊶，則定以「有生於無」為窮高極微㊷之論。入德之途，不知擇術而求，多見其蔽於詖而陷於淫㊸矣。

【章　旨】世界只是氣。太虛無形是氣的本來狀態，萬物有形是氣的暫時狀態，溝通二者是聚和散的變化。佛教誣世界為幻影，否認物的存在，道教偏面主張「有生於無」，否認有無都是氣的形態，也一樣不知氣的變化。從對世界的根本看法上，有力批駁了佛、道的虛妄。

【注　釋】❶太虛無形　太虛沒有具體的形態。太虛，即今人所說的宇宙。宇宙渺茫都是氣，所以叫太虛。下文「知虛空即氣」，意同。❷氣之本體　氣的本來狀態。體，狀態；形態。❸其聚其散二句　聚和散是氣的兩種基本變化方式，聚指無形的氣凝結聚合為有形物的過程，散指有形物分裂解散為無形的氣的過程。客形，即暫時狀態。爾，語氣詞，表限止。❹至靜無感二句　寂靜到極點而無所感應，是性的本來面目。「性之淵源」和「氣之本體」相對。淵源，同「源泉」。即水源，水流的最初狀態。❺物交之客感　物交，指有形物交互接觸，所以產生「有識有知」。客感，即暫時的感通。❻盡性者一之　盡性者，指徹底究明氣的性能的人。盡，窮盡。一之，綜合為一。一，統一。❼攻取百塗　攻，即感，發動。取，即應，應和；反應。百塗，形容途徑眾多。塗，通「途」。途徑。❽然其為理也句　它具有的變化規律自有順序而不妄亂。其，指氣。妄，胡亂。❾適得吾體　正好獲得我的本來狀態。吾，我的。指氣。體，即本來形態。氣的本體是無形無象，視而不見的。❿不失吾常　不違失我的常規。常，經常；正常。指規律。⓫循是出入二句　出，指氣聚而生成萬物，從隱現為明。入，指萬物散裂而為太虛，從明歸入隱。不得已而然，指不能不這樣，即不以人的意志所左右的客觀世界的必然發展。⓬然則聖人盡道其間二句聖人在二者之間探明天道，從而把客形客感與無形無感合成一體，而不偏執於一方。聖人，即道德智能最高的人。其間，指氣聚為萬物與萬物散為太虛二者之間。累，牽累；束縛。⑬存神其至　掌握氣的可變性而且到了極致。存神，指保存神。神指氣的變化，無所謂存與不存。此處講聖人存神，當作掌握的意思。其，語氣詞，表推測。⑭彼語寂滅者句　那竭力宣揚世界的虛無和幻滅的佛教徒不肯回頭。寂滅，佛經術語，通稱涅槃，指寂滅一切煩惱以達到清淨功德。反，通「返」。返回。⑮徇生執有者句　一味追求長生並且偏執有形物的道教徒，被物所束縛而不知變化。徇，偏愛。⑯間　距離；差異。⑰死之不亡　死的不等同於無。亡，通「無」。張載認為世界只分幽和明，而不分無和有。氣聚為萬物，是由幽到明；萬物散歸太虛，是由明返幽，所以死不是無。⑱則有無句　則有與無、隱與顯、神與化、性與命溝通為一物，而不是分成二物，或者說是一物兩體。都是氣的表現。無指氣的本體，有指氣的客形；隱是本體的狀態，顯是客形的狀態；神是氣的可變本性，化是有形的變化；性是氣的能感性能，命是氣的變動不止。⑲顧聚散句　只是聚與散、出與入、成形與不成形的不同罷了。顧，但；只。形，動詞。成形。⑳推本所從來　探索它的來源。本，動詞，意同「推」。從來，由來。㉑若謂五句　如果說虛能生氣，那虛是無窮盡的，氣是有限的，本體和作用截然分開，陷入老子「有生於無」的自然理論。虛，無。氣，是物；是有。體，本體。指氣之虛。用，作用。指氣象成形。殊絕，截然分開。老氏，指老子，即老聃。姓李名耳字伯陽，楚國苦縣（今河南鹿邑東）厲鄉曲仁里人。春秋時期著名的思想家，主張有生於無，著有《老子》，又名《道德經》。書旨以永恆之「道」說明萬物的生成及演變。後人尊他為道家及道教的始祖，然而，不同觀點的思想家都曾從不同角度汲取過他的思想。㉒物與虛不相資　有形的物與無形的氣不能相互依存和轉化。資，取資；憑藉。㉓不相待而有　不互相依賴而存在。待，對待。㉔陷於浮屠句　陷進佛教徒把實在的山河大地當作視見錯覺的說法。語出《楞嚴經》。浮屠，梵文Buddha的音譯，舊譯佛陀，簡稱「佛」，意為覺者。見病，視覺錯誤。㉕正由懵者句　正猶如昏昧的人只知道把虛空看做性的本體。由，通「猶」。好像。懵，昏昧無知。㉖因緣天地　附會世界。因緣，牽合；附會。㉗明有不盡　見識不夠透徹。明，明見；認識。㉘誣　誣蔑；加罪於無辜。㉙幻化　幻覺的現示。㉚要　要領；關鍵。㉛躐等妄意　跳越等級。妄自臆斷。指抽去有形一級，臆斷世界只是虛無。躐，超越。等，等級。意，通作「臆」。猜測。㉜範圍　概括。㉝三極大中之矩　語出《易・繫辭上》。三極，三才，即天、地、人。大中之矩，普遍而又正確的標準。㉞儒　即儒家，信奉孔子學說的學派。㉟佛　即佛教，由釋迦牟尼創立，西元六七年（漢明帝永平十年）傳入中國。㊱老　即老子。詳參注㉑。㊲莊　即莊子，名周（約西元前三六九～前二八六年），宋國蒙（今河南商丘東北）人。戰國時期重要的思想家和文學家，著有《莊子》，繼承和發展了老子思想觀點，被認為道家中僅次於老子的重要人物。㊳混然一塗　猶言混合為一體。塗，路。㊴語天道性命者　指信奉儒學的人。㊵罔　欺蒙；誣騙。㊶恍惚夢幻　指佛教理論。㊷窮高極微　即窮盡高深微妙。窮，竭盡。極，窮盡。㊸蔽於詖而陷於淫　被邪僻言論所蒙蔽，被誇飾言辭所陷溺。詖，指詖辭，即偏頗邪僻的言論。淫，指淫辭，即誇大失實的言論。前者指佛，後者指道。

【語譯】太虛，沒有具體的形態，這是氣的本來狀態；氣的凝結聚合和分裂解散，是氣變化的暫時狀態罷了。最寧靜而又尚未發生感應，它是性的本來面目；有認識和知覺，則是人與外物接觸時的暫時感通罷了。暫時感通和暫時狀態與尚未感通和沒有形態，只有徹底究明氣可變性的人才能把二者貫通為一。

組成天地的氣，雖然有凝結聚合與分裂解散、彼此排斥與相互吸引的千姿百態，但是，它是具有變化規律自成順序而不妄亂的。氣這種東西，分裂解散而隱入無形，恰好顯現出自己的本來狀態；而凝結聚合演成有形物，也不曾違失自己的變化規律。太虛不可能沒有氣，而氣不可能不凝聚成一切物，一切物也不可能不散裂而返歸太虛。遵循這條規則無論聚而現為有形和散而隱入無形，這都是不能夠不這樣的。但是，聖人就在這兩種變化之間究明它的規則，並且把它們貫通為一而不被一方所束縛，掌握變化的神妙莫測達到了極致。那些宣揚寂滅的佛教徒沿著錯誤的思路不肯回頭，而妄求長生和偏執有形的道教徒又陷在物的圈子裡不懂得變化，這兩種人雖然有所區別，但是，講到違失天道卻是一樣的了。

聚合也是我的狀態，散裂也是我的狀態，明白死亡不等於沒有，就能夠參與談論性了。

明白虛空只是氣，那麼，有形和無形、幽隱和顯現、潛能和變化、本性和稟命通貫為一而不能割裂為二；只是有凝聚和散裂、出現和隱沒、成形和不成形的不同罷了，能夠究明它的來源，那麼，就是對《易經》有深刻研究的人了。若認為空虛能夠產生氣，那就意味著空虛是無窮盡的，氣倒是有限的，把本體和作用截然分開，這便陷入了老子「有生於無」的自然之言論，而不能認識所說的有形和無形綜合為一的規則；若認為萬般物象僅僅是空虛中幻覺所見的物，那就意味著物和無形的氣不能相互依存和轉化，形體歸形體，性能歸性能，形體與性能、自然與人不能相互依賴而存在，這便掉進了佛教把山河大地當作視見錯覺的說教。這一道理不能明白，正如同昏蒙的人略知性的本體是空虛，卻不知本著天道在發揮作用，反而拿人的有限見聞去比附廣大的天地。認識有所不及，就誣稱世界為虛幻之物。在幽隱和明顯之間，不能夠掌握它們本質上的聯結，於是跳脫有形這個層次而臆斷成這樣。沒有醒悟到一陰一陽是概括天地，溝通於時間且為天道、地道和人道的最為普遍最為正確的準則，於是把儒家、佛教和老、莊代表的道教完全混為一談。當今談論天道性命的人，不受佛教恍惚夢幻的欺蒙，就一定把「有生於無」看作最高深精微的理論。培養道德的途徑，不懂得選擇正確的方法去求取，往往只看到他們被偏頗邪僻的言論所蒙蔽和誇大失實的議論所陷溺了。

氣坱然太虛，升降飛揚，未嘗止息❶，《易》所謂「絪縕」，莊生所謂「生物以息相吹」、「野馬」者與❷！此虛實、動靜之機❸，陰陽、剛柔之始❹。浮而上者陽之清，降而下者陰之濁❺，其感通聚結❻為風雨、為雪霜，萬品之流形❼，山川之融結，糟粕煨燼，無非教也❽。

氣聚則離明❾得施而有形，氣不聚則離明不得施而無形。方其聚也，安得不謂之客❿？方其散也，安得遽⓫謂之無？故聖人仰觀俯察，但云「知幽明之故」，不云「知有無之故」⓬。盈天地之間者，法象⓭而已；文理⓮之察，非離⓯不相覩也。方其形也，有以知幽之因；方其不形也，有以知明之故⓰。

氣之聚散於太虛，猶冰凝釋⓱於水，知太虛即氣，則無無。故聖人語性與天道之極，盡於參伍之神⓲變易而已。諸子淺妄，有有無之分，非窮理之學也⓳。

太虛為清，清則無礙⑳，無礙故神；反清為濁㉑，濁則礙，礙則形。

凡氣清則通，昏則壅，清極則神。故聚而有間㉒則風行，風行則聲聞具㉓達，清之驗與！不行而至，通之極與！

由太虛，有天之名；由氣化，有道之名；合虛與氣，有性之名㉔；合性與知覺，有心之名㉕。

【章旨】氣不停地活動變化，世上萬事萬物都是氣變化的表象。所以說世界只分幽明，而不分有無。

【注釋】❶氣坱然三句　氣活潑潑地充盈太空，升降飛揚，不曾休止。坱然，指廣大而充滿生機的狀態。未嘗，即未曾。❷易所謂二句　絪縕，語出《易・繫辭下》，意指天地的陰陽二氣交融。生物以息相吹、野馬，原指生物的呼吸，作者進而指出它就是氣在運動。語出《莊子・逍遙遊》。與，通「歟」。表疑問語氣詞。❸機　先兆。❹陰陽剛柔之始　陰陽、剛柔都是乾坤兩性的不同體現。❺浮而上二句　飄浮上升的是陽氣的清純，沉降下落的是陰氣的凝結。清，指清純。濁，指凝滯。❻感通聚結　即感應融通凝聚結合，指陰陽的交融變化。❼萬品之流形　萬物的成形。萬品，即萬類、萬物。流形，指演化成形。❽糟粕煨燼二句　糟粕灰燼，沒有不是給予人啟示的啊。煨燼，指燃燒後的剩餘物，義同灰燼。表示成形物都是無形的氣的變化結果。教，指給人以啟示，概述上述諸變化都在展示氣化的規則。❾離明　意為明見、顯現。語出《易・說卦》。❿方其二句　當它聚合，哪能不稱它為暫時狀態呢？方，正當。安得，哪能；怎麼可以。謂之客，即稱它為客。客，即上文的客形。⓫遽　急忙；匆促。⓬故聖人三句　所以聖人仰頭觀望天、俯身察看地，只說「明瞭幽隱和明顯的緣故」，不說「明瞭有和無的區分的道理」。語本《易・繫辭上》。觀、察互文同義，都指仔細審視。《橫渠易說》：「天文地理，皆因明而知之，非明則皆幽也，此所以知幽明之故。」又說：「彼異學者則皆歸之空虛，蓋徒知乎明而已，不察乎幽，所見一邊耳。」這就是本文「不云『知有無之故』」的內涵。⓭法象　指事物的總稱。語出《易・繫辭上》。⓮文理　即現象和條理。⓯離　明照。指《易・離卦・象傳》所謂（日月）光明兩次升起，是〈離卦〉。大人用前後相繼的光明照耀四方。⓰方

其形也四句　當氣聚而成形，能用來知道幽的因；當氣散而不成形，能用來知道明的果。形，成形。因，原因。不形，不成形。故，結果。⑰凝釋　凝固和消融。⑱參伍之神　即氣錯綜變化的潛能。⑲諸子淺妄三句　諸子，泛指老子、莊子、列子、淮南子等道家。詳上章。理，即天道、規律。⑳太虛為清二句　氣是清純不雜的，清純不雜就沒有阻礙。清，指純粹單一。㉑濁　不純，無形的氣凝聚成物就是不純。下文有「凡氣清則通、昏則壅」的說法。㉒聚而有間　聚合成物而有空間。間，空間；間隙。㉓具　通「俱」。一起。㉔合虛與氣二句　綜合太虛和氣化，有了「性」這個名目。太虛指氣，氣化指道，性是氣的變化本能。㉕合性與知覺二句　綜合性和知覺，有了「心」的名目。張載認為心有兩層含義：一層是知覺，即人接觸外物而形成的耳目聞見之知；另一層是無所感應的超然活動，即至靜無感的天地之性。

【語譯】氣活潑潑地充盈太空，升降飛揚，從不曾停歇，這就是《易經》所說的「絪縕」，莊子所說的「生物用呼吸吹動」和「野馬」吧！這是無形和有形、活動和靜止的先兆，也是陰和陽、剛強和柔順的萌芽。飄浮上升的是陽氣的清純，沉降下落的是陰氣的凝雜，它們的感應貫通聚合凝結形成了風和雨，形成了雪和霜，總之，萬物的形狀變化，山河的消融凝結，都是氣化的糟粕灰燼，沒有不在啟示人的。

氣聚合了，於是顯現之性得到施展從而呈現形體；氣不聚合，於是顯現之性得不到施展從而不呈現形體。當它聚合的時候，哪能不稱它為暫時狀態呢？當它散裂的時候，哪能就稱它為無呢？所以聖人抬頭觀察天，低頭看地，只是說「認識無形和有形的緣故」，不肯說「認識有和無的緣故」。充塞天地之間的，都是有形物罷了；現象和條理的審察，不明照附著於一定環境是不能互相看見的。當它的成形，有了認識無形的緣由；當它的不成形，有了認識有形的緣由。

氣在天空中聚合和散裂，如同冰塊在水中凝結和消融，明瞭太虛就是氣，就不存在「無」。所以，聖人說到性和天道的核心，全在氣所具有的錯綜變化潛能的變化罷了。諸子淺薄狂妄，有所謂有和無的區分，這不是探求天道規律的學說啊。

太虛是清純不雜的，清純不雜就沒有障礙，沒有障礙所以神妙不測；與清純不雜相反的是凝滯駁雜，凝滯駁雜就有障礙，有障礙就成形體。

凡是氣清純不雜就能暢通，昏雜就受阻礙，清純不雜到了極點就神妙不測。所以，聚合成形而有間隙，風就得以通行，風得以通行，聲音聽覺就都能一起通達，這就是清純不雜的效驗吧！不行而至，是暢通的極致吧！

依據太虛，有了「天」這個名稱；依據氣的變化，有了「道」這個名稱；綜合太虛和氣化，有了「性」這個名稱；綜合性和知覺，有了「心」這個名稱。

鬼神者，二氣之良能也❶。聖者，至誠得天之謂；神者，太虛妙應之目❷。

凡天地法象，皆神化之糟粕爾。

天道不窮，寒暑❸也；眾動不窮，屈伸❹也；鬼神之實，不越二端而已矣❺。

兩不立則一不可見，一不可見則兩之用息❻。兩體者，虛實也，動靜也，聚散也，清濁也，其究一而已。

感而後有通，不有兩則無一。故聖人以剛柔立本❼，乾坤毀則無以見易❽。

【章旨】一物兩體，可分可合，兩是一的兩，一是兩的一。這是世界萬物的基本結構模式，沒有例外。

【注釋】❶鬼神者二句　鬼和神是陰陽二氣的自然本能。良能，本能。其後〈動物篇〉說：「物之初生，氣日至而滋息；物生既盈，氣日反而游散。至之謂神，以其伸也；反之謂鬼，以其歸也。」兩「反」字都通「返」。簡要地說，神是氣的伸，鬼是氣的散，二者都是氣的變化，絕無神祕色彩。❷聖者四句　聖是純誠並且已經掌握天道的稱謂；神是對氣的神妙感應的名稱。聖，指最聰明睿智，是人性。神，指感應的神妙莫測，是天性。❸寒暑　指寒暑的變化發展。❹屈伸　屈和伸互相演化。❺鬼神之實二句　鬼和神的實質不越出聚散兩樣罷了。實，實質；實際。二端，指氣的聚合成形和散歸無形兩種情形。❻兩不立二句　如果一物的兩面不能相對分立，那麼，統一物就不能呈現。反之，如果統一物不能呈現，那麼，兩面的互相作用也就消失。兩，指一物的兩面，如氣的陰和陽。立，指分立；樹立。一，指統一物。息，即停止。❼聖人以剛柔立本　聖人把剛柔立為根本。語本《易・繫辭下》「剛柔者，立本者也」。剛柔，即陰陽，是《易經》確立陽爻和陰爻的根本，亦即天地萬物分陰陽的根本。本，指根本。❽乾坤毀則無以見易　乾坤毀了也就沒有依據顯現變化。語出《易・繫辭上》。乾坤，即剛柔，是氣的一物兩體。

【語譯】鬼和神，是陰陽二氣的自然本能。聖是對純誠已經掌握天性的稱謂；神是關於氣的神妙感應潛能的名稱。凡是天地間所有事物，都是神妙變化所留下的糟粕罷了。

天道沒有窮盡，表現為寒和暑的變化發展；一切變動沒有窮盡，表現為屈和伸的互相演化；鬼和神的實質，不會超出氣的聚散二種情況罷了。

一物的兩體不能相對分立，統一物就不能呈現；統一物不能呈現，它的兩體的互相作用也就消失。統一物的兩體，是虛和實，是動和靜，是聚和散，是清和濁，它們的終極還是統一物罷了。

發生感應然後有融通，沒有兩就沒有統一。所以，聖人把剛柔作為根本，乾坤如果毀壞了，那麼，也就沒有依據來顯現變化。

游氣紛擾，合而成質者，生人物之萬殊❶；其陰陽兩端循環不已者，立天地之大義❷。

「日月相推而明生」，「寒暑相推而歲成」。❸神易無方體❹，「一陰一陽」，「陰陽不測」，皆所謂「通乎晝夜之道」也❺。

晝夜者，天之一息⑥乎！寒暑者，天之晝夜乎！天道春秋分而氣易，猶人一寤寐而魂交⑦。魂交成夢，百感紛紜⑧，對寤而言，一身之晝夜也⑨；氣交為春，萬物糅錯⑩，對秋而言，天之晝夜也。

氣本之虛則湛一⑪無形，感而生則聚而有象。有象斯有對，對必反其為⑫；有反斯有仇⑬，仇必和而解。故愛惡之情同出於太虛，而卒歸於物欲⑭，倏⑮而生，忽而成，不容有毫髮之間⑯，其神矣夫！

造化所成，無一物相肖⑰者，以是知萬物雖多，其實一物⑱；無無陰陽者，以是知天地變化，二端⑲而已。

萬物形色⑳，神之糟粕；性與天道云者㉑，易而已矣。心㉒所以萬殊者，感外物為不一也。天大無外，其為感者絪縕二端㉓而已。物之所以相感者，利用出入，莫知其鄉，一萬物之妙者與㉔！

氣與志，天與人，有交勝之理㉕。聖人在上而下民咨，氣壹之動志也㉖；鳳凰儀，志壹之動氣也㉗。

【章旨】一物兩體總是互相推動，從而形成世界的變化和發展，這就是造化。人與天也是交互推動的。

【注　釋】❶游氣紛擾三句　遊盪的氣在躁動，聚合成形體，生成人和物的千姿百態。游氣，遊盪的氣，即野馬一類。紛擾，指躁動。合，指聚合凝結。質，即形質，也就是形體。❷天地之大義　天地的最普遍的原理。喻稱普遍的準則。《橫渠易說·恆卦》有言「觀書當不以文害辭，如云義者出於思慮忖度，《易》言『天地之大義』，則天地固無思慮」。大義只是形象的說法。❸日月二句　日和月相互推移從而產生光明，寒和暑相互推移從而構成歲月。語出《易·繫辭下》。推，指推動、推移。明，指明照、光明。❹神易無方體　神和易沒有固定模式和形體。語本《易·繫辭上》。神，即氣變化的潛能。易，指變易、變化、進化。方，指方所、範圍。❺一陰一陽三句　一陰一陽的對立轉化，以及陰陽變化的不可預測，都是所說的「通貫晝夜變化的天道」。語見《易·繫辭上》。句意謂時間晝夜也是陰陽變化而已。❻一息　一次呼吸。❼一寤寐而魂交　一晝夜中魂靈感通。寤寐，日夜。魂交，指心與外界交接。❽魂交成夢二句　魂靈感通形成夢，百千感受紛至沓來。張載認為夢是入睡後的感應，寤是醒時的感應。紛紜，紛繁；眾多。❾對寤二句　寐和寤合起來說，就是人身的一個晝夜。對，配合。❿氣交為春二句　氣的滋長演成春天，萬物交錯叢生。交，滋長；聚合。糅錯，即交錯混雜。⓫湛一　純粹無雜。⓬有象二句　有了物象就有對應，對應必定導致相反的行動。斯，就；於是。⓭仇　爭鬥。⓮故愛惡二句　所以愛慕和厭惡的情感共同出於太虛，而最終歸結到物的欲求。惡，厭惡。卒，終於；末了。物欲，對物的欲求。⓯倏　急速；突然。與下句「忽而成」的「忽」互文見義。⓰毫髮之間　微細的空缺。毫是細毛。毫髮之間，極力形容細微。⓱肖　相似。⓲其實一物　它的實質只是一個氣。實，實質。物，指氣。⓳二端　指陰、陽。⓴形色　即形體。㉑云者　所說的。㉒心　指心對外物的感知，即情感意識。㉓絪縕二端　躁動著的陰陽罷了。二端，指陰陽。㉔物之四句　物之所以相互感應的原因，感和應，出和入，沒能知道它的趨向，是貫通萬物的神妙吧。鄉，通「嚮」。方向；趨向。妙，即神。㉕氣與志三句　氣與意志，天與人，存在相互推進的可能。交，交互；相互。㉖聖人二句　聖人居上位而百姓感嘆，這是氣一致起來推動意志。句意謂聖人和下民也是一物兩體，對立而統一。咨，感嘆聲。壹，一致；專一。㉗鳳凰二句　鳳凰來到，這是意志一致起來推動了氣。語本《尚書·益稷》。鳳凰，傳說中的百鳥之王。古作為吉祥的象徵。

【語　譯】遊盪的氣躁動雜亂，聚合而生成形體，從而生出人和物的千姿百態；它的陰陽兩面循環不止，樹立起天地的最高準則。

「太陽與月亮相互推移從而產生光明」，「嚴寒與暑熱相互推移從而形成年歲」。神和變化都沒有固定的模式和形體，「一陰一陽」，「陰陽不測」，都是「通達到晝夜相互變化的天道」啊。

日和夜，就是天的一次呼吸吧！寒冬和暑夏，就是天的一晝夜吧！天道區分春天和秋天從而氣發生變化，如同人一日夜而有魂靈的感通。魂靈感通形成了夢，於是百千感受紛至沓來，寐配上寤，就是人身的一日夜；氣滋長而成春天，萬物叢生交錯，配上秋，就是天的一晝夜。

氣本來狀態的虛是純一不雜並且沒有形體，感應而產生就聚合而具有了物象。有物象就有對應，對應必導致相反行為；有相反行為就有爭鬥，爭鬥必走向調和並解散。所以，愛慕和厭惡的情感共同萌發於氣，但是最終全歸結為對物的欲求。突然萌生，忽然形成，不容許有絲毫的間隙，那就是神吧！

造化所生成的，沒有一物是相似的，憑藉這個能夠明白萬物雖然眾多，其實質都是一個物；世上沒有不具備陰陽二面的東西，憑藉這個又能夠明白天地變化，只是陰陽二面罷了。

萬物的形體只是神所變化的糟粕；所說的性和天道，也都是變化罷了。心的情感意識之所以千差萬別，是因為感受外物不只一端啊。天廣大無外，那形成感應的也是躁動著的陰陽二面罷了。物之所以相互感應，感和應、出和入，沒有能知道它的趨向，是貫通萬物的神妙之性吧！

氣與人的意志，天與人，存在相互推進的可能。聖人居上位而下面百姓感嘆連聲，這是氣一致起來推動聖人要有所作為；鳳凰飛到，這是聖人德政有成，推動氣發生感應。

參兩篇第二

【題解】參是天，兩為地；參是性能，兩是形態。參兩相配，即陰陽交感，從而形成世上萬物。作者用它解釋宇宙天體的組成和運行，氣象的形成和狀態，進而闡明形成萬物多樣性和統一性的五種質素——五行的各自性質以及相互關係。這是從宏觀到微觀，都說到了。在約一千年前的古代，張載能達到這樣高度，其智慧和探索精神，令人稱頌。天地合一，渾沌之初，即是太和，所以本篇為第二。其中陽、陰二字，有時指氣的二體，為質；有時指性能。然而，性存於質，質不能無性，須要隨文斟酌。

地所以兩，分剛柔男女而效之，法也❶；天所以參，一太極兩儀而象之，性也❷。

一物兩體，氣也❸；一故神，兩在故不測。兩故化，推行于一。此天之所以參也❹。

【章旨】解釋「參兩」，地是兩，即一物兩體；天是參，合一物兩體為一。

【注釋】❶地所以兩三句　地所以兩體，分為剛和柔、男和女來仿效它，是模式。剛柔，指物的陰陽兩體。男女，指動物的陰陽兩體。效，仿效。指仿效氣的一物兩體。之，指氣。法，法象；模式。❷天所以參三句　天所以參合，混一太極和兩儀來象徵它，是性能。參，參合；參互。一，合一；統一。太極，指派生萬物的本原。張載用來指氣。兩儀，指天地或陰陽。此指陰陽。象之，使之成為物象。性，指氣的變化本能。❸一物兩體二句　一物而有相互依存相互對立的兩部分，這就是氣。兩體，相互依存相互對立的兩部分。指陰和陽。氣，張載指稱組成世界的本原。❹一故神五句　合一所以神變，兩體所以演化，這正是天所以參合的道理。一，合一。指對立的統一。兩，兩體。指統一的兩體。所以作者自注「兩在故不測」，又「推行於二」。參，指對立而又合一。

【語譯】地所以有兩體，分成剛和柔、男和女來仿效它，這是模式；天所以參合，統一太極和兩儀來象徵它，這是氣的變化本性。

一物而具有相互依存相互對立兩部分，是氣；合一所以變化神妙，兩體存在所以不能預測。兩體所以演化，推移趨向為一。這正是天所以是參合的道理。

地純陰凝聚於中，天浮陽運旋於外，此天地之常體也❶。恆星❷不動，純繫乎天，與浮陽運旋而不窮者也。日月五星逆天而行，并包乎地者也❸。地在氣中❹，雖順天左旋，其所繫辰象❺隨之，稍遲則反移徙而右爾，間有❻緩速不齊者，七政❼之性殊也。月陰精，反乎陽者也，故其右行最速；日為陽精，然其質本陰❽，故其右行雖緩，亦不純繫乎天，如恆星不動。金水附日前後進退而行者，其理精深，存乎物感❾可知矣。鎮星地類❿，然根本五行⓫，雖其行最緩，亦不純繫乎地也。火者亦陰質，為陽萃焉⓬，然其氣比日而微，故其遲倍日⓭。惟木乃歲一盛衰，故歲歷一辰⓮。辰者，日月一交之次，有歲之象也。

凡圜轉之物，動必有機⓯，既謂之機，則動非自外也。古今謂天左旋，此直⓰至粗之論爾，不考日月出沒、恆星昏曉之變。愚謂在天而運者，惟七曜而已⓱。

恆星所以為晝夜者，直以地氣乘機左旋於中⑱，故使恆星、河漢因北為南⑲，日月因天隱見⑳，太虛無體，則無以驗其遷動於外也㉑。

天左旋，處其中者順之，少㉒遲則反右矣。

地，物也；天，神也㉓。物無踰㉔神之理，顧有地斯有天，若其配然爾㉕。

【章旨】以陰陽交感闡明天體的結構和運行。

【注釋】❶地純陰凝聚於中三句　地是純粹陰質凝聚在天體之中，天是浮升陽質運轉在外圍，這是天體的通常形態。純陰，純粹陰質。按陰陽論，地為陰，天為陽；聚而成形為陰，動而有象為陽。浮陽，浮升的陽質。運旋，運行旋轉。❷恆星　由熾熱氣體組成，能自己發光的天體。古指位置固定的星體，將所謂上、中、下三垣的四十七星和二十八宿都叫做恆星。與今有別。❸日月五星二句　日月和五星是逆著天反向運行，一齊包圍著地的星辰。五星，指金星、木星、水星、火星與土星。逆天，與天反向。并，一併。包，包圍；包裹。❹地在氣中　地在天體之中。氣，即太虛。指宇宙。❺所繫辰象　指日月五星。辰象，星體。❻間有　內有。❼七政　古把日、月、五星統稱為七政。政，主事。❽其質本陰　它的質根源於陰。按《易・說卦》「離為火，為日」，卦象是一個陰爻外面附著二個陽爻，所以說內質是陰。❾物感　物與物的互相感應。❿鎮星地類　鎮星是地一類的星。即土星，古人認為它二十八年運行一周天，如同每年坐鎮二十八宿中的一宿，故名。地類，與地同類。⓫根本五行　作為五行的根本。五行，指金、木、水、火、土五種物質，古代思想家用這五種物質來說明萬物的起源和多樣性的統一。⓬為陽萃焉　是陽所聚集的啊。萃，聚集。⓭其遲倍日　它運行的緩慢是太陽的一倍。倍，一倍於。⓮惟木乃二句　只有木星才以一年為一個由旺盛到衰退的週期，所以，一年經歷一辰。辰，指太陽與月亮的交會，一辰即一次交會。作者以春夏秋冬為太陽運行，所以將日月交會稱為歲或辰。⓯凡圜轉之物二句　凡是渾圓運行的物體，它的活動必定有著自己的發動質素。圜，通「圓」。機，指細微的質素。⓰直　只是；只不過。⓱愚謂在天二句　我認為在天空運行的星體，只有七曜罷了。愚，對自身的謙稱。運，運行。七曜，又作七耀，古代用來稱呼日月金木水火土七星。由於它們光照大地，故名。

⓲直以地氣句　只是由於地憑著自身質素向左運行於天體之中。地氣，即地。加「氣」強調它的「動」。⓳故使恆星句　因而使恆星、銀河憑北作南。這是由於地順天左旋的速度緩慢，反而顯得向右旋行，從而把不動的恆星、銀河的方位倒轉了。⓴日月句　太陽和月亮憑藉天空而出沒。見，通「現」。㉑太虛無體二句　太虛沒有形體，也就沒有依據來檢驗它在地外的運行了。太虛，氣的別名，也指宇宙。外，指地外的空間。㉒少　稍；略微。㉓地四句　地是氣的有形物，天是性，即氣的無形變化潛能。㉔踰　同「逾」。超越。㉕顧有地二句　只不過有地就有天，就像配偶那樣罷了。顧，不過。斯，就。配，配偶。然，這樣。

【語　譯】地是純粹的陰質凝結聚合在天體之中，天是浮升的陽質運旋在地的外圍，這就是天體的通常狀態。恆星固定不動，完全聯結在天上，與浮升的陽質一道運行並且沒有窮盡的。日、月以及金、木、水、火、土五星是與天體逆向運行，一齊包圍著地的。地在天體之中，雖然順著天向左運行，它所聯結的星辰跟隨著它，稍有緩慢就反而顯得運行向右了。其中有快慢不一的情況，是由於七星的性質各不相同。月亮是陰質，與陽質相反的，所以，它的向右運行最快；太陽是陽質，但是，它的實質本屬於陰，所以，它的向右運行雖然緩慢，也不完全聯結在天，像恆星那樣固定著不動。金星和水星附隨太陽的前後、或進或退地運行，它的原理精微而幽深，存在於物與物的相互感應是可以斷言的了。鎮星屬於地一類，但是它作為五行的根本，雖然運行速度最慢，也不完全聯結在地。火星也是陰質，被陽質聚集著，但是，它的氣比太陽微弱，所以，它運行的緩慢更超過太陽一倍。只有木星才一年有一個從旺盛到衰敗的週期，所以，一年要經歷一辰。所謂辰，就是太陽和月亮的一次交會，具有一周歲的狀態。

凡是圓轉的物體，它的活動必定有發動的質素，既然把它叫做細微的質素，活動就不可能來自外界。古往今來卻說天向左運行，這只是最粗疏的說法罷了，而不去考察太陽、月亮的出沒和恆星傍晚清晨的變化。個人認為在天上運行的，只有七曜罷了。恆星之所以有晝夜變化，只不過由於地憑著自己的質素在天體內部向左運行，所以使恆星和銀河以北為南，太陽和月亮在天空隱沒和出現，太虛沒有形體，也就沒有依據來檢驗它在外空的運行了。

天體向左運行，處在它內部的星體順隨著它，稍有遲緩就反而顯得向右了。
地是有形物；天是變化的性能。物沒有超越性能的可能，只不過有地就會有天，好像是它的配偶那樣罷了。

地有升降，日有修短❶。地雖凝聚不散之物，然二氣❷升降其間，相從而不已也。陽日上，地日降而下者，虛也；陽日降，地日進而上者，盈也❸；此一歲寒暑之候也❹。至於一晝夜之盈虛、升降，則以海水潮汐驗之為信❺。然間有小大之差，則繫日月朔望，其精相感❻。

日質本陰，月質本陽，故於朔望之際精魄反交，則光為之食矣❼。虧盈法❽：月於人為近，日遠在外，故月受日光常在於外，人視其終初如鉤之曲，及其中天也如半璧然❾。此虧盈之驗也。

月所位者陽，故受日之光，不受日之精❿。相望中弦則光為之食，精之不可以二也⓫。

日月雖以形相物，考其道則有施受健順之差焉⓬。星月金水受光於火日，陰受而陽施也。

陰陽之精互藏其宅，則各得其所安⓭，故日月之形，萬古不變。若陰陽之氣，則循環迭至，聚散相盪，升降相求，絪緼相揉⑭，蓋相兼相制，欲一之而不能⑮，此其所以屈伸無方，運行不息，莫或使之⑯，不曰性命之理⑰，謂之何哉？

「日月得天」⑱，得自然之理也，非蒼蒼之形⑲也。

閏餘生於朔，不盡周天之氣⑳，而世傳交食法，與閏異術，蓋「有不知而作者」爾㉑。

【章旨】論日月的運行和曆法的計算。歸結到氣的陰陽變現。

【注釋】❶修短　長短。修，長。❷二氣　指地氣和天氣。〈月令〉有「天氣下降，地氣上升」之說。❸陽日上六句　陽氣一天天上升，地氣一天天降落而下的，是天地間空曠了；陽氣一天天下降，地氣則一天天增強並上升的，是天地間充滿了。虛，空虛；空曠。❹此一歲寒暑之候也　這就是一年嚴寒和暑熱變化的占驗。候，占驗。❺以海水潮汐驗之為信　用海水的早潮和晚潮驗證它作為實證。潮汐，指由月亮和太陽對地球各處的引力不同而引起的海水在早上和傍晚的週期性漲落。汐，即晚潮。信，實證。❻然間有三句　但是，其間有大小的差異，就關係著太陽、月亮、朔日和望日，它們的潛能相互感應。間，內中。繫，聯結；取決於。朔望，指農曆每月的初一和十五。初一月亮運行到地球與太陽之間，與太陽一同出沒，呈現為新月，就稱為朔；十五月亮和太陽正在相反方向時，能看見整個月面，就叫望月或滿月，因稱為望。精，即變化潛能。感，感應。❼故於朔望二句　所以在朔日和望日，日精與月魄反覆交會，光芒就受到侵蝕了。精，指日。魄，指月。都指性。交，指日月相交。指月亮運行在太陽和地球之間，發生日食；而地球運行在太陽與月亮之間，發生月食。❽虧盈法　月亮虧缺與滿盈變化的法則。法，法則。❾人視其終初二句　人們看月亮在月初和月底像鉤子那樣彎曲，到月亮在月中時，像一片圓形的璧玉。終初，指月底和月初。中天，指月中，月滿時。半，大片。璧，古代圓形平面而正中有孔的玉器。❿月所位者陽三句　月所居的是陽位，所以，接受太陽的光，而不接受太陽能發光的性能。月所位者陽，即前文「月質本陽」和「日質本陰」，所以只能受它的「光」，而不受它的「精」。⓫相望中弦二句　日月相望到了滿月，月光被蝕，發光的性能是不能分為二的。

中弦，滿月。食，通「蝕」。虧，損。二，分為二。⓬日月雖以形相物二句　太陽和月亮雖然以具有形狀而成為物，考究它們的性能卻有施予與接受、剛健與柔順的差別啊。形相，即形狀。道，原理；性能。⓭陰陽之精互藏其宅二句　陰陽的性能互相潛存在它們的居所，就各自得到了它的安寧。安，安寧；平靜。句意謂不同的性能各自保存在依附的物體。⓮若陰陽之氣五句　至於陰陽的氣，那就循環反覆，聚散推盪，升降相互追求，交融轉化。陰陽之氣，具有陰陽兩體的氣。揉，揉合。⓯蓋相兼相制二句　互相兼併互相控制，想吞併為一卻又不能。蓋，發語詞，無義。兼，兼併。制，控制；制約。一，吞併為一。⓰莫或使之　沒有誰來主使它。或，有人。⓱性命之理　性命的原理。性，是氣的變化本能。命，是氣的運動不止。⓲日月得天　日月取得於天。得，獲得；取得。語出《易・恆卦・彖辭》。天，指天道，亦即下句「自然之理」，即自然規律。⓳蒼蒼之形　深青色的形態。語出《莊子・逍遙遊》。蒼蒼，深青色。⓴閏餘生於朔二句　閏餘出於以朔計年的曆法，除不盡氣的一周天運行。閏餘，指以餘數作為閏日。生於朔，指農曆以月球運行紀年的方法。周天之氣，指地球環繞太陽一周。㉑而世傳三句　然而世上流傳交食法，與以朔紀閏的曆法不同，大概出於不懂卻要創制的人吧。交食法，指依據日食月食確定閏餘的方法。有不知而作者，有不懂卻要首創的人。語出《論語・述而》。作，首創；創作。

【語譯】地有升和降，日子也有長和短。地雖然是凝結聚合而不散裂的物體，但是天氣和地氣在其中，上升下降，追逐不休。陽氣天天上升，地氣天天下降，形成虛空；陽氣天天下降，地氣天天增加而上騰，形成充盈；這就是一年的嚴寒和暑熱變化的占驗。至於一晝夜內氣的充盈和虛曠、上升和下降的變化，就可以拿海水的早潮和晚潮來作為驗證它的依據。但是，內中還有大小的差異，那就取決於太陽、月亮、朔日、望日，它們的性能相互感應了。

太陽的質原本是陰，月亮的質原本是陽，所以每在朔日、望日的時候，它們的性能相反交會感應，月光就被掩蝕了。

月的虧盈法則：月亮離人近，太陽遠在外空，所以，月亮接受陽光常在外空，人看它在月底和月初，像鉤子那樣彎曲，等到滿月時又像一大片圓圓的璧玉。這是月亮圓缺的效驗。

月亮所居的位置是陽，所以能接受日的光，而不接受日發光的性能。太陽和月亮相望到了滿月，月光就被太陽掩蝕，這是太陽的發光性能不能分而為二的緣故。

太陽和月亮雖然以形狀成為物體，考究它們的原理卻有施予和接受、剛健和柔順的差別。星、月亮、金星、水星接受火星和太陽的光，這是陰質接受而陽質施予。

陰和陽的性能互相潛藏在各自的居地，從而，就各自獲得安寧，所以，太陽和月亮的形狀，千年不變。至於陰陽的氣，那就循環反覆，聚散推盪、上升下降而相互追逐，交融揉雜，想相互兼併相互控制，要吞併統一而又不能夠，這是它們的屈退伸進沒有固定模式，運行不休，卻沒有誰在驅動它們的狀況，不叫做性和命的原理，又能叫什麼呢？

《易經》說「日月得天」，它們得到的是自然規律，而不是深青色的形態。

閏餘產生於以朔計年的曆法，由於除不盡氣的一周天運行，因而，當今世上流傳著交食法，它與以朔計年的閏餘法不同，當是不懂而創制的人罷了。

陽之德主於遂，陰之德主於閉❶。

陰性凝聚，陽性發散；陰聚之，陽必散之，其勢均散❷。陽為陰累，則相持為雨而降❸；陰為陽得❹，則飄揚為雲而升。故雲物班布太虛❺者，陰為風驅，斂聚而未散者也。凡陰氣凝聚，陽在內者不得出，則奮擊而為雷霆❻；陽在外者不得入，則周旋不舍❼而為風；其聚有遠近虛實，故雷風有小大暴緩❽。和而散❾，則為霜雪雨露；不和而散，則為戾氣曀霾❿；陰常散緩，受交於陽⓫，則風雨調，寒暑正。

天象者，陽中之陰⑫；風霆者，陰中之陽。雷霆感動雖速，然其所由來⑬亦漸⑭爾。能窮神化所從來，德之盛者與⑮！

【章旨】以氣的陰陽感應闡述雨、雲、風、雷等氣象變化。

【注釋】❶陽之德二句 陽的性主在暢通，陰的性主在封閉。德，性能。主，主要；重在。遂，暢通。閉，封閉。❷其勢均散 它們的態勢達到均衡就互相消散。句意謂氣的陰陽兩體一旦實現均衡就融和為一、復歸太和了。均，均衡。散，消散。❸陽為陰累二句 陽被陰所牽制，就相互對持形成雨而下落。為，被。累，牽制；拖累。相持，對持。❹得 獲得；抓住。此與「陽為陰累」的「累」義同。❺雲物班布太虛 雲氣分布在天空。雲物，指日旁雲氣的顏色，古人據以預測吉凶水旱。此為泛指。班布，分布。班亦布。太虛，指天空。❻雷霆 疾雷。霆亦雷。❼周旋不舍 迴繞旋轉而不肯離去。周旋，周繞盤旋。舍，同「捨」。放棄。❽暴緩 急烈和緩和。❾和而散 和解從而消散。句意謂陰陽二氣勢態均衡從而融和為一體。與上文「其勢均散」同。和，和解；融和。❿戾氣曀霾 戾氣，猛烈乖張的風暴，指暴風、冰雹一類。曀，天空陰暗。霾，大氣混濁多塵土。⓫陰常散緩二句 陰常緩緩散裂，與陽交感。句意謂漸變達到融和。⓬天象者二句 天空的現象是陽中的陰。如雨、雲、曀、霾等。天象，天空的現象。⓭所由來 所從來。指形成過程。⓮漸 逐步積累。⓯能窮神化二句 神，指神妙不測的氣的變化潛能。化，指潛能施展變化的進程。所從來，義同「所由來」。德之盛者，即盛德的人。指聖人。盛，美盛。與，同「歟」。表感嘆語氣。

【語譯】陽的性主在通暢，陰的性主在封閉。

陰性是凝結聚合，陽性是分裂解散；陰把它聚集，陽必把它散裂，它們的態勢達到均衡於是消散融和。陽被陰所牽制，就相互對持形成雨而下落；陰被陽所獲得，就飄蕩飛揚形成雲而上升。所以，雲氣分布在天空，是陰被風驅趕，收攏聚集而沒有分散的現象。凡是陰氣凝結聚合，陽氣在它的內部不能出來，就將奮力衝擊從而形成雷震；陽在它的外部不能進入，就迴繞盤旋而不離開從而形成風；它的聚集有遠近虛實的差異，所以雷和風也有小大暴烈緩和的不同。如果達到融和因而消散，就形成霜、雪、雨、露；如果達不到融和因而消散，就形成戾氣、曀、霾；陰常常緩緩散開，與陽交感，於是風調雨順，寒暑正常。

天空的現象，是陽中的陰；風和雷，是陰中的陽。

雷震的感應發動雖然急速，但是，它的形成過程也是逐步累積的。能夠究明神和化的來歷，是品德美盛之聖人啊！

火日外光，能直而施❶；金水內光，能闢而受❷。受者隨材❸各得，施者所應無窮，神與形、天與地之道與❹！

「木曰曲直」❺，能既曲而反申也❻；「金曰從革」❼，一從革而不能自反也。水火，氣也，故炎上潤下❽與陰陽升降，土不得而制焉。木金者，土之華實也❾，其性有水火之雜，故木之為物，水漬❿則生，火然而不離也⓫，蓋得土之浮華於水火之交也。金之為物，得火之精於土之燥，得水之精於土之濡⓬，故水火相待而不相害⓭，鑠之反流而不耗⓮，蓋得土之精實於水火之際也⓯。土者，物之所以成始而成終也⓰，地之質也，化之終也，水火之所以升降，物兼體而不遺者也⓱。

水者，陰凝而陽未勝也；火者，陽麗而陰未盡也⓲。火之炎，人之蒸⓳，有影無形，能散而不能受光者，其氣陽也。

陽陷於陰為水，附於陰為火。

【章　旨】以氣的陰陽演變闡述作為萬物形成和多樣性統一的五種基本物質（即五行）的各自性質與相互關係。

【注　釋】❶火日外光二句　火質和太陽往外發光，能直射而輸出。火，火質。古人謀求用日常生活中常見的木、火、土、金、水五種物質來說明世界萬物的起源和多樣性的統一，即所謂五行。外，向外。光，發光。直，直射。施，施予。❷金水內光二句　金質和水質接受光，能敞開來承受。內，同「納」。闢，開啟。金和水屬陰，火與日屬陽，所以性質相反。❸材　材質；材性。❹神與形句　神妙變性與具體形態，天與地的原理吧。與，同「歟」。表推測語氣。天與地就是神與形，表一物兩體對立統一。❺木曰曲直　木質是曲了還能伸直。語出《尚書・洪範》，下同。曰，叫；是。曲、直，都用作動詞。❻能既曲句　既，已經。反，同「返」。返回。申，通「伸」。伸展。❼金曰從革　金質是依順改變。從，依順。革，改變。❽炎上潤下　炎熱上騰滋潤下溼。❾木金者二句　木質金質分別是土質的花和果實。喻指木質具有土質的鬆散、金質具有土質的堅固。華，同「花」。❿漬　浸潤。⓫火然句　然，同「燃」。燒。離，散裂。⓬得水之精句　精，性；性能。濡，溼潤。⓭相待而不相害　相互依賴卻不相互損害。待，依存。⓮鑠之反流而不耗　銷鎔它返回流體卻不損耗。鑠，熔化。流，流動。耗，損耗。⓯得土之精實句　得到土質的精純之質在水質與火質交會。精，純粹。際，交會；交合。⓰土者二句　土質是萬物藉以完成開始並且完成終了的物質。所以，藉以；所用來。⓱物兼體句　兼體，兼具陰陽二體。不遺，無遺漏。句意謂土質為五行根本。⓲水者四句　句意謂水質是陽在陰內未能勝出，火質是陽附麗於陰而陰尚未消盡。如同上文「陽為陰累，則相持為雨而降；陰為陽得，則飄揚為雲而升。」麗，附麗；依附。⓳人之蒸　人的暖氣。蒸，人身蒸發的熱氣。

【語　譯】火質與太陽向外發光，能直射而輸出；金質和水質吸納光，能敞開來接受光。接受者隨著自己材質各取所得，輸出者所應和的也無窮無盡，這是神妙變性與具體形態、天與地的原理吧！

「木質是曲了還能伸直」，能在彎曲之後返回直伸；「金質是依從改變」，一旦依從改變再也不能恢復。水質和火質，都是氣，所以熱炎上騰滋潤向下和陰陽二氣一同升降，土質不能控制它們。木質和金質，分別是土質的花和果實，它們的性能具有水質與火質的參雜，所以木質作為物，水浸就生長，火燒卻不散裂，當是在水質火質交會之時獲得了土質的虛浮不實。金質作為物，從土質的乾燥獲得火質的性能，又從土質的潮滋獲得水質的性能，所以水質與火質相互對持而不相互損害，銷鎔它返回流體而不會損耗，當是從水質與火質的交會中，獲得了土質的精純。土質，是世界萬物藉以完成開始和完成終了的物質，是地的物質，是變化的歸宿，是水質和火質賴以升降，兼具兩體而沒有遺漏的物質。

水質，是陰氣凝聚而陽氣未能勝出的物質；火質，是陽氣依附著而陰氣尚未消失的物質。火的熱炎，人氣的蒸騰，都是有影無形，能消散卻不能接收光的，它們的氣屬陽。

陽氣陷在陰氣中形成水，陽氣依附在陰氣外形成火。

天道篇第三

【題解】有太和之氣，有參兩的存在和交感，於是有天道，文中有時也單說「天」或「道」。本篇解釋了什麼是天道，它具有什麼性質，它與人活動的關係以及如何正確認識它。作者強調天道無形而客觀存在著，變化莫測而不停進行著，是人應當努力探究並遵循的。他分出「有心」和「無心」，即人的有意識與無意識的自然規律。認為二者關係是「帝天之命，主於民心」，「存文王，則知天載之神」。主張人應當遵循自然，卻又把「存眾人，則知物性之神」與「文王」相區別，很有上智下愚的味道。同時，他把變化分成細微緩慢的「化」和顯著激劇的「變」，可與現代哲學分漸變、激變之說相彷彿。這觀點在〈神化篇〉有更精到的解說。

天道四時行❶，百物生，無非至教❷；聖人之動，無非至德❸，夫❹何言哉！

天體物不遺，猶仁體事無不在也❺。「禮儀三百，威儀三千」❻，無一物而非仁也。「昊天曰明，及爾出王。昊天曰旦，及爾游衍」❼，無一物之不體也。

「上天之載」❽，有感必通；聖人之為，得為而為之應❾。

天不言而四時行，聖人神道設教而天下服❿。誠⓫於此，動於彼，神之道與⓬！

【章旨】天道是必然的自然發展規律，無所不在的。

【注釋】❶天道四時行　天道四季推移運行。天道，包含日月星辰等天體運行過程和用來推測吉凶的兩個方面。張載指氣的演化過程。四時，即春夏秋冬四季。行，運行；推移。❷至教　最佳的教化。至，最；極。❸聖人之動二句　聖人的作為，沒有不是最完美的德化。聖人，道德智能都最高的人。動，舉動；作為。德，德行；德化。即以德感化人。❹夫　語助詞，用在句首，無義。❺天體物二句　天道體現在萬物而無遺漏，猶如仁愛體現在萬事而無不在。天，指天道。體，體現；表現。仁，仁愛。指人與人相互親愛，是儒學的核心，被視為人際關係的基本道德。❻禮儀三百二句　意指禮儀和威儀名目眾多。語出《禮記・中庸》。禮儀，指禮節和儀式。威儀，指古時典禮中的動作儀文及待人接物的儀節。三百、三千，極言眾多。❼昊天曰明四句　上天的眼睛最明亮，跟你一道去遊賞。上天的眼睛最明亮，跟你一道去遊逛。語出《詩・大雅・板》。昊天，上天。曰，語助詞，無義。王，通「往」。旦，與上句「明」互文見義。游衍，縱情遊樂。❽上天之載　上天的行事。語出《詩・大雅・文王》。載，通「事」。行事；作為。❾聖人之為二句　聖人的作為，是應當做就做從而成為天的應和。得，能；應當。為之應，成為天的應和。之，天。應，響應；應和。❿天不言二句　天不說教而四季有序運行，聖人用感化方法實施教化從而天下信服。言，說教。神道設教，指以感化方法實施教化。神道，感應之道，此感而彼應。即感化方法。⓫誠　實有，指宇宙的一般規律，是儒家推重的道德。⓬神之道與　神妙變化的方法吧。神，指氣感應的潛能。與，同「歟」。相當「吧」。

【語　譯】天道四季運行，萬物生長，沒有不是最佳的教化；聖人的作為，沒有不是最完美的德化，還要說什麼呢！

天道體現在萬物而無遺漏，猶如仁愛體現在萬事而無不在。所謂「禮儀三百，威儀三千」，是說沒有一件事物不是仁愛。所謂「上天的眼睛最明亮，跟你一道去遊賞。上天的眼睛最明亮，跟你一道去遊逛」，是說沒有一件事物不體現天道。

「上天的行事」，有感受必定通達；聖人的作為，應當做就做從而成為天的應和。

上天不說教而四季有序運行，聖人以感化方法實施教化從而天下信服。誠實在己，感動在他，是神妙變化的原理吧！

天不言而信，神不怒而威❶；誠故信，無私故威。

天之不測謂神，神而有常謂天❷。

運於無形之謂道，形而下者❸不足以言之。

「鼓萬物而不與聖人同憂」❹，天道也。聖不可知也，無心之妙非有心所及也❺。

「不見而章」❻，已誠而明也；「不動而變」❼，神而化也；「無為而成」，為物不貳❽也。

已誠而明，故能「不見而章，不動而變，無為而成」❾。

「富有」，廣大不禦之盛與❿！「日新」⓫，悠久無疆之道與！

【章　旨】天道具有客觀、無形、莫測、不停運行的特性。

【注　釋】❶天不言而信二句　天道不說教而有信譽，天性不發怒而有威嚴。語本《禮記・樂記》。信，信譽；信用。威，威嚴。❷天之不測二句　天道的不能夠預測的變化叫做天性，天性而有常態叫做天道。常，恆久。此指恆久不易的變化規律。❸形而下者　已成形體的東西。與上句無形謂道對言。❹鼓萬物句　鼓動萬物卻不和聖人同憂慮。句意謂天道自然而無意識。語出《易・繫辭上》。鼓，鼓動；激起。❺聖不可知也二句　聖明而不能預知，無心的神妙不是有心的人所能企及的。聖，聖明無所不通。心，相當於意識。及，企及；趕上。❻不見而章　不顯現卻能鮮明。語出《禮記・中庸》。下文「不動而變」、「無為而成」同。見，同「現」。顯現。章，彰明。❼不動而變　沒有動靜卻發生變化。動，動靜。❽為物不貳　一意造就物而沒有貳心。句意謂堅持一貫。不貳，沒有貳意；不背離。❾不見而章三句　語出《禮記・中庸》。❿富有二句　富有就是指廣大無邊的興盛吧。富有，語出《易・繫辭上》。禦，界限。⓫日新　一天比一天新。語出《易・繫辭上》。

【語譯】天道不說教而有信譽，天性不發怒而有威嚴；誠實所以有信譽，無私所以有威嚴。

天道的變化不能夠預測的叫做天性，天性而有常態叫做天道。

運行在無形之中的叫它為天道，形而下者夠不上來談論它。

「鼓動萬物卻不和聖人同憂慮」，這是天道。這是聖明而不能預知的，無心的神妙不是有心的人所能企及的。

「不顯現卻能鮮明」，是說已經實在而顯明；「無動靜而有變化」，是說變化的潛能推動演化；「不作為而有成效」，是說造就物是一心一意的。

已經實在從而顯明，所以能「不顯現卻能鮮明，無動靜而有變化，不作為而有成效」。

「富有」，就是廣大無邊的興盛吧！「日新」，就是悠久無疆的天道吧！

天之知物不以耳目心思，然知之之理過於耳目心思❶。天視聽以民，明威以民❷，故《詩》、《書》所謂帝天之命，主於民心而已焉❸。

「化而裁之存乎變」❹，存四時之變，則周歲之化可裁；存晝夜之變，則百刻❺之化可裁。「推而行之存乎通」❻，推四時而行，則能存周歲之通；推晝夜而行，則能存百刻之通。

「神而明之，存乎其人」❼，不知「上天之載」當存文王❽。「默而成之」，「存乎德行」❾，學者常存德性，則自然默成而信矣❿。

存文王，則知天載之神⑪，存眾人，則知物性之神⑫。谷之神也有限⑬，故不能通天下之聲；聖人之神惟天，故能周萬物而知⑭。聖人有感無隱，正猶天道之神。

【章旨】闡述天道與人既聯繫又有區別，變與化也是既聯繫又有區別，而天道才是根本。

【注釋】❶天之知物二句　天的察知萬物不用耳、目和心，但是察知它們的方法勝過耳、目和心。心思，用心。指心。古人認為心是認識器官。知之之理，察知它們的方法。前「之」是代詞，代表「物」。理，條理，引申為方法。❷明威以民　明，表明；顯示。以，用；依據。❸故詩書二句　所以《詩經》和《尚書》所說的天帝的意旨，取決於民心罷了。詩，即《詩經》。中國最早的詩歌總集，編集於春秋時期。相傳經孔子刪編，今存三〇五篇，分風、雅、頌三大類。為儒家重要經典之一。書，即《尚書》。又名《書經》，是中國商周時期尤其是周初的重要歷史文件和部分追述上古事跡著作的總匯。相傳由孔子編成，也成為儒家的重要經典之一。帝天，即天。帝是最高的神，但是，張載不信神。主，依據；取決。而已焉，語氣詞連用。而已，罷了。焉，代表肯定語氣。❹化而裁之句　細微的漸化從而把它分段依存於顯著的激變。語出《易・繫辭上》。化，細微而緩慢的變化。變，顯著而激烈的變化。二者相對而相聯。裁，裁取；分段。存，存在；依據。乎，相當「於」。❺百刻　中國古時以銅漏計時，百刻為一晝夜。刻，是銅漏計時的單位之一。❻推而行之句　推移運行依存於貫通。語出《易・繫辭上》。通，貫通。❼神而明之二句　神妙的天性使它顯現，依存於那個人。語出《易・繫辭上》。明之，使之顯現。其人，那人。即下文「文王」。❽文王　即周文王。姬姓名昌。商紂時為西伯，是西部諸侯的領袖，故亦稱西伯。他為周武王興周滅商奠定基礎，是歷來稱頌的賢君。❾默而成之二句　默默地形成它，依存於道德品行。語出《易・繫辭上》。默，靜默；不聲張。德行，道德品行。❿學者常存二句　學習的人堅持修養道德品行，就自然而然地默默有成而有信譽了。學者，學習的人。默成，「默而成之」的簡縮。⓫天載之神　天行事的神妙，即天道。天載，「上天之載」的簡縮。⓬存眾人二句　依存在於大眾，就知曉物性的神妙。眾人，大眾；百姓。物性，物的變性。⓭谷之神句　山谷的神妙有局限。谷之神，山谷之神。老子用「谷神」描述「道」，谷指山谷，象徵空虛，神有變化莫測的意思。張載作「谷之神」，就突出了它的有限。也，句中語氣詞。⓮聖人

之神二句　聖人的神妙就是天道，所以能遍及萬物而叡智。惟，為；是。周，周遍；遍及。知，通「智」。

【語　譯】天的察知萬物不用耳、目和心，但是察知的方法勝過耳、目和心。天觀察聽聞依據民眾，顯明威嚴也依據民眾，所以《詩經》、《尚書》所說的上天的旨意，取決於民心罷了。

「細微的漸化從而把它分段依存於顯著的激變」，依存四季的激變，就能給整年的漸化分段；依存晝和夜的激變，就能給百刻時間的漸化分段。「推移運行依存於貫通」，推動四季的運行，就能保存整年的貫通；推動晝和夜的運行，就能保存百刻時間的貫通。

「神妙變化的天性而使它顯現，存在於那個人」，卻不知曉「上天的行事」應當存在於周文王。「默默地形成它」，「存在於道德品行」，學習的人堅持修養道德品行，就自然而然地默默有成而有信譽了。

存在於周文王，就知曉上天行事的神妙，存在於民眾，就知曉物性的神妙。

山谷的神妙有局限，所以不能貫通天下的聲音；聖人的神妙是天道，所以能遍及萬物而叡智。

聖人有感應而沒有隱瞞，正像天道的神妙。

形而上者，得意斯得名，得名斯得象❶；不得名，非得象者也。故語道至於不能象，則名言❷亡矣。

世人知道之自然，未始識自然之為體爾❸。

有天德，然後天地之道可一言而盡❹。

貞明不為日月所眩，貞觀不為天地所遷❺。

【章　旨】天道是能夠認識的，只是必須從根本上去觀察。

【注　釋】❶形而上者三句　形而上的天道，能得知它的本意也就得知它的名稱，能得知它的名稱也就得知它的形態。形而上者，即無形體者，指天道。意，指本意。即天道是氣的發展變化過程。名，中國哲學術語，指概念、名稱。斯，則；乃。象，形態。指體現天道的萬事萬物。❷名言　名稱；稱說。❸世人知道二句　世上人都知曉天道的自然而然，卻沒有認識到自然而然就是它的本體罷了。自然，天然。體，本體。❹有天德二句　具備天德，而後天地演變的道就能夠用一個字概括無遺。天德，即天性，指氣的變化潛能。天地之道，即天道。一言，一字。此指道。《正蒙・神化篇》：「神，天德；化，天道。」❺貞明不為二句　以正道去明見不會被日月的光明所眩惑，以正道去觀察不會被天地的變化所引誘。意指當從根本處看萬事萬物。《橫渠易說・繫辭下》：「貞觀貞明，是己以正而明日月、觀天地也。多為日月之明與天地變化所眩惑，故必己以正道觀之。能如是，不越乎窮理。」眩，眩惑；迷惑。遷，改移。

【語　譯】形而上的天道，能得知它的本意也就得知它的名稱，能得知它的名稱也就得知它的形態；不得知它的名稱，就不是得知它的狀態。所以談說天道的人到了不能得知它的狀態，就連稱名也沒有了。

世上人都知曉天道的自然而然，卻沒有認識到自然而然就是它的本體罷了。

具備天德，而後天地演變的道能夠用一個字概括無遺。

以正道去明見就不會被日月的光明所眩惑，以正道去觀察就不會被天地的變化所牽引。

神化篇第四

【題解】世界一切活動只是「神化」二字。神是變化潛能，即「參兩」；化是變化進程，即天道。神是虛中有實，化是實中有虛，它們統一於氣。這是一切變化的模式。佛教主張一切皆空，是無視物的實在，不懂神和化。張載主張化能形成物，也能化去物，成物是實，有形；化去物為氣，無形，還是實，所以只有物的演化，不存在空與無的區分。化有化和變二種方式，化是細微的緩慢的，變是顯著的快速的，變存在於化之中，並推動化運行。這就類似現代哲學的漸變和質變的觀點了。人能達到神化才具備完美人性。因此反對莊子超人式的「神人」，認為神人還是人，所以他提倡做「窮神知化」的聖人。同時他又提出世上人有兩種偏向。一是「徇物喪心，人化物而滅天理者」，最後「徇物而喪己」，即自己也淪為物。二是「百姓日用而不知」，身處神化之中卻不認識，因此始終不能提高。所以提倡當從「精義入神」著手，「大德敦化，然後仁智一而聖人之事備」。只要努力求進，人人都能成聖。

神，天德；化，天道❶。德，其體；道，其用。一於氣而已❷。

「神無方」，「易無體」，大且一而已爾❸。

虛明照鑒，神之明也❹；無遠近幽深，利用出入❺，神之充塞無間❻也。

天下之動，神鼓之也❼，辭不鼓舞則不足以盡神❽。

鬼神，往來、屈伸之義，故天曰神，地曰示，人曰鬼❾。神示者歸之始，歸往者來之終。

【章旨】解說「神」就是引發變化的天性。

【注釋】❶神四句　神是天德。化是天道。天德，即天性，指氣的變化潛能。天道，指氣的變化發展的進程。❷德五句　天德是本體，天道是它的作用，統一在氣罷了。體，本體，是實有。用，作用，是發揮。一，統一。氣，張載指構成宇宙的基本質素。❸神無方三句　天性沒有定所，變化沒有定體，廣大並且一致罷了。方，區域；範圍。體，形態；模式。大，廣大無外。一，一致；統一。而已爾，語氣詞連用，相當於「罷了」。❹虛明照鑒二句　清虛明察是天性的明顯。虛明，清虛。照鑒，明察。明，明顯，指實在。❺利用出入　利於自身致力施用出外入內。指神引發各種變化的方式。利，利於自身。用，致力施用。出，自內出。入，從外入。❻間　間隙；空缺。❼天下之動二句　天下的變動都是神鼓動它的。動，變化。鼓，鼓舞；激發。❽辭不鼓舞句　文辭做不到激發就不足以窮盡神的涵義。辭，文辭。此指《易經・繫辭》，即繫屬在爻卦之下，用來解說《易經》的基本意義、原理、功用、起源及筮法等的文辭。鼓舞，激發。❾鬼神五句　鬼神是往和來、屈和伸的意思，所以在天叫神，在地叫示，在人叫鬼。《橫渠易說・繫辭上》：「自無而有，神之情也；自有而無，鬼之情也。自無而有，故顯為物。」示，顯示。鬼，古人認為是「歸」的諧音。

【語譯】神是天德；化是天道。天德是本體；天道是它的作用。統一在氣罷了。

「神沒有定所」，「變化沒有定體」，廣大並且統一罷了。

清虛明察是神的顯明；不論遠近幽隱精深，利於自身致力施用出內入外，都是神的充滿而沒有空缺。

天下的變動都是神激發它們的，文辭做不到激勵發揮就不足以窮盡神的涵義。

鬼神就是往和來、屈和伸的意思，所以在天叫神，在地叫示，在人叫鬼。神示是歸的開始，歸去是生來的終了。

形而上者，得辭斯得象矣❶。神為不測，故緩辭不足以盡神，緩則化矣❷；化為難知，故急辭不足以體化，急則反神❸。

氣有陰陽❹，推行有漸為化，合一不測為神。其在人也，智義❺利用，則神化之事備矣。德盛者窮神則智不足道，知化則義不足云❻。天之化也運諸氣，人之化也順夫時❼；非氣非時，則化之名何有？化之實何施？《中庸》曰「至誠為能化」❽，孟子曰「大而化之」❾，皆以其德合陰陽，與天地同流而無不通也❿。所謂氣也者，非待其蒸鬱凝聚，接於目而後知之⓫；苟健、順、動、止、浩然、湛然之得言，皆可名之象爾⓬。然則象若非氣，指何為象？時若非象，指何為時？世人取釋氏銷礙入空、學者舍惡趨善以為化⓭，此直可為始學遺累者，薄乎云爾⓮，豈天道神化所同語⓯也哉！

「變則化」⓰，由粗入精也；「化而裁之謂之變」⓱，以著顯微也。「谷神不死」，故能微顯而不揜⓲。

鬼神常不死⓳，故誠不可揜；人有是心在隱微，必乘間而見⓴，故君子雖處幽獨㉑，防亦不懈。

【章　旨】解說「化」是實在的變化。

【注　釋】❶形而上者二句　形而上者，得知它的名稱也就得知它的形態了。形而上者，即無形體者。此指「神」。辭，名稱。斯，這；就。象，形態。❷神為不測三句　神是不能夠預測的，所以演進的名稱不足以窮盡表述神，演進就成化了。緩辭，表述漸變的詞語。緩，鬆緩。化，演化。❸化為難知三句　化是很難認知的，所以激發的名稱不足以體現化，激發就回歸神。急辭，表述質變的詞語。急，急切。體，體現；表述。反，同「返」。❹氣有陰陽　氣具有陰陽二體。陰陽，特指構成氣的相互對抗又相互依存的兩部分。❺智義　叡智合宜。知，叡智；聰明。義，合宜。指思想行為符合一定標準。❻德盛者二句　德性完美的人究明了神，那就人的叡智不值得稱道，明白了化，那就人的大義不值得述說。道，稱道。云，說。❼天之化也二句　運諸，運行在。運，運行。諸，「之於」的合音。順，順應。夫，那。時，時宜；時勢。❽中庸曰句　中庸，《禮記》的一篇，以不偏不倚為最高道德標準，以誠為宇宙本體。宋代程頤及以後朱熹等推崇備至，將它獨立出來，與《大學》、《論語》、《孟子》合刊，成為宋以後的封建社會官定的教科書。誠，實有。指宇宙的一般規律，是儒家推崇的道德。❾孟子曰句　孟子，名軻字子輿（約西元前三七二～前二八九年），鄒（今山東鄒縣東南）人。戰國時期的思想家、政治家和教育家，被認為是孔子學說的繼承人，有「亞聖」之稱。著有《孟子》，被收入《四書》。大而化之，廣大充滿並且能感化它。語出《孟子・盡心下》。❿皆以其德二句　都由於它的德性符合陰陽，與天地共同變化並且沒有不貫通的。流，流變；運行。⓫所謂氣三句　所說氣這個東西，並非等到它的蒸騰、濃鬱、凝結、聚合，被眼看見以後才認識它。者，指事詞，句中表示停頓。蒸鬱凝聚，都指氣的有形狀態。是物而不是性能。⓬苟健順二句　只要剛強、柔順、活動、休止、至大剛正的樣子、清澈明淨的樣子的能夠稱說，都是能夠稱名的現象了。此指性狀。得，能夠。名，稱名。⓭世人句　世上人把佛教的銷鎔有形物進入空無和學者的棄惡向善認作化。釋氏，中國佛教指稱佛教始祖釋迦牟尼，後亦泛稱佛教。礙，障礙。指有形物。佛教認為一切有形物都是成佛的障礙。舍惡趨善，張載認為只是簡單的加減法，而不是質變。舍，同「捨」。⓮此直可二句　直，只。遺累，帶來累贅。薄，淺薄。云爾，相當於「如此罷了」。云，如此。⓯同語　相提並論；等同著說。⓰變則化　變就演化。語出《中庸》。變，指急劇顯著的變化。化，指鬆緩細微的變化。二者相似現在說的質變和漸變。⓱化而裁之謂之變　漸化從而把它分節叫它做變。語出《易・繫辭上》。⓲谷神不死二句　谷神永存，所以能顯現細微而不加掩蓋。谷神不死，語出《老子》。谷神，原是老子描述「道」的用語。「谷」是山谷，象徵空虛；「神」是變化莫測。張載借用其語。〈天道篇〉「谷之神也有限」，是批評其說有局限。揜，掩蓋；遮蔽。⑲鬼神常不死　鬼神永存而不死。常，恆常；久長。⑳人有是心二句　是心，這個心。是，這。乘間，趁機會；伺隙。見，同「現」。顯現。㉑幽獨　隱微孤獨。

【語　譯】形而上者得知名辭也就得知形態了。神是不能預測的，所以演進漸變的名辭不足以窮盡表述神，演進就成化了；化是很難認知的，所以表述質變的名辭不足以體現化，質變就回歸神。

氣具有陰陽兩體，推移運行積漸而成為化，會合為一不能預測的是神。它們存在於人，能叡智明理利於自身和致力施用，那就神和化的活動完備了。德性完美者究明了神，那就人的叡智也不值得稱道了，認明了化，那就人的大義也不值得述說了。天地之化在氣中運行，人之化順應那時宜；如果不是氣不是時宜，那麼，化的名稱還含有什麼呢？化的實際活動還有什麼呢？《中庸》說「至誠是能化」，孟子說「廣大充滿並且感化它」，都由於它的德性符合陰陽，與天地共同變化並且沒有不貫通的。所說這個氣，並非等到它的蒸騰、濃鬱、凝結、聚合，被眼看見以後才認識它；只要剛強、柔順、至大剛正的樣子、清澈明淨的樣子的能夠稱說，都是能夠稱名的狀態了。但是狀態如果不是氣，指什麼為狀態呢？時宜如果不是狀態，指什麼為時宜呢？世上人把佛教的銷鎔有形物進入空無和學者的棄惡從善認作化，這只能給初學人帶來累贅，淺薄如此，豈能同天道神化相提並論呢！

「變就演化」，是由粗入精；「漸化從而把它分節段就叫它做變」，是以明顯微。「谷神不死」，所以能顯現細微而不掩蓋。

鬼神永存而不死，所以誠是不可能被掩蓋的；人有這個心而處境隱微，也必定趁機會而顯現，所以君子雖然處在隱微孤獨，防範也不會鬆懈。

神化者，天之良能❶，非人能；故大而位天德❷，然後能窮神知化。

大可為也，大而化不可為也，在熟❸而已。《易》謂「窮神知化」，乃德盛仁熟之致，非智力能強也。

大而化之，能不勉❹而大也，不已而天，則不測而神矣。

先後天而不違，順至理以推行❺，知無不合也。雖然❻，得聖人之任❼者皆可勉而至，猶不害於未化爾。大幾聖矣❽，化則位乎天德矣。

大則不驕，化則不吝。

無我而後大❾，大成性而後聖，聖位天德不可致知謂神。故神也者，聖而不可知。

見幾❿則義明，動而不括則用利⓫，屈伸順理則身安而德滋⓬。窮神知化⓭，與天為一，豈有我所能勉哉？乃德盛而自致爾。

「精義入神」⓮，事豫吾內，求利吾外也⓯；「利用安身」⓰，素利吾外，致養吾內也⓱。「窮神知化」⓲，乃養盛自致，非思勉之能強，故崇德而外，君子未或致知⓳也。

神不可致思⓴，存焉可也；化不可助長，順焉可也。存虛明㉑，久㉒至德，順變化，達時中㉓，仁之至，義之盡也。知微知彰，不舍而繼其善㉔，然後可以成人性㉕矣。

聖不可知者，乃天德良能，立心求之，則不可得而知之。

聖不可知謂神，莊生謬妄，又謂有「神人」焉㉖。

【章旨】解說人性，完美的人性是「窮神知化，與天為一」的仁性。

【注釋】❶良能　本能；本性。❷大而位天德　廣大並且到達天德。大，廣大無際。《正蒙・中正篇》：「塞乎天地之謂大。」位，位居；到達。《橫渠易說・乾卦》：「言『乃位』即是實到為己有也。若由思慮勉勉而至者，止可言知，不可言位也，『乃位』則實在其所矣。」❸熟　成熟；熟練。即自然昇華。❹勉　主觀努力。❺先後天二句　先後於天而不違背天，遵循天道而推行。先後，或前或後。至理，最高準則，指天道。❻雖然　雖然這樣。❼聖人之任　聖人的地位。聖人，道德智能最高的人。任，職能。此指地位或模式。❽大幾聖矣　廣大無外幾乎是聖人了。幾，幾乎；差不多。聖，聖人。❾無我而後大　忘我然後能廣大無外。我，自我。指人身的偏見。❿幾　預兆；萌芽。⓫動而不括則用利　發動而不結滯就施用順利。括，結滯。⓬屈伸句　進退遵循天理就能身安寧而德性滋長。屈伸，屈曲與伸直。此指進退、得意與失意。理，天理。指天道。⓭窮神知化　窮究天性識透變化。窮，窮盡。⓮精義入神　擇取精深的義理深入到神。語出《易・繫辭下》。精義，精究義理。義，義理；事理。入神，《橫渠易說・繫辭下》：「入神是僅能入於神也，言入如自外而入，義固有淺深。」⓯事豫吾內二句　行事豫先具備在我內心，謀求順利在我身外。豫，豫先準備。⓰利用安身　施用順利從而自身安寧。語出《易・繫辭下》。利用，即用利。指施於行事都順利。《橫渠易說・繫辭下》：「精義入神須從此去，豫則事無不備，備則用利，用利則身安。」⓱素利吾外二句　求利於我身外，用來養育我的內心德性。素，通「索」。求取。吾內，我內心。指道德。⓲窮神知化　窮究天性識透化。語出《易・繫辭下》。⓳未或致知　沒有其他要認知的。或，有；有人。⓴致思　以思致。指單憑主觀努力達到。㉑虛明　指天性。天性無形而又無處不在的。㉒久　永久。此作使……永久。㉓時中　儒家指立身行事無過與不及，合於時宜，符合中道。時，時宜。中，中道；正道。㉔不舍而繼其善　不休止地繼續他的良好品德。舍，同「捨」。繼，繼承；連續。㉕人性　此指完美的人性。即聖人的德性。㉖莊生謬妄二句　莊子荒謬，又說有所謂的「神人」。莊生，即莊子。姓莊名周（約西元前三六九～前二八六年），宋國蒙（今河南商丘東北）人。戰國時著名哲學家、文學家，著有《莊子》，被後來道家尊為重要經典，又名《南華經》。作品極為浪漫，對後世文學有很大影響。繆，通「謬」。錯誤。神人，古代道家理想中得道而神妙莫測的人。是超人。張載加以批判，《橫渠易說・乾卦》：「位天德則神，神則天也，故不可以神屬人而言。莊子言神人，不識義理也。」

【語譯】神和化是天的本能，而不是人的才能；所以，廣大無外並且達到天性，而後能夠窮究天性識透化。

廣大無外是能夠憑努力去做的，廣大無外並且能夠感化是不能夠靠努力做到的，在於純熟罷了。《易經》說「窮究天性識透化」，是德性昌盛仁心成熟所達到的，不是靠人的智力能夠強求的。

廣大無外並且能夠感化，是能夠不強求而達到廣大無外，不停地努力而達到自然，就是不能預測而達到天性神妙了。

先後於天都不會違背，遵循天道而推行，認知沒有不符合了。雖然這樣，得到聖人職責的人都能通過努力來達到，仍不妨害未能達到感化罷了。廣大無外幾乎是聖人的德性了，感化就達到天性了。

廣大無外就不驕慢，感化就不吝嗇。

忘我以後能廣大無外，廣大無外成了德性以後才達到聖人的德性，聖人的德性達到天性從而不能預知就叫做神。所以這個神，是聖人的德性而又不能預知的。

察見先兆也就義理顯明了，發動而不結滯也就施用順利了，進退出處遵循天理也就自身安寧而德性滋長了。窮究天性識透化，與天成為一體，哪有我所能強求的呢？是德性昌盛仁心成熟而自然達到罷了。

「精究義理深入到神」，是行事豫先準備在我內心，謀求順利於我身外；「施用有利從而身心安寧」，是求利我身外，達到養育我內在德性。「窮究天性識透化」，是養育崇高德性而自然達到，不是主觀努力所能強求，所以增長德性以外，君子沒有其他要努力去認知的。

神不能憑主觀努力來達到，保存它就可以了；化不能去助長，遵循它就可以了。保存無形而又無所不在的天性，永久養育最高德性，遵循變化，達到時中的原則，這是仁的極致，義的完美。明瞭天道的隱微和變化，不停努力地繼續他的善，而後能造就完美的人性了。

聖人的品德而且不能預知的，是天性的本能，刻意求取，就不可能達到並認識它。聖而且不能預知叫神，莊子荒謬，又說有「神人」呢。

唯❶神為能變化，以其一❷天下之動也。人能知變化之道，其❸必知神之為也。

見易❹則神其幾矣。

「知幾其神」❺，由經正以貫之，則寧用終日，斷可識矣❻。幾者象見而未形也❼，形則涉乎明，不待神而後知也。「吉之先見」云者，順性命則所見皆吉也❽。

知神而後能饗❾帝饗親，見易而後能知神。是故不聞性與天道而能制禮作樂者末矣❿。

「精義入神」，豫之至也。

徇物喪心，人化物而滅天理者乎⓫！存神過化，忘物累而順性命者乎⓬！

敦厚而不化，有體而無用也⓭；化而自失焉，徇物而喪己也。大德敦化，然後仁智一而聖人之事備⓮。性性為能存神，物物為能過化⓯。

無我然後得正己⓰之盡，存神然後妙應物之感⓱。「範圍天地之化而不過」⓲，過則溺於空，淪於靜⑲，既不能存夫⑳神，又不能知夫化矣。「旁行不流」㉑，圓神不倚㉒也；「百姓日用而不知」㉓，溺於流也。

義以反㉔經為本，經正則精㉕；仁以敦化為深，化行則顯。義入神，動一靜也㉖；仁敦化，靜一動也㉗。仁敦化則無體，義入神則無方。

【章旨】培養完美人性，必須糾正兩種偏向：徇物喪心和敦厚而不化。

【注釋】❶唯　語助詞，用在句首。❷一　統一；主宰。❸其　表揣測或擬議。❹易　變易；變化。❺知幾其神　識得先兆差不多就是認識神了。語出《易・繫辭下》。幾，先兆；苗頭。❻由經正三句　用規則來衡量從而貫通它，則哪用得上一整天，絕對能認識了。經，規範；常規。寧，哪。終日，整天。斷，斷然；絕對。❼幾者句　見，同「現」。形，成形。❽吉之先二句　吉利的先兆所說的，是遵循天性和天命則所現示的都是吉利的。吉之先見，語出《易・繫辭下》。云者，所說的。云，說。性，天性，即神。命，天道。❾饗　祭獻。❿是故句　因此不懂性與天道卻能創制禮儀和音樂的人不曾有過。是故，此故；因此。末，無有。⓫徇物二句　貪婪財物從而喪失心志，是沉淪為物從而滅絕天理的人吧。徇，貪婪。心，心志；道德。天理，天道；天性。⓬存神二句　保存天性，超越變化，遺棄物的牽累從而遵循天性和天道的人吧。存神過化，下文解釋說「性性為能存神，物物為能過化」。存，保存。過，不滯留。物累，物的拖累。⓭敦厚二句　淳厚卻不能感化，是有根基卻不發揮作用。敦厚，篤厚；純樸。體，本體；根基。⓮大德二句　壯大德性致力於感化，然後仁心智力合一從而具備了聖人的事業。大，壯大。敦，努力。備，具備；完備。⓯性性二句　以天性為德性是能夠保存神了，把物只看作物是能夠超越化了。性性，以天性為德性。前「性」是動詞。物物，以物為物。前「物」也是動詞。⓰正己　使自己正。⓱感　感通。⓲範圍天地句　效法天地的演化卻不超越。語出《易・繫辭上》。範圍，效法。過，超越。⓳過則溺於空二句　超越了就沉溺於空無，淪沒於寂靜。空，空無。靜，寂靜。都是佛教一切皆空的觀點。⓴夫　那個。㉑旁行不流　周遍運行而不放蕩。語出《易・繫辭上》。旁行，四出運行；周遍運行。流，放蕩；放任自流。㉒圓神不倚　運轉無窮的神不偏於某一面。圓，運轉無窮。倚，偏面。㉓百姓日用而不知　百姓天天在用卻不認識。語出《易・繫辭上》。日用，天天在用。知，認識；知曉。㉔反　同「返」。㉕精　精深。㉖義入神二句　精義入神是動主宰靜。動，指神。靜，指義。㉗仁敦化二句　仁致力於化，是靜主宰動。靜，指仁。動，指化。

【語　譯】惟有神是能變化的，這是由於它主宰天下的變動啊。人能認知變化的原理，也必定認知天性的作為了。

識得變化，也就差不多識得神了。

「識得先兆也就幾乎識得神」，用規則衡量從而貫通它，則哪用得上一整天，絕對能夠認識了。先兆是現象顯現而尚未成形態，成形態就進入有形物，不必等到認識神以後才能認知。「吉利的先兆」所說的，是遵循天性和天命則所示現的都是吉利的。

認識神以後才能懂得祭天和祭祖，識得變化以後才能識得神。因此不懂性與天道卻能創制禮和樂的人不曾有過。

「精究義理深入到神」，是預備之最了。

貪婪物質從而喪失心志，是沉淪為物從而滅絕天理的人吧！保存天性，把物只看作物，是遺棄物的牽累從而遵循天性和天道的人吧！

淳厚卻不會感化，是有根基卻不能發生作用；感化卻喪失自身，是貪婪物從而喪失自己。壯大德性並致力於感化，然後仁心和智力合一從而具備了聖人的事業。以天性為德性是能保存神，以物為物是能超越化。

忘我以後獲得修養自己的完美，保存神以後能巧妙回應萬物的感通。「效法天地的感化卻不超越」，超越了就會沉溺於空無，淪沒於寂靜，既不能保存神，又不能認識化了。

「周遍運行而不放任自流」，是運轉無窮的神不偏於某一方面；「百姓天天在用卻不知曉」，是沉溺於放任自流。

義以返回規則為根本，規則端正了義就能精深；仁德以致力於感化為深厚，感化能推行就能顯著。精究義理進入到神，是動主宰靜；仁致力於化，是靜主宰動。仁致力於感化就無形體，義理進入神就無定所。

動物篇第五

【題解】篇名「動物」所講不全是動物。作者用世界一切都是氣的聚散的觀點分析一切物以及物的活動。反之，他從一切物以及物的活動的分析中得出一切都是氣的聚散的結論。認為世界是實有，而不是佛教所說的「一切皆空」。文中列舉例子雖然不算多，並不是他所分析的全部，但是，仍然能夠領會到涉及面廣而且精到。說他是科學家，毫不遜色。語言也精警，如「寤所以知新於耳目，夢所以緣舊於習心」，「至之謂神，以其伸也；反之為鬼，以其歸也」。但是，也存在局限，如把封建社會的禮制視同自然級差的「天秩」，還是應當加以分析的。

動物本諸天，以呼吸為聚散之漸❶；植物本諸地，以陰陽升降為聚散之漸❷。

物之初生，氣日至而滋息❸；物生既盈，氣日反而游散❹。至之謂神，以其伸也；反之為鬼，以其歸也❺。

氣於人，生而不離、死而游散者謂魂；聚成形質，雖死而不散者謂魄❻。

海水凝則冰，浮則漚❼，然冰之才，漚之性，其存其亡，海不得而與焉❽。

推是❾足以究死生之說。

有息者根於天，不息者根於地❿。根於天者不滯於用，根於地者滯於方⓫，此動植之分也。

生有先後，所以為天序⑫；小大、高下相並而相形焉，是謂天秩⑬。天之生物也⑭有序，物之既⑮形也有秩。知序然後經正，知秩然後禮行⑯。

【章　旨】論動物、植物以至人都是氣的聚散，禮制也有自然依據。

【注　釋】❶動物二句　動物根源於天，以呼吸作為氣聚散的逐漸變化。本，根源。諸，「之乎」的合音。天，指陽。《正蒙・參兩篇》：「地純陰凝聚於中，天浮陽運旋於外，此天地之常體也。」又：「地，物也；天，神也。」張載以動物屬陽，植物屬陰，也是一物兩體之例。聚散，聚合消散。是氣變化的兩種方式：氣聚合而成物，物消散而成氣。漸，逐漸；漸進。❷以陰陽升降句　以陰氣與陽氣的升降作為氣的聚散的逐漸變化。陰陽升降，指隨季節榮枯。《正蒙・參兩篇》：「地雖凝聚不散之物，然二氣升降其間，相從不已也。陽日上，地日降而下者，虛也；陽日降，地日進而上者，盈也；此一歲寒暑之候也。」❸氣日至而滋息　氣一天天來到從而成長。日，一天天。滋息，成長。息，生長。❹氣日反而游散　氣一天天回歸從而游離散失。反，同「返」。游散，游離散失。❺至之謂神四句　來到叫做神，是由於它的展開；返回叫做鬼，是由於它的回歸。之謂，同「謂之」。意思是叫它做……。為，通「謂」。❻氣於人四句　氣在人身，活著不離去，死亡就游離散失的叫做魂；聚合成形體，死亡也不散失的叫做魄。張載將氣聚而為人分為魂和魄，堅持魂是實在，但是，他把人身的氣分成游散的魂與不散的魄，也陷入自我矛盾之中。魂，古人指想像中能離開形體而存在的精神。形質，形體。魄，古人指人身中依附形體而顯現的精神。❼漚　泡沫。❽然冰之才四句　然而冰的材質，泡沫的本性，它們的存在與它們的消亡，海是不能夠參預的。才，通「材」。與，參預。❾推是　推導它。推，推論；推導。是，它，指這個道理。❿有息者二句　有呼吸的根源於天，不呼吸的根源於地。息，呼吸。⓫根於天者二句　根源於天的活動不受局限，根源於地的受場所限制。於，被。滯，滯留；限制。用，作用；活動。方，場所。⓬天序　自然次序。⓭小大二句　小和大、高和下相互對比因而相互顯現的啊，這就叫做天秩。相並，比並；對比。形，顯現。天秩，自然等級。⓮也　句中語氣詞。表停頓。⓯既　已經。⓰知序二句　明瞭次序之後規則就正確了，明瞭等級之後禮制就通行了。經，規則。禮，泛指封建社會貴族等級制的道德規範和社會規範。把禮制視同「天秩」是作者的局限。

【語譯】動物根源於天，以呼吸作為氣的聚散的變化；植物根源於地，以陰氣與陽氣的升降作為氣的聚散的變化。物的初生，氣一天天來到從而成長；物生長已經滿盈，氣一天天回歸從而游離散失。來到叫做神，是由於它的展開；返回叫做鬼，是由於它的回歸。

氣在人身，活著不離去、死亡就游離散失的叫做魂；聚合成形體，死亡也不散失的叫做魄。海水凝結就成為冰，浮動就生出泡沫，但是冰的材質，泡沫的本性，它們的存在與它們的消亡，海是不能夠參預的。推導這個道理足以究明關於死生的說法。

有呼吸的根源於天，不呼吸的根源於地。根源於天的活動不受局限，根源於地的受場所限制，這就是動物與植物的分別。

出生有先後，因此成為天序；小和大、高和下相互對比從而相互顯現，這就是天秩。天的生成萬物啊有次序，萬物的已經成形啊有等級。明瞭次序之後規則就正確了，明瞭等級之後禮制就通行了。

凡物能相感者，鬼神施受之性也❶；不能感者，鬼神亦體之而化❷矣。

物無孤立之理，非同異、屈伸、終始以發明之，則雖物非物也❸；事有始卒乃成❹，非同異、有無相感，則不見其成，不見其成則雖物非物，故一屈伸相感而利生焉❺。

獨見獨聞，雖小異，怪也，出於疾與妄❻也；共見共聞，雖大異，誠❼也，出陰陽之正也。

賢才出，國將昌；子孫才，族將大❽。

人之有息，蓋剛柔相摩、乾坤闔闢之象也❾。

寤，形開而志交諸外也；夢，形閉而氣專乎內也❿。寤所以知新於耳目，夢所以緣舊於習心⓫。醫謂饑夢取，飽夢與，凡寤夢所感，專語氣於五藏之變，容有取焉爾⓬。

聲者，形氣相軋⓭而成。兩氣者，谷響⓮雷聲之類；兩形者，桴⓯鼓叩擊之類；形軋氣，羽扇敲矢⓰之類；氣軋形，人聲笙簧⓱之類。是皆物感之良能⓲，人皆習之而不察者爾。

形也，聲也，臭⓳也，味也，溫涼也，動靜也，六者莫不有五行⓴之別，同異之變，皆帝則㉑之必察者與！

【章　旨】解釋一切物象都是氣的聚散，都有五行屬性。

【注　釋】❶凡物二句　一切物能互相感應的，是鬼神的施予和接受的性能。凡，凡是；一切。感，感應。即交感相應。施受，施予接受。施，給予。❷體之而化　體現在它身上並且使它變化。體，體現。❸物無孤立三句　物沒有孤單獨立的可能，不是同與異、屈與伸、終與始來顯現它，那就雖然是物也不成其為物了。句意承「物能相感」而來。發明，顯現。❹事有始卒乃成　事有始和終才能成為事。卒，終。❺故一屈伸句　所以一有屈伸相互感應就產生效應了。一，一有。利，利益；效應。❻疾與妄　妒忌和虛假。疾，通「嫉」。❼誠　實在。是儒家推崇的道德。❽賢才出四句　賢才出現，國家將會昌盛；

子孫有才，家族將會壯大。意指賢才是國家昌盛的開端，好子孫是家族壯大的開始。如同「物之初生，氣日至而滋息」。昌，昌盛。大，壯大。❾人之有息二句　人的有呼吸，當是剛健物與柔軟物相摩擦、陰陽合與開的現象。息，呼吸。剛柔相摩，《橫渠易說・繫辭上》：「以人言之，喘息是剛柔相摩，氣一出一入，上下相摩錯也，於鼻息見之。」摩錯，即摩擦。剛，指鼻。柔，指氣。乾坤闔闢之象，《易・繫辭上》：「闔戶謂之坤，辟戶謂之乾，一闔一開謂之變。」闔，閉；闢。戶，門。辟，同「闢」。開，打開。❿寤四句　人醒時，形體開放從而心與外物交感；夢時，形體關閉從而氣專注在體內。寤，醒。形，指形體器官。志，心志。此指心。古人以為心是思惟器官，把思想的器官和思想情況、感情等都說做心。⓫寤所以二句　所以，所用來。緣舊於習心，從熟習的認知裡引用舊認知。緣，引用。習心，熟習的認知。⓬醫謂五句　醫，指醫書，大概指《皇帝內經》。《皇帝內經・脈要精微論》：「甚飽則夢予，甚飢則夢取。」寤夢，專指夢。五藏，即五臟。是心、肝、脾、肺、腎的總稱。容，或許。⓭軋　壓迫摩擦。⓮谷響　山谷回聲。響，回聲。⓯桴　鼓槌。⓰敲矢　即響箭。一種射出後能發響聲的箭，古人多用作信號。敲，借用為「嚆」。⓱笙簧　笙是簧管樂器，簧管自十三至十九根不等。奏時手按指孔，吹振動簧管而發音。⓲良能　本能。⓳臭　氣味。⓴五行　指金、木、水、火、土五種物質。古代思想家用來解說萬物的生成和多樣性的統一。㉑帝則　天的法則，即自然法則。

【語譯】一切物能互相感應的，是鬼神施予和接受的性能；不能互相感應的，鬼與神也體現在其中而變化了。

物沒有孤單獨立的可能，不是同與異、屈與伸、終與始來顯現它，那就雖然是物也不成其為物；事情有始有終才完成，不是同與異、有與無的互相感應，那就展現不出它的完成，不展現它的完成那就雖然是物也不成其為物，所以一有屈伸相互感應從而產生效應了。

獨見獨聞，即使是小的異常，也是怪誕，是出於妒忌和虛妄；共見共聞，即使是大的異常，也是實在，是出於陰陽變化的正規。

賢才出現，國家必將昌盛；子孫有才，家族必將壯大。

人的有呼吸，當是剛質與柔質互相摩擦、陰陽的開和合的現象。

人醒時，形體敞開從而心與外物交感；夢時，形體閉合從而氣專注體內。醒用來通過耳目認識新的，夢用來從熟習的認知裡引用舊的。醫書說餓時夢見取得，飽時夢見給予，一切夢中的感受，專門解說為氣在五臟的變化，應當有可取的吧。

聲音，是物與氣相軋而形成的。兩氣相軋的，如山谷回聲和雷聲之類；兩物相軋的，如鼓槌和鼓相敲擊之類；物軋氣的，如羽毛扇和響箭之類；氣軋物的，如人聲和笙的簧管之類。這些都是物互相感應的本能，人們都習慣它而沒有加以審察罷了。

形狀、聲音、氣味、滋味、溫涼、動靜，六者無一不具有五行的分別、同異的變化，都是自然規律必須審察的啊！

誠明篇第六

【題解】誠是實在而又一貫，明是明察，公正、公平而無所不在，它是天性的本色。所謂天性，就是氣的能變性，張載所認為的宇宙自然演變的內在動力。天性是世上萬物的物性，也包括人性的共同來源。人性即人的稟性，張載叫它做「氣質之性」，他說「形而後有氣質之性」，也就是說：氣演化為人就具有了人性。從此篇開始，議論轉入人性，《正蒙》全書的內容也從自然轉入到人與社會。人性只保存部分天性，所謂「人之剛柔、緩急、有才與不才，氣之偏也」，「天良能本吾良能，顧為有我所喪耳」。這在歷來性善與性惡的爭執不休之中，獨樹一幟。他進而提出人性發展的兩種前途以及實現完美人性的方法。一種是上達返本，即不斷改善原初的人性，使它趨同於天性。此說有三點值得注意：一、肯定人性的物質需求，「口腹於飲食，鼻舌於臭味，皆攻取之性也。」二、主張自覺持續地發展人性中天性部分來實現返本。三、完美人性「與天地同流異行」，人性有意識，不等於天性的純客觀。另一種是下達沉淪，「知德者屬厭而已，不以嗜欲累其心，不以小害大、末喪本」，「下達徇人欲」，任由原初人性中非天性部分肆意妄為，沉淪為物。張載認為完美人性是「誠莊」，即誠實而莊重；美好的人生是自信而勇敢地面對現實，「順性命之理，則所謂吉凶，莫非正也；逆理則凶為自取，吉其險幸也」；修養人性的正當途徑是學，即認識世界、探明規律，從而遵循自然規律，「領惡而全好者，其必由學乎！」「君子教人，舉天理以示之而已；其行己也，述天理而時措之也。」

誠明所知乃天德良知，非聞見小知而已❶。

天人異用，不足以言誠；天人異知，不足以盡明❷。所謂誠明者，性與天道不見乎小大之別也❸。

義命合一存乎理❹，仁智合一存乎聖❺，動靜合一存乎神❻，陰陽合一存乎道❼，性與天道合一存乎誠。

天所以長久不已之道，乃所謂誠。仁人孝子所以事天誠身，不過不已於仁孝而已❽。故君子誠之為貴❾。

誠有是物，則有終有始❿；偽實不有，何終始之有！故曰「不誠無物」⓫。

「自明誠」，由窮理而盡性也；「自誠明」，由盡性而窮理也⓬。

【章　旨】提出誠是天性，明是天道。兩者合一就是實在而一貫的氣，實在而一貫也就是誠。

【注　釋】❶誠明二句　誠明所認知就是天性本能的認知，不是人耳目等感官的認知罷了。誠，實在而一貫。明，顯豁而明白。天德，天性，即氣的變化潛能。良知，天性本能的認知。知，認知；認識。聞見小知，指人耳目感官的認知。是人的認知。❷天人異用四句　天與人不同作用，不足以稱為誠；天與人不同認知，不足以充分發揮明察。天人異用，如《正蒙・天道篇》：「天之知物不以耳目心思，然知之之理過於耳目心思。天視聽以民，明威以民。」天人異知，如《正蒙・大心篇》：「見聞之知，乃物交而知，非德性所知；德性所知，不萌於見聞。」可以認為張載把認識分為感性和理性兩類，認為二者完全不同。❸所謂誠明者二句　所叫做誠明的，是天性與天道沒有小和大的差別。性，即天德。天道，指氣的發展演化進程。見，同「現」。顯現。乎，同「於」。句意謂二者同等而無大小。《正蒙・神化篇》：「神，天德；化，天道。德，其體；道，其用。一於氣而已。」❹義命合一存乎理　義理與命運合而為一存在於天理。義，合宜；符合道德標準。命，命運。指吉凶禍福等，即人對它無可奈何的某種必然性。理，天理。指自然法則。❺仁智合一存乎聖　仁，仁愛。智，才智。聖，指聖人，古指道德才智最高的人。❻動靜合一存乎神　神，指氣的變化本性，由於不可預知卻又無處不在，所以又叫做神。由於是潛能，所以動靜合一。❼陰陽合一存乎道　陰陽合而為一存在於天道。陰陽合一，指陰陽交感。道，即天道。指自然運行。❽仁人二句　仁人孝子所用來敬事天從而使自身至誠的，不過是不斷地做到仁和孝罷了。仁人，仁德的人。孝子，孝順父母的兒子。所以，所用來。事，侍奉。誠身，使身誠。已，停止。孝，指養親尊親。❾君子誠之為貴　君子把使自己做到誠當作頭等大事。君子，古指有道德的人。誠之，使自己做到誠。意與上句「誠身」相類。❿誠有是物二句　誠是有這個物，就會有終有始。句意謂誠是實有的物，因此必然有它的發展過程。《正蒙・動物篇》：「事有始卒乃成，非同異、有無相感，則不見其成，不見其成則雖物非物。」⓫不誠無物　不誠就是沒有物。句意與上句「偽實不有」相同。語出《禮記・中庸》。⓬自明誠四句　「從明到達誠」，是由研究萬物的規則而推達到天性；「從誠到達明」，是由領悟天性而推明萬物的規則。用張載自己話說，「自誠明者……謂先自其性領會來，以至於窮理；自明誠者……謂先從學問理會，以推達到天性也。」見《張子語錄下》。一個是由內到外，由虛到實，由總到分，由天性到學問；一個是由外到內，由實到虛，由分到總，由學問到天性，殊途同歸。自明誠與自誠明二句出自《禮記・中庸》。窮，究明。盡，識透。二字義同。

【語　譯】誠明所認知的就是天性本能的認知，而不是人耳、目等感官的認知罷了。

天與人不同作為，不足以稱為誠；天與人不同認知，不足以窮盡明察。所說的誠明，是性與天道顯不出小大差別的。

義理與命運合而為一存在於自然法則，仁德與智能合而為一存在於聖人，動與靜合而為一存在於神，陰與陽合而為一存在於天道，天性與天道合而為一存在於誠。

天之所以長久運行不止的規律，就是所說的誠。仁人孝子所用來敬奉上天使自身做到誠的，不過是不斷地致力於仁和孝罷了。所以君子把使自己做到仁看作頭等大事。

誠是確有這個物，因此就會有終有始；偽是實在沒有，哪有什麼終和始！所以說「不誠就是沒有物」。

「從明到達誠」，是由究明萬物的原理從而推達到天性；「從誠到達明」，是由識透天性從而究明萬物的原理。

性者萬物之一源，非有我之得私也❶。惟大人為能盡其道，是故立必俱立，知必周知，愛必兼愛，成不獨成❷。彼自蔽塞而不知順吾理者，則亦末如之何矣❸。天能謂性，人謀謂能❹。大人盡性，不以天能為能而以人謀為能，故曰「天地設位，聖人成能」❺。

盡性❻然後知生無所得則死無所喪。

未嘗無之謂體，體之謂性❼。

天所性者通極❽於道，氣之昏明❾不足以蔽之；天所命者通極於性，遇之吉凶不足以戕❿之；不免乎蔽之戕之者，未之學⓫也。性通乎氣之外，命行乎氣之內，氣無內外，假有形而言爾⓬。故思知人不可不知天⓭，盡其性然後能至於命。知性知天，則陰陽、鬼神皆吾分內⓮爾。

【章　旨】論天性不同人性，重要是先能識天性。

【注　釋】❶性者二句　天性是萬物的同一源泉，不是我能夠私有的。性，天性。一，同一。有我，即我。有，語助詞，無義。得，能。❷惟大人五句　惟有大人是能窮盡那天道，因此立必與萬物俱立，知必周萬物而知，愛必兼萬物而愛，成必與萬物俱成。句意謂大人能化，就達到「立必俱立，知必周知，愛必兼愛，成不獨成」。大人，此指聖人。立，指成立、立身。周，周遍。愛，指仁愛。成，指成性，即下文「聖人成能」的「成能」。❸彼自二句　他自我封閉而不曉得遵循自然法則的話，那也就無可奈何了。蔽，遮掩。塞，堵塞。理，自然法則。末如之何，沒奈何。如之何，奈何。❹天能二句　天的活動本能叫做性，人的思惟叫做才能。人謀，指人的思惟能力，即意識。能，能力；才幹。❺天地設位二句　天地設定了位，聖人成就德性。語出《易・繫辭下》。《易・說卦》：「是以立天之道曰陰陽，立地之道曰柔與剛，立人之道曰仁與義。」《橫渠易說・說卦》：「陰陽天道，象之成也；剛柔地道，法之效也；仁義人道，性之立也；三才兩之，莫不有乾坤之道也。」設位，是定位。確定了在天地中間配合協調的地位。成能，成性，指與天地一致。❻盡性　窮究天性。❼未嘗無之二句　未嘗，不曾；沒有。體，實體。此指氣。體之，以它為體；體現它。❽通極　貫通到底。❾氣之昏明　即氣的有形與無形。指成物與不成物。❿戕　殘害。⓫未之學　「未學之」的倒裝，即沒有學習過它。之，指性和命。⓬性通四句　天性貫通到氣的外部，命運推行在氣的內部，氣本身沒有內外的區別，不過假借有形物來解說罷了。與上句相呼應。氣之外，指天道。氣之內，指天性。⓭天　指氣。⓮分內　本分之內。

【語　譯】天性是萬物的同一個源頭，不是人所能私有的。惟有大人是能夠徹底認清那天道，因此立必與萬物俱立，知必周遍萬物而知，愛必兼萬物而愛，成必與萬物俱成。那自我封閉而不懂遵循自然法則的，也就拿他沒有辦法了。

天的本能叫做天性，人的思惟叫做才能。大人透徹明瞭天性，不把天的本能當作自己才能而把人的思惟作為才能，所以說「天地設定了位置，聖人成就了德性」。

透徹明瞭天性以後就知道生沒有所得到的而死也沒有所失去的。

不曾沒有的叫做實體，以它為體的就叫做天性。

天所成為性的最後通貫到天道，氣的成形與不成形不足以遮蔽它；天所構成的命運最後通貫到天性，遭遇的吉還是凶不足以損害它；不免被遮蔽與被損害的話，是沒有學習啊。天性貫通到氣的外部，天命推行在氣的內部，氣本身沒有內外的分別，只不過假借有形物來解說罷了。所以想認識人不能不認識天，徹底認識那天性以後才能認識天命。

能認識天性認識天，那就陰陽、鬼神的變化都只是我們所認識的分內之事罷了。

天性在人，正猶水性之在冰，凝釋雖異，為物一也；受光有小大、昏明，其照納❶不二也。

天良能❷本吾良能，顧❸為有我所喪耳。明天人之本無二。

上達反天理，下達徇人欲者與❹！

性其總，合兩也；命其受，有則也❺；不極總之要，則不至受之分，盡性窮理而不可變，乃吾則也。天所自不能已者謂命，物所不能無感者謂性。雖然，聖人猶不以所可憂而同其無憂者，有相之道存乎我也❻。

湛一，氣之本；攻取，氣之欲❼。口腹於飲食，鼻舌於臭味❽，皆攻取之性也。知德者屬厭❾而已，不以嗜欲累其心，不以小害大、末喪本焉爾❿。

心能盡性，「人能弘道」⓫也；性不知檢其心，「非道弘人」也⓬。

盡其性能盡人物之性，至於命者亦能至人物之命，莫不性諸⓭道，命諸天。我體物未嘗遺，物體我知其不遺也。至於命，然後能成己成物，不失其道。

以生為性，既不通晝夜之道⓮，且人與物等⓯，故告子⓰之妄不可不詆。

【章　旨】人性源自天性，人性終極目標是返回天性，只為生存的人性論必須批駁。

【注　釋】❶照納　光照接納。❷天良能　指天性。良能，本能。❸顧　只不過。❹上達二句　向上發展回歸到自然規律，向下發展到貪婪的人欲罷了。反，同「返」。天理，自然法則，此指天性。下文有「所謂天理也者，能悅諸心，能通天下之志之理也」。人欲，人對物的欲望。與，同「歟」。相當於「吧」。❺性其四句　性是總合，會合陰陽兩體的；命是它的承受，具有法則的。《正蒙・參兩篇》：「天所以參，一太極兩儀而象之，性也。」參，即總、合。兩儀，即陰陽。其，表擬議、推測。總，總合。兩，指氣的陰陽兩部分。則，自然法則。❻雖然三句　雖然如此，聖人仍然不把所能憂慮的混同那無憂慮的，輔助的職責在我們身上。雖然，雖然這樣。聖人，道德智能最高的人。所可憂，所能憂慮的。指人的思考。同，混同；等同。無憂者，沒有憂慮的。指天。兩者即今所說的意識與客觀。有相，輔佐。「有」字無義。道，原則；方法。❼湛一四句　清純單一是氣的本來狀態，排斥吸取是氣的欲望。上句說氣作為實體是清純單一的。下句說性，性表現為排斥吸取，即屈伸之類。湛，清純。本，本體。攻取，排斥吸取。❽口腹二句　於，對於。臭味，氣味。臭，氣味。❾屬厭　飽足。❿不以嗜欲二句　嗜欲，嗜好與欲望。累，帶累；使受牽累。焉爾，語氣詞連用，重在「爾」，相當於「罷了」。⓫人能弘道　人能夠弘揚天道。語出《論語・衛靈公》。弘，弘揚；弘大。道，天道。⓬性不知檢二句　性不會約束人的心，不是道能夠弘揚人。知，懂得。檢，約束。非道弘人，語出《論語・衛靈公》。⓭諸　「之於」的合音。⓮晝夜之道　晝夜交替運行的規律；象徵陰陽變化規律。⓯等　相等。⓰告子　戰國時學者，名字不詳。著述不存。主張以生之為性，見《孟子・告子上》。

【語　譯】天性存在於人身，正好似水性的存在於冰中，凍結與融化雖然不相同，但是作為物還是一樣的；接受光有小大、昏明的差別，但是它的受光照並加以採納卻沒有兩樣。

天的本能原本是我們人類的本能，只不過被我們有所喪失罷了。表明天與人的根本沒有兩樣。

向上發展則回歸天性，向下發展則到貪婪的人欲罷了！

性是總合，會合陰陽兩體的；命是承受，具有法則規定的；不充分發揮總合的歸總，就不能到達承受的分開，窮盡天性識透義理而不能改變，就是我們的法則。天所自身不能停止的叫做命，物所不能沒有感應的叫性。雖然如此，聖人還是不把所能憂慮的等同那無憂慮的，輔佐的職責在我們身上啊。

清澄純一，是氣的本來狀態；排斥和吸取，是氣的欲求。口腹對於飲食，鼻舌對於氣和滋味，都是排斥和吸取的性。懂得道德的人滿足罷了，不讓愛好和欲望拖累他的心，不以小害大，以末損本罷了。

心能窮盡天性，是「人能夠弘揚道」；天性不知道約束人的心，是「不是道弘揚人」。

窮盡天性就能窮盡人和物的性，窮盡天性能到達天命的話也能到達人和物的命，沒有不在天道上成性的，不從天承受命運的。我們體察萬物不曾有遺漏，萬物也體察我們知道不曾有遺漏。到了命，然後能夠成就自己成就物，而不違失天道。

以生存為性，既不懂晝夜推移的自然規律，並且將人與物等同起來，所以告子的虛妄不能不加以抨擊。

性於人無不善，繫其善反不善反而已，過天地之化，不善反者也❶；命於人無不正，繫其順與不順而已，行險以僥倖，不順命者也❷。

形而後有氣質之性，善反之則天地之性存焉❸。故氣質之性，君子有弗性者焉。

人之剛柔、緩急、有才與不才，氣之偏❹也。天本參和不偏，養其氣，反之本而不偏，則盡性而天矣❺。性未成則善惡混，故亹亹而繼善者斯為善矣❻。惡盡去則善因以成，故舍曰善而曰「成之者性也」❼。

德不勝氣，性命於氣❽；德勝其氣，性命於德。窮理盡性，則性天德，命天理，氣之不可變者，獨死生修夭❾而已。故論死生則曰「有命」❿，以言其氣也；

語富貴則曰「在天」⓫，以言其理也。此大德所以必受命，易簡理得而成位乎天地之中也⓬。所謂天理也者，能悅諸心，能通天下之志之理也⓭。能使天下悅且通，則天下必歸焉⓮；不歸焉者，所乘所遇之不同，如仲尼與繼世之君也⓯。「舜禹有天下而不與焉」者，正謂天理馴致，非氣稟當然，非志意所與也⓰；必曰「舜禹」云者，餘非乘勢則求焉者也。

利者為神，滯者為物⓱。是故風雷有象，不速於心，心禦見聞，不弘於性⓲。

上智下愚，習與性相遠既甚而不可變者也⓳。

纖惡必除，善斯成性矣⓴；察惡未盡，雖善必粗矣。

【章　旨】論人性即氣質之性，是氣聚合成人形，所具有的自然之性。

【注　釋】❶性於人四句　繫，依附；聯屬。善反，善於回歸天性。過，超越。❷命於人四句　正，正當。順，遵循；順遂。僥倖，企圖偶然取得成功或意外地免去不幸。❸形而後二句　形，成形，指氣聚合而生成人。氣質之性，即形成人所具有的人性，它包括人固有的自然性（人欲）、人與物的共性（天性）和別性（不同個體的個性）。天地之性，即天性。❹偏　一個方面；偏側。❺天本四句　天性本來總合融和而不偏側，養護那氣質之性，回歸本來狀態而不偏側，那就窮盡天性而達到天性了。天，指天性，即天地之性。參，總合。和，會合；融和。上文所謂「性其總，合兩也」，意同。氣，指氣質。即氣質之性。《經學理窟·學大原上》：「氣質猶人言性氣，氣有剛柔、緩速，清濁之氣也；質，才也。氣質是一物，若草木之生亦可言氣質。」而天，而達到天性，不能說成為天性。張載認為即使盡性窮理，人還是人，有意識與無意識的自然還是不同。❻性未成二句　氣質之性沒有達到成熟就善惡混雜的，所以勤懇不倦地持續滋生善就成為善了。性，指人性，即氣質之性。成，成熟。亹亹，勤懇不倦的樣子。繼，繼續；持續。斯，則；乃。《橫渠易說．繫辭上》：「一陰一陽是道也，能繼繼體此而不已者，善也。善，猶言能繼此者也；其成就之者，則必俟見性，是之謂聖。」❼故舍曰句　所以捨棄說善而說「成就的是聖人的人性」。舍，同「捨」。成，成就。句意謂善是努力，成性才是結果。❽德不勝氣二句　德，道德；德性。於，在。❾修夭　長壽和短命。修，長。夭，短命早死。❿有命　有定命。語出《論語．顏淵》。命，稟命；定命。⓫在天　在於上天安排。語出《論語．顏淵》。⓬此大德二句　這就是宏大德性之人所以必定受到上天的使命，獲得了平易簡單的宇宙真理從而成就自己的位置在天地之中。大德，指聖人。易簡理，指天理，即宇宙真理。成位乎天地之中，指天、地、人組成三才。聖人居在輔佐地位能完全與天地同步。⓭能悅諸心二句　悅諸心，喜歡到心裡去。志，意志；志向。⓮歸焉　歸附他。歸，歸附；服從。⓯所乘二句　所乘，所憑藉的背景。所遇，所遇到的時機。仲尼，孔子的字。孔子名丘字仲尼，古人稱字表示敬重而不直呼其名。句意以孔子為例說明聖人雖然不受命未能統治天下，是背景時機都不好。繼世之君，繼承王位的國君，句中把他作為背景時機都好的例子。世，世代。⓰舜禹有天下四句　舜和禹擁有天下卻不是別人給予的。語本《論語．泰伯》。舜、禹，都是中國古代的明君。他們的王位都是前王禪讓的。張載認為這只是表象。馴致，漸進。氣稟當然，氣質稟受的理所應當。意指與生俱來的。志意，志；心意。⓱利者為神二句　通利的是神，凝聚的是物。《正蒙．太和篇》：「太虛為清，清則無礙，無礙故神；反清為濁，濁則礙，礙則形。」利，通利；暢通。神，氣的變化潛能。⓲心禦見聞二句　禦，限制；阻礙。弘，弘大。⓳上智下愚二句　上智，上等的智者。下愚，下等的百姓。習，習尚；習慣。既，已經。甚，很。⓴纖惡必除二句　細小的惡也務必除盡，繼續為善從而人性也就成熟了。纖，細；小。

【語譯】天性對於人沒有不好的，關鍵在於善於回歸或不善於回歸罷了，超越天地的演化，是不善於回歸的了；命對於人沒有不正當的，關鍵在於它的遵循或不遵循罷了，採取危險行為謀求僥倖，是不遵循命的。

形成人以後具有了氣質之性，善於回歸的話就保存天地之性了。所以氣質之性，君子不把它作為性的。人的剛強和柔順、鬆緩和急切、有才與不才，都是氣的偏側。天本身總合融和而不偏側，養護那氣質之性，回歸到根本而不偏側，就窮盡天性而達到天性了。人性沒有成熟就會善惡混雜，所以勤懇不倦地持續助長善就成為善了。惡全被摒棄，善就因而成熟，所以不說善而說「成就的是完美人性」。

道德勝不了氣質，性和命全在於氣質；道德勝過氣質，性和命全在於道德。窮盡天理識透天性，就能以天德為性，稟命於天理，氣質的不能改變，只有死與生、壽長和壽短罷了。所以論死生就說「有定命」，是用來說它的氣質；講富貴就說「在上天」，是用來說它的天理。這是大德之人所以必定受天任命，得到平易簡單為特色的天理從而實現把自己的位置定在天地的中間。所說的天理，是能使天下人從心裡喜歡它，能溝通天下人的心意的道理。能使天下喜歡並且溝通，天下就必定歸附他了；若不歸附他的話，是所憑藉的背景所得到的機遇有所不同，如孔子和繼位的國君。「舜和禹擁有天下卻不是別人給予的」，正說明天理逐步達到，不是氣質稟受理所應當的，也不是誰的心意給予的；必定說「舜和禹」，是因為其餘的不是憑藉背景就是求取的啊。

通利的是神，凝聚的是物。因此風雷有象，也比不上心快速，心受見聞限制，不能被性弘大。

上智和下愚，是習尚與人性相差已經很大因而不能改變的了。

細小的惡也務必除盡，繼續為善就能人性成熟了；審察惡不徹底，雖然繼續為善也必定粗疏了。

「不識不知，順帝之則」❶，有思慮知識，則喪其天矣。君子所性，與天地同流異行而已焉❷。

「在帝左右」❸，察天理而左右也，天理者時義而已❹。君子教人，舉天理以示之而已。其行己也，述天理而時措之也❺。

和樂，道之端乎❻！和則可大，樂則可久❼，天地之性，久大而已矣。

莫非天也，陽明勝則德性用；陰濁勝則物欲行❽。領惡而全好者，其必由學乎❾！

不誠不莊❿，可謂之盡性窮理乎？性之德也未嘗偽且慢⓫，故知不免乎偽慢者，未嘗知其性也。

勉而後誠莊，非性也；不勉而誠莊，所謂「不言而信，不怒而威」⓬者與！

生直⓭理順，則吉凶莫非正⓮也；不直其生者，非幸福於回，則免難於苟也⓯。

「屈信相感而利生」⓰，感以誠也；「情偽相感而利害生」⓱，雜以偽也。至誠⓲則順理而利，偽則不循理而害。順性命之理，則所謂吉凶，莫非正也；逆理則凶為自取，吉其險幸⓳也。

「莫非命也，順受其正」⓴，順性命之理，則得性命之正，滅理窮欲，人為之招㉑也。

【章　旨】論君子之性是真誠莊重，「與天地同流異行而已」。

【注　釋】❶不識不知二句　不認識不知曉，遵循天帝的法則。語出《詩・大雅・皇矣》。句意謂不讓人的意識干擾天性。識，認識。知，感知。二字都是認知的意思。❷君子所性二句　君子所達到的人性，是與天地一同演進，只是行事不同罷了。所性，所達到的人性。流，流動；演進。行，行事。❸在帝左右　在天帝身傍。語出《詩・大雅・文王》。作者借喻聖人之責是做天的輔佐。❹察天理二句　左右，輔佐。時義，指時代大義，即時代的標準。❺其行己也二句　行己，實行於自身。行，實行；推行。述，遵循。時，適時；應時。措，安置。❻和樂二句　和樂，融和歡喜。王夫之《張子正蒙注》：「和者於物不逆，樂者於心不厭。」端，開頭。❼和則可大二句　可大，能廣大無外。可久，能無窮無盡。《橫渠易說・繫辭上》：「『可久』者，可以久遠推行；『可大』者，其得體也大。」❽陽明勝二句　陽明，指陽氣清明。陰濁，指陰氣凝聚而昏。二者以陰陽相對立而言。❾領惡二句　引導惡而成為完全美好，必須通過學習吧。全好，使完全美好。其，表示擬議。❿莊　莊重；嚴肅。⓫慢　怠慢；輕忽。⓬不言而信二句　指天性。語出《禮記・樂記》。信，信從。威，威嚴。⓭生直　為人正直。⓮正正當。⓯不直其生三句　幸福於回，邀福於歪門邪道。幸，希冀。回，邪僻。難，危難。苟，苟且偷安。⓰屈信相感而利生語出《易・繫辭下》。信，通「伸」。⓱情偽相感而利害生　語出《易・繫辭下》。《橫渠易說・繫辭下》：「《易》言『情偽相感而利害生』，則是專以人事言，故有情偽利害也。『屈信相感而利生』，此則是理也，惟以利言。」⓲至誠　誠之至，即道德修養的最高境界。⓳險幸　行險求僥倖。⓴莫非命也二句　語出《孟子・盡心上》。順受，遵循接受。㉑招　招惹；招引。

【語　譯】「不認識不知曉，遵循天帝的法則」，有了思慮認知，就喪失他的天性了。君子所達到的人性，是與天地一同演進只是行事不同罷了。

「在天帝左右」，是觀察天理從而在它的左右，天理是時代標準罷了。君子教導人，舉出天理向他們展示罷了。他的實行於自身，是遵循天理並且因時制宜。

融和歡樂，是天道的開端吧！融和就能廣大無外，歡樂就能永久，天地的性，永久而廣大罷了。

沒有東西不是天生的啊，陽明之氣勝了，德性就施展；陰濁之氣勝了，物欲就橫行。引導惡而成為完全的美好，必須通過學習吧！

不真誠不莊重，能稱它為窮盡性識透理嗎？性的品質不曾虛偽和怠慢，所以知道免不了虛偽怠慢的，就不曾懂得那天性。

經人努力以後達到真誠莊重，不是天性；不經人努力而達到真誠莊重，就是所說的「不發話而信從，不發怒而威嚴」的吧！

為人正直而且遵循天理，那就遇到的吉凶沒有不正當的；為人不正直的話，不是邀福於歪門邪道，就是以苟且偷安來避免危難。

「屈伸相互感應就產生利」，是用誠相感應的；「實情與虛假相互感應就產生危害」，是參雜了虛假的。至誠就遵循天理而生利，虛假就不遵循天理而生害。遵循性和命的法則，那就所說的吉凶，沒有不正當的；

違背天理那就凶由自取，吉是行險僥倖的。

「沒有不是命，遵循並接受它的正當」，遵循性和命的法則，就能獲得性和命的正當，喪失天理窮極人欲，是人自取的。

大心篇第七

【題解】這一篇可以看作張載關於人的認識的專論。「人謂己有知，由耳目有受也；人之有受，由內外之合也」。這就是說人的認識是從直接對客觀事物的感知而來的。因此，他力斥佛教的「以心法起滅天地」的唯心論。他進一步把認識分成「見聞之知」與「德性所知」，前者相當今天說的感性認識，後者類似今天說的理性認識，也是正確的。但是，他又說「德性所知，不萌於見聞」，由於強調二者的差異而否認了聯繫。不過他還說「耳目雖為性累，然合內外之德，知其為啟之之要也」，也認識到以耳目為工具的聞見之知是合內外之德的德性所知的開端。不論聞見之知還是德性所知都要不斷擴大，這是張載「大心」說的主要內容之一。所謂「大其心則能體天下之物，物有未體，則心為有外」。大心說的重要內容之二是要做到無「成心」，所說的成心指個人主觀臆斷。張載認為人也是世上萬物中的一物，只能遵循自然而不能凌駕自然之上。「故君子之大也大於道，大於我者容不免狂而已。」「燭天理如向明，萬象無所隱；窮人欲如專顧影間，區區於一物之中爾。」他在《經學理窟・學大原下》提出人的正確認識應當是：「人當平物我，合內外，如是以身鑒物便偏見，以天理中鑒則人與己皆見，猶持鏡在此，但可鑒彼，於己莫能見也，以鏡居中則盡照。只為天理常在，身與物均見，則自不私，己亦是一物，人常脫去己身則自明。」

大其心則能體天下之物❶，物有未體，則心為有外。世人之心，止於聞見之狹。聖人盡性，不以見聞梏其心，其視天下無一物非我，孟子謂盡心則知性知天以此❷。天大無外，故有外之心不足以合天心❸。見聞之知，乃物交而知，非德性所知；德性所知，不萌於見聞❹。

【章旨】人的認識分德性所知（約當理性認識）與見聞之知（約當感性認識），二者截然不同。

【注釋】❶大其心句　大，擴大。心，古人以為認識器官，主持認識。體，體察；認知。❷聖人盡性四句　聖人窮盡天性，不以見聞束縛他的心，他縱覽天下沒有一物不是我應認識的，孟子根據這個來說盡心就是認知天性認知天的。聖人，指道德智能最高的人。盡性，究明天性。性，指天性，即氣的變化潛能。梏，桎梏。腳鐐手銬。此作動詞用。孟子，姓孟名軻，字子輿（約西元前三七二～前二八九年），鄒（今山東鄒縣東南）人。戰國時思想家、政治家、教育家，被認為是孔子學說的繼承人，有「亞聖」之稱。著有《孟子》。對宋代儒學有很大影響。盡心，窮盡心的認知；竭盡心力。知，認識。以此，根據這個。❸故有外之心句　有外之心，受局限的心。天心，天的認知，即天性。❹見聞之知五句　見聞的認知，是與物相交感的認知，不是德性所認知；德性所認知，不從見聞產生。見聞之知，視聽的認知，略當感性認識。德性所知，即天性所認知，略當理性認識。萌，萌芽；萌發。

【語譯】弘大他的心就能體察天下萬物，萬物若有不曾體察的，心就有局限了。普通人的心，局限在聞見的狹小範圍。聖人究明天性，不拿見聞來束縛他的心，他縱覽天下沒有一物不是我應認識的，孟子根據這個解說窮盡心的認知就能認識天性認識天。天大無外，所以有局限的心不足以切合天心。見聞的認知，是與物相交感的認知，不是德性所認知；德性所認知，不從見聞中產生。

由象識心，徇象喪心❶。知象者心，存象之心，亦象而已，謂之心可乎❷？

人謂己有知，由耳目有受也；人之有受，由內外之合❸也。知合內外於耳目之外，則其知也過人遠矣❹。

天之明莫大於日，故有目接之，不知其幾萬里之高也；天之聲莫大於雷霆，故有耳屬之，莫知其幾萬里之遠也❺；天之不禦莫大於太虛，故心知廓之，莫究其極也❻。人病其以耳目見聞累其心而不務盡其心，故思盡其心者，必知心所從來而後能❼。

耳目雖為性累，然合內外之德，知其為啟之之要❽也。

成吾身者，天之神❾也。不知以性成身而自謂因身發智❿，貪天功為己力，吾不知其知⓫也。民何知哉？因物同異相形⓬，萬變相感，耳目內外之合，貪天功而自謂己知爾。

體物體身，道之本也，身而體道，其為人也大矣。道能物身故大，不能物身而累於身，則藐乎其卑矣⓭。

能以天體身，則能體物也不疑。

【章旨】人的認識當從見聞之知推升到德性所知。

【注釋】❶由象識心二句　從物象而有認知在心，一味追求物就會喪失心。象，物象。指物。徇，貪婪。❷知象者心四句　認知物象的是心，保存物象的心，也只是物象罷了，叫它為心成嗎。存，保存；儲存。❸內外之合　自身與外物的交感。內，指人身感官，如耳、目之類。外，指身以外物，即世上萬物。合，會合；交合。❹知合二句　懂得交合內外在耳目感受以外，那就他的認知遠遠超出一般人了。上句「知」，知曉；懂得。下句「知」，認知。也，句中語氣詞，表示停頓。過，超越。❺天

之聲三句　天的聲音沒有比雷更大了，所以有耳朵接受它，不知它在幾萬里的遠方。雷霆，指雷。霆亦雷。屬，承接。❻天之不禦三句　天的無限沒有比太虛更大了，所以人之心懂得擴張它，沒有人能究明它的極限。禦，邊界。太虛，即今所謂的宇宙。宇宙渺茫都是氣，所以叫太虛。《正蒙．太和篇》：「太虛無形，氣之本體。」廓，擴大；擴張。究，究明。❼人病其三句　人錯在他將耳目見聞限制他的認知而不努力於盡力開發他的認知，所以想盡力開發他的認知的話，務必懂得認知的來源以後才能做到。病，以……為病。累，牽累。務，勉力從事。所從來，所從此來的；來源。❽知其為啟之之要　知道它是開啟性的樞機。這句話肯定聞見之知是德性之知的基礎。其，它的，指耳目。啟，開啟。上「之」指德性，下「之」相當於「的」。要，要害；關鍵。❾天之神　氣的變化本能。即天性。❿因身發智　憑藉自身發揮才智。因，憑藉。⓫不知其知　不知道他真的懂了。⓬同異相形　同和異相比較而現形。形，顯現。⓭不能物身二句　物身，指體物體身。藐，藐小。卑，卑下；低下。

【語　譯】由物象而有認知在心，沉迷於物象就喪失心。認知物象的是心，保存物象的心，也只是物象罷了，叫它做心成嗎？

人稱自己有認知，是從耳目有了感受；人有了感受，是由自身與外物的交合。若懂得交合自身與外物在耳目以外，那就他的認知遠遠超出一般人了。

天的光明沒有超過太陽，所以有眼睛接受它，不知道它有幾萬里高；天的聲響沒有超過響雷，所以有耳朵接受它，不知道它有幾萬里遠；天的無限沒有超過太虛，所以人心懂得擴大認知，沒有人能究明它的極限。人錯在將耳目見聞限制他的認知而不努力於盡力開發他的認知，所以想盡力開發他的認知的話，必須懂得心認知的來源以後才能做到。

耳目雖然成為達到天性認知的拖累，但是交合自身與外物的德性認知，知道它們是開啟它的鑰匙。

成就我們人身的，是天性。不懂得靠天性形成自身卻自稱憑自身發揮才智，貪天功為自己的能力，我就不知道他真的懂了。百姓懂什麼呢？憑藉物的同與不同的相互現形，萬千變化相互感應，耳目的自身與外物交合，貪天功而自稱自己能認知罷了。

體現於萬物也體現於人身，是天道的本來面目，人身而能體現天道，它的作為人就廣大無外了。天道能體現在萬物和人所以廣大無外，不能體現在萬物和人卻局限在自身，就藐小而且卑下了。能用天性體現於人身，也能體現於萬物也就不必懷疑的了。

成心❶忘然後可與進於道。成心者，私意也。化❷則無成心矣。成心者，意之謂與！

無成心者，時中❸而已矣。

心存無盡性之理，故聖不可知謂神❹。

以我視物則我大，以道體物我則道大。故君子之大❺也大於道，大於我者容❻不免狂而已。

燭天理如向明❼，萬象無所隱；窮人欲如專顧影間，區區❽於一物之中爾。

釋氏不知天命而以心法起滅天地，以小緣大，以末緣本，其不能窮而謂之幻妄，真所謂疑冰者與❾！夏蟲疑冰，以其不識。

釋氏妄意天性而不知範圍天用，反以六根之微因緣天地❿。明不能盡⓫，則誣天地日月為幻妄，蔽其用於一身之小，溺其志於虛空之大，此所以語大語小，流遁失中⓬。其過於大也，塵芥六合⓭；其蔽於小也，夢幻人世。謂之窮理可乎？

不知窮理而謂盡性可乎？謂之無不知可乎？塵芥六合，謂天地為有窮也；夢幻人世，明不能究所從⓮也。

【章　旨】大心在大，就要無我，佛教以我為中心的認識論是荒唐的。

【注　釋】❶成心　個人的猜想。注云：「成心者，私意也。」私，自身的；個人的。意，臆想；主觀猜想。《正蒙·動物篇》：「獨見獨聞，雖小異，怪也，出於疾與妄也。」❷化　演化，即天道。張載用指氣的演化進程。❸時中　適應時勢合於中道；因時制宜。《張子語錄下》：「大率時措之宜即時中也。」❹心存二句　心存在不能窮盡天性的可能，所以無所不通又不能預測的叫做神。心，指人的思維器官，是有局限的，總是隨著自然的發展而發展的。聖不可知，即天性。聖，無所不通。❺君子之大　相當「君子的大心」。❻容　或許。❼燭天理如向明　照天理如同向著明火。《經學理窟·學大原下》：「人當平物我，合內外，如是以身鑒物便偏見，以天理中鑒則人與己皆見，猶持鏡在此，但可鑒彼，於己莫能見也，以鏡居中則盡照。只為天理常在，身與物均見，則自不私，己亦是一物，人常脫去己身則自明。」燭，照。天理，天的法則。明，明火；光明。❽區區　眷戀。❾釋氏不知五句　佛教不懂天命卻拿心法來解釋天地的生成和毀滅，以小推論大，以末推論本，那不能弄明白的就叫它虛幻，真是所說的懷疑有冰存在的人吧！釋氏，本指佛祖釋迦牟尼，後泛指佛教或佛教徒。天命，自然演變的必然性。心法，以心的思慮為法。起，生成。緣，推導。小、末，指心。大、本，指天地。其，那。疑冰者，即注文的夏蟲，不識有冰的夏天生活的小蟲。❿釋氏妄意二句　佛教胡亂猜測天性因而不懂仿效天的施為，反而拿六根感知來推論天地。範圍，仿效。六根，佛教用語，指稱人的眼、耳、鼻、舌、身、意六種感官。根是能生的意思。因緣，推衍。⓫明不能盡　認識不能盡究。明，認識；明察。⓬流遁失中　散亂逃避喪失原則。流遁，散亂無據而又逃避。中，原則。⓭塵芥六合　把世界看成微塵和小草。塵芥，比喻微小。此用作動詞，意為認為……是塵芥。塵，微塵。芥，小草。六合，本指天、地和四方。泛指世界。⓮所從　所從來；由來。

【語　譯】忘卻了成心以後能夠參預推究天道了。成心就是個人的主觀猜想。能發展演化就沒有成心了。成心，是叫它做主觀猜想吧！

沒有成心，就是適宜時勢而且合於中道罷了。

心存在不能窮盡天性的可能，所以無所不通而又不能預測的叫做神。

以我去觀察萬物就是我廣大無外，以道去體現於萬物和我個人就是道廣大無外。所以君子的廣大無外是廣大無外在道上，廣大無外在我個人的或許不免狂妄了吧。

對照天理如同向著明火，一切物象無處隱藏；窮極人欲如同專看著影子，眷戀在一個物之中罷了。

佛教不懂天命卻拿心法來解釋天地的生成和毀滅，以小推論大，以末推論根本，那不能究明的就把它稱為虛幻，真正是所說的懷疑有冰的人啊！夏天的蟲懷疑有冰這個東西，是因為牠不認識。

佛教胡亂猜想天性因而不懂仿效天的施為，反而拿六根的微小感知來推論天地。認識不能窮盡，就誣蔑天、地、日、月都是幻影，把它的作用局限在一人之身的小範圍，沉溺它的心志在虛空的廣大，所以不論說廣大還是說渺小，都無據迴避喪失原則。它的太過廣大，就將世界看作微塵小草；它的局限於渺小中，就將人世視為夢中幻覺。說它識透了天理成嗎？不懂識透天理而稱它窮盡天性成嗎？稱它無所不知成嗎？視世界為微塵小草，是說天地有窮盡的；視人世為夢中幻覺，是認識不能推究它的來源。

中正篇第八

【題　解】本篇說為人準則，張載把它概括為「中正」二字，有時也稱「中道」或「中」。所謂中正，就是執中守正，不偏不倚，無過無不及的中庸之道。掌握中正的基礎在仁性，發展中正的道路在學習。而中正的最大障礙是個人的主觀武斷。「意，有思也；必，有待也；固，不化也；我，有方也。四者有一焉，則與天地為不相似。」這與「君子於天下，達善達不善，無物我之私」截然不同。為此，張載提倡教和學。他說：「『蒙以養正』，使蒙者不失其正，教人者之功也。盡其道，其惟聖人乎。」擴大說，凡未能掌握中正的，都屬於「蒙」。使蒙者走上正規，乃是聖人的事業。張載把自己著作取名正蒙，也是這個意思。因此，文中以很大篇幅總結教和學的原則，方法，得和失，都是經驗和教訓的結晶。有一點還應當提出，張載強調實踐，「聞而不疑則傳言之，見而不殆則學行之，中人之德也。聞斯行，好學之徒也」；而且學要做到能學習也能批判，「惡不仁，故不善未嘗不知；徒好仁而不惡不仁，則習不察，行不著。是故徒善未必盡義，徒是未必盡仁，好仁而惡不仁，然後盡仁義之道。」

中正然後貫天下之道，此君子之所以大居正也❶。蓋得正則得所止，得所止則可以弘而致於大❷。樂正子、顏淵知欲仁矣❸。樂正子不致其學，足以為善人信人，志於仁無惡而已❹；顏子好學不倦，合仁與智，具體聖人，獨未至聖人之止爾❺。

學者中道而立❻，則有仁以弘之。無中道而弘，則窮大而失其居，失其居則無地以崇其德，與不及者同，此顏子所以克己研幾，必欲用其極也❼。未至聖而不已，故仲尼賢其進❽；未得中而不居，故惜夫未見其止也。

大中至正之極，文必能致其用，約必能感而通❾。未至於此，其視聖人恍惚前後，不可為之像，此顏子之歎乎❿！

可欲⓫之謂善，志仁則無惡也。誠善於心之謂信，充內形外之謂美，塞乎天地之謂大，大能成性⓬之謂聖，天地同流，陰陽不測之謂神⓭。

高明不可窮，博厚不可極，則中道不可識⓮，蓋顏子之歎也。

君子之道，成身成性以為功者也⓯；未至於聖，皆行而未成之地爾。

【章旨】中正是為人之本，也是為人之最。

【注釋】❶中正二句　中正之後能貫通天下一切道理，這就是君子所以要廣大無外保守正道的緣故。中正，執中守正，指不偏不倚，無過無不及，是儒家倫理思想。下文又稱「中道」、「中」。《經學理窟・學大原下》：「人當平物我，合內外，如是以身鑒物便偏見，以天理中鑒則人與己皆見，猶持鏡在此，但可鑒彼，於己莫能見也，以鏡居中則盡照。只為天理常在，身與物俱見，則自不私，己亦是一物，人常脫去己身則自明。」貫，貫通；貫穿。道，指一定人生觀、世界觀、政治主張或思想體系。君子，指有道德的人。大，廣大無外。居正，守正道。正，中正。❷蓋得正二句　蓋，推原之辭，約當大概是。所止，所要處的位置；立場。義同「居正」。止，站立之地。弘，擴充；光大。❸樂正子句　樂正子，名克，古時稱子表示敬意。戰國時期人。孟子學生，孟子稱他是好人、誠實人。顏淵，名回字子淵（西元前五二一～前四九〇年），魯國人。孔子最稱讚的學生。一生安貧好學，不幸早死。仁，仁德；仁愛。儒家視為人際關係的最根本道德，是儒學的核心。❹樂正子不致三句　《張子語錄下》：「顏子樂正子皆到可欲之地，但一人向學緊，一人向學慢。」意同。致，致力；努力。善人，好人。下文有：「善人云者，志於仁而未致其學，能無惡而已」的說解。信人，誠實人。❺顏子好學四句　顏子好學不倦，綜合仁德和才智，具有聖人的規模，只是沒有達到聖人的境界罷了。顏子，對顏淵的敬稱。合，綜合；融會。具體聖人，具備了聖人的規模。具，具有；具備。體，大體；規模。聖人，指道德才智最高的人。❻學者中道而立　學習者立志於中道。句意與上文「得正則得所止」同。中道，即中正之道，亦是「仁」。立，立心；立志。❼無中道六句　沒有立志中道而追求擴大，就將窮盡廣大從而喪失他的目標，喪失他的目標就將沒有根基來增長他的德性，與不及的相同，這是顏子所以約束自己，精研微細，務必想達到極善的緣故。《張子語錄下》：「顏子知當至而至焉，故見其進也；不極善則不處焉，故未見其止也……極善者，須以中道方謂極善，故大中謂之皇極，蓋過則便非善，不及亦非善，此極善是顏子所求也。」窮大而失其居，窮極廣大從而喪失根基。就是「過」。過與不及，都是中道所批評的不良傾向。其居，同「所止」。指「志於仁」。地，指「所居」。崇，增長。克己，約束自己。研幾，精研微細的先兆。幾，先兆。《正蒙・神化篇》：「幾者象見而未形也。」極，指極善。即「聖人之止」。❽未至聖二句　聖，指聖人。仲尼，孔子字。古人稱字而不直呼其名表示敬重。賢，稱讚。❾大中至正三句　大中至正的頂峰，博學文獻必定發揮它的作用，約束自己必定感應達到溝通。大中至正，指中正的極致。文必能致其用，學習能至「大」，指才智。文，博學文獻。約必能感而通，養德能化通天下。約，克己。❿其視聖人三句　他看聖人恍恍惚惚或在前或在後，不能為他說出具體身形，這正是顏子的感嘆啊。語本《論語・子罕》。聖人，指孔子。恍惚，模糊不清因而似是而非的樣子。前後，或前或後。為之像，雙賓語句。之，指代孔子。像，形像；身形。⓫可欲　能追求。指志於仁。⓬成性　成熟聖人之性，指達到以天性為性。⓭天地同流二句　流，發展變化。神，指氣的能變本能。即天性。⓮高明三句　高明，指天。博厚，指地。中道，中正之道。⓯成身句　指以天性成就自身。張載認為人是氣的變化所形成的。功，功績。

【語　譯】中正以後能夠貫通天下的道理，這就是君子所以廣大無外居守正道的緣故。大致得守正道就得到所取的位置，得到所取的位置就能夠擴大所學從而達到廣大無外。樂正子和顏淵知道求仁了。樂正子不努力於學習，足以成為善人和誠實人，有志於仁不為惡罷了；顏子好學不倦，綜合仁德與才智，具有了聖人的規模，只是還沒有達到聖人的境界罷了。

學習者立志中道，就有了仁德從而擴大它。如果沒有中道卻來擴大，那將窮盡廣大卻喪失他的根基，喪失他的根基就將沒有基礎來增長他的德性，與做不到的情況相同，這就是顏子所以約束自己精研細微先兆，務求達到極善的緣故。沒有達到聖人境界決不休止，所以孔子稱讚他的進取；沒有達到中道就不停留，所以惋惜沒有看見他的實現目標。

大中至正的頂峰，是博學文獻能盡其用，約束自己能感化融通。沒有達到這一境界的話，他看聖人便是恍恍惚惚或前或後，不能為他說出具體身形，這正是顏子的感嘆啊！

能求仁就叫做善，有志於仁就不會有惡行。內心真誠一貫求仁就叫做實在，充滿內心並且表現到外部就叫做完美，充塞天地間就叫做廣大，廣大能夠成熟為德性就叫做聖人，天地一同變化，陰陽交感不能預測就叫做神。

高明的天不能窮究，博厚的地不能極盡，就不能認識中道，當是顏子的感嘆啊。

君子的原則，是將成就自身成就天性作為功業的；沒有達到聖人，都是正在努力進行卻沒有達到的境地罷了。

大而未化❶，未能有其大，化而後能有其大。

知德以大中為極❷，可謂知至矣；擇中庸而固執之，乃至之之漸也❸。惟知學然後能勉，能勉然後日進而不息可期矣。

體正則不待矯而弘❹，未正必矯，矯而得中，然後可大。故致曲於誠❺者，必變而後化。

極其大而後中可求，止其中而後大可有❻。

大亦聖之任，雖非清和一體之偏，猶未忘於勉而大爾❼，若聖人，則性與天道❽無所勉焉。

無所雜者清之極，無所異者和之極。勉而清，非聖人之清；勉而和，非聖人之和❾。所謂聖者，不勉不思❿而至焉者也。

勉蓋未能安也，思蓋未能有也。

【章　旨】達到中正須當以養德為先。

【注　釋】❶化　變化；融通。此指達到完美的仁德。可以理解為人性的質變。❷知德句　大中，即中正，又叫中道。《經學理窟・義理》：「大中，天地之道也；得大中，陰陽鬼神莫不盡之矣。」極，極善；頂峰。❸擇中庸二句　中庸，不偏不倚，無過無不及，是儒家重要哲理思想。固，牢固；堅定。執，把握。漸，漸進；積累。❹體正句　身正就毋須矯正而能夠直接擴大。體正，身正。指有志於仁者。❺致曲於誠　使身不正者達到誠善於心。曲，不正。誠，指志於仁。❻極其大二句　上句說學習，謂先從學問理會，從而推達到中正。下句說養德，謂先立志於仁從而明識天下之理。義同《正蒙・誠明篇》的「自明誠」和「自誠明」。❼大亦聖三句　清和，見下文：「無所雜者清之極，無所異者和之極。」清，清純。和，融和。偏，一部分；一方面。勉，盡力；人為的努力。❽天道　指氣變化發展過程。❾勉而清四句　聖人之清，《張子語錄中》：「聖人之清直如伯夷。」伯夷，孤竹君長子，父確定弟叔齊為繼承人。父死，叔齊讓位，他不受，投奔周。在周，反對武王滅紂，逃到首陽山，不食周粟而死。清，清白高潔。聖人之和，《張子語錄中》：「聖人之和直如下惠之和。」下惠，春秋時魯國大夫。展氏，名獲，字禽，因食邑在柳下，謚惠，而有此稱。以善於講究貴族禮節著稱。❿思　求。

【語　譯】達到了廣大無外卻未能質變成仁化，就不能保有他的廣大無外，質變成仁化以後才能保有他的廣大無外。

懂得德性以大中為終極，稱得上真正懂得目標了；選擇中庸之道並且堅持它，是達到它的不斷積累啊。惟有懂得學習然後才能盡人為的努力，能盡人為的努力然後天天進步並且不停頓就能預期了。

為人正直就不須矯正而能擴大了，不正直就必須矯正，矯正從而得守中道，然後能夠廣大無外。所以使不正直為正直的話，務必改變以後才能仁化。

極盡廣大以後中道能夠求得，居守中道以後廣大無外能夠擁有。

廣大無外也是聖人職責，雖然不像清純和融和只是聖人整體的某一方面，但是還沒有忘卻盡人為努力去達到廣大無外，若是聖人，那就達到天性和天道沒有需要人為去努力的了。

沒有摻雜的是清純之最，沒有差異的是融和之最。盡人為努力而達到清純，不是聖人的清純；盡人為努力而達到融和，不是聖人的融和。所說的聖人，是不需人為努力不需謀求而達到的。

盡人為努力當是未能安定，謀求當是未能擁有。

不尊德性，則學問從而不道❶；不致廣大，則精微無所立其誠❷；不極高明，則擇乎中庸失時措之宜矣❸。

絕四之外，心可存處，蓋必有事焉，而聖不可知也❹。

不得已，當為而為之，雖殺人皆義❺也；有心為之，雖善皆意❻也。正己而物正，大人也❼；正己而正物，猶不免有意之累也。有意為善，利之也，假❽之也；無意為善，性之也，由之也❾。有意在善，且為未盡，況有意於未善耶！仲尼絕四，自始學至成德，竭兩端之教⑩也。

不得已而後為，至於不得為而止，斯智矣夫⑪。

意，有思也；必，有待也；固，不化也；我，有方也⑫。四者有一焉，則與天地為不相似⑬。

天理一貫，則無意、必、固、我之鑿⑭。意、必、固、我，一物存焉，非誠也；四者盡去，則直養而無害矣。

妄去然後得所止，得所止然後得所養而進於大矣。無所感而起，妄也；感而通，誠也；計度而知，昏也；不思而得，素⑮也。

【章旨】論養德先要去妄。妄就是主觀臆測。

【注釋】❶從而不道　從，放縱。不道，不能守中道。❷不致廣大二句　句意謂先從學問理會，以推達到天性。不能認識萬事萬物的規則，那麼天性也不能實際把握。精微，精深幽微的義理。誠，實在。指天理。❸不極高明二句　高明，指天性。時措之宜，應時處置的合宜。《經學理窟・學大原下》：「如義者，謂合宜也，以合宜推之，仁、禮、信皆合宜之事……精義入神亦是義。」又《張子語錄下》：「大率時措之宜者即時中也，時中非易得，謂非時中而行禮義為非禮之禮、非義之義……時中之宜甚大，須是精義入神以致用，始得觀其會通以行其典禮，此方是真義理也，行其典禮而不達會通，則非時中者矣。」❹絕四之外四句　絕四，摒棄四種有害思想傾向，指意、必、固、我。詳下文。句意謂絕四之後心就虛，虛心正是聖人之心。❺義　合宜；正義。❻意　私意；有所求。❼正己二句　自己正了物也自然正了，這就是聖人。正己，使自己正。大人，此指聖人。❽假　借用。此指利用。❾性之也二句　性之，以它為性。由之，遵循它。由，遵循。❿兩端之教　始和終、無所知和有所知的教導。⓫不得已三句　不得已而後為，不能不做的就去做。指合於義的必定去做。不得為，不能為。指不義的。斯，於是。夫，同「乎」。⓬意有思八句　意，有所求，必，有期待，固，停滯在過去，我，具有自我局限。方，場所。⓭則與天地句　句意謂不能明白天性。⓮天理一貫二句　一貫，一個原則貫穿著。鑿，穿鑿附會。⓯素　純樸。

【語　譯】不尊崇德性，學問就放縱散漫而不守中道；不致力求廣大，精微義理就無法確認它的實在；不極盡天性的高明，擇取中庸就失掉應時處置的合宜了。

杜絕四弊以外，心能有存放的地方，想必有事情的，卻是無所不通而又不可預知。不能罷休，應當做就去做，即使殺人都是合理的；有意去做，即使做好事也是有索求的。使自己正直了從而物也正直了，這就是聖人；使自己正直從而使物正直，還是不免有索求的牽掛。有意為善，是以它為利，是利用它；無意為善，是秉性為善，遵循著它。有意在善，尚且是不盡心盡意，更何況有意為不善呢！孔子杜絕四弊，從開始學習到德性成熟，是盡到自始至終的教育。

不得已然後去做，到了不能做而停止，這就明智了。

意是有所求；必是有期待；固是停滯在過去；我是有自我局限。四弊有一，就與天地不相似。

天理一個原則貫穿著，就沒有意、必、固、我的穿鑿附會。意、必、固、我，只要有一弊存在著，就不是實在的；四弊完全袪除，就能直捷修養德性從而沒有阻礙了。

袪除虛妄以後得到了所守的中道，得到所守的中道以後得到所修養的德性從而推進到廣大無外了。沒有所感應而發生的，是虛妄；感應以後而通，是實有；謀慮而知，是昏蒙的；不必思索就得到，是純樸的。

事豫❶則立，必有教以先之；盡教之善，必精義❷以研之。精義入神，然後立斯立，動斯和矣❸。

志道則進據者不止矣，依仁則小者可游而不失和矣❹。

志學然後可與適道，強禮然後可與立，不惑然後可與權❺。博文以集義，集義以正經❻，正經然後一以貫天下之道。

將窮理而不順理，將精義而不徙❼義，欲資深且習察❽，吾不知其智也。知、仁、勇，天下之達德❾，雖本之有差，及所以知之成之則一也。蓋謂仁者以生知，以安行此五者❿；智者以學知，以利行此五者；勇者以困⓫知，以勉行此五者。

中心安仁，無欲而好仁，無畏而惡不仁，天下一人而已，惟責己一身當然爾。

行之篤者，敦篤云乎哉⓬！如天道不已而然，篤之至也。

君子於天下，達善達不善，無物我⓭之私。循理者共悅之，不循理者共改之。改之者，過雖在人如在己，不忘自訟⓮；共悅者，善雖在己，蓋取諸⓯人而為，必以與人焉。善以天下，不善以天下，是謂達善達不善。

善人云者，志於仁而未致其學，能無惡而已，「君子名之必可言⓰也」如是。

善人，欲仁而未致其學者也。欲仁，故雖不踐成法⓱，亦不陷於惡，有諸己也。不入於室⓲由不學，故無自而入聖人之室也。

惡不仁，故不善未嘗不知；徒⑲好仁而不惡不仁，則習不察，行不著。是故徒善未必盡義，徒是未必盡仁；好仁而惡不仁，然後盡仁義之道。

「篤信好學」⑳，篤信不好學，不越為善人信士㉑而已。「好德如好色」㉒，好仁為甚矣；見過而內自訟，惡不仁而不使加乎其身，惡不仁為甚矣。學者不如是不足以成身，故孔子未見其人，必歎曰「已矣乎」㉓，思之甚也。

孫㉔其志於仁則得仁，孫其志於義則得義，惟其敏㉕而已。

博文約禮，由至著入至簡，故可使不得叛而去。溫故知新，多識前言往行㉖以畜德，繹舊業而知新益，思昔未至而今至，緣舊所見聞而察來，皆其義也。

責己者當知天下國家無皆非之理，故學至於不尤㉗人，學之至也。

聞而不疑則傳言之，見而不殆則學行之，中人之德也㉘。聞斯㉙行，好學之徒也；見而識其善而未果㉚於行，愈㉛於不知者爾。「世有不知而作者」㉜，蓋鑿也，妄也，夫子所不敢也，故曰「我無是也」㉝。

以能問不能，以多問寡，私淑艾㉞以教人，隱而未見之仁也。

「為山」「平地」，此仲尼所以惜顏回未至，蓋與互鄉之進也㉟。

學者四失：為㊱人則失多，好高則失寡，不察則易，苦難則止。

學者捨禮義，則飽食終日，無所猷為㊲，與下民一致，所事不踰衣食之間、燕游之樂爾㊳。

以心求道，正猶以己知人，終不若彼自立彼為不思而得也㊴。

考求迹合以免罪戾者㊵，畏罪之人也，故曰「考道以為無失」㊶。

儒者㊷窮理，故率性㊸可以謂之道。浮圖不知窮理而自謂之性㊹，故其說不可推而行。

【章旨】闡述窮研天理和修養仁德。

【注釋】❶豫　預備。❷精義　精求其義。❸精義入神三句　精微其義深入至神，然後立志就能立，發動就能和諧了。《橫渠易說・繫辭下》：「精義入神，豫而已。學者求聖人之學以備所行之事。」立，立志；立身。動，動作；行為。和，融和。指合於禮。❹志道二句　進據者，指進德。據，即上文「所止」。小者，即不是大義大節。游，流動。❺志學三句　強禮，恪守禮。強，勉強；盡力。禮，指禮制，是封建社會貴族等級制度的道德規範和社會規範。權，權變；權衡。❻博文以集義二句　廣泛學習文獻從而匯集義理，匯集義理從而規則得以端正。正，使……正。❼徙　遷移；依從。❽欲資深句　資，憑藉。習，學問。❾達德　共同的道德。❿蓋謂仁者二句　安，安寧。五者，指五項最重要的人際關係：君臣、父子、夫妻、兄弟及朋友。⓫困　受困。⓬行之篤者二句　篤，切實持久。敦篤，致力於切實持久。云，說。乎哉，語氣詞連用，表示感嘆。⓭物我　物與我。指別人與自己。⓮訟　批評；責備。⓯諸　「之乎」的合音。⓰君子名之必可言　君子稱名它必定能夠有解說的。語出《論語・子路》。⓱成法　已有的規章。⓲入於室　進入內室。比喻深入掌握。⓳徒　只；僅僅。⓴篤信好學　堅持誠實愛好學習。語出《論語・泰伯》。信，誠實。指仁。㉑信士　同「信人」。即誠實人。㉒好德如好色　愛好德性如同愛好美色。語出《論語・衛靈公》。色，美色；女色。㉓故孔子二句　所以孔子沒有見到這樣的人，必定感嘆說「算了吧」。

語見《論語・公冶長》：「子曰：『已矣乎，吾未見能見其過而內自訟者也。』」其人，那人，指「能見其過而內自訟者」。已，止。矣乎，語氣詞連用，表示感嘆。㉔孫　通「遜」。順從。㉕敏　勤奮努力。㉖前言往行　前賢的美好言行。㉗尤　埋怨。㉘聞而不疑三句　聽到而不懷疑就傳述它，看見而沒有疑慮就學著做，是中等人的品質。殆，危險；懷疑。中人，中等人。㉙斯　就；於是。㉚果　果敢；果斷。㉛愈　超過；勝過。㉜世有不知而作者　世上有不懂而創制的人。語出《論語・述而》。作，創制。㉝我無是也　語出《論語・述而》。㉞私淑艾　沒有直接師承關係的自學方法。淑，拾。艾，取。㉟為山平地三句　為山、平地，喻指學靠自覺。語本《論語・子罕》：「譬如為山，未成一簣，止，吾止也。譬如平地，雖覆一簣，進，吾往也。」簣，盛土竹筐。與，稱許；支持。互鄉，古地名，此指互鄉人。詳《論語・述而》。㊱為　對於；仰慕。㊲猷為　謀劃作為。㊳與下民二句　下民，下愚之人，指普通人。踰，超越。燕游，宴飲遊樂。㊴以心求道三句　句意強調自覺自為，不拔苗助長。㊵考求句　考核時尋求合乎前人行跡來免除罪過的人。考，考核；考評。迹，指前人行跡。罪戾，罪過。㊶考道以為無失　考核原則就認為沒有過失。語出《禮記・表記》。考道，考核原則。㊷儒者　學習儒家學說的人，即孔孟之徒。㊸率性　遵循天性。㊹浮圖句　浮圖，又作浮屠，梵文 Buddha 的音譯，舊譯佛陀，簡稱佛。意為覺者。自謂之性，自稱為性。即以心為性。《傳燈心法要上》：「性即是心，心即是佛，佛即是法。」所以《正蒙・大心篇》批評：「釋氏不知天命而以心法起滅天地，以小緣大，以末緣本，其不能窮而謂之幻妄，真所謂疑冰者與！」疑冰者即不知世上有冰而懷疑冰的存在的人。

【語譯】事情有豫備就能成立，務必把教育擺在首位；竭盡教育的美好作用，務必精求義理研究它。精究義理能深入到神，然後要立事就立事，舉動就合於禮而融和了。

立志求天道就能培養德性而不斷前進了，依憑仁德就能小事靈活而不違失禮制了。

立志求學問以後能通向天道，恪守禮制以後能立身行事，不疑惑以後能參預權宜。廣泛學習文獻從而匯集義理，匯集義理從而端正規則，端正規則以後用一個原則貫穿天下之道。

要窮盡天理卻不遵循天理，要精究義理卻不依從義理，要想憑藉深義而且學問明察的話，我不認為他是明智的。

智慧、仁愛、勇敢，是天下共同的道德，雖然所依據有區別，但是所用來認識它成就它卻是一致的。大概仁愛者靠天生認識，以安寧推行這五種關係；智慧者靠學問認識，以利益推行這五種關係；勇敢者靠受困認識，以努力推行這五種關係。

心安於仁德，沒有索求卻愛好仁，無所畏懼而厭惡不仁，天下如同一個人罷了，惟有責問自己一人是理所應當的了。

行動的堅持一貫，是說致力於堅持一貫啊！像天道不休不止那樣，是堅持一貫之最極致了。

君子對於天下，公認的善和公認的不善，沒有別人與自我的私心。遵循天理的共同喜歡它，不遵循天理的共同改正它。改正的，過錯雖然在別人如同在自己，不忘記自我責備；共同喜歡的，善雖在自身，當是從他人身上取得而這樣做的，務必把它讓給別人。善根據天下，不善也根據天下，這就叫公認的善和公認的不善。

叫做善人的，是立志於仁卻還沒有致力學習，能沒有惡罷了，「君子取名必定能夠有解說的」就像這樣。善人，想為仁卻未能致力學習的人。想為仁，所以雖然不執行前人制定的法規，也不陷進為惡，是有為仁的心在身。不能登堂入室由於不學習，所以沒有途徑進入聖人之室。

厭惡不仁，所以不善不曾不知曉；只愛仁卻不厭惡不仁，這樣就習俗不能明察，行為不能顯著。因此只是善未必都合於義，只正確未必都是仁；愛仁並且厭惡不仁，然後能窮盡仁義之道。

「堅持誠實而且好學」，堅持誠實而不好學，不過成為善人、誠實人罷了。「愛好德性如同愛好美色」，是愛好仁算得上深沉了；看見過錯能從內心自我責備，厭惡不仁能不讓它在自己身上產生，是厭惡不仁算得上深沉了。學習的人不這樣做不足以使自身成熟，所以孔子沒有看見這樣的人，必定嘆息說「算了吧」，想念很深啊。

使他的心志順於仁就得到仁，使他的心志順於義就得到義，只在於他勤奮努力罷了。

廣泛學習文獻而且遵從禮，由最顯著進入最簡要，所以能做到不背叛而離去。溫故知新，多記取前賢的美好言行來滋養德性，尋繹舊有學業從而有新的增益，考慮以往未能達到而現在達到了，從原有的見聞中察見未來，都是這個含義。
責問自己的人應當知道天下國家沒有都錯的道理，所以學習達到不埋怨人，是學習的極致。
聽到而不懷疑的就傳述它，看見而不疑慮的就學著做，這是中等人的資質。聽到就做，是愛好學習的人；看見並且而認識它的善卻沒有果斷去做，比不認識的好一些罷了。「世上有不懂卻胡亂創制的人」，是穿鑿附會，是虛假，孔子所不敢的，所以他說「我沒有這種事」。
以能問於不能，以多識問於寡識，以私淑艾的自學方式來教人，是隱而不顯露的仁德。
「為山」「平地」，這是仲尼所用來惋惜顏回沒有達到，當是稱讚互鄉人的求進步。
學習的人有四失：仰慕人就失在多而雜，好高騖遠就失在孤獨，不能細察就失在輕忽，怕難怕苦就失在停止不前。
學習的人捨棄禮義，就將整天吃得飽飽的，沒有絲毫作為，與愚民一樣，所做的不超出吃穿玩樂罷了。
盡心去求天道，正如以自己去認識別人，終究比不上他自己扶持自己是不用心思而得到。
考核時尋求合乎前人事跡來免除罪責的人，是畏罪的人，所以說「考核原則認為沒有過失」。
儒者窮究天理，所以遵循天性能夠叫做道。浮圖不懂窮盡天理卻自稱為性，所以他們的說法不能推廣並實行。

致曲不貳，則德有定體❶；體象誠定，則文節著見❷；一曲致文❸，則餘善兼照；明能兼照，則必將徙義；誠能徙義，則德自通變；能通其變，則圓神❹無滯。

有不知則有知，無不知則無知，是以鄙夫有問，仲尼竭兩端而空空❺。《易》無思無為，受命乃如嚮❻。聖人一言盡天下之道，雖鄙夫有問，必竭兩端而告之；

然問者隨才分❼各足，未必能兩端之盡也。

教人者必知至學❽之難易，知人之美惡，當知誰可先傳此，誰將後倦此。若灑掃應對，乃幼而孫弟❾之事，長後教之，人必倦弊。惟聖人於大德有始有卒，故事無大小，莫不處極。今始學之人，未必能繼，妄以大道教之，是誣❿也。

知至學之難易，知德也；知其美惡，知人也。知其人且知德，故能教人使入德，仲尼所以問同而答異以此。

「蒙以養正」⓫，使蒙者不失其正，教人者之功也。盡其道，其惟聖人乎！洪鐘⓬未嘗有聲，由扣乃有聲；聖人未嘗有知，由問乃有知。「有如時雨之化者」⓭，當其可，乘其間而施之，不待彼有求有為而後教之也。

志常繼則罕譬而喻，言易入則微而臧⓮。

「凡學，官先事，士先志」⓯，謂有官者先教之事，未官者使正其志焉。志者，教之大倫⓰而言也。

道⓱以德者，運於物外，使自化也。故喻人者，先其意而孫其志可也。蓋志意兩言，則志公而意私爾。

能使不仁者仁，仁之施厚矣，故聖人并答仁智以「舉直錯諸枉」⓲。

以責人之心責己則盡道，所謂「君子之道四，丘未能一焉」⓳者也；以愛己之心愛人則盡仁，所謂「施諸己而不願，亦勿施於人」⓴者也；以眾人望人則易從，所謂「以人治人改而止」㉑者也。此君子所以責己責人愛人之三術也。

有受教之心，雖蠻貊㉒可教；為道既異，雖黨類㉓難相為謀。

大人㉔所存，蓋必以天下為度，故孟子教人，雖貨色之欲，親長之私㉕，達㉖諸天下而後已。

子而孚化之，眾好者翼飛之㉗，則吾道行矣。

【章　旨】此章論教，述及教育目的、原則、方法和對象。提倡「教人者必知至學之難易，知人之美惡」，教應當「『有如時雨之化者』，當其可，乘其間」，「有受教之心，雖蠻貊可教」。

【注　釋】❶致曲不貳二句　矯不正直的為仁，德性就有確定的原則。即上文「致曲於誠」的意思。曲，不正直。定體，一定的原則，指誠。《橫渠易說・繫辭上》：「仁者不已其仁，姑謂之仁；知者不已其知，姑謂之知，是謂致曲，曲能有誠，誠則有變，必仁知會合乃為聖人也。」說的和本節相合。❷體象二句　體象，原則與表現。文節，文彩和實質。著見，鮮明顯現。❸文　同「文節」。❹圓神　運旋無窮的神性。❺是以二句　是以，即以是。意同因此。鄙夫，莊稼漢。竭兩端，指窮盡始末兩頭。空空，無知貌；無所有。事見《論語・子罕》。❻易二句　易，即《易經》，又名《周易》。是儒家重要經典。書分經和傳，經成於周初，傳大致為戰國至秦漢時人所作，且不止一人，用來解說經。著者運用八卦推測人生和自然的變化，認為陰陽兩種勢力的相互作用是生成萬物的根源。命，卜問。嚮，指回聲。❼才分　才能；資質。❽至學　完美學習。❾孫弟　敬順兄長。❿誣　欺騙。⓫蒙以養正　昏蒙人通過培養得知正道。語出《易・蒙卦》。蒙，昏蒙人。正，正道。⓬洪鐘　洪亮的鐘；大鐘。⓭有如時雨之化者　如及時雨的化育。語出《孟子・盡心上》。時雨，應時的雨。⓮志常二句　學習之志能經常持續就不必多加說解而明白了，說解言語容易接受就精妙而美好了。喻，使懂；使明白。微，精深微妙。臧，善。⓯凡學三句　大凡學習，當官的先學本職事務，未當官的先學立志。語出《禮記・學記》。官，指有職事的人。士，指尚未有職事的人。⓰大倫　重大原則。倫，條理。⓱道　通「導」。引導；先導。⓲舉直錯諸枉　提拔正直人放置到邪惡人中。語出《論語・顏淵》。錯，通「措」。放置。⓳君子之道四二句　君子的原則有四條，我孔丘未能做到一條啊。語出《禮記・中庸》。四，四條原則。指為子要盡孝，為臣要盡忠，為弟要敬兄，為友要守信。丘，孔子名。古人自稱用名表示謙遜。⓴施諸己二句語出《禮記・中庸》。勿，不。㉑以人治句　拿對普通人的要求去要求人能改就好。語出《禮記・中庸》。人，指一般人。治，要求。㉒蠻貊　古泛稱生活在偏遠地區的少數民族。有輕蔑色彩。㉓黨類　同類。黨，類。㉔大人　胸懷廣大以天下為懷的人。㉕親長之私　親長，父母長輩。私，恩情。㉖達　通達；推廣。㉗子而二句　孚，同「孵」。翼，展翅衛護；輔助。

【語　譯】使不正直的為仁，德性就有固定模式；模式一確定，文彩和實質就顯著展現；一曲的能達到文質彬彬，那就其餘的善也就一併顧及；明察能一併顧及，就必定能遵從義理；確實能遵從義理的話，德性自然通達變化；能通達它的變化，運旋無窮的神性就沒有滯留了。

有所不知才是有知，無所不知則是無知，因此農夫有提問，孔子竭力問清事情的始末兩端而使自己空空若無知。《易經》沒有思慮也沒有作為，一旦接受卜問卻像山谷回聲那樣準確而及時。聖人用一句話說盡天下的道理，雖然農夫有提問，必定竭盡問題始末兩端去告訴他；但是提問人隨著資質各自滿足，未必能同樣竭盡問題始末兩端的教導。

教人者必須知曉完美學習的難易，知曉人的好壞，應當知曉誰能先傳授這個，誰將最後厭倦這個。像灑掃衛生和應對來訪這類事，乃是少年敬順兄長的事，長大以後來教這個，人必定厭倦。惟有聖人對於重大道德有始有終，所以事無大小，沒有不做到最好。現今始學的人，未必能跟著做，胡亂拿大道理去教他，這就是欺騙。

知曉完美學習的難易，是知曉德性；知曉人的好壞，是知曉人。知曉人而且知曉德性，所以能教人並且使他培養道德，孔子所以對同樣提問給予不同回答，就因為這一點。

「昏蒙人靠培養走上正道」，使昏蒙人不喪失正道，是教人者的功績。能窮盡這原則的，只有聖人吧！大鐘不曾發聲，由叩擊才有聲；聖人不曾有知，由提問才有知。「有如應時雨的化育」，當那合適，抓住時機來實施它，而不等到他有要求有行動以後才去教他。

學習的心志能不斷持續就不必多說解而領會了，說解言辭能容易接受就精妙而美好了。

「大凡學習，當官的人先學本職事務，尚未當官的人先學立志」，這是說有官的人先教本職事務，尚未當官的人使他端正心志。心志，是就教育的重大原則來說的。以德性為先導，運行在具體事物以外，讓他自我昇華。所以教人者，應當先於他的意願理順他的立志。大概志意並列著說，那就志是公共的而意是個人的吧。

能使不仁者為仁，仁德的感化是深厚了，所以聖人用「提拔正直放置到邪惡中去」這樣的話，合起來回答仁和智。

用責求人的心思來責求自己就能窮盡仁道，也就是所說的「君子的原則有四條，我孔丘未能做到一條」；用愛護自己的心思去愛人就能窮盡仁德，也就是所說的「用在自己身上不樂意，也不要用在別人身上」；用對普通人的期望去期望人就容易聽從，也就是所說的「用對普通人的要求去要求人能改了就好」。這些就是君子用來要求自己、要求別人、愛人的三種方法。

只要有願意接受教育的心，即使落後地區的人也是能教育的；如果信奉的原則不同，即使同類人也很難互相商量的。

大人所留意的，想必以天下為規範，所以孟子教導人，即使財貨美色的欲求，父母長輩的恩情，都要推廣到普天下人以後才能罷休。

當作親子從而孵化他，受大家喜愛的就輔助他飛起來，那麼，我們的教育原則就實現了。

至當篇第九

【題　解】這篇論述幸福觀和道德觀以及二者的關係。篇首開門見山：「至當之謂德，百順之謂福。德者福之基，福者德之致，無入而非百順，故君子樂得其道。」也就是說，道德是根基，幸福是道德的花朵。這裡關鍵詞是「至當」和「百順」。用「至當」來說德，要求做到最恰當、最正當，只有掌握普遍真理，才能達到。「德者得也」，「得天下之理之謂德」。「百順」是一切順遂的意思，所作所為都能遵循普遍真理，而不是單純的物質享受，也就擺脫了個人的患得患失的煎熬。論述隨即以「德」為主線展開，「福」作為效應時時提到。先說德是仁與智合而為一的天性，在社會上表現為社會規範和道德規範的「禮」。德有大小，禮分禮器與禮運，總之，原則堅守而小處靈活，就「順而樂」了。做人應當具有玉一般的美德，仁德愛人，推己及人。於是進入全篇重點，從做人原則，待人方式，如何養德以至如何立志等等反覆申述，提出了「聖人同乎人而無我」，「大人者，有容物，無去物，有愛物，無徇物」等主張。尤其推崇禮讓無爭，所謂「勝兵之勝，勝在至柔」的警句。最後，以『闇然』，修於隱也；『的然』，著於明也」作結語。修德要隱，效果要明，含義很深的。

至當之謂德，百順之謂福。德者福之基，福者德之致，無入而非百順，故君子樂得其道❶。

循天下之理之謂道，得天下之理之謂德，故曰「易簡之善配至德」❷。

「大德敦化」，仁智合一，厚且化也❸；「小德川流」❹，淵泉時出之也。

「大德不踰閑，小德出入可也」❺，大者器❻則小者不器矣。

德者得也，凡有性質❼而可有者也。

「日新之謂盛德」❽，過而不有，凝滯於心，知之細也，非盛德日新。惟日新，是謂盛德。

浩然無害，則天地合德；照無偏繫，則日月合明；天地同流，則四時合序；酬酢不倚，則鬼神合吉凶❾。天地合德，日月合明，然後能無方體❿；能無方體，然後能無我。

禮器⓫則藏諸身，用無不利。禮運云者，語其達也；禮器云者，語其成也。達與成，體與用⓬之道，合體與用，大人⓭之事備矣。禮器不泥於小者，則無非禮之禮，非義之義⓮，蓋大者器則出入小者莫非時中也⓯。子夏⓰謂「大德不踰閑，小德出入可也」，斯之謂爾。

禮，器則大矣，修性而非小成⓱者與！運則化矣，達順而樂亦至焉爾。

「萬物皆備於我」⓲，言萬物皆有素於我⓳也；「反身而誠」⓴，謂行無不慊㉑於心，則樂莫大焉。

【章　旨】論德是得天下之理，因而是致福的基石。德有大小之分，無不合宜。

【注　釋】❶道　天理。下文「循天下之理之謂道」，就是天性，也就是氣的能變本性。❷易簡之善配至德　平易簡約的完美相配最高的德性。語出《易・繫辭上》。易簡，平易簡約，是天下之理的本色特徵。《易・繫辭上》：「易則易知，簡則易從……易簡而天下之理得矣。」❸大德敦化三句　「大德純厚而感化」，仁愛與才智合而為一，是純厚並且能感化了。大德敦化，語出《禮記・中庸》。敦，純厚；素樸。化，感化；教化。❹小德川流　小德如溪流。表示靈活。語出《禮記・中庸》。❺大德不踰閑二句　大德不能越規，小德可以靈活出入。語出《論語・子張》。閑，木欄之類。引申為範圍、界限。❻器　器具。此指規範。❼性質　即性。❽日新之謂盛德　日日新就叫它為盛德。語出《易・繫辭上》。日，天天。新，出新。盛德，美盛的德性。❾酬酢不倚二句　應對萬物不偏側就能與鬼神的吉凶相合。酬酢，飲酒時，主敬客為酬，客還敬為酢。引申為應酬、應對。倚，偏向一邊。❿方體　局限。方，指場所。體，指模式。⓫禮器　禮的規章制度。⓬體與用　體，指本體。用，指作用。⓭大人　相當於聖人。⓮非禮之禮二句　不合於禮的禮，不合於義的義。⓯蓋大句　意指守禮義者因時制宜。《經學理窟・禮樂》：「時措之宜便是禮，禮即時措時中見之事業者，非禮之禮，非義之義，但非時中者皆是也。非禮之禮，非義之義，又不可以一槩言，如孔子喪出母，子思不喪出母，又不可以子思守禮為非也。」時中，因時制宜。⓰子夏　姓卜名商字子夏，孔子學生。⓱小成　小有成就。⓲萬物皆備於我　萬物都具備在我身。語出《孟子・盡心上》。備，具備。⓳言萬物皆有素於我　是說萬物都求於我。句意謂萬物都與我互相感應。此為張載用孟子語而另有解說的例子。素，索求。⓴反身而誠　反省能忠誠。語出《孟子・盡心上》。反身，反躬自省。㉑慊　滿足。

【語　譯】最恰當就叫它為德，一切順暢就叫它為福。德是福的根基，福是德所導致，無時無刻一切無不順暢，所以君子樂於得到那天道。

遵循天下的理就叫它為道，得到天下的理就叫它為德，所以說「平易簡約的真理與最美的天德相配」。「大德純厚而化育」，仁愛與才智相合為一，是純厚而化育；「小德像溪流」，如同深泉時時湧出。「大德不越規，小德靈活出入是可以的」，大德是規範而小德就不是規範了。德就是得到，是凡是有天性的本質從而能擁有的。

「日日新叫它為盛德」，經過而不擁有，如果滯留在心裡，就是認知的狹小，而不是盛德日日新。只有日日新，這才叫做盛德。

浩大無邊而無阻礙，就與天地的德性相合；照察不偏側，就與日月的明亮相合；與天地一同發展變化，就與四季的順序相合；應酬不偏向，就與鬼神的吉凶相合。與天地的德性相合，與日月的明亮相合，然後能沒有固定模式的局限；能沒有固定模式的局限，然後能做到無我。

禮的規範秉持在自身，應用沒有不順利的。稱為禮運，是說禮的運用能通達；稱為禮器，是說禮的成法規範。通達與成規，是本體與運用的原則，綜合本體與運用，大人的事業就完備了。禮的規範能不拘泥細小，就不會有非禮之禮和非義之義，想必重大的是規範而靈活出入規範的小者沒有不是因時制宜的。子夏說「大德不越規，小德可以靈活出入」，就是說這一點。

禮，成規範就重大了，是修養德性而不是小成果了！運用就變通了，通達順利因而快樂也來到了。

「萬物都具備在我身」，是說萬物都有求於我；「反省能忠誠」，是說行事沒有不滿意的，那麼快樂沒有比這更大的了。

未能如玉，不足以成德❶；未能成德，不足以孚天下❷。「修己以安人」❸，修己而不安人，不行乎妻子，況可愜❹於天下！

「正己而不求於人」❺，不願乎外之盛者❻與！

仁道有本，近譬諸身，推以及人，乃其方也。必欲博施濟眾，擴之天下，施之無窮，必有聖人之才，能弘其道❼。

制行以己❽，非所以同乎人。必物之同者，己則異矣；必物之是者，己則非矣。能通天下之志者為能感人心，聖人同乎人而無我，故和平❾天下，莫盛於感人心。

道遠❿人則不仁。

【章　旨】論成德在於修養自身，標尺在於造福天下。

【注　釋】❶未能如玉二句　未能像美玉，就夠不上德的完美。玉，美玉。古人認為它具備仁、義、智等五種美德。成，成熟。❷孚天下　取信於天下。孚，信。❸修己以安人　修養自己從而使別人安樂。語出《論語・憲問》。修，修養。安，使……安樂。❹愜　遍及；通行。❺正己而不求於人　語出《禮記・中庸》。正己，使自己端正。❻不願乎外之盛者　不寄望於外力的自我完善。願，寄望；企求。❼必有聖人二句　務必具有聖人的才幹，能夠擴展這個原則。聖人，道德才智最高的人。弘，擴大；弘揚。❽制行以己　制度規章的推行，憑藉自己。制，制度。行，推行。❾和平　使……和順安定。❿遠　遠離。

【語　譯】未能像美玉，就稱不上成熟德性；不能成熟德性，也就夠不上取信於天下。「修養自己從而安定人」，修養自己卻不安定人，都不能在妻子兒女中間推行，何況還想遍及天下！

「端正自己卻不求助於人」，是不寄望於外力的自我完善的人吧！

仁道有根本，近比照自身，從而推及別人，就是它的方法啊。務必想廣泛施行濟助民眾，並推廣到天下，施行到無窮盡，必須具有聖人的才幹，才能夠弘揚那原則。

制度的推行憑藉自己，不是所用來與別人相同的。

務必與物相同的話，自己就不同了；務必物是對的，自己就不對了。

能溝通天下的心意的是能感化人心，聖人同化於別人卻沒有自我，所以和順安定天下，沒有比感化人心更有效了。

仁道遠離人就不是仁。

易簡理得則知幾❶，知幾然後經❷可正。天下達道❸五，其生民之大經乎！經正則道前定，事豫立，不疑其所行，利用安身之要莫先焉❹。

性天經然後仁義行❺，故曰「有父子、君臣、上下，然後禮義有所錯」❻。

仁通極其性❼，故能致養而靜以安❽；義致行其知，故能盡文而動以變❾。

義，仁之動也，流於義者於仁或傷❿；仁，體之常也，過於仁者於義或害。

立不易方，安於仁而已乎⓫！

安所遇而敦⓬仁，故其愛有常心，有常心則物被常愛也。

大海無潤，因暍者⓭有潤；至仁無恩，因不足者有恩。樂天安土⓮，所居而安，不累於物也。

【章旨】論仁為德之體，義為德之用。

【注釋】❶幾　先兆。❷經　規則。❸達道　公德。《禮記・中庸》：「君臣也，父子也，夫婦也，昆弟也，朋友之交也。五者，天下之達道也。」❹利用安身之要莫先焉　施用順利自身安樂的關鍵沒有在它之先了。利用，使用利。要，要害；關鍵。❺性天經然後仁義行　以自然法則為性然後仁義能推行。性，以……為性。句中指德。所謂「得天下之理為德」。天經，自然法則；天生法則。張載把父子、君臣、上下都歸入這一類。❻有父子二句　語出《易・序卦》。禮，封建社會的社會規範和道德規範。義，合宜；正義。錯，通「措」。施行。❼仁通極其性　仁最終通往天性。通，通往。極，終極。其性，指天性。即德。❽故能致養而靜以安　所以能努力修養德性從而達到平靜而安寧。致養，致力於養德。養，培育。以，而。❾義致二句　義致力於行用他的才智，所以能窮盡文獻因從而活動而變化。知，通「智」。才智。文，文獻。❿流於義句　流，放縱；遷就。或，有時；可能。⓫立不易方二句　立身決不改變立場，安心於仁德罷了啊。立，立身；立志。方，場所。而已乎，語氣詞連用，重在「乎」，相當於「吧」。⓬敦　致力於。⓭暍者　中暑者；受暴熱者。⓮樂天安土　樂享天命安心所居。句意謂樂於遵循客觀規律。

【語　譯】平易簡約的天理得到以後就能察知先兆，察知先兆然後規則能夠端正。天下公德有五條，想是人類的重大規則吧！規則正了方法就能先定，事情能豫先確立，不懷疑他的行事，施用順利自身安樂的關鍵沒有在它前頭的了。

以自然法則為性然後仁義推行，所以說「有父子、君臣、上下，然後禮義就有所舉錯」。

仁最終通往天性，所以能通過修養因而達到平靜而又安樂；義乃致力於施用他的才智，所以能窮盡文獻因而活動而又變化。

義，是仁的作用，一味遷就義對仁有可能造成傷害；仁，是本體的常規，仁過分了對義有可能造成傷害。

立志決不改變立場，安心於求仁罷了。

安心於所處境遇從而努力求仁，所以他的愛有持久心，有了持久心那麼物也就被持久地愛了。

大海不顯現滋潤，憑藉中暑之人而顯現滋潤；至仁不顯示恩澤，憑藉不足之人顯示恩澤。樂享天命安心所居地，隨所處而能安心，是不被物所拖累的了。

愛人然後能保其身，寡助❶則親戚畔❷之。能保其身則不擇地而安。不能有其身，則資安處以置之❸。不擇地而安，蓋所達者大矣；大達於天，則成性成身❹矣。

上達則樂天，樂天則不怨；下學則治己，治己則無尤❺。

不知來物❻，不足以利用；不通晝夜❼，未足以樂天。聖人成其德，不私❽其身，故乾乾❾自強，所以成之於天❿爾。

君子於仁聖，為不厭⓫，誨⓬不倦，然且自謂不能，蓋所以為能也；能不過人，故與人爭能，以能病⓭人；大則天地合德，自不見⓮其能也。

君子之道達諸天，故聖人有所不能；夫婦之智淆諸物⓯，故大人有所不與⓰。

匹夫匹婦，非天之聰明不成其為人⓱；聖人，天聰明之盡者爾。

【章旨】論修德要樂天治己。樂天是目標，治己是途徑。

【注釋】❶寡助　得不到幫助。語見《孟子・公孫丑下》：「得道者多助，失道者寡助。」❷畔　通「叛」。❸資安處以置之　拿什麼地方來安置他。資，憑藉。安處，處在哪裡；何處。置，安置；安頓。❹成性成身　成性，人性達到天性。成身，成就自身，即指自己作為個人也成熟了。❺上達四句　上達，向上發展。指學習天性。下學，學習社會。尤，埋怨。❻來物　招致物。來，使……來到。❼不通晝夜　不識晝夜變化的規律。❽私　偏愛。❾乾乾　自強不息的樣子。❿天　天性。⓫厭　滿足。⓬誨　教導。⓭病　責難；為難。⓮見　同「現」。⓯夫婦之智淆諸物　一般男女的才智混淆在具體事物。夫婦，一般男女。即下句「匹夫匹婦」。淆，混淆。⓰與　參預。⓱匹夫二句　匹夫匹婦，古指沒有爵位的平民。聰明，指視聽。此指天性。

【語　譯】熱愛人然後能保有自身，失道寡助的人就連親戚也叛離他。能保有自身就不必選擇居地而能安寧。不能保有自身，拿什麼地方安置他。不必選擇居地而能安寧，想必所追求的很廣大了；最大的追求達到天性，就能完善人性完善自身了。

向上努力學習就樂享天命，樂享天命就不會怨恨；向下學習社會就修養自己，修養自己就不會埋怨。不懂招來物，稱不上運用順利；不通曉晝夜變化，不足以樂享天命。聖人養成他的德性，不偏愛自身，所以自強不息，用來養就德性達到天性罷了。

君子對於仁和聖，努力去做，從不滿足，盡心教人，從不厭倦，但是，自己仍然說不能達到，這正是所以能達到的啊；才能沒有超過他人，所以會與他人爭能，拿自己的長處責難他人；達到廣大就與天地的德性相合，自己不顯示他的才能。

君子的原則通達到天性，所以聖人有所不能做的；普通男女的才智與物相混雜，所以聖人有不參預的。普通男女，不是天的靈性不能成就他們成為人；聖人，是天的靈性的完美者。

大人者，有容物，無去物；有愛物，無徇❶物，天之道然❷。天以直養萬物，代天而理物者，曲成而不害其直❸，斯盡道矣。

志大則才大、事業大，故曰「可大」❹，又曰「富有」❺；志久則氣❻久、德性久，故曰「可久」❼，又曰「日新」❽。

清為異物，和為徇物❾。

金和而玉節之則不過，知運而貞一之則不流❿。

道所以可久可大，以其肖⓫天地而不離也；與天地不相似，其違道也⓬遠矣。

久者一之純，大者兼之富。

大則直不絞⓭，方不劌⓮，故「不習而無不利」⓯。

【章　旨】論成德之人能博大能永久，與天地合德。

【注　釋】❶徇　貪婪。❷天之道然　天道如此。然，這般。❸代天而理物者二句　代天來料理的人，委曲成全卻不損害它的正直。理，治理；料理。曲成，委曲成全；想方設法成全。直，正直，指「有容物，無去物，有愛物，無徇物」。❹可大　能廣大。語出《易・繫辭上》。❺富有　擁有一切。語出《易・繫辭上》。❻氣　舊指氣數、命運。❼可久　能恆久。語出《易・繫辭上》。❽日新　一日比一日新。語出《易・繫辭上》。❾清為異物二句　清是不同於物，和是混同於物。二句分指「異物」之狹隘，「徇物」之不恭。清，清純不雜。和，混同；摻和。❿金和二句　奏樂時鐘協調而玉磬節制就不會失誤，才智運用而堅守同一原則就不放蕩。金和而玉節，古時奏樂以鐘發聲以磬收尾。金，指鐘。和，協和。貞，正確原則。一，統一。流，放任。⓫肖　像。⓬也　句中語氣詞。⓭絞　急躁。⓮劌　傷損。⓯不習而無不利　不熟習也沒有不順利。語出《易・坤卦》。習，熟習。

【語　譯】大人，只有容納物，沒有摒棄物；只有愛護物，沒有貪婪物，天道使他這樣。天以正直養育萬物，代天治理萬物的人，想方設法去成全卻不會損害它的正直，這就盡到天道了。

立志廣大就能才智廣大，事業廣大，所以叫做「能廣大」，又叫做「富有」；立志恆久就能氣數恆久、德性恆久，所以叫做「能恆久」，又叫做「日日新」。

清高是不同於物，隨和是混同於物。

奏樂時金鐘協調而玉磬節制就不致失誤，才智施展並堅守同一原則就不會放蕩。

道之所以能廣大能恆久，由於它像天地而不違離；如果與天地不相似，它的違離道就遠遠的了。

恆久是統一的純，廣大是兼有的富。廣大就不急躁，正直就不傷損，所以「不熟習也沒有不順利」。

易簡然後能知險阻，易簡理得然後一以❶貫天下之道。易簡故能說諸心，知險阻故能研諸慮，知幾為能以屈為伸。

「君子無所爭」❷，彼伸則我屈，知❸也；彼屈則吾不伸而伸矣，又何爭！無不容然後盡屈伸之道，至虛❹則無所不伸矣。「君子無所爭」，知幾於屈伸之感而已。「精義入神」❺，交伸於不爭之地，順莫甚焉，利莫大焉。

「天下何思何慮」❻，明屈伸之變，斯盡之矣。勝兵❼之勝，勝在至柔，明屈伸之神爾。

【章旨】論有德者容物無所爭。不爭才是善爭。

【注釋】❶一以　即以一。用同一原則。❷君子無所爭　君子沒有要爭的。語出《論語·八佾》。❸知　通「智」。聰明。❹至虛　指到達氣的虛空狀態。❺精義入神　精究義理深入到神。語出《易·繫辭下》。神，指氣的變化本能。❻天下何思何慮　天下有什麼可思慮的。句意謂排除意識而遵循天道。語出《易·繫辭下》。❼勝兵　打勝仗的部隊。

【語譯】平易簡約以後能懂得艱險，把握平易簡約的天理以後用同一原則貫通天下的道理。平易簡約了所以能讓人心悅誠服，懂得艱險了所以能用心去研討，察知先兆是能夠以屈為伸。

「君子沒有要爭的」，彼伸就我屈，是聰明；彼屈就我不伸也伸了，又爭什麼！

沒有不容納的然後能窮盡屈伸的原理，達到虛空就沒有不伸的了。

「君子沒有要爭的」，在於屈伸的相互感應中察知先兆罷了。「精究義理深入到神」，交互伸在不爭之地，沒有比這更順暢了，沒有比這更有利了。

「天下有什麼可思慮的」，認明屈伸的相互變化，這就窮盡了。

打勝仗的部隊的取勝，勝在極其柔順，是認明了屈伸變化的本性罷了。

敬斯有立❶，有立斯有為。

「敬，禮之輿也」❷，不敬則禮不行。

「恭敬撙節退讓以明禮」❸，仁之至也，愛道之極也。

己不勉明❹，則人無從倡，道無從弘，教無從成矣。

禮：直斯清，撓斯昏，和斯利，樂斯安。

【章旨】論禮以敬為先。張載認為禮是德的表現。

【注釋】❶立　立身於禮。❷敬禮之輿也　恭敬是載禮的車。語出《左傳・僖公十二年》。輿，車。喻指載體。❸恭敬撙節句　恭敬約束謙讓用來表明禮。語出《禮記・曲禮上》。撙節，約束；抑制。退讓，謙退容讓。❹勉明　致力於明禮。

【語譯】恭敬就能立身，立身就有作為。

「恭敬是載禮的車」，不恭敬就禮不能推行。

「恭敬約束謙讓用來表明禮」，這是仁德之最極致，愛心的完美。

自己不努力明禮，那就他人無法倡導，仁道無法弘揚，教化無法有成效。

禮：正直就清明，撓混就昏濁，和諧就有利，悅樂就安定。

將致用者，幾不可緩；思進德者，徙義必精。此君子所以立多凶多懼之地，乾乾德業❶，不少懈於趨時❷也。

「動靜不失其時」❸，義之極也。義極則光明❹著見，唯其時，物前定而不疚❺。

有吉凶利害，然後人謀作❻，大業❼生；若無施不宜，則何業之有❽！

「天下何思何慮」，行其所無事斯可矣。

【章旨】論德應適宜於用，用應趨合時勢。

【注釋】❶乾乾德業　乾乾，自強不息的樣子。德業，指德性和事業。業，人所經營的成就。❷趨時　追隨時勢。❸動靜不失其時　動和靜都不違失它的時勢。語出《易・艮卦》。❹光明　廣大明照。❺疚　憂慮；因過失而內心不安。❻人謀作　人謀，人的才智。《正蒙・誠明篇》：「天能謂性，人謀謂能。」作，發生；興起。❼大業　大事業，指治國經世。❽何業之有　有什麼事業。之，複指「何業」，而「何業」是賓語前置。

【語譯】將致力應用的人，察知先兆不能鬆緩；想提高德性的人，依從的義理必須精微。這就是君子所以置身多凶險多危懼的境地，在德性和事業上都能自強不息，絲毫不懈怠地追隨時勢的緣故。「動和靜都不違失它的時勢」，這是義之最。義到極致就能顯現廣大明照，唯有那時勢，凡事能預先確認因而不會後悔。

有了吉、凶、利、害，然後人的才智發揮了，造就了大事業；如果施用沒有不合宜的，那還有什麼事業！「天下有什麼可思慮的」，效法天的不思慮去做就行了。

知崇，天也，形而上也❶；通晝夜之道而知，其知崇矣。知及之而不以禮性之❷，非己有也；故知禮成性而道義❸出，如天地設位而易行❹。

知德之難言，知之至也。孟子謂「我於辭命則不能」❺，又謂「浩然之氣難言」❻，《易》謂「不言而信存乎德行」❼，又以尚辭為聖人之道❽，非知德，達乎是哉❾？「闇然」❿，修於隱也；「的然」⓫，著於外也。

【章旨】總結全篇，德是根本，因為性是無形，所以難以表述，禮義是用，是明白可行的。

【注釋】❶知崇三句　認知的崇高，是天性，是形而上的。知，德性所知，類似今天說的理性認識。《正蒙・中正篇》：「高明不可窮，博厚不可極，則中道不可識。」高明即知崇。天，天性。形而上，指超越有形物的東西。❷以禮性之　以禮成為德性。性之，成為他的性。❸道義　仁道正義。❹天地設位而易行　天地定好位置從而變化施展了。位，指天上地下人在中間。處在輔助地位。❺我於辭命則不能　我不善於辭令。語出《孟子・公孫丑上》。辭命，辭令；言辭。❻浩然之氣難言浩大正氣難以表述。語本《孟子・公孫丑上》，文字與今本微殊。浩然，浩大剛正的樣子。❼不言而信存乎德行　不須說話而信服依存於德。語出《易・繫辭上》。信，信服。乎，相當「於」。❽又以尚辭句　又把重視辭令作為聖人的原則。尚，崇尚。❾達乎是哉　能達到這一境界嗎。是，這。指將知德之難言與尚辭統一。❿闇然　暗淡的狀態。語出《禮記・中庸》。⓫的然　鮮明的狀態。語出《禮記・中庸》。

【語　譯】認知的崇高，是天性，是形而上的；貫通晝夜變化規律因而能認知，他的認知就崇高了。認知達到了卻不以禮成熟人性，不是自己能擁有的；所以認知和禮成就完美人性從而產生仁道和正義，如同天地設定了天、地、人三者的位置，從而變化施行。

懂得德性的難以表述，是認知之最了。孟子說「我不善於辭令」，又說「浩大正氣難以表述」，《易經》說「不必說話而得到信服是依存於德行」，又把重視辭令作為聖人的原則，不是懂得德性，能達到這樣的境界嗎？「暗淡的狀態」，是修德在內心的隱微；「鮮明的狀態」，是顯現在外部。

作者篇第十

【題解】本篇縱論歷史人物，與前〈誠明篇〉、〈大心篇〉、〈中正篇〉和〈至當篇〉相印證。本篇重點在「行」，前四篇重點在論，至於順遵天理而適應民心則是共同的原則。全篇分二部分：前十三節闡明上古聖帝明王的功業和用心，所謂開創歷史的有七位；後八節論春秋列國著名人物，有褒有貶有解說。他論「作者七人」，表明順天應民的原則雖然相同，但是隨所遇時勢不同，各有自己的做法，這才使他們成為開創者。

「作者七人」❶，伏羲、神農、黃帝、堯、舜、禹、湯❷，制法興王之道，非有述於人者也。

以知人為難，故不輕去未彰之罪❸；以安民為難，故不輕變未厭之君❹。及舜而去之，堯君德，故得以厚吾終❺；舜臣德，故不敢不虞❻其始。

「稽眾舍己」❼，堯也；「與人為善」❽，舜也；「聞善言則拜」❾，禹也；「用人惟己，改過不吝」❿，湯也；「不聞亦式，不諫亦入」，文王也⓫。皆虛其心⓬以為天下也。

「別生分類」⓭，孟子所謂明庶物、察人倫者與⓮！

象憂喜，舜亦憂喜⓯，所過者化也⓰，與人為善也，隱惡也，所覺者⓱先也。

「好問」⑱，「好察邇言」⑲，「隱惡揚善」⑳，「與人為善」，「象憂亦憂，象喜亦喜」㉑，皆行其所無事㉒也，過化也，不藏怒也，不宿㉓怨也。

舜之孝㉔，湯、武之武㉕，雖順逆不同，其為不幸均矣。明庶物，察人倫，然後能精義致用㉖，性其仁㉗而行。湯放桀有慚德而不敢赦，執中之難也如是㉘；天下有道而已，在人在己不見其間㉙也，立賢無方㉚也如是。

「立賢無方」，此湯所以公天下而不疑，周公所以於其身望道而必吾見也㉛。

「帝臣不蔽」㉜，言桀有罪，己不敢違天縱赦；既已克㉝之，今天下莫非上帝㉞之臣，善惡皆不可揜㉟，惟帝擇而命之，己不敢不聽。

「虞芮質厥成」㊱，訟獄者不之紂而之文王㊲。文王之生，所以縻縶於天下，由多助於四友之臣爾㊳。

「以杞包瓜」㊴，文王事紂之道也㊵，厚下以防中潰㊶，盡人謀㊷而聽天命者與！

上天之載㊸，無聲臭可象㊹，正惟儀刑㊺文王，當冥契㊻天德而萬邦信悅，故《易》曰「神而明之，存乎其人」㊼。不以聲色為政，不革命而有中國，默順帝則而天下自歸者㊽，其惟文王乎！

可願可欲，雖聖人之知，不越盡其才以勉焉而已㊾。故君子之道四㊿，雖孔子自謂未能；博施濟眾，修己安百姓，堯舜病諸(51)。是知人能有願有欲，不能窮其願欲。

【章旨】列述古聖帝明君順天守德的事跡。

【注釋】❶作者七人　像這樣的人有七位。語出《論語・憲問》。原指隱居避世的賢者。張載借用指首創之人。《張子語錄中》：「所謂作者，上世未有作而作之者也。」與下文「有述於人者」相分別。因而代表人物也由避世賢士轉為聖帝明君。❷伏羲句　伏羲，又作庖犧。風姓，古代傳說中的部落首領。以創制八卦，教民捕魚、畜牧得到天下擁戴。神農，又稱炎帝。古代傳說中的帝王，以教民造農具從事農作和嘗百草取藥得到天下擁戴。黃帝，號軒轅氏，屬有熊氏，姬姓。古代傳說中的部落聯盟領袖，以創制養蠶、舟車、音律、文字和算數等得到天下擁戴。堯，名放勳，陶唐氏。古代傳說中的父系氏族社會後期部落聯盟領袖。以設置百官掌管時令、制定曆法、推位讓賢等得到天下擁戴。舜，名重華，姚姓，有虞氏。古代傳說中的父系氏族社會後期部落聯盟領袖，以先後巡行四方，除去鯀、共工、驩兜和三苗得到天下擁戴。禹，夏氏，姒姓。古代部落聯盟領袖，以治洪水得到天下擁戴。湯，又名成湯，商族領袖，以推翻暴君夏桀得到天下擁戴。《張子語錄》也有對「作者七人」的解說。所列述功績為傳統說法。❸以知人為難二句　認為了解人是很不容易的，所以不輕易摒棄沒有彰顯罪惡的人。事指堯對待共工、驩兜等人。知，了解；認識。輕，輕易。去，除去。彰，彰明；顯露。❹未厭之君　惡貫沒有滿盈的國王。厭，滿盈。❺得以厚吾終　賴以寬厚到自己讓帝位。得以，賴以。厚，寬厚；容忍。終，結束。指讓出帝位。❻虔　誠敬。❼稽眾舍己　考核公眾捨棄自己。語出《尚書・大禹謨》。稽，考核。舍，同「捨」。❽與人為善　扶持人為善。語出《孟子・公孫丑下》。與，扶持；支持。❾聞善言則拜　語出《孟子・公孫丑上》。拜，禮敬。❿用人惟己二句　用人如用己，改錯毫不吝惜。語出《尚書・仲虺之誥》。惟，是；為。吝，吝惜。⓫不聞亦式三句　不聞達的人也任用，不諫諍的人也聽取。語出《詩・大雅・思齊》。聞，顯達；有名望。諫，勸說，用於下對上。文王，即周文王，名昌，姬姓。商朝任西伯，是西方諸侯之長。身為周族首領，積極壯大實力，卻不公開反對商王朝，為其子武王伐商從而建周王朝奠定了基礎。被稱頌為中國歷來最賢明的君王之一。⑫虛其心　擴大胸懷。虛，虛心。這裡用作使自己虛心。⑬別生分類　辨別姓氏區分族類。語出《尚書・舜典》。別，區分。生，指姓。類，族類。⑭孟子句　孟子，名軻字子輿（約西元前三七二～前二八九年），鄒（今山東鄒縣東南）人。戰國時期著名的思想家、政治家和教育家，公認的孔子學說繼承人，有「亞聖」之稱。著有《孟子》，宋代選編入官定教科書《四書》。庶物，眾物；萬物。人倫，人際關係，指君臣、父子、夫婦、兄弟、朋友五項。又叫「倫常」。與，同「歟」。語氣詞，相當於「吧」。⑮象憂喜二句　指舜感化惡弟象。象，舜之弟。處心積慮謀兄霸產，舜心知肚明，卻與他同憂喜來感化他。⑯所過者化也　所經歷的都要感化。過，經歷。化，感化；教化。⑰所覺者　所要覺醒的人。⑱好問　愛問。這裡指虛心求教。語出《禮記・中庸》。⑲好察邇言　愛審察近臣的話。語出《禮記・中庸》。邇，近。指近臣。⑳隱惡揚善　語出《禮記・中庸》。隱，不暴露；不公布。揚，稱揚；表彰。㉑象憂二句　語出《孟子・萬章上》。㉒所無事　所沒有事的。意指順其自然。㉓宿　留存；記住。㉔舜之孝　舜的孝順。舜在舊二十四孝中位列第一。相傳由於父親聽信後母及弟，任由屢次陷害他，都坦然赴險，終於感化了他們。㉕湯武之武　湯和周武王的用武。指湯以武力推翻夏王桀和周武王以武力打倒商王紂。武，周武王，名發，姬姓。周文王之子，與周滅商，是周王朝的創立者。㉖精義致用　精求義理付之實用。精，精研；精求。致，致力於。㉗性其仁　成性於仁。意指以仁統率所精求的義。㉘湯放桀二句　湯流放暴君桀覺得德性有虧因而不敢赦免。放，流放；放逐。桀，夏朝末代帝王，歷史上有名的暴君。執中之難也如是，執中的為難就像這個樣子。執中，把握中道。中道即不偏不倚，無過無不及之道。也，句中語氣詞。㉙間　差距。㉚立賢無方　舉用賢才沒有定規。立，樹立；舉用。方，成規；定規。語出《孟子・離婁下》。㉛周公句　周公所以終身期望治國之道而且必須自己看見。周公，名旦，姬姓。周武王之弟，以封邑在周（今陝西岐山縣北），而稱周公。既是武王滅商的大功臣，又是成王攝政大臣。他求賢若渴，創制了禮、樂等典章制度，是歷史上著名的政治家。㉜帝臣不蔽　天帝的臣僕不敢遮掩。語出《論語・堯曰》。帝，指最高天神。然而張載不信神，當指天，擬人化罷了。臣，臣僕。蔽，遮掩。㉝克　戰勝。㉞上帝　即帝。指天。㉟揜　掩蓋；遮蔽。㊱虞芮質厥成　虞芮二國對質訴訟終於結好。語出《詩・大雅・緜》。虞，古國名，在今山西平陸東北。芮，古國名，在今山西芮城西。質，對質。厥，其。成，結好。㊲訟獄者句　訟獄，訴訟。之，到。紂，商朝末代帝王，歷史上著名的暴君。㊳文王之生三句　縻縶，控制。四友之臣，四種能看作朋友的賢臣。即致力歸附之臣、參謀政事之臣、奔走效力之臣和抵禦外侵之臣。㊴以杞包瓜　拿杞柳枝包裹瓜地裡的瓜。語出《易・姤卦》。杞，杞柳，又名紅皮柳。枝條可以編筐。㊵文王事紂之道也　是文王服事紂王的原則。事，事奉；服事。㊶厚下以防中潰　下面墊得厚厚的從而預防瓜從內部潰爛。厚，使……厚。中，內部。潰，潰爛。㊷人謀　人的才能。㊸載　行事。㊹無聲句　臭，氣味。象，成像；成為形態。㊺儀刑　效法。㊻冥契　暗合；密合。㊼故易曰二句　《易經》說「神妙而明白顯示它，保存在那個人」。易，《易經》省稱，又名《周易》。是儒家重要經典。分經和傳，經係周初人所作，傳為戰國至秦漢時人所作，且不止一人。著者運用八卦推斷人生和自然變化，認為陰陽二種勢力的相互作用是生成萬物的根源。明，顯示。㊽不以聲色三句　不用疾言厲色來執政，不改變上天任命而擁有天下，默默地遵循天帝法則從而讓天下人自願來歸附的人。聲色，指說話和臉色，意為威嚴和暴力。革命，古以王者受命於人，故稱王者易姓，改朝換代為革命。文王始終臣服紂王，所以這樣說。中國，相當於「中原」。初指今河南及其附近地區，後來也包括黃河中、下游一帶。帝則，天帝法則。張載指自然法則。歸，歸附；投靠。㊾可願可欲三句　能盼望能欲求，即使聖人的才智，也不會超過用盡自己的才智去努力達到它吧。聖人，指道德才智最高的人。知，通「智」。焉，之。代詞。㊿君子之道四　指為子盡孝，為臣盡忠，為弟敬兄，為友先施。(51)病諸　以它為病。病，以……為病；為難。諸，「之乎」的合音。(52)窮　窮盡；無限。

【語　譯】「首創者有七位」，他們是伏羲、神農、黃帝、堯、舜、禹和湯，他們的創制法度、興建王朝的原則，不是述說別人所創造的。

把了解人看作不容易，所以不輕易摒棄尚未暴露罪惡的人；把安定民眾看作不容易，所以不輕易廢去惡貫沒有滿盈的暴君。等到舜才摒棄了他們，堯是君王的德性，所以賴以寬厚容忍到自己執政的結束；舜是臣下的德性，所以不敢不謹慎自己執政的開始。

「考核於民眾而捨棄自己」，是堯；「扶持人為善」，是舜；「聽善言就禮敬」，是禹；「用人如用己，不吝惜改過」，是湯；「不聞達的人也用，不諫諍的人也聽取」，是文王。都努力做到擴大胸懷來為了天下。

「分別姓氏和族類」，是孟子說的辨明萬物、洞察人倫吧！

象有憂喜，舜也一樣有憂喜，這是所經歷的就能感化，是扶持人為善，是不暴露罪惡，把覺醒人擺在首位。

「愛請教」，「愛審察近臣的話」，「不暴露罪惡而弘揚善」，「扶持人為善」，「象憂也憂，象喜也喜」，都順其自然地施行他所做的事，是經歷了就感化，是不藏怒，是不記怨。

舜的孝順，湯和武王的發動戰爭，雖然有順承與逆反的不同，但是，他們的成為不幸是一樣的了。辨明萬物，洞察人倫，然後精求義理付於實用，以仁為性來施行。湯放逐夏桀而內心有愧卻不敢赦免，把握中道的為難竟像這樣；只要天下太平罷了，不論在於別人還是在於自己，都沒有差別，舉賢才不拘成規就如同這樣。

「舉賢才不拘成規」，這就是湯所以公有天下而不疑，周公所以終身期望治國之道而必求親見的緣故。「天帝的臣下不遮掩」，是說夏桀有罪，自己不敢違背天而放縱赦免；已經戰勝了他，現在天下人沒有不是天帝的臣僕，善惡都不能遮蓋，全憑天帝選擇並且授命，自己不敢不聽從。

「虞芮二國對質訴訟終於交好」，訴訟者不找紂王卻找文王。文王的崛起，所以能控制天下，是由大大得力於四友之臣罷了。

「拿杞柳枝包裹瓜地裡的瓜」，是文王服事紂王的原則，下面墊得厚厚的以預防瓜從內部潰爛，是盡人的才智從而聽天命的吧！

上天行事，沒有聲音和氣味能夠擬測，只有效法文王，應當暗合天德從而萬國心悅誠服，所以《易經》說「神妙並明白顯示它，保存在那個人」，不用疾言厲色為政，不改變天帝的授命卻擁有天下，默默地遵循天帝法則從而使天下人自願來歸附的人，大概只有文王吧！

能企望能欲求，即使聖人的才智，不會超過展盡他的才智來努力達到它吧。所以君子原則有四條，即使孔子也說自己未能做到；普遍地給予來幫助民眾，修養自己來安定百姓，堯舜也覺得困難。這就知道人能夠有企望有欲求，但是要達到企望欲求是沒有止境的。

「周有八士」，記善人之富也❶。

重耳婉而不直，小白直而不婉❷。魯政之弊，馭法者非其人而已❸；齊因管仲，遂併壞其法，故必再變而後至於道❹。

孟子以智之於賢者為有命，如晏嬰智矣，而獨不智於仲尼，非天命耶❺！山楶藻梲為藏龜之室❻，祀爰居之義❼，同歸於不智，宜矣。

使民義不害不能教愛，猶眾人之母不害使之義❽。禮樂不興，僑之病與❾！

獻子者忘其勢，五人者忘人之勢❿。不資其勢而利其有⓫，然後能忘人之勢。若五人者有獻子之勢，則反為獻子之所賤矣。

顓臾主祀，東蒙既魯地，則是已在邦域之中矣⓬，雖非魯臣，乃吾事社稷⓭之臣也。

【章　旨】評春秋列國君卿大夫行事，有褒有貶。

【注　釋】❶周有八士二句　「周代有八位名士」。句意是記述人才的眾多。語出《論語·憲問》。善人，志於仁而無惡的人，如顏回。富，眾多。❷重耳二句　晉文公重耳詭詐不正直，齊桓公小白正直不詭詐。二人都屬春秋五霸，是著名的政治家。婉，和順詭詐。❸馭法者句　馭法者，執法者。其人，那種合適的人。❹齊因三句　齊國任用管仲，於是革除原有法規，所以務必再次變革以後才達到治國大道。齊，古國名，有今山東半島及其北部地區。管仲，名夷吾，字仲（?～西元前六四五年），潁水邊人。輔佐齊桓公推行改革，因而國力大盛，齊稱霸天下。著有《管子》，內容龐雜，其〈輕重〉諸篇是中國最早的經濟學專論。併，除去。壞，毀壞。再變，二次變革。再，二次。《論語．雍也》：「齊一變，至於魯；魯一變，至於道。」聯繫上一節，一變是改革法規，二變是換執法者。❺孟子四句　孟子以為智謀對於賢人是命定的，例如晏嬰很有智謀，惟有孔子不具備智謀，這不是天命嗎。事指晏嬰勸阻齊君任用孔子。智，智謀。晏嬰，字平仲（？～西元前五〇〇年），夷維（今山東高密）人。三朝為相，聰慧過人。著有《晏子春秋》，經考證係戰國時人搜集他言論的匯編。仲尼，孔子字，古人稱人以字表示尊敬。❻山楶句　裝飾著山形斗栱和水藻紋短柱的豪宅作為收藏龜甲的場所。楶，斗栱。梲，梁上短柱。龜，龜甲。上古用來占卜。❼祀爰居之義　祭拜海鳥爰居的用意。語指一隻叫爰居的海鳥突然飛來，停在魯國都城東門上三天，於是執政者要民眾去祭祀。❽使民義二句　能驅使民眾符合時宜的話則不影響不能教他們仁愛，猶如普通人的母親不影響驅使他們符合時宜。害，妨礙。❾禮樂不興二句　禮樂不振興，是子產的缺失吧。《禮記．仲尼燕居》：「子產猶眾人之母，能食之，不能教也。」文意相合。義，合宜；義理。愛，仁愛。指守禮。禮樂，指封建社會的禮樂制度。興，振興。僑，公孫僑，字子產（？～西元前五二二年）。春秋時鄭國丞相，他巧妙周旋晉、楚二大國之間，執政二十二年，保全國家尊嚴和安定。病，缺失。❿獻子二句　獻子，即孟獻子，魯國大夫。勢，權勢。五人，孟獻子的五位朋友。《張子語錄上》：「忘勢之人，不資其力而利其有，則能忘人之勢，若資仰其富貴而欲有所取，則不能忘人之勢。五人者能忘獻子之家也，不能忘獻子之家則為所輕，獻子亦不肯與之為友矣。」⓫不資句　資，憑藉。有，富有。⓬顓與三句　顓與主祭，東蒙已經是魯的國土，那就在版圖之內了。顓臾，魯國的附屬國，約今山東費縣西北。既，已經。⓭社稷　本指祭土神和穀神，後用來指代國家。此指周王朝。

【語　譯】「周朝擁有八位名士」，是說人才眾多。

晉文公重耳譎詐而不正直，齊桓公小白正直而不譎詐。

魯國政治的衰弊，是執政者不是合適的人選罷了；齊國任用管仲，就革除它的法制，所以務必有二次變革以後才達到治國之道。

孟子認為智謀對於賢人是有定命的，像晏嬰是有智謀了，惟獨孔子不具有智謀，不是天意嗎！

裝飾有山形斗栱和水藻紋短柱的豪宅用作儲藏龜甲的場所，祭拜海鳥爰居的用意，同樣歸結為不明智，是合適的。

能驅使民眾符合時宜的話則不妨害不能教他們仁愛，猶如普通人的母親不妨害驅使他們符合時宜。禮樂制度不能振興，是公孫僑的欠缺吧！

獻子忘卻權勢與五人交友，五人忘卻獻子權勢與他相交。不是看上他的權勢和富有，然後能夠忘卻他人的權勢。如果五人擁有獻子那樣的權勢，就反而被獻子看不起了。

顓與主祭東蒙山，東蒙山已經是魯國的土地，也就是已經在版圖之中了，雖然還不是魯國的臣子，卻是我事奉國家的臣子。

三十篇第十一

【題　解】這是解說《論語》中有關孔子及其弟子文句的匯編。共三十四節，前二十三節專及孔子，後十一節述說弟子，其中絕大部分述說最優秀的弟子顏回。首五節述說孔子一生修德過程，相對集中，所以，分為一章。每節語錄都是作者讀書心得的精華，雖然零散不成系統，但是就全部或者即使一節而論，都能看出作者是將孔聖人看成已經達到天性，與天地同德的了。張載述說孔子自有特色，一是天性無形，不容易明白，藉孔子就明白；二是孔子所以成聖，是因為自修成德，藉以激勵學習的人努力不懈。這是閱讀中須留意的。如首節「三十器於禮」，《論語》原文上頭還有一句「吾十有五而志於學」，不引不述，是為強調「立」，《正蒙・中正篇》：「蓋得正則得所止，得所止則可以弘而至於大。」認為先須立志於仁，而後努力學問，又如「五十窮理盡性，至天之命；然不可自謂之至，故曰知」，解說孔子的「五十而知天命」。強調即使聖人也只能「知」天，而不能到達天，與天完全一樣。文中徵引《論語》諸書極多。底本加引號的，都已加注出處；底本未加引號，往往也是書中語，或文字略有不同罷了。這也是讀書宜留意處。不少節在引書之後，接下來便是張載的解說，給閱讀者不少便利。可充分利用。

三十器於禮，非強立之謂也❶。四十精義致用，時措而不疑❷。五十窮理盡性，至天之命，然不可自謂之至，故曰知❸。六十盡人物之性，聲入心通❹。七十與天地同德，不思不勉，從容中道❺。

常人之學，日益❻而不自知也。仲尼學行、習察❼異於他人，故自十五至於七十，化而裁之❽，其進德之盛者與！窮理盡性，然後至於命；盡人物之性，然後耳順；與天地參，無意、必、固、我❾，然後範圍天地之化，從心而不踰矩❿；老而安死⓫，然後不夢周公⓬。從心莫如夢。夢見周公，志也；不夢，欲不踰矩也，不願乎外也，順之至也，老而安死也，故曰「吾衰也久矣」⓭。

困⓮而不知變，「民斯為下矣」⓯；不待困而喻，賢者之常也。困之進人也，為德辨，為感速⓰，孟子謂人有德慧術知者存乎疢疾以此⓱。自古困於內無如舜，困於外無如孔子，以孔子之聖而下學於困⓲，則其蒙難正志，聖德日躋⓳，必有人所不及知而天獨知之者矣，故曰「莫我知也夫」⓴，「知我者其天乎」㉑！

【章旨】闡述孔子修德成聖分五個階段，證明聖人是修成的。

【注釋】❶三十器於禮二句　三十歲自覺以禮立身，不是強加的。器，成器；成才。禮，封建社會貴族等級制度的社會規範和道德規範。強立，勉強扶立。之謂，即謂之。之，指代「強立」。此一節解說《論語・為政》中孔子自述。原文是「子曰：『吾十有五而志于學，三十而立，四十而不惑，五十而知天命，六十而耳順，七十而從心所欲、不踰矩。』」❷四十精義二句　四十歲精求義理付於實用，應時處置不疑惑。精義，精求義理。指認明萬物之條理。時，適應時勢。措，採取措施。❸五十窮理四句　五十歲窮盡義理識透天性，達到了天道；但是不能自稱達到，所以說「知」。窮理，認明萬物條理。盡性，識透天性。指修德。天性是氣的變化本能。天命，《正蒙，誠明篇》：「天所自不能已者謂命。」即天道。不可自謂之至故曰知，張載認為天生人，天無意識，人有意識，所以只能說「知」，不能說「至」。以這個意義解釋孔子的「知天命」。❹六十盡人物二

句　六十歲窮盡人和物的性，聲音入耳，心就感通。人物之性，指萬物的性。聲入心通，解釋「耳順」，句意謂對世上萬物不僅盡識，並且盡通，達到內心與外界完全一致。❺不思不勉二句　不用思慮不用人為努力而能自由自在地把握中道。句意謂德性成熟，進入自然王國。從容，自由自在。中道，指不偏不倚，無過無不及的中庸之道。❻日益　天天增加。❼習察　溫習審察。❽化而裁之　進步過程給予分階段。化，演化。裁，裁節。❾與天地參二句　與天地配合為三，沒有意、必、固、我的弊病。參，同「三」。意、必、固、我，四種以自為是的心理障礙。詳《正蒙・中正篇》。❿然後範圍二句　範圍，效法。從心，隨心所欲。矩，規矩；規則。⓫安死　死而心安。⓬不夢周公　不夢見周公。語本《論語・述而》。周公，名旦，姬姓，封邑在周（今陝西岐山北）而有周公之稱。曾輔助兄周武王滅商興周，後為年幼成王攝政，功業卓著。相傳曾創制禮樂等一系列典章制度，被封建社會奉為典範。孔子視他為禮制代表，希望夢裡能見到。⓭吾衰也久矣　我的衰老已經長久了。語出《論語・述而》，原文作「甚矣吾衰也，久矣吾不復夢見周公！」衰，衰老。也，句中語氣詞。⓮困　受困；處在困境。⓯民斯為下矣　民眾就成為下愚了。語出《論語・季氏》。斯，則；乃。下，下等愚民。⓰為德辨二句　為德能明察，為感應能招致。辨，明辨。速，招致。⓱孟子謂人句　孟子說人有道德聰慧藝能知識都來自患難就是依據它的。慧，聰慧。術，藝能。疢疾，患難。⓲自古二句　困於內，指舜受後母及弟的謀害。困於外，指孔子的外部環境不順而難以為政。下學，屈己學習。⓳躋　上升；提高。⓴莫知我也夫　沒有人了解我呀。語出《論語・憲問》。我知，即「知我」的倒置。也夫，語氣詞連用，表示感歎。㉑知我者其天乎　了解我的是老天吧。語出《論語・憲問》。其，表示肯定的推測。

【語譯】三十歲自覺以禮立身，而不是強加的。四十歲精求義理付之實用，適應時勢處事而不疑慮。五十歲窮盡義理識透天性，達到天道，但是不能自稱達到，所以說「知」。六十歲盡知人和物的性，聲音入耳，心就感通。七十歲與天地德性一致，不思慮不人為努力，自由自在地把握中道。

常人的學習，天天提高卻自己不知曉。孔子的學習行事，溫習審察不同於別人，所以從十五歲到七十歲，不斷提升因而能夠劃分階段，這是他的提高德性的快速吧！

窮盡義理識透天性，然後達到天命；盡知人和物的性，然後耳順；與天地合而為三，沒有意、必、固、我的思想障礙，然後效法天地的演化，隨心所欲卻不越規；老了能夠心安而死，然後不夢見周公。

隨心所欲沒有比得上做夢了。夢見周公，是心志；不夢見，是欲求不越規了，是不期望於外力，是順暢之極，老了能夠心安而死，所以說「我衰老已經長久了」。

遭困境不懂得變改，「民眾就成為下愚人了」；不等遭困就明瞭，是賢人的常情。困境的推進人，為德能明察，為感應能招致，孟子說人有道德聰慧藝能知識都來自患難就是依據它的。自古以來受困於內部的沒有超過舜的，受困於外界的沒有超過孔子的，以孔子的聖明卻屈己學習於困境，那麼他的蒙受患難端正心志，聖德天天提升，必定有人所不能懂得而天獨能明白的了，所以說「沒有人了解我了」，「了解我的就只是天吧」！

立斯立，道斯行，綏斯來，動斯和，從欲風動，神而化也❶。

仲尼生於周❷，從周禮❸，故公旦法壞❹，夢寐不忘為東周❺之意。使其繼周而王，則其損益❻可知矣。

滔滔忘反者，天下莫不然，如何變易之❼？「天下有道，丘不與易」❽，知天下無道而不隱者，道不遠❾人；且聖人之仁❿，不以無道必天下而棄之也⓫。

仁者先事後得，先難後獲，故君子事事⓬則得食。不以事事，「雖有粟，吾得而食諸？」⓭仲尼少也國人不知，委吏、乘田得而食之矣⓮；及德備道尊，至是邦必聞其政，雖欲仕貧，無從以得之。「今召我者而豈徒哉」⓯，庶幾⓰得以事事矣，而又絕之，是誠繫滯如匏瓜不食之物也⓱。

不待備而勉於禮樂，「先進於禮樂」⓲者也；備而後至於禮樂，「後進於禮樂」⓳

者也。仲尼以貧賤者必待文備⑳而後進，則於禮樂終不可得而行矣，故自謂野人而必為，所謂「不願乎其外」也㉑。

功業不試，則人所見者藝而已㉒。

鳳至圖出，文明之祥，伏羲、舜、文之瑞㉓；不至，則夫子之文章㉔知其已矣。

魯禮文闕失㉕，不以仲尼正之，如有馬者不借人以乘習㉖。不曰禮文而曰史之闕文者，祝史所任，儀章器數而已㉗，舉近者而言約也。

「師摯之始」㉘，樂失其次，徒洋洋㉙盈耳而已焉；夫子自衛反魯㉚，一嘗治之㉛，其後伶人賤工㉜識樂之正。及魯益下衰，三桓僭妄㉝，自太師以下，皆知散之㉞四方，逾河蹈海以去亂㉟。聖人俄頃㊱之助，功化如此。「用我者期月而可」㊲，豈虛語哉！

「與與如也」㊳，君或在朝在廟，容色不忘向君也㊴。「君召使擯」㊵，「趨進翼如」㊶，此翼如，左右在君也。「沒階㊷趨進翼如」，張拱而翔㊸；「賓不顧矣」㊹，相㊺君送賓，賓去則白曰「賓不顧而去矣」，紓君敬也㊻。

上堂如揖，恭也；下堂如授，其容紓也㊼。

冉子請粟與原思為宰(48)，見聖人之用財也。

聖人於物無畔援(49)，雖佛肸、南子(50)，苟以是心(51)至，教之在我爾，不為已甚也如是。

「子欲居九夷」(52)，不遇於中國，庶(53)遇於九夷，中國之陋為可知。欲居九夷，言忠信，行篤敬，雖蠻貊(54)之邦可行，「何陋之有？」(55)

栖栖者(56)，依依其君而不能忘也。固，猶不回也(57)。

仲尼應問，雖叩兩端(58)而竭，然言必因人為變化，所貴乎聖人之詞者，以其知變化也。

「富而可求也，雖執鞭之士，吾亦為之」(59)，不憚(60)卑以求富，求之有可致之道也；然得乃有命，是求無益於得也。

愛人以德，喻於義者常多，故罕及於利；盡性者方能至命，未達(61)之人，告之無益，故不以亟(62)言；仁大難名，人未易及，故言之亦鮮(63)。

【章　旨】通過闡述《論語》所載的孔子言行，分析聖人的用心。當中往往有張載的新領會。

【注　釋】❶立斯立六句　前四句見《論語・子張》，原文作「所謂立之斯立，道之斯行，綏之斯來，動之斯和」。文字稍有不同，句意未變。立，為政立教。道，通「導」。引導。綏，安撫。動，發動。末二句是張載的闡述。神，天性，即氣的變化本能，一切變化的動力。化，感化；神的具體展現。❷仲尼句　仲尼，孔子字，古人稱字表示尊敬。周，周王朝（西元前十一～前三世紀中）。❸周禮　周朝制訂的禮制法度。❹公旦法壞　周公創制的法制規章毀壞了。公旦，周公名。公旦法即他創制的禮法，即上句「周禮」。❺東周　指周朝天子衰弱，把京都東遷到洛陽的時期，又叫春秋戰國時期，此時「公旦法壞」。而把此前稱為西周。❻損益　增刪。❼滔滔二句　滔滔洪水去而不返，天下沒有不這樣的，怎麼能改變它。是據《論語・微子》「滔滔者天下皆是也，而誰以易之」改寫的，本是隱士避世的話。滔滔忘反，喻指社會混亂。反，同「返」。然，這樣。變易，改變。❽天下有道二句　天下太平的話，我不跟大家來變革。語出《論語・微子》，是孔子對隱士責疑的回答。與，跟；同。❾遠　離開。❿聖人之仁　聖人，道德才智最高的人。仁，仁愛。儒家最重視的道德。⓫不以句　不認為天下完全昏暗無道因而拋棄它。以，以為。無道必天下，天下都昏暗。張載認為天下無皆非之理。棄之，指避世。⓬事事　從事於做事。前「事」，動詞；後「事」，名詞。⓭雖有粟二句　雖然有粟米，我能吃到它嗎。語出《論語・顏淵》。粟，又叫小米，糧食之一。諸，「之乎」的合音。⓮委吏句　委吏，管倉庫的小吏。乘田，管牲口的小吏。⓯今召我句　現在召請我的難道說空話的嗎。語出《論語・陽貨》。徒，白白地。⓰庶幾　幾乎。⓱是誠句　這的確成了老掛著像匏瓜那樣不食用的東西了。誠，的確。繫滯，老掛著。匏瓜，俗叫瓢葫蘆。古有甜、苦二種，苦的不能食用。⓲先進於禮樂　先輩仕進者以禮樂為準則，不能因世損益而有古風。語出《論語・先進》。進，仕進。⓳後進於禮樂　後輩仕進者以禮樂為準則，能應時執中。語出《論語・先進》。⓴文備　文獻齊備。㉑故自謂二句　自謂野人，自稱田野之人。即「先進於禮樂者」。不願乎其外，不寄望於外力。語出《禮記・中庸》。㉒功業二句　功業，功績事業。試，試用。藝，才能；技藝。㉓鳳至圖出三句　鳳凰飛來，河圖湧現，都是文明的吉祥預兆。鳳，鳳凰，傳說中的神鳥，又稱百鳥之王。圖，河圖，傳說中伏羲見龍馬負圖出於黃河，據其文字，畫成八卦，就叫河圖。文明，光明昌盛；有文彩。祥，吉祥的預兆。伏羲句，伏羲、舜、文王，都是古代賢明帝王，詳《正蒙・作者篇》。文，即周文王。瑞，吉祥。㉔文章　指學術。㉕魯禮文闕失　魯國禮法文獻殘缺。魯，古國名，在今山東南部。孔子認為它保存著周禮。闕失，殘缺。㉖乘習　駕馭馴習。㉗不曰禮文三句　闕文，欠缺存疑的文字。祝，祭祀時禱告鬼神的人。史，記事的人。儀章，儀式規章。器數，祭器的數目。㉘師摯之始　師摯開始整理樂曲。語出《論語・泰伯》。師摯，即魯國太師摯。周朝樂官。㉙洋洋　形容眾多。㉚夫子自衛反魯　孔子從衛國返回魯國。夫子，尊稱孔子。衛，古國名，在今河南北部和河北南部。㉛一嘗治之　曾一度整理。嘗，曾，曾經。㉜伶人賤工　伶人，古稱音樂人。工，古稱音樂人。㉝三桓僭妄　三桓冒用魯桓公名義胡作非為。三桓，指魯桓公重用的三名權臣仲孫、叔孫和季孫。僭，指下級冒用上級名義。㉞之　到；去。

㉟逾河句　河，黃河。去，離開。㊱俄頃　一會兒。㊲用我者期月而可　任用我的話一整年就能做好。語出《論語・子路》。期月，一整年。可，差不多。㊳與與如也　行步徐徐的樣子。與與，行步徐徐。如，樣子。㊴君或在二句　朝，朝廷。國君處理政事的場所。廟，國君祭祖的場所。容色，容貌臉色。㊵君召使擯　國君召喚他接待貴賓。語出《論語・鄉黨》。召，召喚使來。擯，同「儐」。接引賓客。㊶趨進翼如　小步疾行像鳥展翅那樣。語出《論語・鄉黨》。趨進，小步疾行，表示敬意的動作。翼如，展翅的樣子。㊷沒階　下盡臺階。㊸張拱而翔　放開拱著的手然後展開兩臂行走。拱，兩手合抱致敬。翔，行走時展開兩臂。㊹賓不顧矣　語出《論語・鄉黨》。顧，回顧。㊺相　輔助；陪同。㊻賓去二句　白，告白；稟白。賓不顧而去矣，語出《論語・鄉黨》。紓，解除。㊼上堂四句　此節講聘問鄰國之禮。上謂授玉時宜敬，下謂授玉以後，猶如授時，不敢忘禮。堂，廳堂。指朝廷。揖，拱手致禮。㊽冉子句　語本《論語・雍也》。指冉子為同學公西華出使齊國請求孔子增發粟米而受孔子批評和原思推辭孔子給的粟米而孔子不同意二事。冉子，名求字子有。原思，名憲字子思。都是孔子學生。宰，卿大夫的辦事總管。原思當時任孔子家庭總管。㊾畔援　取捨。㊿佛肸南子　佛肸，晉國中牟地方長官，反叛晉國來邀請孔子。南子，衛靈公夫人，擅權而且私生活不檢點。(51)是心　這分心。指求教之心。(52)子欲居九夷　語出《論語・子罕》。九夷，即淮夷，指當時散居淮河、泗水之間的民族。(53)庶　希望。(54)蠻貊　古稱生活在偏遠地區的少數民族，帶有輕蔑色彩。(55)何陋之有　語出《論語・子罕》。(56)栖栖者　忙碌不安的樣子。語出《論語・憲問》。(57)固猶不回也　雖固陋而不邪僻。語本《論語・憲問》。原文：「微生畝謂孔子曰『丘何為是栖栖者與，無乃佞乎』。孔子曰『非敢為佞也，疾固也』。」只恨固陋但非邪僻。(58)叩兩端　叩問事情始末兩端，是啟發式的教育方法。(59)富而二句　語出《論語・述而》。執鞭之士，卑賤差役。執鞭，執鞭駕車。(60)憚　怕；畏懼。(61)達　明白。(62)亟　屢次。(63)鮮　少。

【語　譯】為政立教就沒有不立的，引導就都跟著做，安撫就都來歸附，發動就都和睦，這是跟從意願能風似行動起來，神性暢通從而感化啊。

孔子生在周代，遵從周禮，所以周公制定的法制毀壞了，連做夢也不忘重振東周的心願，如果讓他繼續周代而王天下，那麼他對於周禮的增刪就能夠知道了。

洪水滔滔去而不返，天下沒有不是這般模樣，如何去改造它？「天下太平的話，我不會同你去改造」，這是明知天下無道卻不去隱居，仁道不能遠離人群；況且聖人的仁愛，不認為天下會完全昏暗無道，因而拋棄它。

仁人先做事後取得，先經受困難後有收穫，所以君子從事工作就得到食物。不做工作，「雖然有粟米，我能吃到它嗎？」孔子年少時，國內沒人知道，曾擔任管理倉庫、養牲口等小職事官來養活自己；到了道德完備學術尊榮，到這個國家必定與聞政事，雖然想清貧做官，也無從做到。「現今來召請我的難道說空話的嗎」，幾乎能有職事做了，卻又被回絕了，這真成了老掛著的不吃的瓢葫蘆了。

不等文獻齊備就致力於禮樂制度，是「先輩仕進人堅持禮樂準則」的人；齊備以後致力於禮樂制度，是「後輩仕進人以禮樂為準則能應時」的人。孔子認為貧賤者一定要等到文獻齊備以後才致力於禮樂，那麼禮樂始終不能得到和推行了，所以自稱野人務必去做，所謂「不寄望外力」啊。

功績事業得不到發揮，人所見到的就只有技藝罷了。

鳳鳥飛到和河圖現出，都是太平盛世的好預兆，是伏羲、舜、周文王的好預兆；它們不出現，孔子所傳關於古代文獻的學問也就結束了。

魯國禮制文獻殘缺和存疑，不由孔子整理它，就像有馬的人不找人駕馭馴習。不說禮制文獻而說史書殘缺，是因為祝和史所負責的，只是儀式規章和禮器的數目罷了，舉淺近的把話說得簡約啊。

「太師摯的開始整理樂曲」，是因為樂曲失去次序，只剩下聲音充塞耳朵罷了；孔子從衛國返回魯國，曾一度加以整理，他以後的音樂人就能識得音樂的正規。到魯國進一步衰落，三桓僭越而恣意妄為，自太師以下，都知道逃散到四方，越過黃河到海外去避難。聖人片刻工夫的幫助，功效這樣大。「任用我的話經過一整年就差不多了」，難道是空話嗎！

「行步徐徐的樣子」，不論國君在朝廷還是在祖廟，容貌臉色不忘向著他。「國君召喚他接待賓客」，「小步疾行像鳥展翅護著國君」，這「翼如」，是守在國君左右。「下盡臺階小步疾行像鳥展翅」，這「翼如」，是放開拱著的手從而展開兩臂行走；「賓客不回顧了」，是陪國君送賓客，賓客離去就稟告說「賓客不回顧而離去了」，鬆弛國君的恭敬。

上朝堂像作揖致敬那樣，是表示恭敬；下朝堂如同被授予，容顏舒緩。

冉子請求增發粟米和原思任總管二件事，可以看出聖人的用財之道來。

聖人待人接物沒有取捨，即使佛肸、南子，只要以求教心來，教育他們在於我啊，不要做得太過分就像如此。

「孔子想到九夷去」，在中原得不到機遇，希望在九夷找到，中原的混亂是能夠想像的了。要到九夷去，說話忠實誠信，行為純厚敬肅，即使在蠻貊的國度也能施行，「有什麼僻陋呢？」

忙碌不安，是對他的國君依依不捨而不能忘卻。雖固陋，但不邪僻。

孔子回應提問，雖然叩問終始兩端從而詳盡告知，但是必定因人而異，所以看重聖人的言詞，是由於他的了解變化。

「財富如果能求得，即使最卑賤的差使，我也去做」，不怕卑賤去求富，求財富有求取的原則；但是能不能取得還是有定命，這是求無助於取得。

愛人憑道德，常常用道義來曉解，所以很少說及利；究明天性的人才能識天命，還未明白的人，告訴他也無用，所以不再三說；仁德含義廣大很難說清楚，人不容易把握，所以也很少說到它。

顏子❶於天下，「有不善未嘗不知，知之未嘗復行」❷，故怒於人者不使加乎其身，愧於己者不輒貳之於後也❸。

顏子之徒❹，「隱而未見，行而未成」❺，故曰「吾聞其語而未見其人也」❻。

「用則行，舍則藏，惟我與爾有是夫」❼，顏子龍德❽而隱，故曰「遯世不見知而不悔」⑨，與聖者⑩同。

龍德，聖修之極也，顏子之進，則欲一朝⑪而至焉，可謂好學也已矣。

「回非助我者」⑫，無疑問也。有疑問，則吾得以感通其故而達夫異同者矣⑬。

「放鄭聲，遠佞人」⑭，顏回為邦，禮樂法度不必教之，惟損益三代⑮，蓋所以告之也。法立而能守，則德可久，業可大，鄭聲佞人能使為邦者喪所以守，故放遠之。

「天下有道則見，無道則隱」⑯，「君子疾沒世而名不稱」⑰，蓋「士而懷居，不可以為士」⑱，必也去無道，就有道。遇有道而貧且賤，君子恥之。舉⑲天下無道，然後窮居獨善，不見知而不悔⑳，《中庸》㉑所謂「惟聖者能之」，仲尼所以獨許㉒顏回「惟我與爾為有是」也。

仲由㉓樂善，故車馬衣裘喜與賢者共敝；顏子樂進，故願無伐善施勞㉔；聖人樂天㉕，故合內外而成其仁。

子路禮樂文章未足盡為政之道，以其重然諾㉖，言為㉗眾信，故「片言可以折獄」㉘，如《易》㉙所謂「利用獄」㉚，「利用刑人」㉛，皆非爻卦㉜盛德，適能是而已焉㉝。

顏淵從師，進德於孔子之門；孟子命世㉞，修業於戰國㉟之際，此所以潛見之不同。

犁牛之子雖無全純，然使其色騂且角㊱，縱不為大祀所取，次祀小祀終必取之㊲，言大者苟立，人所不棄也。

【章　旨】解說《論語》中有關孔門弟子的評論，主要是顏回的為人為學。

【注　釋】❶顏子　名回字子淵，稱子表示尊敬。魯國人，孔子最得意的學生。《正蒙・中正篇》：「顏子好學不倦，合仁與智，具體聖人，獨未至聖人之止爾。」評價很高，可能這就是重點述說他的原因。❷有不善二句　語出《易・繫辭下》。未嘗，不曾。復，再。❸故怒於二句　所以惱怒別人的不讓出現在自己身上，自己愧疚的以後就不會有第二次。怒於人，惱怒他人。輒，即。貳之，再一次。❹徒　同類的人。❺隱而未見二句　語出《易・乾卦》。見，同「現」。❻吾聞句　語出《論語・季氏》。❼用則行二句　語出《論語・述而》。用，任用；得到施展。舍，同「捨」。夫，相當於「乎」。❽龍德　喻聖人之德。❾遯世句　語出《禮記・中庸》。遯，同「遁」。逃避。❿聖者　即聖人。⓫一朝　一天。⓬回非助我者　語出《論語・先進》。⓭則吾得句　那就我賴以明白那緣故從而弄清異和同了。得以，賴以。⓮放鄭聲二句　拋棄鄭國音樂，遠離獻媚取寵的人。語出《論語・衛靈公》。放，屏除；拋棄。鄭聲，鄭國音樂，古代視為淫聲。遠，遠離；屏除。佞人，獻媚取寵的人。⓯損益三代　增刪三代禮樂法度，句意謂使它順應時勢。三代，指夏、商、周。⓰天下二句　語出《論語・泰伯》。見，同「現」。⓱君子句　君子以到死也沒有出名為遺憾。語出《論語・衛靈公》。疾，恨。沒世，死。稱，稱揚。⓲士而懷居二句　士人如果留戀安逸，就不能做士人。語出《論語・憲問》。士，士人。春秋以後，統治階級中知識分子的統稱。而，如果。居，安居。⓳舉　全部。⓴窮居獨善二句　生活貧寒而獨自修善德性，不被人聞知也不後悔。善，修善德性。見，被。㉑中庸　《禮記》的一篇，主旨以不偏不倚的中庸為最高道德，以誠為宇宙本體。宋代選編入《四書》。㉒許　讚許。㉓仲由　字子路，卞（今山東泗水縣東）人，孔子學生。㉔伐善施勞　伐，誇耀。施，表白。勞，功勞。㉕天　天道。合內外，統一身內與身外世界。

即主客觀世界。㉖然諾　許諾；允諾。㉗為　被。㉘片言可以折獄　根據一方面的言辭就能斷獄。語出《論語・顏淵》。片言，一方面言辭。折獄，判案。㉙易　《易經》簡稱，又名《周易》。是儒家重要經典，分經、傳二部分。經形成於周初，傳大致為戰國至秦漢人所作，且不止一人。著者運用八卦，推測人生和自然的變化，認為陰陽二種勢力的相互作用是生成萬物的根源。㉚利用獄　原作「利用折獄」。據《易・噬嗑卦》原文和《橫渠易說》刪去「折」字。㉛利用刑人　語出《易・蒙卦》。㉜爻卦　爻分陰爻、陽爻，六爻合一卦，是《易經》的基本符號。㉝適能是而已焉　恰好能正確罷了。適，僅僅。而已焉，語氣詞連用。㉞孟子命世　孟子著名於世。命世，同「名世」。著名於世。㉟戰國　是中國的一個歷史時期，大致從周元王元年（西元前四七五年）到秦統一（西元前二二一年）。即秦統一以前七國爭雄時期。㊱犂牛二句　犂牛，耕牛。騂，赤色。周代以赤色為貴，祭用牲畜要赤色。角，兩角周正。㊲縱不為二句　大祀，祭天地的大典。次祀，祭日月星神為次等典禮。小祀，祭司命、風師、雨師、山川、百物之神的小典禮。

【語譯】顏子對於天下，「有不善未曾不知道，知道了就不曾再做」，所以使人惱怒的行為不讓出現自己身上，自己含愧的行為就不會有第二次。

顏子這類人，是「隱世而沒有顯名，努力而尚未完成」，所以說「我聽見他的話了卻未曾看見他的人」。「用我就實施，不用就隱退，只有我和你有這般舉動吧」，顏子有龍德而隱世，所以說「隱世不為人知而不後悔」，與聖人相同。

龍德，是修養聖德到頂峰了，顏子的進步，想一天就能夠達到，可以說愛好學習的了！

「顏回不是能幫助我的人」，是因為他沒有疑問。有了疑問，我就賴以明白那緣故從而辨清異和同的了。「摒棄鄭聲，遠離獻媚者」，顏回如果治國，禮樂法度是不必教了，只有增刪三代的禮法，是應當告訴他的。法度建立並能維護，那就德性能永久，事業能弘大，鄭聲和獻媚者能使治國者喪失所守護的禮法，所以要摒棄和遠離它們。

「天下太平就出仕當官，天下昏亂就退隱」，「君子以到死也未能揚名為遺憾」，「士人如果貪戀安逸，就不能算士人」，務必離開無道，投身有道。遇上天下有道卻貧寒而又低賤的話，君子以為羞恥。全天下都無道，然後生活貧寒獨自修養德性，不為人知而不悔，是《中庸》所說的「只有聖人能這樣」，孔子所以只讚許顏回說「只有我和你能有這般舉動」。

仲由樂於為善，所以車馬衣袍與賢者共用到破舊；顏淵樂於求進步，所以不誇耀自己的好處也不表白功勞；聖人樂於天道，所以融合主觀和客觀從而成熟他的仁德。

子路在禮樂文獻上不足以窮盡治國的原則，由於他重信用，講話被大家相信，所以「憑一面之辭就能夠斷獄」，如《易經》說的「有利於用來斷獄」，「有利於採用刑罰懲罰人」，都不是卦爻的美盛品德，僅僅能正確罷了。

顏淵求師，在孔子門下修養德性；孟子聞名於世，在戰國時期建立事業，這是他倆所以埋名和顯名的不同。

耕牛的牛崽雖然毛色不完全純一，但是如果讓牠赤色並且雙角周正的話，即使不被大祭典取用，次一級祭典和小祭典最終必定取用，是說大節如果能建立，人們是不會棄置的。

有德篇第十二

【題解】本篇論述道德所及方方面面的原則，詳盡又深刻，足以作為處世的警鐘。全篇共三十八節，一節一義，各有所重。如說言論與道德關係，應是「言必主德，故王言大」，「辭取意達則止，多或反害也」；講到守信與因時制宜，應當「君子寧言之不顧，不規規於非義之信；寧身被困辱，不徇人以非禮之恭；寧孤立無助，不失親於可賤之人」；又如「己所不欲，勿施於人」是孔子名言，張載又體會出「己雖不施不欲於人，然人施於己，能無怨也」的含義。此外還有「言有教，動有法；晝有為，宵有得；息有養，瞬有存」要求人自強不息，培養德性；「幼不率教，長無循述，老不安死，三者，皆賊生之道也」要求人活得有價值；「自養，薄於人私也，厚於人私也；稱其才，隨其等，無驕吝之弊，斯得之矣」；「罪己則無尤」；「困辱非憂，取困辱為憂；榮利非樂，忘榮利為樂」；「擠人者人擠之，侮人者人侮之」；「士必愨而後智能焉，不愨而多能，譬之豺狼不可近」等等，無一不是意味深長，應當信守的。張載讀書達到融會貫通，三十八節幾乎都是有關儒家經典文句的解說，自稱「凡《論語》、《孟子》發明前文，義各未盡者皆挈之。他皆倣此」。書要為我用，是讀書的目的與方法。為了幫助閱讀，我們盡可能標注出有關文句的出處。

「有德者必有言」❶，「能為有」❷也；「志於仁而無惡」❸，「能為無」❹也。

行修言道，則當為人取，不務徇物強施以引取乎人❺，故往教妄說，皆取人之弊也❻。

「言不必信，行不必果」❼，志正深遠，不務硜硜信其小者❽。

辭取意達則止，多或❾反害也。

君子寧言之不顧，不規規於非義之信❿；寧身被困辱，不徇人以非禮之恭；寧孤立無助，不失親於可賤之人。三者知和而能以禮節之也⓫，與上有子之言文相屬而不相蒙者⓬。凡《論語》、《孟子》發明⓭前文，義各未盡者皆挈⓮之。他皆倣⓯此。

德主天下之善，善原天下之一⓰。善同歸治，故王心一；言必主德，故王言大。

言有教，動有法；晝有為，宵有得；息有養，瞬有存⓱。

君子於民，導使為德而禁其為非，不大望於愚者之道與⓲！《禮》⓳謂「道民以言，禁民以行」⓴，斯之謂爾㉑。

【章旨】論道德與言論。

【注釋】❶有德者必有言　語見《論語・憲問》。❷能為有　語出《論語・子張》。有，指有德。❸志於仁而無惡　語出《論語・里仁》。❹能為無　語出《論語・子張》。無，指無惡。❺不務句　不求隨順世俗勉強人效法。務，致力於。徇物，曲從世俗。乎，相當於「於」。❻故往教二句　往教，送教上門。往，送致。取人，拉人效法。❼言不必信二句　語出《孟子・離婁下》。果，實現。❽不務句　硜硜，淺薄固執的樣子。信，使……誠信。小者，指言和行。❾或　或許。❿君子二句　君子，古指有道德的人。寧，寧可。規規，拘謹刻板的樣子。非義之信，不合義的信用。⓫三者句　知和，懂得和諧。禮，封建社會貴族等級制度的道德規範和社會規範。節，節制。⑫與上句　有子之言，指上文「知和而能以禮節之」。原文見《論語・學而》。有子，姓有名若，孔子學生。屬，連接。蒙，包括。⑬發明　闡明。⑭挈　提出來；拎起來。⑮做　仿效。⑯善原句　原，同「源」。源於。一，同一。指德。⑰息有養二句　息，呼吸。養，養德。瞬，眨眼。存，養德。⑱不大句　望，寄望；要求。與，同「歟」。相當於「吧」。⑲禮　指《禮記》，書由匯輯《儀禮》的補充和說明材料而成，共四十九篇，大致分禮類、學類和政類。⑳道民以言二句　語見《禮記・緇衣》。道，同「導」。㉑斯之謂爾　就說它吧。斯，這。之謂，謂之的倒置。之，復指「斯」。

【語　譯】「有德的人必有言論」，是「能做到有德」；「有志於仁而能沒有惡」，是「能做到沒有惡」。

品行有修養，言論合正道，就理當被人效法，不必隨從物議勉強人來效法，所以送教上門和胡說八道，都是拉攏人的有害行為。

「言不必守信，行不必果敢」，只要心志正直而深遠，就不必斤斤拘泥信守那小事情。言辭只求達意就夠了，多了可能反而有害。

君子寧可不顧及說過的話，不必拘守不合於義的信約；寧可身遭困頓和羞辱，不用非禮的恭敬去順從人；寧可孤立無助，而不錯誤地親近卑賤小人。這三項都是懂得和諧並能用禮制節制它們，同有子的話文字相類卻不互相涵蓋的。凡是《論語》、《孟子》闡發以前的文句，含義各自沒有完盡的都提出來，其他都仿照這個。

道德主宰天下的善，善源自天下的一致。善同歸於治國，所以君王之心一於德；言論必依據道德，所以，君王的言論能弘大。

言論有教養，行動有法度；白天有作為，黑夜有心得；一息之間能有所養德，一瞬之間能有所存德。

君子對於民眾，引導並使他們修德從而禁止他們為非作歹，這是不要對愚民有太大期望的原則吧！《禮記》說「引導民眾用言語，禁止民眾用行動」，就說這個吧！

無徵而言，取不信，啟詐妄之道也❶。杞宋不足徵吾言則不言，周足徵則從之❷。故無徵不信，君子不言。

「便辟」，「足恭」；「善柔」，「令色」；「便佞」，「巧言」❸。

【章　旨】這兩節強調言論要真實可信。

【注　釋】❶無徵三句　徵，證明；證據。詐妄，欺騙虛妄。❷杞宋二句　杞，諸侯國名。是夏禹的後代，故城在今河南杞縣。宋，古諸侯國名，是商湯的後代，故城在今河南商丘。周，朝代名，約西元前十一世紀～前二五六年。❸便辟六句　用《論語》文字自釋。便辟、善柔、便佞，見《論語・季氏》；足恭、令色、巧言，見《論語・公冶長》。

【語　譯】無依據而說話，招來不信，開啟欺詐虛妄的門路。杞國和宋國不足以證明我的言論就不說它，周代文獻足以證明就遵從它。所以無依據就不信實，君子也就不去說它。

「阿諛奉承」是「過分的恭順」；「當面恭維」是「裝出的好臉色」；「誇誇其談」是「花言巧語」。

「節禮樂」❶，不使流離相勝，能進反以為文也❷。

「驕樂」，侈靡；「宴樂」，宴安❸。

【章　旨】論禮樂要有節制。

【注　釋】❶節禮樂　語出《論語・季氏》。節，節制；調節。❷不使二句　不使樂的放蕩與禮的隔離相互爭勝，能進而回歸根本就能文質彬彬了。流，流蕩；放縱。離，隔閡。《禮記・樂記》：「樂勝則流，禮勝則離。」反，返回。《禮記・樂記》：「是故君子反情以和其志，廣樂以成其教。」文，文雅；文質彬彬。❸驕樂四句　驕樂、宴樂，語出《論語・季氏》。驕，驕淫。宴，荒淫。侈靡，奢侈靡費。宴安，安逸。

【語譯】「調節禮樂」，不讓樂的放蕩和禮的隔離相互爭勝，能進而回歸根本成為文質彬彬。「驕淫之樂」，是奢侈靡費；「荒淫之樂」，是貪圖安逸。

言形則卜如響❶，以是知蔽固之私心，不能默然以達於性與天道❷。

人道知所先後，則恭不勞，慎不葸，勇不亂，直不絞，民化而歸厚矣❸。

虞受，陽也❹；其行，陰也。象生法必效，故君子重夫剛者❺。

歸罪為尤❻，罪己為悔，「言寡尤」❼者，不以言得罪於人也。

「己所不欲，勿施於人」❽，能恕己以仁人也❾。「在邦無怨，在家無怨」❿，己雖不施不欲於人，然人施於己，能無怨也。

「敬而無失」⓫，與人接⓬而當也；「恭而有禮」⓭，不為非禮之恭也。

聚百順以事君親⓮，故曰「孝者畜也」⓯，又曰「畜君者好君也」⓰。

事父母「先意承志」⓱，故能辨志意之異，然後能教人。

藝者，日為之分義，涉而不有，過而不存，故曰游⓲。

天下有道，道隨身出；天下無道，身隨道屈⓳。

「安土」，不「懷居」也[20]；有為而重遷，無為而輕遷[21]，皆懷居也。

「老而不死是為賊」[22]，幼不率教，長無循述，老不安死[23]，三者，皆賊生[24]之道也。

「樂驕樂」則佚欲[25]，「樂宴樂」則不能徙義[26]。

「不僭不賊」[27]，其不忮不求[28]之謂乎！

不穿窬[29]，義也，謂非其有而取之曰盜，亦義也[30]。惻隱[31]，仁也，如天，亦仁也。故擴而充之，不可勝用。

自養，薄於人私也，厚於人私也；稱其才，隨其等，無驕吝[32]之弊，斯得之矣。

罪己則無尤。

困辱非憂，取困辱為憂；榮利[33]非樂，忘榮利為樂。

「勇者不懼」[34]，死且不避而反不安貧，則其勇將何施耶？不足稱也；「仁者愛人」[35]，彼不仁而疾之深，其仁不足稱也。皆迷謬不思之甚，故仲尼率歸諸亂[36]云。

擠人者人擠之，侮人者人侮之，出乎爾者反乎爾，理也。勢不得反，亦理也。

克己行法為賢㊲，樂己可法為聖㊳，聖與賢，迹相近而心之所至有差焉㊴。「辟世」者依乎中庸㊵，沒世不遇而無嫌，「辟地」㊶者不懷居以害仁，「辟色」㊷者遠恥於將形㊸，「辟言」㊹者免害於禍辱，此為士清濁淹速㊺之殊也。辟世辟地，雖聖人亦同，然憂樂於中，與「賢者」、「其次者」為異㊻，故曰迹相近而心之所至者不同。

「進賢如不得已，將使卑踰尊、疏踰戚」㊼之意，與〈表記〉㊽所謂「事君難進而易退則位有序，易進而難退則亂也」相表裡㊾。

「弓調而後求勁焉，馬服而後求良焉」㊿，士必慤而後智能焉(51)。不慤而多能，譬之豺狼(52)不可近。

【章旨】這二十三節大致都講為人的道德，述說方法是「文相屬而不相蒙者」皆挈之，張載讀書能融會貫通，書為我用。

【注釋】❶言形句　形，成形象。卜，占卜。響，回聲。❷以是二句　蔽固，遮掩固執。性，天性，即氣的變化潛能。天道，氣的發展變化過程。❸人道六句　人道，做人原則。葸，膽怯。絞，尖刻。厚，純厚。❹膚受二句　膚受，肌膚感受。即積漸而成。語本《論語・顏淵》。陽，現形；明的。❺象生二句　象，意象。法，現象；法式。夫，那。剛，明的。❻歸罪為尤　歸，推卸。尤，埋怨。❼言寡尤　語出《論語・為政》。❽己所不欲二句　語出《論語・顏淵》。施，給予。❾能恕己句　恕己，推己及人。仁人，仁愛人。❿在邦無怨二句　語出《論語・顏淵》。邦，指諸侯國。家，指卿大夫家。⓫敬而無失語出《論語・顏淵》。失，失誤；過失。⑫接 交接；交際。⑬恭而有禮 語出《論語・顏淵》。⑭聚百順句 百順，一切順承。《正蒙・至當篇》：「百順之謂福。」事，侍奉。親，指父母。⑮孝者畜也 語出《禮記・祭統》。畜，原書指取悅。⑯畜君者好君也 語出《孟子・梁惠王下》。畜君，匡正君王之失。好，愛護。⑰先意承志 語出《禮記・祭義》。先，預先。意，心意。承，遜順。志，公心。《正蒙・中正篇》：「故諭人者，先其意而孫其志可也。蓋志意兩言，則志公而意私爾。」⑱藝者五句 藝，技藝。儒家把六門科目禮、樂、射、御、書、數叫做六藝。視為知識技能，與德相比，都是小事。日，每日。分義，劃出一部分。游，遊心；遊憩。⑲屈 退隱。⑳安土不懷居也 「安於所居」是「不戀安逸」。安土，語出《易・繫辭上》。懷居，語出《論語・憲問》。㉑有為二句 重，看重；不輕易。輕，輕易。㉒老而不死是為賊 語出《論語・憲問》。老，到老仍無所事事。不死，不能心安理得地死去。是，表示肯定或加強肯定之詞。賊，破壞風氣道德或社會秩序的人。㉓幼不三句 語本《論語・憲問》。率，服從。循，遵循。安死，心情寧靜地死。㉔賊生 傷害人生。㉕樂驕樂句 樂驕樂，語出《論語・季氏》。驕樂，奢華放縱的音樂。佚，放縱。㉖樂宴樂句 樂宴樂，語出《論語・季氏》。宴樂，沉湎聲色的音樂。從義，遵從義理。㉗不僭不賊 語出《詩・大雅・抑》。僭，僭越。指下級冒用上級名義、禮儀或器物。賊，傷害；敗壞。㉘不忮不求 語見《詩・衛風・雄雉》。忮，嫉妒；忌恨。求，貪求。㉙穿窬 挖牆洞，指偷盜。穿，穿洞。窬，越牆。㉚謂非二句 語本《孟子・盡心上》。盜，偷竊。㉛惻隱 憐憫。㉜驕吝 驕傲而又吝嗇。㉝榮利 名聲和利益。㉞勇者不懼 語出《論語・子罕》。㉟仁者愛人 語出《孟子・離婁下》。仁者，仁人。㊱率歸諸亂 率，全。歸，列入。亂，禍亂。㊲克己行法為賢 約束自己遵循法度是賢人。克己，約束自己。行，奉行。㊳樂己可法為聖 自身安樂能成為規範的叫聖人。樂己，指達到與天地同德，從心所欲不踰矩。㊴迹相近句 行跡相近但是心所達到的境界有差距啊。句意謂賢人是努力去做而聖人已經進入自由王國。㊵辟世句 避世是依據中庸的。辟世及下文辟地、辟色、辟言，賢者和其次者，都出於《論語・憲問》。辟，同「避」。中庸，即不偏不倚，無過無不及的中庸之道。是儒家提倡的最高道德標準。㊶辟地 選擇居所。㊷辟色 避離難看的臉色。㊸形 出現。㊹辟言 避開惡言。㊺清濁淹速 清濁，指德性好與壞。淹速，指仕途不得意與得意。㊻然憂樂二句 中，內心。賢者，指辟世者。其次者，指辟地者。㊼進賢二句 語出《孟子・梁惠王下》。進，舉薦。卑，地位低下。㊽表記 《禮記》的一篇。全篇假託孔子言論，所涉甚廣，以關於仁的議論為多。㊾相表裡 相配合。表，外表。裡，裡子。㊿弓調二句 語出《荀子・哀公》。勁，強有力。服，馴服。(51)士必句 慤，誠摯；忠厚。智能，智謀與才能。(52)豺狼 二種兇惡的野獸。

【語　譯】言語實在的話，卜問就如同回聲，根據這一點就能明瞭遮掩固執的私心，不能寧靜地通達到天性和天道。

為人原則應當明白有先有後，就能做到恭敬而不勞倦，謹慎而不膽怯，勇猛而不胡亂，正直而不尖刻，民眾受感化並趨於純厚了。

肌膚的感受，是明的；它的施行，是暗的。意象產生了，跡象必定呈現，所以君子注重那明的。推卸過錯是埋怨，責備自己是追悔，「說話少埋怨」，是不用言語得罪人。

「自己不要的，不要給予人」，是寬宥自己從而愛別人。「在邦國無怨恨，在卿大夫家也無怨恨」，是自己雖不把不要的給人，但是人家給自己的話，也能無怨恨。

「恭敬而無錯失」，是與人交際能恰當；「恭敬而有禮」，是不做違背禮的恭敬。

聚集一切順承來侍奉國君和父母，所以說「孝是取悅」，又說「匡正君王的過失是愛護君王」。侍奉父母「先探知心意從而使之順承公德」，所以能辨別志與意的差異，然後能教育人。

技藝，每日劃出一部分，涉獵而不據有，經歷而不留存，所以稱「遊憩」。

天下有道，道隨人出現；天下無道，人隨道退隱。

「安於所居」不是「懷戀安逸」；有作為而看重遷居，無作為而輕易遷居，都是懷戀安逸的表現。

「到老還是白活著就成了敗壞風氣的人」，幼年不聽教，長成不守規，老了不能心情寧靜地死去，三項都是傷害人生的做法。

「以驕樂為樂」就放縱欲望，「以宴樂為樂」就不能依從道義。

「不僭越不傷害」，就是說不嫉妒不貪求吧！

不挖洞偷竊，是道義，把不是自己所有的東西拿去叫做偷盜，也是道義。憐憫，是仁德，像天一樣，也是仁德。所以擴大而充實它，是用也用不盡的。

供養自己，比別人菲薄是私心，比別人豐厚也是私心。要與才能相稱，符合他的等級，而且沒有既驕傲又吝嗇的毛病，這就合適了。

責備自己就不會有埋怨。

受困受辱不是憂患，招致受困受辱才成為憂患；名利不是歡樂，忘卻名利才成為歡樂。「勇敢的人不畏懼」，死都不避卻反過來不安於貧窮，那麼他的勇敢用在哪裡了呢？不值得稱道；「仁者愛人」，那種人不仁從而很恨那種人，他的仁也就不值得稱道。都是糊塗荒謬不思考之極，所以孔子把他們全歸屬到禍亂。

排擠人的人，人也排擠他；欺侮人的人，人也欺侮他；從你身上發出的做法必然返回到你身上，這是規律。由於情勢不能返回，這也是規律。

約束自己遵循法度的是賢人，自身安樂能成為典範的是聖人，聖人與賢人，行跡相近而內心所達到的境界有差距。「逃避黑暗社會」的人依據中庸之道，到死得不到機遇而無怨恨，「逃避不善之地」的人是不因為貪戀安逸從而損害仁德，「逃避難看臉色」的人在恥辱將出現時就遠遠離開了，「逃避惡言惡語」的人避免受傷害於患難和羞辱，這是士人品德清、濁和仕途滯留、通達的差異。逃避黑暗社會、逃避不善之地，雖然聖人也相同，但是內心世界的憂和樂，與「賢者」、「其次者」不一樣，所以說行跡相近而心所達到的境界不相同。

「舉薦賢才如果不得已，將讓卑下超越尊貴，疏遠的超越親近的」的意思，與〈表記〉所說「侍奉君王晉升困難而摒退容易就官位有序次，容易升遷而難以摒退就混亂」的話互相配合。

「弓調整以後要求強勁，馬馴服以後要求優良」，士人誠厚以後要求有智謀和才能。不誠厚而多才能，譬如豺狼不能去接近。

谷神❶能象其聲而應之，非謂能報以律呂之變❷也，猶卜筮叩以是言則報以是物而已，《易》所謂「同聲相應」是也❸。王弼❹謂「命呂者律」❺，語聲之變❻，非此之謂也。

「行前定而不疚」❼，光明❽也。「大人虎變」❾，夫何疚之有？言從作乂❿，名正，其言易知，人易從。聖人不患為政難，患民難喻⓫。

【章　旨】論教化的艱難。

【注　釋】❶谷神　山谷的本性。由於它空虛無形，回應迅速、準確，所以用「神」來形容它。❷律呂之變　樂律的變奏。❸猶卜筮二句　卜筮，占卜。古代占卜，用龜甲叫卜，用蓍草叫筮，合稱卜筮。叩，叩問。報，回答。同聲相應，語出《易·乾卦》。應，應和。❹王弼　字輔嗣（西元二二六～二四九年），山陽（今河南焦作）人。著有《周易注》、《周易略例》和《老子注》等書。❺命呂者律　中國古代音律有十二律，奇數六個叫六律，偶數六個叫六呂，由律統率呂。命，統率。❻語聲之變　語，說。聲，樂聲。指樂曲。❼行前定而不疚　語出《禮記·中庸》。疚，愧疚。❽光明　光大明白。❾大人虎變　大人像老虎花紋大而明亮一樣。語出《易·革卦》。大人，近似聖人的人。❿言從作乂　說話順從就能治理。乂，治理。⓫喻　使明白。

【語　譯】山谷的神性能像那聲音給予回應，不是說能夠回報以律呂的變化，只是如同卜筮問這個話就回報這個事罷了，就是《易經》所謂的「相同的聲音互相應和」。王弼說「統率呂的是律」，是說樂曲的變化，不是說這個的。

「行事能先確定就不致有愧疚」，這是光明磊落。「大人像虎的斑紋又大又亮」，還有什麼愧疚的呢？說話能順從就能治理，名稱正確了，他的話就容易理解，人就容易順從。聖人不擔心為政艱難，而擔心民眾難以曉喻。

有司篇第十三

【題　解】本篇都是關於為政的語錄，篇幅雖然不多，但涵蓋很廣。大致有五方面：一、為政的指導思想是德治，「為政不以德，人不附且勞」。二、為政目標定在「足民」和安定。「故為政者在乎足民，使無所不足，不見可欲而盜必息矣」。又說「富而不治，不若貧而治」。三、重視官員隊伍的建設，所謂「有司，政之綱紀」，「為政必身倡之，且不愛其勞，又益之以不倦」。四、主張推行井田制，減輕地租。其「野九一而助」一節，看似考證古制，聯繫張載在《經學理窟・周禮》所述，是很明白針對現實的。所謂「治天下之術，必自此始。今以天下之士棊畫分布，人受一方，養民之本也。後世不制其產，止使其力，又反以天子之貴專利，公自公，民自民，不相為計」。他主張統治者與被統治者互利，是對統治者殘酷剝削的指斥和限制，雖然不徹底。五、提倡獎懲，營造良好風氣。「善有勸，不善有沮，皆天下之利也」。幾乎是張載的行政大綱。

有司，政之綱紀也❶。始為政者，未暇論其賢否❷，必先正❸之，求得賢才而後舉❹之。

【章　旨】論官員是執政的組織保證。

【注　釋】❶有司二句　官員，是執政的大綱。有司，有職守的人。綱紀，大綱；要領。❷否　不賢。❸正　整飭；整頓。❹舉　舉用。

【語　譯】官員，是執政的組織系統。初治國，來不及評論他們的賢能與否，必定先加以整頓，求得賢才以後就舉用。

為政不以德，人不附且勞。

「子之不欲，雖賞之不竊。」❶欲生於不足則民盜❷，能使無欲則民不為盜。假設以子不欲之物賞子，使竊其所不欲，子必不竊。故為政者在乎足民❸，使無所不足，不見可欲而盜必息❹矣。

為政必身倡❺之，且不愛❻其勞，又益❼之以不倦❽。

【章旨】論為官三原則：德治，足民和以身作則。

【注釋】❶子之二句　語出《論語・顏淵》。子，古時對男子的尊稱。❷盜　偷。❸足民　使民充足。❹息　止。❺倡　倡導。❻愛　愛惜；吝惜。❼益　增添；加上。❽倦　厭倦。

【語譯】為政不採用德治，人不會依附而且辛勞。

「您不要的，獎賞他也不會去偷。」欲望產生於得不到滿足，因而人就偷盜，能使他們沒有欲求，民眾就不去偷盜。假使拿您不想要的東西獎賞您，讓您去偷您所不想要的，您必定不去偷。所以為政者在於讓民眾滿足，讓他們沒有不滿足的，看不見想要的東西的話，偷盜必定杜絕了。

為政必須以身作則，並且不辭勞苦，還要加上不厭倦。

「天子討而不伐，諸侯伐而不討」❶，故雖湯、武之舉❷，不謂之討而謂之伐。陳恆弒君，孔子請討之❸，此必因周制鄰有弒逆諸侯當不請而討❹。孟子又謂「征者上伐下，敵國不相征」❺，然湯十一征，非賜鈇鉞❻，則征討之名至周❼始定乎！

「野九一而助」❽，郊❾之外助也。「國中什一使自賦」❿，郊門之內通謂之國中，田不井授⓫，故使什而自賦其一也。

【章　旨】考釋古名、古制。

【注　釋】❶天子二句　語出《孟子・告子下》。討，指天子對下屬的軍事行動。伐，攻伐。指對等間的軍事行動。諸侯，由天子分封而掌管一定區域的統治者。❷湯武之舉　指成湯打垮夏王桀和武王打垮商王紂的軍事行動。湯，又稱武湯、天乙、成湯，原是商族領袖，經十一次出征，成為強國，最後一舉滅夏，建立了商朝。武，即周武王，姬姓名發，西周王朝的建立者。舉，舉動；發動。此指軍事行動。❸陳恆二句　陳恆殺害國君，孔子請求魯國國君討伐他。陳恆，齊國大臣。弒，殺害，用於臣殺君，子殺父。君，指齊簡公。請，請求。❹此必句　這必定依據周朝制度的鄰國發生弒君諸侯應當不必向天子請命就去討伐。因，依據。弒逆，意同弒。請，請命。❺征者上伐下二句　語出《孟子・盡心上》。敵國，對等的諸侯國。❻湯十一征二句　語本《孟子・滕文公下》。鈇鉞，即斧鉞。原是古代軍法用來殺人的斧頭。也用作天子賜予生殺大權的象徵物。❼周　周朝。❽野九一而助　語出《孟子・滕文公上》。野，指郊以外區域，與下文「國中」對言。九一，九分抽一。助，孟子擬測的上古田稅，屬勞役地租。大致九百畝為單位，八家各種百畝，剩下的中間一百畝為公田，由八家共同負責。❾郊　指王城外的百里之內區域。❿國中什一使自賦　語出《孟子・滕文公上》。國中，稱郊以內區域。國，指王城。什一，十分稅一。什，同「十」。多用在表示分數和倍數。賦，繳稅。⓫井授　按井田制授田。上文「九一而助」就是一種井田制。

【語　譯】「天子只討而不伐，諸侯只伐而不討」，所以即使成湯、周武王的舉動，也不叫做討而叫做伐。陳恆殺害齊王，孔子請求討伐他，這必定依據周代制度的鄰國有殺害君主的諸侯應當不必請命天子就去征討。孟子又說「征指上伐下，對等國家不能相互征伐」，但是，成湯有十一次征伐，都不是天子給予權力的，征伐的名稱大概到周代才開始確定吧！

「郊野實行九分抽一的助稅」，是郊之外地區實行助稅。「國都中十分抽一讓自己上繳」，郊門之內通通叫國都中，田不按井田制授予，所以讓十而自繳其一。

道千乘之國❶，不及禮樂刑政❷，而云「節用而愛人，使民以時」❸，言能如是則法行，不能如是則法不徒行❹，禮樂刑政亦制數❺而已爾。富而不治，不若貧而治；大而不察❻，不若小而察。報者，天下之利，率德而致❼。善有勸❽，不善有沮❾，皆天下之利也。小人私己❿，利於不治，君子公物⓫，利於治。

【章　旨】論治國之要旨。

【注　釋】❶道千乘之國　領導中等諸侯國。道，同「導」。千乘之國，有千輛兵車的諸侯國，是中等國家。大國為萬乘之國，小國是百乘之國。❷禮樂刑政　指禮制、音樂、刑法和政事。禮，指封建社會貴族等級制度的道德規範和社會規範。❸節用而愛人二句　節省財用愛護人，使用民眾要按季節。語出《論語・學而》。人，指官吏等階層的人。民，指百姓。但是張載引用，二字含義往往相通。時，季節；農時。❹徒行　空行。❺制數　規章數目。❻大而不察　大，指大國。察，明察。❼報者三句　回報，是天下之利，由遵循道德所得到的。報，回報；報答。率，遵循。致，招致。❽勸　勉勵。❾沮　阻止。❿小人私己　小人為己。小人，無道德的人。私，偏愛。⓫君子公物　君子為公。君子，有道德的人。公，公心。物，指人。

【語　譯】領導中等國家，不涉及禮制音樂刑法政事，而說「節省財用愛護人民，役使民眾要按季節」，是說能這樣做就法度推行了，不能這樣做，不只法度推行是空的，連禮樂刑法政事也只是規章和數目罷了。

國富卻不能安定，不如貧而安定；國大卻不能明察，不如國小而能明察。

回報，是天下的利益所在，由遵循道德所得到的。為善的有勉勵，為不善的有阻止，都是天下的利益所在。小人為己，利於不安定，君子為公，利於安定。

大易篇第十四

【題解】大易就是《易經》。全篇匯輯張載關於《易經》文辭的解說有六十二節之多，涉及經和傳的各個方面，是他易學思想的精華。首二節開宗明義，「《大易》不言有無」，用一切都是氣與唯心論劃清界線；又說「《易》語天地陰陽」，是永動不停，將氣及其變化作為自己對世界的總認識。從「一物而合三才」起的十二節總論《易經》結構和功能，包括關於三才、太極、陰陽、卦體、爻象、卦爻辭等的理解，說明易學是對世界的總認識，是哲學而不是神學，強調「《易》為君子謀，不為小人謀」。從「天下之理得」起的十七節專論乾卦。乾卦是《易經》最重要的卦，代表天。張載談的也最多。他把乾卦內含解釋為修性，從而把易學解釋為人學。他指出天性是人性的最高目標，但又有區別。天性是自然如此，人性雖然也能自然，然而只能是輔佐和配合。修性先須立德，有二條路可走：一是窮理盡性。即認明萬物萬事的條理，最後歸結到性；一條是盡性而窮理。乾卦六爻還說明這過程是因時制宜的過程，所謂「時措之宜」、「時中」等等，非常強調應時在成性成聖過程中的必要性。從「坤至柔」以下三節專論坤卦，坤卦代表地，是乾卦的配偶。乾卦講清楚了，坤卦也就簡略了。從「造化之功」以下十節逐一分析八卦的意象，與《易經．說卦》相當。八卦是三畫卦，為六十四卦的基本卦。從「一陷溺而」以下十七節雜釋諸卦意象。最後一節辨「往」字的字義。閱讀中，既要把握指導思想，又要同相關書籍參照。如不少文字引自《易經》，這裡都加引號標明，注了出處，但是，還有未加引號，文字與《易經》相近相似的。其次，張載早先著有《橫渠易說》，是他關於《易經》的專著，解說比本篇更詳盡而有系統。它的主要部分，已經譯注在後面，可以互相參照。

《大易》不言有無❶，言有無，諸子之陋也❷。

《易》語天地陰陽，情偽至隱賾而不可惡也❸。諸子馳騁說辭，窮高極幽，而知德者厭其言❹。故言為非難，使君子樂取之❺為貴。

【章旨】總說《易經》宗旨是主張求實求是。

【注釋】❶大易不言有無　《易經》不說有和無。大易，即《易經》，省稱《易》，又名《周易》。是儒家重要經典。分經、傳二部分。經成於周初，傳為戰國至秦漢時人所作，且不止一人。著者用八卦推測人生和自然的變化，認為陰陽二種勢力的相互作用是生成萬物的根源。特稱《大易》，表示尊崇。有無，哲學範疇，有指事物的存在，有有形、有名，實有等義；無指事物不存在，有無形、無名，虛無等義。❷諸子之陋也　諸位學者的膚淺。如《正蒙·太和篇》「入老氏『有生於無』自然之論，不識所謂有無混一之常」。老氏指老子。張載批判最多的是佛教。❸易語二句　陰陽，指二種相互作用，相互對立而又相互統一的勢力。情偽，真假。至，最；極。隱賾，幽深玄妙。惡，厭惡；厭煩。❹諸子三句　馳騁，奔競；趨赴。說辭，遊說的言論；說服別人聽從自己主張的議論。窮高極幽，窮究高深和幽微。指說辭內容。知德者，知曉天性的人。厭，厭棄。❺取之　吸取它；聽取它。

【語譯】《易經》不說有和無，說有和無，是諸學者的膚淺。《易經》論述天地陰陽，真實或虛偽極其幽深玄妙而不會厭煩。諸學者大肆宣揚說辭，似乎窮究了高深幽微，但是懂德性的人厭棄他們的言論。所以言論是不難的，能使君子樂於聽取才是可貴的。

《易》一物而合三才❶：陰陽氣也，而謂之天❷；剛柔質也，而謂之地❸；仁義德也，而謂之人❹。

《易》為君子謀，不為小人❺謀，故撰德於卦，雖爻有小大，及繫辭其爻，必諭之以君子之義❻。

一物而兩體，其太極之謂與❼！陰陽天道，象之成也❽；剛柔地道，法之效也❾；仁義人道，性之立也❿。三才兩之，莫不有乾坤之道⓫。

陰陽、剛柔、仁義之本⓬立，而後知趨時應變，故「乾坤毀則無以見《易》」⓭。六爻各盡利而動⓮，所以順陰陽、剛柔、仁義、性命⓯之理也，故曰「六爻之動，三極之道也」⓰。

陽偏體眾陰，眾陰共事一陽⓱，理也。是故二君共一民，一民事二君，上與下皆小人之道也；一君而體二民，二民而宗⓲一君，上與下皆君子之道也。

吉凶、變化、悔吝、剛柔，《易》之四象與⓳！悔吝由羸不足而生，亦兩而已。

尚辭則言無所苟，尚變則動必精義，尚象則法必致用，尚占則謀必知來⓴，四者非知神之所為，孰能與於此㉑？

《易》非天下之至精，則詞不足以待天下之問，非深不足以通天下之志，非通變極數，則文不足以成物，象不足以制器，幾不足以成務㉒。非周知兼體㉓，則其神不能通天下之故㉔，不疾而速，不行而至。

示人吉凶，其道顯矣；知來藏往，其德行神矣。語蓍龜㉕之用也。顯道者，危使平，易使傾，懼以終始，其要無咎㉖之道也。神德行者，寂然不動，冥會於萬化之感而莫知為之者也㉗。受命如嚮㉘，故可與酬酢㉙；曲盡鬼謀，故可與佑神㉚；開物於幾先，故曰知來㉛；明患而弭其故，故曰藏往㉜。極數知來，前知也，前知其變，有道術㉝以通之，君子所以措㉞於民者遠矣。潔靜精微，不累其迹㉟，知足而不賊㊱，則於《易》深矣。

【章旨】 論《易經》基本結構和功能。

【注釋】 ❶三才　指天、地、人。此至節末，都是解釋「三才」。而天、地、人三字可參看第三節「象之成也」，「法之效也」，「性之立也」。❷陰陽二句　陰陽是氣，因而稱它為天。氣，張載稱無形而不斷變化從而生成世界萬物的本原。❸剛柔二句　剛健柔順是形態，因而稱它為地。質，形質；形體。❹仁義二句　仁義是道德，所以稱它為人。仁，仁愛，儒家提倡的含義廣泛的最高道德。義，合宜，指思想行為符合一定的標準。❺小人　與君子相反，指缺失道德的人。❻故撰德四句　所以把道德撰寫進卦裡，雖然爻有大小的分別，但是到了把解說詞繫到它的爻，必定用君子的道義來說明它。撰，撰寫。卦，《易經》用來象徵自然現象和人事變化的一組符號，包括三個陽爻和三個陰爻。由於六爻排列不同而有八卦、六十四卦。爻，卦的基本符號，有陰陽二種。陽爻為大，陰爻為小。繫，繫附。辭，解說詞。論，說明；解說。❼一物二句　一物而兩體，統一物而具有相互依存、相互對立的兩部分。其，推測語氣詞。太極，指天地未分的混沌狀態。即《正蒙》所稱的太和，也就是張載常說的氣。之謂，謂之的倒置。之，複指太極。❽陰陽二句　天道，天的運行規律。象，意象，是無形的。❾剛柔二句　地道，地的運行規律。法，模式。效，仿效；呈現。❿仁義二句　人道，為人行事的規則。性，德性；道德。⓫三才二句　兩之，把它分為相互依存、相互對立的兩部分。乾坤之道，即陰陽變化的規律。乾坤，即天地，指陰陽。⓬本　根本。

指上節「乾坤之道」。⓭乾坤句　語出《易・繫辭上》。無以，沒有依據；無從。見，同「現」。顯現。⓮六爻各盡利而動　六爻各自窮盡利益而施展。盡，窮盡。⓯性命　天性天命。即氣的變化本能和變化的必然。⓰六爻二句　語出《易・繫辭上》。三極，即三才。⓱陽徧二句　陽，指陽爻。陰，指陰爻。句意指一卦之內。徧，同「遍」。普遍；全。體，體察。⓲宗　服從；隸屬。⓳吉凶二句　變化，質變和漸變。悔吝，失悔和貪吝。易之四象，《易經》說的四種意象：吉凶是人事得失的意象，變化是進退的意象，悔吝是人心憂驚的意象，剛柔是晝夜的意象。象，指卦象和爻象，即它們所展示的意象。⓴尚辭四句　尚，重視；崇尚。苟，苟且；草率。精義，精求事物的義理。法，模式。占，占問。㉑四者二句　四者，指上文的四尚。神，指氣的變化本能。即前文「乾坤之道」。孰，誰。與，參與。㉒非通變四句　通變，通貫六爻變化。極數，極盡卦爻位數。一卦六爻，從下往上數，位各有初、二、三、四、五、六之稱。又初、二為地位，三、四為人位，五、六為天位。又單數稱陽位，偶數稱陰位。文，文辭。成物，表述事物。制器，製造器用。此節「文不足以成物，象不足以制器，幾不足以成務」三句與上節「尚辭則言無所苟」四句相應。幾，先兆。務，事務。㉓周知兼體　遍知併察。周，遍。體，體察。㉔故　事。㉕蓍龜　指蓍草和龜甲，都是占卜材料。此指占卜。㉖無咎　無害；免禍。㉗神德行三句　神德行，神妙的德行。即上節「其德行神」。神，指陰陽不測。寂然，安寧無雜念。冥會，暗合。㉘受命如嚮　受到卜問回答如同回聲。嚮，山谷回聲，意指準確而迅速。㉙酬酢　應對。㉚曲盡二句　曲盡，委曲窮盡。曲，想方設法。鬼謀，人謀。佑神，輔助天性。㉛開物二句　開，開啟；認明。幾，形勢；時機。來，未來；將來。㉜明患二句　弭，消除。故，事。藏往，隱藏在歷史中。藏，掩藏。往，以往。㉝道術　道德學術。㉞措　施於。㉟潔淨二句　潔淨精微，清純精深。指德性成熟。累，拖累。迹，指物，即萬事萬物。㊱賊　貪求；妄求。

【語　譯】《易經》一物而會合天、地、人三才：陰陽是氣，因而稱它為天；剛健柔順是形質，因而稱它為地；仁義是道德，因而稱它為人。

《易經》為君子謀劃，而不為小人謀劃，所以把德性寫進卦裡，雖然爻分大小，但是到了把解說詞附上它的爻，必定用君子的道義來說明它。

統一物而具有互相依存互相對立的兩個方面，這就稱它太極吧！陰陽是天的運行規律，是意象的形成；剛健柔順是地的運行規律，是模式的仿效；仁義是為人行事的規則，是德性的確立。三才各自有兩體，無一不有陰陽變化的規律。

陰陽、剛柔、仁義的根本確立了，然後能知道趨時應變，所以「乾坤之道毀了就無從顯現《易經》」。六爻各自窮盡利益而展開，所用來遵循陰陽、剛柔和仁義、天性天命的原理的，所以說「六爻的變動，是天、地、人三極的運行規律」。

陽爻全面體察眾多陰爻，眾多陰爻共同事奉一個陽爻，是原則。所以二君共有一民，一民共事二君，是上與下都是小人的原則；一君而體察二民，二民而隸屬一君，是上與下都是君子的原則。

吉和凶、變和化、悔和吝、剛健和柔順，是《易經》的四種意象吧！悔和吝由盈滿和不足而產生，也是一物兩體罷了。

重視卦爻辭那就解說沒有隨便的，重視變化那就舉動必定精研義理，重視卦象那就模式必定能付於實用，重視占問那就謀劃必定知道未來，這四項不是懂得天性者的作為，又有誰能參與其中呢？

《易經》不是天下最精深的話，那文詞就不足以對待天下人的占問，不是深刻的話就不足以溝通天下人的心志，不是貫通變化和極盡卦爻的位數的話，那文詞就不足以表述萬事萬物，卦象不足以製造器用，先兆不足以成就事務。不是遍知併察，那就它的天性不能貫穿天下之事，做到不急疾但是快速，不行動但是到達了。

把吉凶展示給人，它的道理就顯現了；預知未來藏在以往，它的德性就神了。這是說卜筮的效用。

顯現道理的，是危險使它平安，平易使它傾危，警惕事之終和始，它的要領是無危害的原理。神妙德性的施行，是寧靜不動，暗合於千變萬化的感應卻沒有人知道誰做這一切的。受占問了答覆如回聲，所以能參與應對；委曲窮盡人謀，所以能參與輔助神妙變化；啟示事物在時機之先，所以說知來；認識患難從而消除來源，所以說藏在以往。極盡卦爻的位數預知未來，是前知，前知它的變化，又有德性和學術貫通它，君子所施予民眾的多麼深遠啊。

清純精深，不受物的拖累，知足不貪，那對《易經》的理解就很深了。

天下之理得，元也❶；會而通，亨也❷；說諸心，利也❸；一天下之動，貞也❹。

乾之四德❺，終始萬物❻，迎之不見其首，隨之不見其後，然推本而言，當父母❼萬物。

〈彖〉明萬物資始❽，故不得不以元配乾；坤其偶❾也，故不得不以元配坤。

仁統天下之善，禮嘉天下之會，義公天下之利，信一天下之動❿。

六爻擬議，各正性命⓫，故乾德旁通，不失太和而利且貞也⓬。

顏氏求龍德正中而未見其止⓭，故擇中庸得一善則拳拳服膺，嘆夫子之忽焉前後也⓮。

乾三四，位過中重剛⓯，時不可舍，庸言庸行不足以濟之，雖大人之盛有所不安⓰。外趨變化，內正性命⓱，故其危其疑，艱於見德者⓲，時不得舍也。九五，大人化矣，天德位矣，成性聖矣⓳，故既曰「利見大人」⓴，又曰「聖人作而萬物覩」㉑。亢龍以位畫為言㉒，若聖人則不失其正㉓，何亢之有？

聖人用中之極，不勉而中㉔；有大㉕之極，不為其大。大人望之，所謂絕塵而奔，峻極于天，不可階而升者也㉖。

乾之九五曰「飛龍在天，利見大人」，乃大人造位天德，成性躋㉗聖者耳。

若夫受命首出㉘，則所性不存焉，故不曰「位乎君位」而曰「位乎天德」㉙，不曰「大人君矣」而曰「大人造也」㉚。

庸言庸行，蓋天下經德達道㉛，大人之德施於是溥㉜矣，天下之文明㉝於是著矣。然非窮變化之神以時措之宜㉞，則或陷於非禮之禮，非義之義，此顏子所以求龍德正中，乾乾進德，思處其極，未敢以方體之常安吾止也㉟。

惟君子為能與時消息，順性命，躬天德而誠行之也㊱。精義時措，故能保合太和，健利且貞㊲，孟子所謂始終條理，集大成於聖智者與㊳！《易》曰「大明㊴終始，六位時成，時乘六龍以御天㊵。乾道㊶變化，各正性命，保合太和，乃利貞」，其此之謂乎！

成性則躋聖而位天德。乾九二正位於內卦㊷之中，有君德矣，而非上治也。九五言上治者，通言乎天之德、聖人之性，故捨曰「君」而謂之「天」，見大人德與位之皆造也。

大而得易簡之理㊸，當成位乎天地之中，時舍而不受命，乾九二有焉㊹。及夫化而聖矣，造而位天德矣，則富貴不足以言之。

「樂則行之，憂則違之」㊺，主於求吾志而已，無所求於外㊻。故善世溥化，龍德而見者也；若潛而未見[47]，則為己而已，未暇及人者也[48]。「成德為行」[49]，德成自信則不疑，所行日見乎外可也。乾九三修辭[50]立誠，非繼日待旦[51]如周公，不足以終其業。九四以陽居陰，故曰「在淵」[52]，能不忘於躍，乃可免咎[53]，「非為邪也」[54]，終其義[55]也。至健而易，至順而簡[56]，故其險其阻，不可階而升，不可勉而至。仲尼[57]猶天，「九五飛龍在天」[58]，其致[59]一也。

【章　旨】這十七節專論乾卦。重點分析修德成聖在不同時勢的不同表現。

【注　釋】❶天下二句　擁有世界根本原理的就是「元」。此一節解說乾卦四種德性：元亨利貞。天下之理，即乾坤之道。得，得到；擁有。元，廣大；始初。❷會而通二句　會合而且貫通就是「亨」。亨，暢通。❸說諸心二句　使之從內心愉悅就是利。說，使……悅。諸，「之乎」的合音。利，獲利；和諧。❹一天下二句　統一天下的變化就是貞。一，統一；主宰。貞，專靜。意指公正而恆久。即無形的氣的變化本能。❺乾之四德　即上節的元亨利貞。❻終始萬物　自始至終主宰著萬物。終始，用作動詞。❼父母　生養。❽彖明句　彖，即《彖傳》，是解說卦辭的文字。資，藉以。❾坤其偶　坤卦是乾卦的配偶。乾卦是六個陽爻，代表天；坤卦是六個陰爻，代表地。天地猶父母，所以元又配坤。偶，配偶。❿仁統四句　仁統轄天下的善，禮完美天下的會聚，義公共天下的利益，信協調天下的舉動。禮，封建社會貴族等級制度的社會規範和道德規範。嘉，使……美好。⓫六爻擬議二句　卦中六爻預擬的議論，各自擺正德性和定命。擬議，預擬的精度和議論。這是指爻辭。正，使……正；端正。⓬故乾德二句　旁通，普遍貫通。太和，最大的融和。即乾坤之道。⓭顏氏句　顏氏，即顏回，孔子學生。龍德，喻指聖德，即聖人的德性。正中，守正執中，即中庸之道。⓮故擇二句　中庸，指不偏不倚，無過無不及之道。是儒家所倡導的為人最高準則。中，折中。庸，平常。拳拳，念念不忘。服膺，記在心裡。膺，胸。嘆夫子之忽焉前後，感嘆恍恍惚惚辨不清孔子在前與在後。句意謂聖人境界高深莫測。語本《論語・子罕》。忽焉，恍恍惚惚的樣子。前後，或前或後。⑮乾三四二句　乾三四，指乾卦的三爻和四爻。位，指爻位。中，中位。指二爻在初爻和三爻之中，四爻在五爻和六爻之中。重剛，指陽爻居陽位。一卦六爻，單數位叫陽位，偶數位叫陰位。⑯時不可舍三句　舍，舒坦。庸言庸行，常言常行。濟，幫助；扶持。大人，才智很高的人。⑰外趨變化二句　句意指趨時修德。外，指客觀世界。內，指主觀世界。⑱見德者　指二爻。⑲九五四句　九五，第五爻是陽爻。《易經》稱陽爻為「九」，陰爻為「六」。後以「九五」指帝位。化，悟。意指發生質變了。天德，指氣的能動本性。位，《易經》一卦六爻，以初爻、二爻為地，三爻、四爻為人，五爻、六爻為天，所以五爻是天位。因而具有居位、到達的意思。成性，德性成熟。⑳利見大人　語出《易・乾卦》。大人，已經成聖的大人，即聖人。㉑聖人作而萬物覩　語出《易・乾卦》。聖人，道德才智最高的人。作，興起。覩，看見。㉒亢龍以位畫為言　高亢極頂的龍是依據爻畫的位說的。亢龍，喻指第六爻。已到卦的頂點。亢，過甚；極度。㉓正　中正之道。㉔聖人二句　中，中道，即中庸之道。勉，勉力；人為加力。㉕大　廣大無外。指盡識萬事萬物的義理。㉖大人望四句　大人看著他，是所說的腳不沾塵土地奔馳，高聳入雲天，不能憑一步步攀登到達的。語本《莊子・田子方》。絕塵，腳不沾塵土。形容迅速。階，階梯。這裡用作動詞。㉗躋　登上。㉘若夫受命首出　至於受天命而為萬物之首。若夫，至於。表示轉折。首出，出而為首。㉙故不曰句　位乎君位，語出《易・乾卦》。位乎天德，語出《易・乾卦》。㉚不曰句　引語見《易・乾卦》。㉛經德達道　經德，公德；普遍的道德。經，規範。達道，共同的原則。達，共同。㉜溥　通「普」。普遍。㉝文明　光明；有文彩。指禮樂大行。㉞時措之宜　應時處置的合宜。即時中、時措。㉟此顏子四句　顏子，對顏回的尊稱。乾乾，自強不息的狀態。極，指成聖。方體之常，模式的常規。指上文「庸言庸行」和「經德達道」。方體，固定格式。㊱惟君子三句　消息，進退。躬，親身實行。誠，實在；一貫。㊲精義三句　精義時措，精研義理而應時制宜。時措，即時措之宜。保合，保持。健，自強不息。㊳始終條理二句　語本《孟子・萬章下》。始終條理，本指奏樂以鐘開始以玉磬結束而有規則，喻指學習從明義理開始，以盡性成聖為終極。集大成，匯集一切成果加以系統化。㊴大明　指無所不在的乾道。㊵六龍以御天　六龍，指六爻。御天，在天運行。㊶乾道　乾卦之道，即天道。㊷內卦　一卦中以初、二、三爻為內卦，四、五、六爻為外卦。㊸大而得易簡之理　心能廣大無外並且掌握了平易簡約的天理。句意指成性躋聖。易簡之理，即天道。㊹焉　相當於「之」。㊺樂則二句　語出《易・乾卦》。違，離去。㊻外　外物，即客觀世界。㊼若潛而未見　指初爻「潛龍勿用」。㊽則為二句　意指一心修養自己的德性，沒有可能考慮別人的事。未暇，沒有空閒。㊾成德為行　語出《易・乾卦》。成德，即德成。行，行事。㊿修辭　修飾言辭使之完美。(51)繼日待旦　繼續白天直到天亮地做事。(52)在淵　語出《易・乾卦》。淵，深潭。(53)咎　禍害。(54)非為邪也　語出《易・乾卦》。邪，邪僻。(55)義　指修德。(56)至健而易二句　指乾坤二卦的卦德，即天道。所謂「易則易知，簡則易從；易知則有親，易從則有功」，見《易・繫辭上》。(57)仲尼　孔子字。古對人稱字為敬。(58)九五飛龍在天　語出《易・乾卦》。(59)致　目標。此指進入自由王國。

【語　譯】把握了世界根本原理就是「元」；會合而且貫通就是「亨」；使之從內心感到歡悅就是「利」；統一天下的變化就是「貞」。

乾卦的四種德性，主持萬物從終到始的發展，迎上去看不見它的頭，跟著它看不見它的後背，但是從推究本源來說，理當做萬物的父母。

〈彖傳〉闡明萬物賴以出生，所以不能不拿元配乾卦；坤卦是乾卦的配偶，所以不能不拿元配坤卦。

仁統領天下的善，禮完美天下的會聚，義公共天下的利益，信統一天下的行動。

六爻的預擬議論，各自端正德性和定命，所以乾卦的德性普遍貫通，不喪失最大的融和從而有利和守正道。

顏淵追求龍德中道而沒有看見他的停止，所以擇取中庸之道，得到一善就時刻把握，感嘆老師在前在後恍恍惚惚而難以捉摸。

乾卦的九三爻和九四爻，爻位超越中位成了陽爻居陽位，時勢不舒坦，正常的言行不足以幫助它，雖然大人的盛德還是有所不安寧。外部追隨時勢變化，內心端正德性和定命，所以它的危險和疑難，比顯現德性者更艱險，這是時勢不舒坦。九五爻，大人昇華了，天德達到了，德性成熟成為聖人了，所以說「有利於顯現大人」，又說「聖人興起因而萬物都看見」。亢龍是根據爻位說的，如果是聖人就不會失去正道，有什麼過亢呢？

聖人把握了中道的最高境界，不待人的主觀努力而能遵循中道；具有廣大無外的最廣大境界，不人為地做他的廣大無外。大人看著聖人，是所謂腳不沾塵土地在奔馳，高聳入雲天，不是能憑一步一步地攀登上得去的。

乾卦的九五爻說「飛龍在天，利見大人」，這是大人達到天德，德性成熟登上聖人了。至於受天命出做萬物之首，與所要成熟的德性是不相干的，所以不說「位居國君的位」而是說「達到了天德」，不說「大人到達了國君位置」而是說「大人達到了」。

常言常行，是天下的公德和公共規則，大人德性感化於是普遍了，天下的文明於是卓著了。但是不窮盡變化的神性來因時制宜的話，就有可能陷為非禮之禮，非義之義，這正是顏淵所以追求龍德正中，自強不息地提高德性，一心想達到頂峰，不敢以常規讓自己停下的緣故。

只有君子能與時進退，遵循天性和天命，親身履行天德並切實一貫地實行它。精研義理因時處置，所以能保持最大融和，自強不息地有利於守正道，也就是孟子所說的自始至終有規則，匯集所有成果到聖人身上吧！《易經》說「天道明耀始終一貫，六爻位隨時勢而成象，及時駕六龍遵從天道。乾道變化，各自端正德性和定命，保存最大的融和，於是有利而堅貞」，就是說這個的吧！

德性成熟就登上聖人而達到天德。乾九二爻位在內卦之中，具有君王德性了，卻不是居上位實行治理。九五爻是說在上位實行治理，是合在一起說天的德性和聖人德性的，所以放棄說「君」而稱它做「天」，顯示大人的德性和居位都達到了。

廣大無外而且掌握易簡的原理，應當居位在天地的中間，時勢舒坦卻沒有受命為國君，乾卦二爻就有這種情況。到了昇華成聖了，達到而且居位天德了，那就富貴都不值得說它了。

「樂意就做，憂心就離去」，取決於追求我的志願罷了，沒有索求於身外之物的。所以改善世俗使普遍感化，是具備龍德而且能顯現的人；若潛伏而未能顯現，那就為一己罷了，沒有餘力考慮他人。

「德性成熟並且付之行事」，是德性成熟就不疑慮，所實行的一天天顯現於身外是可見的。

乾卦九三爻修飾文辭確立誠信，不是像繼續白天直到天亮都在努力的周公，是不足以完成他的事業的。

九四爻以陽爻居陰位，所以說「在淵」，能不忘躍出，於是能免於禍害，「不是做邪僻事」，是完成修德的意思。

最剛健而平易，最柔順而簡約，所以它克服危險和阻礙，不是一步一步地登上去的，不是人為加力來達到。孔子如天，「九五飛龍在天」，它們獲致的目標是一樣的。

「坤至柔而動也剛」❶，乃積大勢成而然也❷。

乾至健無體，為感速，故易知❸；坤至順不煩，其施普，故簡能❹。

坤先迷不知所從，故失道，後能順聽，則得其常矣❺。

【章旨】論坤卦的德性是順承。

【注釋】❶坤至柔而動也剛　坤卦最柔順而變動能剛強。語出《易・坤卦》。動也剛，指變動結果，積累達到了剛強。也，句中語氣詞。❷乃積大勢成而然也　是積聚巨大趨勢形成這樣的。句意上承「動也剛」。大，巨大；無所不包。勢，趨勢。然，這樣。❸易知　平易能認知。❹簡能　簡約能有成。能，能成物。❺坤先迷四句　坤卦意味著先迷失不知所要遵從的，所以迷失道路，後來能順從聽取，就回到正規。此節解說《易・坤卦・彖辭》「先迷失道，後順得常」。以「不知所從」釋「先迷」，以「順聽」釋「順」。

【語譯】「坤卦德性是最柔順而變動很剛強的」，這是積聚巨大趨勢而形成這樣的。

乾卦德性是最剛健卻不具有形體，產生感應很迅速，所以平易能認知；坤卦德性是最柔順而不煩擾的，它的施為普遍，所以簡約能有成。

坤卦先迷失不知所從，所以迷失道路，後來能順從聽取，就回到它的正規。

造化❶之功，發乎動，畢達乎順❷，形諸明，養諸容載❸，遂乎說潤，勝乎健❹，不匱乎勞，終始乎止❺。

健、動、陷、止，剛之象❻；順、麗、入、說，柔之體❼。

「巽為木」❽，萌於下，滋❾於上也；「為繩直」，順以達也；「為工」，巧且順也；「為白」，因所遇而從也；「為長，為高」，木之性也；「為臭」❿，風也，入也；「於人為寡髮廣顙⓫」，躁人之象也。

「坎為血卦」⓬，周流⓭而勞，血之象也；「為赤」，其色也。

「離為乾卦」⓮，「於木為科上槁⓯」，附且燥也。

「艮為小石」⓰，堅難入也；「為徑路」，通或寡也。

「兌為附決」⓱，內實則外附必決也⓲；「為毀折」，物成則止，柔者必折也。

「坤為文」⓳，眾色也；「為眾」，容載廣也。

「乾為大赤」⓴，其正㉑色也；「為冰」，健極而寒甚也。

「震為萑葦」㉒，「為蒼茛竹㉓」，「為旉㉔」，皆蕃鮮也。

【章旨】關於〈說卦〉的解說。〈說卦〉論八卦的道德與其象義情性，是《易大傳》的「十翼」之一。

【注釋】❶造化　創造化育。這裡指天。❷發乎動二句　萌發於變化，一齊生長於依順。畢，齊。達，生。乎，相當於「於」。❸養諸容載　養育它們於包容承載。諸，「之乎」的合音。容載，包容承載。指地。❹遂乎說潤二句　成熟於歡暢和滋潤，勝在乾。遂，成長。說，通「悅」。健，乾卦。乾是西北之卦，是陰，純陽居之，就是陰陽相戰之象。❺不匱乎勞二句　無窮盡於收穫，萬物所以成終而止，所以成始而止。匱，盡。勞，收納。止，是艮卦的意象。當行而行，當止而止，都是止。自「發乎動」至「終始乎止」，解說八卦的德和象，依序指八卦震、巽、離、坤、兌、乾、坎和艮；依季節是春、春末夏初、夏、夏末秋初、秋、秋末冬初、冬和冬末春初。❻健動二句　此句及下句解說八卦名。健，自強不息，是乾卦。動，發動，是震卦。陷，險陷，是坎卦。止，靜止，是艮卦。象，意象。❼順麗二句　順，順承，是坤卦。麗，附離，是離卦。入，無所不入，是巽卦。說，澤潤，是兌卦。❽巽為木　語出〈說卦〉。以下引文同。巽，巽卦。卦象是二陽爻在一陰爻之上。為木，是樹木。它是巽卦象徵的事物之一。此卦的象徵物列有十五項，張載解說了八項。❾滋　滋長。❿為臭　是氣味。臭，氣味。⓫顙　額頭。⓬坎為血卦　語出〈說卦〉。下同。坎卦是二陰爻夾一陽爻。⓭周流　全身循環。⓮離為乾卦　語出〈說卦〉。下同。乾，乾燥。離卦是二陽爻夾一陰爻。⓯科上槁　科，空。槁，枯槁。⓰艮為小石　語出〈說卦〉。下同。艮卦是一陽爻在二陰爻之上。⓱兌為附決　語出〈說卦〉。下同。兌卦是一陰爻在二陽爻之上。附決，潰決。決，同「決」。⓲內實則外附必決也　內部充實而外表附著的必定潰決。實，充實。內實，指二陽爻。外附，指一陰爻。⓳坤為文　語出〈說卦〉。下同。坤卦是文彩。坤卦是三陰爻。文，同「紋」。文彩。⓴乾為大赤　語出《說卦》。下同。乾卦是大紅色。由三陽爻組成。赤，紅。㉑正　純正。周朝以赤為正色。㉒震為萑葦　語出〈說卦〉。下同。震卦是二陰爻在一陽爻之上。萑葦，蘆葦。㉓蒼莨竹　青竹。㉔旉　同「敷」。舒展開花。

【語　譯】造化的功效，萌生於變化，齊長於順承，現其形於光明，養育於包容承載，成熟於歡暢滋潤，稱勝於剛健，無窮盡於收穫，始於止終於止。

剛健、震動、險陷、靜止，是陽剛之象；柔順、離麗、遍入、澤潤，是陰柔之態。

「巽卦是木」，自下萌發，向上滋長；「是繩很直」，順暢而通達；「是工」，巧妙而順利；「是白色」，隨所遇到的就依從；「是長，是高」，這是樹木的本性；「是氣味」，是風，是無所不入的；「對人來說是少髮廣額」，是急躁人之象。

「坎卦是血卦」，循環而辛勞，是血之象；「是紅」，是它的本色。

「離卦是乾燥卦」，「對木來說是空心木而且上頭枯燥」，是依附而且乾燥。

「艮卦是小石」，堅硬難入；「是小道」，通行人很少。「兌卦是潰決」，是內部充實而外表附著的必決潰；「是毀壞」，物成熟就凋落，柔軟必定折斷。「坤卦是文彩」，是眾多色彩；「是眾多」，包容承載廣大無邊。「乾卦是大紅」，它是標準色；「是冰」，陽剛到極點轉為很冷。「震卦是蘆葦」，「是青竹」，「是花的舒展」，都繁盛而新鮮。

一陷溺而不得出為坎❶，一附麗而不能去為離❷。

艮一陽為主於兩陰之上，各得其位而其勢止也❸。《易》言光明者，多艮之象，著❹則明之義也。

蒙無遽亨之理❺，由九二循循行時中之亨也❻。

「不終日貞吉」❼，言疾正❽則吉也。仲尼以六二以陰居陰，獨無累於四❾，故其介❿如石，雖體柔順，以其在中而靜，何俟⓫終日，必知幾⓬而正矣。

坎維心亨，故行有尚⓭，外雖積險⓮，苟處之心亨不疑，則雖難必濟⓯而往有功也。

中孚，上巽施之，下說承之⓰，其中必有感化而出焉者，蓋孚者覆乳⓱之象，有必生之理。

物因雷而動，雷動不妄則物亦不妄，故曰「物與無妄」⑱。

靜之動也⑲無休息之期，故地雷為卦⑳，言反㉑又言復，終則有始，循環無窮。入，指其化而裁之㉒爾。深，其反也；幾㉓，其復也。故曰「反復其道」㉔，又曰「出入無疾」。

「益長裕而不設」㉕，益以實也㉖，妄加以不誠之益，非益也。

「井渫而不食」㉗，強施行惻㉘，然且不售㉙，作《易》者之嘆與！

闔戶，靜密也；闢戶，動達也㉚。形開㉛而目睹耳聞，受於陽也。

辭各指其所之㉜，聖人之情也；指之以趨時盡利，順性命之理，臻㉝三極之道也；能從之則不陷於凶悔矣，所謂「變動以利言」㉞者也。然爻有攻取愛惡，本情素動㉟，因生吉凶悔吝而不可變者，乃所謂「吉凶以情遷」㊱者也。能深存〈繫辭〉所命㊲，則二者之動見矣。又有義命當吉當凶，當否當亨者㊳，聖人不使避凶趨吉，一以貞勝而不顧㊴，如「大人否亨」㊵、「有隕自天」㊶、「過涉滅頂凶无咎」㊷、損益「龜不克違」及「其命亂也」之類㊸。三者情異，不可不察㊹。

因爻象㊺之既動，明吉凶於未形，故曰「爻象動乎內，吉凶見乎外」㊻。

「富有」者，大無外也；「日新」者，久無窮也㊼。

顯，其聚也；隱，其散也。顯且隱，幽明所以存乎象；聚且散，推盪所以妙乎神㊽。

「變化進退之象」云者㊾，進退之動也微，必驗之於變化之著，故察進退之理為難，察變化之象為易。

「憂悔吝者存乎介」㊿，欲觀《易》象之小疵(51)，宜存志靜，知所動之幾微也。

往之為義，有已往，有方往(52)，臨(53)文者不可不察。

【章旨】這十八節的解說，有的關於某一卦，有的關於某一辭，最後一節解說「往」的字義。

【注釋】❶一陷溺句　指坎卦是一陽爻處二陰爻之中，所以說「陷溺」和「不得出」。❷一附麗句　指離卦是一陰爻為二陽爻所依附。去，離去。❸艮一陽二句　上句指爻位，故說「各得其位」；下句指爻象，是「其勢止」。❹著　著見於外；顯現。❺蒙無遽亨之理　蒙卦沒有急速悟通的可能。蒙，卦名。遽，急速。亨，通。❻由九句　由九二循循善誘以時所及教之能悟通了。九二，蒙卦的第二爻是陽爻。蒙卦是六畫卦，第二、第六是陽爻，其餘都是陰爻。九二是主，第六爻居上位，由二到上，歷經三個陰爻，所以不能「遽亨」，而要「循循行時中」。❼不終日貞吉　不須一整天占問就吉了。語出《易・豫卦》。終日，整日。貞，占問。❽疾正　急歸於正。❾仲尼二句　孔子認為六二以陰爻居陰位，獨不牽累於第四爻陽爻。❿介　堅硬。⓫俟　等待。⓬幾　先兆。⓭坎維心亨二句　坎卦維繫心通，所以行事有功。坎卦第二爻和第五爻都是陽爻而居中，其餘都是陰爻，所以說「心亨」。維，維繫。尚，崇尚。⓮外雖積險　指兩個陽爻的外面都是陰爻。積，堆積。⓯濟　渡過；成功。⓰中孚三句　中孚卦，它的上部是巽卦表示施展，下部是兌卦表示順承。中孚，是六畫卦，由兩個三畫卦巽和兌組成，是澤上有風之象。說，指兌卦。⓱覆乳　孵育。⓲物與無妄　語出《易・无妄卦》。與，參與；扶持。⓳也　句中語氣詞。

⑳地雷為卦　由地和雷構成卦。地，指坤卦。雷，指震卦。二者構成復卦。㉑反　同「返」。㉒化而裁之　漸變加以裁節。㉓幾　冀望。㉔反復其道　語出《易・復卦》。下同。㉕益長裕而不設　益卦物生長必使寬裕而非虛設。語出《易・繫辭下》。長，生長。裕，寬綽。設，虛設。㉖益以實也　益是實在有益。實，實在。㉗井渫而不食　井經過清理後卻不來取飲。語見《易・井卦》。㉘行惻　行惻隱。惻，憐憫。㉙不售　賣不出去。㉚闔戶四句　關門，是寧靜嚴密，為陰；開門，是活動暢通，為陽。闔，閉。戶，門。㉛形開　形體感官開啟。㉜辭各指其所之　辭，卦爻辭。之，到。㉝臻　到達。㉞變動以利言　句意謂能變通則盡利。語出《易・繫辭下》。㉟然爻有二句　攻取，排斥吸引。本情素動，依據情實而一向變動。本，根本於。素，一向；素來。㊱吉凶以情遷　吉凶依據情實而改移。語出《易・繫辭下》。㊲能深存句　存，存念；領會。繫辭，又稱大傳，是對《易經》整體的說解。命，指出。㊳又有二句　義，義理。命，命運。否，閉塞。亨，通暢。㊴一以句　貞勝，以正道取勝。貞，正。勝，克服；戰勝。㊵大人否亨　語出《易・否卦》。大人之道否才能亨。㊶有隕自天　語出《易・姤卦》。有隕，隕落。㊷過涉滅頂凶无咎　語出《易・大過卦》。陰爻在最高位，雖過而不足涉難，故凶。大過之極，故滅頂而無咎。㊸損益句　損，損卦。益，益卦。龜不克違，語出《易・損卦》。意為益之龜，弗能違，信然不疑。其命亂也，語指《易・益卦》。「上九，莫益之，或擊之」。㊹三者二句　三者，指利、情、義命。察，審察。㊺爻象　爻的意象。㊻爻象動二句　語出《易・繫辭下》。㊼富有四句　富有，語出《易・繫辭下》，指窮理。日新，語出《易・繫辭上》，指盡性。㊽推盪句　推盪，推動激盪。神，氣的能變本性。㊾變化句　語出《易・繫辭上》。變化，爻辭變化。進退，陰陽消長。云者，所說的。㊿憂悔句　語出《易・繫辭上》。介，堅。喻指中正自守。(51)疵　毛病；缺陷。(52)方往　剛去。(53)臨　面對。

【語　譯】一陽爻陷溺其中卻不能脫出是坎卦，一陰爻被依附卻不能離開是離卦。

艮卦是一陽爻為主而在二陰爻之上，各得自己的位置從而態勢寧靜。《易經》說光明的，大多是艮卦的意象，陽爻顯著就是光明的意思。

蒙卦沒有急速悟通的可能，當是由九二爻循循善誘推行因時執中而悟通。

「不用整天占問是吉」，是說快速回歸正道就能吉利。孔子認為六二爻以陰爻居陰位，獨不依賴第四陽爻，所以堅貞如石，雖然卦體柔順，由於六二爻在中位因而寧靜，何需一整天，必定知先兆而歸正了。

坎卦由於中心通暢，所以行事有功，外部雖然積聚著危險，只要能內心通暢不疑慮，那就雖有急難必定克服因而行事有功。

中孚卦，上面是巽卦施予，下面是兌卦承順，其中必有受感化而產生的，孚是孵育之象，有必定產生的道理。

萬物憑藉雷震而萌動，雷震不亂，物也不亂，所以說「萬物長於不混亂」。

靜的動沒有休止的時候，所以地和雷組成卦，講反又講復，有終就有始，循環無窮無盡。入，指把漸變加以裁節罷了。加深，是它的返回；冀望，是它的復歸。所以說「反復其道」，又說「出入不要太快」。

「益卦是物成長必使寬裕而非虛設」，實實在在的增益，胡亂加以不實在的增益，不是增益。

「井清理後卻不來飲用」，強力施予憐憫，這般尚且不受歡迎，是《易經》作者的悲嘆啊。

閉門，是寧靜而嚴密；開門，是活動而通暢。形體開啟從而目睹耳聞，是稟受於陽。

卦爻辭各自指明趨向，是聖人的實情；指明趨向用來追隨時勢充分獲利，遵循天性天命的規律，到達天、地、人三極的大道；能遵從就不會陷入凶和悔了，所謂「變動根據利來說」的。但是爻有排斥吸引喜好厭惡，依據情實而一貫變動，從而生出吉凶悔吝而不能改變的，是所謂「吉凶根據情實遷動」的。能深刻體會〈繫辭〉的指示，那就二者的變動顯現了。又有義理和命運當吉當凶，當否當亨的，聖人不讓簡單地避凶趨吉，一切以正道取勝而不顧及別的，如「大人否亨」，「有隕自天」，「過涉滅頂凶無咎」，損卦益卦的「龜不克違」及「其命亂也」之類。三者情實不同，不能不審察。

依據爻象的已有變動，認明吉凶在呈現之前，所以說「爻象變動在卦內，吉凶顯現在卦外」。

「富有」，是廣大無外；「日新」，是悠久無窮盡。

顯現，是它的聚合；隱沒，是它的分散。顯現又隱沒，是幽和明所以留存在現象；聚合又分散，是推動激盪所以玄妙存在於神。

「卦爻辭的變化是陰陽消長的意象」，是說陰陽消長的活動很微妙，必須拿卦爻辭變化的顯明來驗證，所以觀察陰陽消長的規律為難，觀察卦爻辭變化的意象為易。

「憂、悔和吝的存心於把握住中正」，想觀察《易經》意象的小缺陷，就應當保存心志寧靜，繼而認明變動的細微跡象。

往字的含義，有已往，有方往，面臨具體文句不能不審察。

樂器篇第十五

【題　解】全篇三十七節。首二節論樂舞，篇末約五、六節論政及其他，其餘的大部分都是專門談論《詩經》的文字。張載所論有的是詩的主題，有的是具體詩句，甚至個別字和詞，都自有特色。特色之一是重在思想內容與社會作用，幾乎不談藝術。如：「〈甘棠〉初能使民不忍去，中能使民不忍傷，卒能使民知心敬而不瀆之以拜，非善教寖明，能取是於民哉」；「〈卷耳〉，念臣下小勞則思小飲之，大勞則思大飲之，甚則知其怨苦噓嘆。婦人能此，則險詖私謁害政之心知其無也」。特色之二是六經貫通，一面用《尚書》、《易經》等來解說《詩經》；另一面反過來以《詩經》證《尚書》和《易經》。讀書未能達到融會貫通，是做不到的。如：「〈伐柯〉，言正當加禮於周公，取人以身也，其終見《書》『予小子其新逆』。」「〈漸漸之石〉言『有豕白蹢，烝涉波矣』，豕之負塗曳泥，其常性也；今豕足皆白，眾與涉波而去，水患之多為可知也。」「『鴥彼晨風，鬱彼北林』，晨風雖摯擊之鳥，猶時得退而依深林而止也。」都用《易經》的陰陽屈伸的變化規則來解釋。所釋頗有新意，如「陟降庭止」節，把「在帝左右」解釋為「所謂欲及時者與」，把這句話與他在《正蒙・誠明篇》中說的「『在帝左右』，察天理而左右也，天理者時義而已」合起來讀，追隨時勢發展的思想也就一目瞭然。當然也有失誤的，如「綢直如髮」節，解錯了「綢」字義，而將五言詩體，牽強附會解釋為「歌詠五德之言」。如此等等，需要辨清，並且我們對待古人，目的在繼承成果，發揚光大，而不能以發現他的不足，來顯示自己的高明。

樂器有相，周召之治與❶！其有雅，太公之志乎❷！雅者正也，直己而行正也，故訊疾蹈厲❸者，太公之事耶！《詩》亦有〈雅〉❹，亦正言而直歌之，無隱諷譎諫之巧❺也。

象武，武王初有天下，象文王武功之舞❻，歌〈維清〉❼以奏之。成童❽學之。大武，武王沒，嗣王❾象武王之功之舞，歌〈武〉❿以奏之。冠者⓫舞之。酌，周公沒，嗣王以武功之成由周公，告其成於宗廟之歌也⓬。十三⓭舞焉。

興⓮己之善，觀人之志，群而思無邪，怨而止禮義⓯。入可事親⓰，出可事君，但言君父，舉其重者也。

志至詩至，有象必可名，有名斯有體，故禮亦至焉⓱。

幽贊天地之道，非聖人而能哉⓲！詩人謂「后稷之穡，有相之道」⓳，贊化育之一端也。

禮矯實求稱，或文或質，居物之後而不可常也⓴。他人才㉑未美，故宜飾之以文，莊姜㉒才甚美，故宜「素以為絢」㉓。下文「繪事後素」㉔，素謂其材，字雖同而義施各異。故設色之工，材黃白者必繪以青赤，材赤黑者必絢以粉素。

【章旨】此六節論詩的社會功能。

【注釋】❶樂器有相二句　相，又名拊。皮製，像鼓，內盛糠，用來打節拍。周，周公，名旦，姬姓，因封邑在周（今陝西岐山縣北）而稱周公。周文王之子，輔佐兄周武王滅商，又輔佐年幼姪兒周成王平叛，並制訂了一套禮樂的典章制度，是中國歷史上著名政治家。儒家尊他為聖人。召，召公，名奭姬姓，因封邑在召（今陝西岐山西南）而稱召公。周文王之子，輔佐兄周武王滅商，又輔佐年幼姪兒周成王，與周公協力輔政，史稱周召之治。與，同「歟」。相當於「吧」。❷其有雅二句　雅，樂器，似桶，口小而蒙上皮。用來加快節拍。太公，姜姓呂氏，名望字子牙。周武王滅商的主要助手，封於齊。是齊國始祖，所以又稱太公，俗稱姜太公。❸訊疾蹈厲　訊疾，迅速。訊，通「迅」。蹈厲，形容舞時動作的威武。蹈，足頓地。厲，面色威武。❹詩亦有雅　詩，即《詩經》，分風、雅、頌三類。雅是具有王畿地區色彩的詩，共有一〇五篇。❺無隱諷句　隱諷，以暗示的語言進行勸告或指責。隱，隱約。譎諫，委婉地規諫。譎，委婉；不直言。諫，規勸。巧，機巧。❻象武三句　象武，是周武王初定天下，模擬周文王戰功的舞蹈。文王，周文王，名昌姬姓，周族領袖，紂王時為西伯，曾攻滅黎、邘、崇諸國，勢力壯大，為滅商打下基礎。武功，戰功。❼維清　《詩·周頌》篇名，周代祭祀文王的詩，共八句。❽成童　古以十七歲為成童。❾嗣王　繼嗣的王，指周成王。❿武　《詩·周頌》篇名，讚頌周武王的詩，共七句。⓫冠者　古指舉行過加冠禮的二十歲成人。⓬酌四句　酌，《詩·周頌》篇名，共八句。武功，周武王的功業。宗廟，古帝王、大夫、士祭祀祖先的建築。此指帝王的祖廟。⓭十三　指十三歲兒童。⓮興　興發；聯想。⓯群而二句　邪，不正當；邪僻。怨，譏刺。禮義，禮法道義。⓰親　指父母。⓱志至四句　象，意象；想法。與上句「志」相應。名，稱名，與上句「詩」相應。斯，於是；就。體，體式。禮，封建社會貴族等級制度的社會規範和道德規範。⓲幽贊二句　幽贊，不露形跡的輔助。贊，輔助。聖人，道德才智最高的人。⓳后稷之穡二句　語出《詩·大雅·生民》。句意謂后稷從事種植是輔助上天化育。后稷，周族始祖，教民種植五穀，堯和舜都曾任命為農官。穡，收穫穀物，此指從事種植。有相，即相，輔助。有字無義。⓴禮矯三句　矯，糾正。稱，相稱。或，有的。文，文彩。質，質樸。常，常規；定規。㉑才　同「材」。指身材容貌。㉒莊姜　齊太子得臣之妹，衛莊公夫人。修長貌美，見《詩·衛風·碩人》。㉓素以為絢　語出《論語·八佾》。素，材質。絢，絢麗；有文彩。㉔繪事後素　語出《論語·八佾》。繪事，作畫。素，粉白。

【語　譯】樂器中有相，奏樂中像周公和召公的治理吧！樂器還有雅，奏樂中像姜太公的心志吧！雅是規範，自身正直而且行為端正，所以迅猛威武的，是姜太公的行事吧！《詩經》也有〈雅〉，也是說話公正而且正直地歌唱，沒有隱約諷刺委婉勸告的機巧。

象武，是周武王初定天下，模擬周文王戰功的舞蹈，唱〈維清〉配樂伴奏它。十五歲兒童學它。大武，是周武王去世，繼王位者模擬周武王戰功的舞蹈，唱〈武〉配樂伴奏它。加冠後的成人跳此舞。酌，是周公去世，繼王位者認為周武王的功業完成是由於周公，因而在宗廟稟告他成就的讚歌。十三歲兒童跳此舞。興發自己的善，觀察他人的心，群起而思想不邪僻，譏諷能守住禮義。在家能侍奉父母，出外能侍奉君王，只說君和父，是舉其重要而說的。

心到詩也到，有想法必定能述說，能述說就有規則，所以禮也到來了。

不顯露地輔佐天地變化發展，不是聖人而能做到嗎！《詩經》作者說「后稷的從事種植，是輔佐天地的辦法」，它是輔佐天地化育的一項。

禮矯正實事求得相稱，有的有文彩有的質樸，隨事物之後不能加以定規。他人材質未美，所以應當用文彩修飾他，而莊姜材質本來甚美，所以應當「以材質為漂亮」。下文「繪畫最後用粉白畫界」，這個「素」指材質，字雖同而施用各不同。所以設置色彩的巧妙，在於材質黃白色的必定用青紫畫，材質赤黑的必定用粉素來美化。

「陟降庭止」❶，「上下無常，非為邪也」，「進德修業，欲及時也」❷。「在帝左右」❸，所謂欲及時者與！

江沱之媵以類行而欲喪朋，故無怨❹；嫡以類行而不能喪其朋，故不以媵備數❺，卒能自悔，得安貞之吉，「乃終有慶」而「其嘯也歌」❻。

采枲耳❼，議酒食，女子所以奉賓祭，厚君親者足矣❽，又思酌❾使臣之勞，推及求賢審官，王季、文王之心，豈是過與❿！

〈甘棠〉初能使民不忍去⑪，中能使民不忍傷⑫，卒能使民知心敬而不瀆之以拜⑬，非善教寖明⑭，能取是於民哉？

「振振」⑮，勸使勉⑯也；「歸哉歸哉」⑰，序⑱其情也。

〈卷耳〉⑲，念臣下小勞則思小飲之⑳，大勞則思大飲之，甚則知其怨苦噓嘆。婦人能此，則險詖私謁㉑害政之心知其無也。

「綢直如髮」㉒，貧者紒纚無餘，順其髮而直韜之爾㉓。

〈蓼蕭〉、〈裳華〉「有譽處兮」㉔，皆謂君接己溫厚，則下情得伸，讒毀㉕不入，而美名可保也。

〈商頌〉「顧予烝嘗，湯孫之將」㉖，言祖考㉗來顧，以助湯孫也。

「鄂不韡韡」㉘，兄弟之見不致文於初㉙，本諸誠也。

〈采苓〉㉚之詩，「舍旃」則「無然」㉛，「為言」㉜則求所得，所譽必有所試㉝，厚之至也。

簡，略也，無所難也，甚則不恭焉。賢者仕祿㉞，非迫於飢寒，不恭莫甚焉。「簡兮簡兮」㉟，雖刺㊱時君不用，然為士㊲者不能無太簡之譏，故詩人陳其容色之盛，善御之強，與夫君子由房由敖，不語其材武者異矣㊳。

「破我斧」，「缺我斨」(39)，言四國首亂，烏能有為(40)，徒破缺我斧斨而已，周公征而安之，愛人之至也。

〈伐柯〉(41)，言正當加禮於周公，取人以身也(42)，其終見《書》「予小子其新逆」(43)。

〈九罭〉(44)，言王見周公當大其禮命(45)，則大人(46)可致也。

〈狼跋〉(47)，美周公不失其聖(48)，卒能感人心於和平(49)也。

〈甫田〉「歲取十千」(50)，一成之田九萬畝，公取十千畝，九一之法也(51)。

后稷之生當在堯、舜之中年(52)，而《詩》云「上帝不寧」(53)，疑在堯時高辛子孫為二王(54)後，而詩人稱帝爾。

唐棣枝類棘枝(55)，隨節屈曲，則其華一偏一反(56)，左右相矯，因得全體均正。偏喻管蔡失道，反喻周公誅殛(57)，言我豈不思兄弟之愛以權宜合，義主在遠者爾(58)。

〈唐棣〉本文王之詩，此一章周公制作(59)，序己情而加之，仲尼以不必常存而去之。

日出而陰升自西，日迎而會之，雨之候也(60)，喻婚姻之得禮者也；日西矣而陰生於東，喻婚姻之失道者也。

鶴鳴而子和，言出之善者與！鶴鳴魚潛61，畏聲聞之不臧者與62！「飲彼晨風，鬱彼北林」63，晨風雖摯64擊之鳥，猶時得退而依深林而止也。〈漸漸之石〉言「有豕白蹢，烝涉波矣」65，豕之負塗曳泥66，其常性也；今豕足皆白，眾與涉波而去，水患之多為可知也。

【章旨】此二十三節都解說《詩經》某一首詩。有說全篇，有釋某字，有考一事，沒有一定，前後也沒有一定系統。但是都從詩旨、政治、人品發議論，反映張載個人見解，不是都對的。

【注釋】❶陟降庭止　語出《詩・周頌・閔予小子》。陟降，升降。此指提升降免。庭，正直。止，語助詞，無義。❷上下無常四句　見《易・乾卦》。這是張載以《易經》說《詩》的明顯例子。德，指德性。業，指事業。時，時勢。❸在帝左右　語出《詩・大雅・文王》。帝，古人認為最高的神。句意謂常在天帝身旁。張載不信神，《正蒙・誠明篇》：「『在帝左右』，察天理而左右也，天理者時義而已。」與此節相合。❹江沱二句　江沱的陪嫁女以陪嫁女出嫁而想忘卻朋友，所以沒有怨恨。此節語本《詩・召南・江有汜》。它本是一首棄婦詩，張載以《易・坤卦》來解說古代陪嫁制度。江，長江。此泛指。汜，指江河邊出而還入的水流。媵，陪嫁女。上古一國嫁女，二同姓國以女陪嫁，又有堂姐妹作陪嫁的，因而有諸侯一聘九女的制度。類，指媵。行，出嫁。喪朋，忘卻朋友。《橫渠易說・坤卦》：「喪朋，相忘之義，聽其自治，不責人，不望人，是喪其朋也，喪朋則有慶矣。」❺嫡以二句　嫡，正妻。備數，充數。❻卒能三句　卒，最後。安貞之吉，安於正道的吉兆。語本《易・坤卦》。乃終有慶，於是終於共同慶賀。語出《易・坤卦》。其嘯也歌，吹口哨啊歌唱啊。語出《詩・召南・江有汜》。嘯，撮口吹出聲音。❼采枲耳　採卷耳。指《詩・周南・卷耳》，這是女子思念遠行丈夫的詩。采，同「採」。枲耳，即卷耳，草本植物，長在山地、田頭或路旁，嫩苗可食，全草可製藥。❽女子二句　賓，賓客。祭，祭祀。厚，厚待。君，丈夫。親，公婆。❾酌　酌酒慰問。❿推及三句　審官，考察官員。王季，姬姓名季。周文王之父，王字是周武王創立周王朝以後追加的。豈是過，難道超過這個。是過，過是的倒置。⓫甘棠句　甘棠，詩篇名，見《詩・召南》。是懷念周宣王大臣召虎的詩。

因為召虎征伐南方民族立有大功。甘棠原為木名，果實可食。相傳召虎出征，曾在此樹下歇息，民眾因敬人而及樹。初，首章，全詩分三章。去，離開。⓬中能句　中，第二章。傷，傷害。⓭卒能句　卒，最後一章。瀆，輕慢。拜，祭拜。⓮非善教寖明　不是好的教化陸續顯出成效。善教，良好的教化。寖，同「浸」。漸漸。明，顯著。⓯振振　忠誠老實的樣子。語出《詩・召南・殷其靁》。這是思念丈夫的詩。⓰勸使勉　勸，勉勵；鼓勵。勉，努力。⓱歸哉歸哉　語出《詩・召南・殷其靁》。⓲序　通「敘」。抒發。⓳卷耳　詩篇名，見《詩・周南》。參見注❼。⓴飲之　請他飲。㉑險詖私謁　險詖，邪惡不正。私謁，私下請託。㉒綢直如髮　語出《詩・小雅・都人士》。這是一首戀愛詩。綢，通「⿱髟周」。髮多綢密。如，乃；其。㉓貧者二句　紒，束髮為髻。縰，束髮的帛。韜，包住。張載誤解「綢」為「縰」，故有此節文字。㉔蓼蕭句　〈蓼蕭〉和〈裳華〉都有「有譽處兮」的詩句。前詩見《詩・小雅》；後詩見《詩・小雅・裳裳者華》。有，語助詞，無義。譽，通「豫」。快樂。處，安居。㉕讒毀　讒，讒言，指說別人的壞話。毀，毀謗。㉖商頌二句　商頌，《詩經》分風、雅、頌三類。頌有形容、讚美之意，是祭祀用的樂歌，一部分則是樂曲。頌又有商頌、周頌和魯頌三種。商頌是商朝後人宋國人祭祀祖先的樂歌。此節討論的是〈那〉詩。這是祭商朝始祖成湯的詩。予，宋襄公自稱。烝，古代冬祭名。嘗，古代秋祭名。湯，成湯。將，供奉；祭獻。張載理解為助。㉗祖考　祖先。㉘鄂不韡韡　花蕾嬌豔閃亮。鄂，通「萼」。花托。不，花蒂。韡韡，鮮明貌。語出《詩・小雅・常棣》。這是宴兄弟勸友愛的詩。㉙致文於初　致文，修飾文辭。初，當作「物」。㉚采苓　見《詩・唐風》。這是規勸不要聽信讒言的詩。㉛舍旃則無然　摒棄它就沒有事了。舍，同「捨」。旃，之。然，這。㉜為言　譌言。為，同「譌」。㉝試　檢驗。㉞仕祿　出仕獲得俸祿。仕，當官。祿，薪俸。㉟簡兮簡兮　鼕鼕鼕鼕。語出《詩・邶風・簡兮》。這是觀舞的女子對舞師產生愛慕的詩。《詩・小序》「刺不用賢也」，張載用此說。簡，指跳鼓舞。張載借用為簡略。㊱刺　諷刺。㊲士　春秋時期對統治階級中知識分子的通稱。㊳故詩人四句　陳，陳述。容，容色，容貌儀態。善御，善於騎乘。君子由房由敖，語本《詩・王風君子陽陽》。這是描述情人相約出遊的詩，但是《詩・小序》說：「君子遭亂，相招為祿仕，全身遠害。」張載秉承這一說法。由房，從樂。由敖，從遊。㊴破我斧二句　皆出《詩・豳風・破斧》。它是讚頌周公東征凱旋和戰士慶賀生還的詩。缺，缺損。斨，古代兵器，有方孔的斧。㊵言四國二句　四國，指管、蔡、商、奄諸侯國。周武王滅商，將它的土地分為三，命弟管叔、蔡叔和霍叔各領其一，這就是管、蔡、奄三國。又封紂王兒子武庚為諸侯，這就是商國，受三位弟弟監管。首亂，倡動叛亂。烏，何。疑問代詞。㊶伐柯　《詩・豳風》的一篇。是喻說娶妻要有人做媒的詩。後以做媒叫作「伐柯」或「作伐」。㊷言正當二句　加禮，提高禮遇。取人以身，親自迎接。取，同「娶」。迎接。㊸其終見句　書，《尚書》，即上古以來的書。是中國上古歷史文件和部分追述古代事跡著作的匯編。又名《書經》，也是儒家重要經典。予小子其新逆，我小子當親迎。語出《書・金縢》。予，我。小子，天子或諸侯的謙稱。新，當是「親」字。逆，迎。㊹九罭　《詩・豳風》的一篇。是挽留客人的詩。九罭，捕捉小魚的細眼網。㊺禮命　指聘請之禮和任命。㊻大人　指周公。㊼狼跋　《詩・豳風》的一篇。是讚美貴族的詩。㊽美周公句　美，讚美。聖，聖德。指完美的德性。㊾和平　融和安寧。㊿甫田句　甫田，《詩・小雅》的一篇。是祭神求豐年的詩。歲取十千，每年收取一萬畝所出產的交稅。歲，每年；一年。(51)一成三句　成，古代計量土地的單位，一成為方圓十里的土地。公，指公田，由其他八家共同耕種而收穫上繳的土地。九一之法，九取一的稅法，也就是所謂井田制。(52)后稷句　堯，傳說中父系氏族社會後期部族聯盟的領袖，後來傳位於舜。舜，也是部族聯盟領袖。堯舜，當指堯，見下文。中年，中期。(53)上帝不寧　語出《詩・大雅・生民》，它是追述后稷事跡的史詩。上帝，天帝，此指帝嚳，即高辛氏，也是傳說中的上古領袖。不寧，心情不安寧，指后稷母親姜嫄正懷孕。姜嫄是高辛之妻。而張載懷疑這一解釋。(54)二王　指帝嚳和顓頊。(55)唐棣枝類棘枝　唐棣枝條像荊棘枝條。唐棣，落葉小喬木，春開白花，芳香，生長在山坡灌木叢。類，類似。(56)一偏一反　一邊偏斜一邊反正。(57)誅殛　重處。(58)言我二句　權宜，權衡制宜。即酌情寬免。義主，按照道義。義，道義；大義。在遠，遠離。(59)唐棣二句　唐棣，即《詩・小雅・常棣》。是宴請兄弟勸友愛的詩。本文王之詩，今人考釋無此一說。此一章，指「唐棣之華，偏其反而。豈不爾思，室是遠而。」見《論語・子罕》，而不見於傳本的《詩經》。華，即花。偏其反而，今人考釋是捉摸不定之意。(60)日出三句　語本《詩・鄘風・蝃蝀》。它是描述女子爭取婚姻自主而遭指責的詩。陰，水氣；雲氣。候，預兆。(61)鶴鳴魚潛　語本《詩・小雅・鶴鳴》。它是一首招賢詩。(62)畏聲聞句　聲聞，名聲。臧，善。(63)鴥彼二句　語出《詩・秦風・晨風》。鴥，疾飛貌。晨風，即鸇鳥，是鷹類猛禽。(64)摯　通「鷙」。兇猛。(65)漸漸二句　漸漸之石，《詩・小雅》的一篇。是描寫出征將士旅途勞苦的詩。蹢，即「蹄」。烝，眾多。涉，渡河。(66)豕之負塗曳泥　豬背上沾滿泥巴。負，背。塗，泥。曳，拖。

【語　譯】「上升下降都公正」，「上下不固定，不是因為違規」，「修德立業，要想趕上時勢」。「在帝左右」，是所謂想趕上時勢的吧！

江沱之媵以為陪嫁女出嫁而忘卻朋友，所以不怨恨；正妻以為陪嫁女出嫁而不能忘卻朋友，所以不拿陪嫁女充數，最終能夠自己悔悟，得到了安於正道的吉兆，「於是終於共同慶賀」而「吹口哨啊歌唱啊」。

采枲耳這首詩，籌備酒宴，婦女用來招待賓客和祭祀，優待丈夫公婆就足夠了，又想到慰勞使者，推廣到求賢才考核官吏的話，王季和周文王的用心，豈能超過這個嗎！

〈甘棠〉首章說能使民眾不忍離開，次章說能使民眾不忍心損傷，末章說能使民眾懂得誠心敬仰而不敢用流俗的祭拜來褻瀆它，如果不是良好的教化日見成效，能在民眾中取得這樣的成果嗎？

「振振」，鼓勵他更努力；「歸哉歸哉」，抒發她思念之情。

〈卷耳〉，考慮臣下小勞苦就想小慰勞酒食，大勞苦就想大慰勞酒食，太勞苦就理解他們的怨苦和長噓短嘆。婦人能做到這樣，那麼就知道邪惡不正和私下請託從而危害政務的想法她是不會有的。

「綢直如髮」，是說貧民紮髻的帛不多，順著頭髮直套下來罷了。

〈蓼蕭〉、〈裳華〉都有「有譽處兮」的詩句，是說君王接待自己溫和仁厚，於是下情就能伸上，讒言和毀謗不能起作用，因而美名能夠永存。

〈商頌·那〉「光臨我的冬祭和秋祭，是成湯子孫的供奉」，是說祈請祖宗光臨，來保佑成湯子孫。

「花蕾鮮亮嬌美」，是說兄弟相見不必修飾文辭於當初，應當依據真誠。

〈采苓〉詩，「捨棄它」就「不認為對的」，「譌言」就是有求取，稱譽必定有所檢驗，說得深刻之極。

簡，就是簡略，沒有煩難的，太簡略就不恭敬了。賢者做官而有俸祿，不是被飢寒所迫的，不恭敬就沒有比它更嚴重的了。「簡兮簡兮」，雖然諷刺君王不能用賢，但是作為士子不能沒有太簡略的譏刺，所以詩作者陳述他的儀容美盛，善於騎乘，同那君子從樂從遊，不講材能勇武的完全不同了。

「損壞我的斧」，「破壞我的斨」，這是說四國倡亂，哪能有所作為，只不過損傷我的斧斨罷了，周公出征從而平定他們，是最愛護民眾的了。

〈伐柯〉，是說正應當提升對周公的禮遇，親自相迎，其結果見於《書·金縢》：「我小子必將親迎。」

〈九罭〉，是說周成王接見周公應當提升禮遇，偉人就能請到。

〈狼跋〉，是讚美周公無愧於他的聖德，終於能感化人心達到和諧安寧。

〈甫田〉「年取十千畝的出產」，是說一成的田地為九萬畝，稅收十千畝，採用九分繳一的稅法。后稷出生應當在堯的中期，而《詩經》說「上帝不寧」，懷疑在堯時，高辛氏的子孫是二王的後人，因而詩作者稱他為帝了。

唐棣枝條極類似荊棘，隨著樹節彎曲，於是它的花一偏一正，左右互補，從而全樹勻稱端正。偏喻指管叔蔡叔違背正道，正喻指周公嚴懲不貸，是說我豈不考慮兄弟友愛從而酌情寬大，但是，按道義必須遠離罷了。〈唐棣〉本是周文王的作品，這一章是周公撰寫，敘自己情感而加上的，孔子認為不必保留因而刪去。

日出而陰雲從西方升騰，日迎上去與它會合，這是下雨的徵候，喻指婚姻能符合禮法；日在西方了，而陰雲從東方生成，喻指婚姻的違背正道。

鶴鳴而子應和，是指出口的話是善的吧！鶴鳴而魚潛入水底，是指畏懼名聲不佳的人吧！

「那迅疾飛行的晨風鳥，回歸那鬱鬱蔥蔥的北樹林」，這是說晨風鳥雖然是兇猛的鳥，還得按時退依深林棲止。

〈漸漸之石〉詩說「有豬白蹄，成群涉水過河了」，豬的背沾滿泥巴，是牠的常性；現今豬腳都潔白，成群涉水而去，水災之多是可想而知的。

「君子所貴乎道者三」❶，猶「王天下有三重焉」：言也，動也，行也❷。

耇造德降❸，則民誠和而鳳可致❹，故鳴鳥❺聞，所以為和氣之應❻也。

九疇次敘❼：民資以生莫先天材，故首曰五行❽；君天下必先正己，故次五事❾；己正然後邦得而治，故次八政❿；政不時舉必昏，故次五紀⓫；五紀明然後時措得中，故次建皇極⑫；求大中不可不知權，故次三德⑬；權必有疑，故次稽疑⑭；可徵然後疑決，故次庶徵⑮；福極徵然後可不勞而治，故九以嚮勸終焉⑯。

五為數中⑰，故皇極處之；權過中而合義者也⑱，故三德處六。

「親親尊尊」⑲，又曰「親親尊賢」⑳，義雖各施，然而親均則尊其尊，尊均則親其親為可矣。若親均尊均，則齒㉑不可以不先，此施於有親者不疑。若尊賢之等㉒，則於親尊之殺㉓必有權而後行。急親賢為堯、舜之道，然則親之賢者先得之於疏之賢者為必然。「克明俊德」於九族而九族睦㉔，章俊德於百姓而萬邦協，黎民雍㉕。皐陶亦以惇敘九族，庶明勵翼為邇可遠之道㉖，則九族勉敬㉗之人固先明之，然後遠者可次敘而及。《大學》謂「克明俊德」為自明其德，不若孔氏之注愈㉘。

義民㉙，安分之良民而已；俊民，俊德之民也。官能則準牧無義民，治昏則俊民用微㉚。

五言，樂語歌詠五德之言也㉛。

「卜不習吉」㉜，言卜官㉝將占，先決㉞問人心，有疑乃卜，無疑則否。「朕志無疑，人謀僉同」㉟，故無所用卜；鬼神必依，龜筮㊱必從，故不必卜筮，玩習其吉以瀆神也。

衍忒未分，有悔吝之防㊲，此卜筮之所由作也。

【章旨】此八節解說《尚書》、《禮記》諸書的語句，是作者讀書求甚解，善貫通的心得。其中「九疇」一節，特出表現張載的行政理念。

【注釋】❶君子句　語出《論語・泰伯》。貴，重視。道，原則。三，三條。❷猶王天下四句　語出《禮記・中庸》。王天下，為王統治天下。重，重點；要點。行，品行。❸耇造德降　年老成德能謙恭。耇，年老。造德，達到聖德。造，到。降，降意；謙恭。❹民諴和而鳳可致　民眾和諧從而招引鳳凰飛來。鳳凰飛來是太平盛世的象徵。諴，同「咸」。都。❺鳴鳥　指鳳。❻和氣之應　融和氣氛的感應。❼九疇次敘　九疇，古代九條治天下大綱目。次敘，按次敘述。❽民資以二句　資以生，藉以生存。天材，天然資源。曰，是。五行，指金、木、水、火、土。古人認為五行是構成世界的基本因素。❾五事　即注重貌、言、視、聽、思五方面。❿八政　指食（鼓勵農業）、貨（節約用物）、祀、司空（建築）、司徒（教育）、司寇（治安）、賓（接待）、師（訓練士兵）。⓫政不二句　時舉，按農時舉措。時，按照農時。舉，舉措；安排。五紀，指歲、月、日、星辰、曆數。⓬五紀明二句　時措，按時舉措。中，中道，即不偏不倚，無過無不及的中庸之道。皇極，博大中正、至高原則。即天的本性。皇，大。極，中。⓭求大中二句　權，權衡；權宜。三德，指正直、剛克（堅持原則）、柔克（講究方式方法）。⓮稽疑　考核疑問。⓯庶徵　多方面驗證。指雨、暘（晴）、燠（暖）、寒、風等。庶，眾。⓰福極二句　福極徵，備齊驗證。福，備。極，盡。九以嚮勸終，以九趨向完善。九，指上述九項，即九疇。嚮，同「向」。⓱五為數中　五是九數之中。⓲權過中而合義者也　權宜是超過中而合宜的。權，指上文三德，位處六，所以說「過中」。中又含中道的意思，權過中表示因時制宜是合理（合義）的。義，合宜。⓳親親尊尊　親其親尊其尊。語出《禮記・喪服小記》。上「親」，親近。下「親」，父母。上「尊」，尊敬。下「尊」，長輩，指祖、曾祖、高祖。⓴親親尊賢　親近親屬尊重賢才。語出《禮記・中庸》。下「親」，指親屬。㉑齒　年齒。即年齡。㉒等　等差。㉓殺　降等。㉔克明句　克明俊德，能彰顯大德。語出《書・堯典》。克，能。明，明揚；表彰提拔。俊德，大德之人。九族，指高祖、曾祖、祖、父、己、子、孫、曾孫和玄孫九代。一說指父族四、母族三、妻族二。㉕章俊德二句　章，同「彰」。萬邦協，天下和協。邦，指諸侯國。雍，融洽。㉖臯陶二句　臯陶，偃姓。古代傳說中東夷族首領。舜用為掌刑之官。惇敘，致力於排序。庶，庶幾。勵翼，努力誠敬。邇可遠之道，由近及遠的方法。邇，近。㉗勉敬　意同「勵翼」。㉘大學二句　大學，《禮記》的一篇，宋代選編入《四書》。大學是廣博地學習的意思。孔氏之注，孔安國的注釋。他將「克明俊德」解作明揚大德的人。孔安國，西漢經學家。愈，佳。㉙義民　及下句「俊民」，語出《書・為政》。這節為《尚書》文句作釋。義民，指平庸者。㉚官能二句　任用能人就不會有庸人為官，治理昏亂就會使能者隱退。官，使為官。準牧，地方官。用，因而。微，隱退。㉛五言二句　五言詩是歌詞歌唱五種美德的文字。五言，五字一句的詩體。五德，指仁、義、禮、智、信。張載通過「五」把五言與五德聯繫起來，不免牽強。但是詩言志卻是儒家正統主張。㉜卜不習吉　卜問以不煩瀆為吉祥。語出《書・大禹謨》。習，重複。㉝卜官　掌占卜的官，有太卜、卜師等。㉞決取決。㉟朕志二句　朕，第一人稱代詞，此為舜自稱。僉，全。語出《書・大禹謨》。㊱龜筮　龜甲和蓍草。是二種占卜材料，此指二種占卜方法。㊲衍忒二句　衍，推衍；推斷。忒，過錯。悔吝，後悔。防，提防；預防。

【語譯】「君子注重的原則有三條」，猶如「治天下有三個要點」：言論，舉動，德行。

年高德劭並能謙恭，就能使民眾和諧從而鳳凰飛來，因此鳴叫的鳳鳥聽到了，所以成為融合氣氛的感應。

九疇按次第來敘述：民眾藉以生存的最先是自然資源，所以最先是五行；君臨天下務必先以身作則，所以依次是五事；以身作則然後能治國，所以依次是八政；八政不按農時舉措必然昏亂，所以依次是五紀；五紀分明然後因時制宜達到中道，所以依次是建皇極；求達到大中不能不懂權衡，所以依次是三德；權衡必然有疑難，所以依次是稽疑；能驗證然後解決疑難，所以依次是庶徵；驗證齊全然後能不勞而治，所以用九趨向完善。五是九數之中，所以皇極在那裡；權宜是超越中道而合宜的，所以三德在六的位置。

「親父母尊祖宗」，又說「親親屬尊賢能」，字義雖各有所用，然而親屬關係均等就尊重祖輩，祖輩關係均等就親近他的親屬是對了。若親屬關係均等祖輩關係也均等，就不能不先論年齡，這用到有親屬的人是毫無疑問的。至於尊賢的等差，就必須在親屬關係和祖輩關係的級差有所權衡以後才施行。急於親賢是堯、舜的原則，但是親屬的賢人在疏遠的賢人之前是必然的。在九族之中「能表彰大德的人」從而九族和睦，在百姓之中表彰大德的人從而天下協和，百姓融洽。皐陶也認為致力理順九族，就能彰顯努力誠敬是由近及遠的方法，九族中努力誠敬的人理當先表彰，然後疏遠的能依次輪到。《大學》說「克明俊德」是自明其德，不如孔安國的注說得好。

義民，是安分的良民罷了；俊民，是美德的人。任用能人就官員不會有庸人，治理昏亂就導致有德之人隱退。

五言詩，是歌詞歌唱五德的文字。

「卜問不煩瀆就吉祥」，是說卜官要占卜，先取決於問民心，有疑難才卜問，沒有疑難就不卜問。「我心無疑，大家意見全同」，所以沒有需要占卜的；鬼神必定依允，龜筮必定順從，所以不必卜筮，以玩弄它的吉兆來褻瀆神靈。

推斷可能的過錯在尚未分明之際，又有免於後悔的防範，這是卜筮所以產生的緣由。

王禘篇第十六

【題　解】此篇集有關古代禮法的讀書筆記二十三節，大多為詮釋和考訂。雖不是系統論述，但是縱觀全篇，面廣而精深。張載身為宋代禮學名家，被司馬光讚譽為「聲光動京師，名卿爭薦延」（見〈哀橫渠詩〉），《宋史》記載：「御史中丞呂公著言其有古學……帝悅，以為崇文院校書。」宋人呂大臨〈橫渠先生行狀〉寫道：「近世喪祭無法，惟致陰三年，自期以下，未始有衰麻之變；祭先之禮，一用流俗節序，燕褻不嚴……一變從古者甚眾，皆先生倡之。」本篇詮釋《禮記》近二十處，約占三分之二。主要涉及祭禮：論國家，則天子與諸侯有別；論宗族，則嫡、庶不能混淆，釐清封建社會的正統和等級。更有「以百神之功報天之德爾，故以天事鬼神，事之至也、理之盡也」一節，強調百神之功是天好生之德，應當從此出發祭祀百神。以氣一元論否定有神論。司馬光又說他「中年更折節，六籍事鑽研。羲農及周孔，上下皆貫穿」（見〈哀橫渠詩〉），是對他讀書方法和成就的總結，切不可以其片言隻字之釋而忽視，當知得來不易，用意至深。《論語·子路》：「名不正，則言不順；言不順，則事不成；事不成，則禮樂不興；禮樂不興，則刑罰不中；刑罰不中，則民無所措手足……君子於其言，無所苟而已矣。」無所苟正是張載的治學精神。

「禮不王不禘」❶，則知諸侯❷歲闕一祭為不禘明矣。至周以祠為春，以禴為夏，宗廟歲六享，則二享四祭為六矣❸。諸侯不禘，其四享與❹！夏商諸侯，夏特一祫❺，〈王制〉謂「礿則不禘，禘則不嘗」，假其名以見時祀之數爾❻，作《記》者不知文之害意，過矣❼。

禘於夏、周為春夏，嘗於夏、商為秋冬，作《記》者交舉，以二氣對互❽而言爾。

享嘗云者，享為追享朝享❾，禘亦其一爾。嘗以配享，亦對舉秋冬而言也。夏、商以禘為時祭❿，知追享之必在夏也。然則夏、商天子歲乃五享，禘列四祭，并祫而五也；周改禘為禴，則天子享六；諸侯不禘，又歲闕一祭，則亦四而已矣。〈王制〉所謂天子犆礿⓫、祫禘、祫嘗、祫烝，既以禘為時祭，則祫可同時而舉。礿以物薄而犆嘗從舊。諸侯礿犆，如天子。禘一犆一祫⓬，言於夏禘之時正為一祭，特一祫而已。然則不王不禘又著見於此矣，下又云嘗祫、烝祫，則嘗烝且祫無疑矣。若周制亦當闕一時之祭，則當云諸侯礿則不禴，禴則不嘗。

【章　旨】考辨「禮不王不禘」。

【注　釋】❶禮不王不禘　禮制不是天子不能舉行禘祭。語出《禮記・喪服小記》。禘，以始祖配天和地的大祭典。❷諸侯　由天子分封而統治一定區域的國君。❸至周四句　周，指周朝（西元前十一世紀～前二五六年）。以祠為春以禴為夏，把祠作為春祭的名稱又把禴作為夏祭的名稱。宗廟，天子、大夫、士祭祖的建築。此指天子。二享四祭，指禘、祫、春祠、夏禴、秋嘗、冬烝。享，是祭祖大典。二享，指禘和祫。祭，是四季的常典，指祠、禴、嘗、烝。❹其四享與　其，表推斷語氣詞。享，泛指常典。❺夏商諸侯二句　夏朝商朝的諸侯夏季僅一次祫祭。夏，朝代名（約西元前二十一世紀～前十六世紀）。商，朝代名（約西元前十六世紀～前十一世紀）。祫，所有祖先合祭的大典。❻王制謂三句　〈王制〉說「辨礿祭就不辨禘祭，辨禘祭就不辨嘗祭」，借它們的名稱顯示四時祭典的數目罷了。王制，是《禮記》篇名，記載上古班爵、授祿、祭祀等十幾個方面的典章制度。礿，祭典名。周朝指夏祭，夏商二朝指春祭。嘗，是秋祭。假其名，借禘祭之名。假，借用。時祀之數，時祀之數為四，即證諸侯四享之說。時祀，四時祭典；季祭。❼作記二句 記，指《禮記》。此書由匯輯《儀禮》的補充和說明材料而成，分禮類、學類和政類三方面。文之害意，指將「礿則不禘，禘則不嘗」的指時祀的禘祭與「禮不王不禘」的合祭的禘混淆了。❽二氣對互 陰陽二氣互相對立。春夏陽氣日旺，秋冬陰氣日旺。❾追享朝享 追享，即禘，是以始祖配天和地的大祭典。朝享，即祫，是集所有祖先神主在始祖廟的大祭典。❿時祭 季祭。⓫犆礿 春特祭一廟，或祖廟或父廟，不合祭。犆，同「特」。單獨。⓬禘一犆一祫 張載讀為：禘一，特一祫。見下句。

【語譯】「禮制不是天子不能舉行禘祭」，就知道諸侯每年缺少一次祭典是禘祭了。到了周代，把春祭叫祠，夏祭叫禴，天子宗廟一年六祭，就是二次享四次祭合而為六了。諸侯不能辦禘祭，就是一年四祭吧！夏商二代諸侯，夏季僅一祫祭，〈王制〉說「礿祭了就不禘祭，禘祭了就不嘗祭」，借用它們的名稱來顯現季祭的數目罷了，《禮記》作者不識文字表述會影響含義，錯了。

禘祭，在夏周二代是春夏的季祭，嘗祭在夏商二代是秋冬的季祭，《禮記》作者交互對舉，依據陰陽二氣互相對立來說的吧！

享嘗所說的，享是追享和朝享，禘祭是其中之一罷了。用嘗配享，也是對舉秋冬來說的。夏商二代把禘祭作季祭，因而知道追享必定在夏季。但是夏商二代天子一年才五祭，禘祭列入四時之祭，加上祫祭而成為五祭；周代又改禘祭為禴，於是天子六祭；諸侯不能辦禘祭，加上年缺一季祭，於是也是四祭罷了。〈王制〉所說的天子犆礿、祫禘、祫嘗、祫烝，既然把禘定為季祭，那就祫祭能夠同時舉行。礿祭由於祭品單薄而只祭一廟，嘗照舊。諸侯礿祭只祭一廟，如同天子祭。禘祭一次特一次祫祭，是說在夏季禘祭時只是一祭，僅祫祭罷了。這樣「不王不禘」又顯現在這裡了，下文又說嘗祫、烝祫，於是嘗祭烝祭同時祫祭是沒有疑問了。若是周代禮制也應當缺少一次季祭，那就應當說諸侯礿祭了就不禴祭，禴祭了就不嘗祭。

「庶子不祭祖，不止言王考而已。明其宗也」❶；明宗子❷當祭也。「不祭禰，以父為親之極甚者，故又發此文。明其宗也」❸；「庶子不為長子斬」❹，不繼祖與禰故也。此以服言，不以祭言，故又發此條。

「庶子不祭殤與無後者」❺，《注》❻「不祭殤者父之庶」，蓋以殤未足語世數❼，特以己不祭禰故不祭之。「不祭無後者，祖之庶也」❽，雖無後，以其成人備世數，當祔祖以祭之❾，己不祭祖，故不得而祭之也。「祖庶之殤則自祭之也」❿，言庶孫則得祭其子之殤者，以己為其祖矣⓫，無所祔之也。「凡所祭殤者唯適子」⓬，此據《禮》天子下祭殤五⓭，皆適子適孫之類。故知凡殤非適皆不當特祭⓮，惟當從祖祔食⓯。無後者，謂昆弟諸父殤與無後者，如祖廟在小宗之家，祭之如在大宗⓰。見〈曾子問〉⓱注。

【章　旨】辨家族祭祖以嫡為正宗。

【注　釋】❶庶子三句　庶子不主持祭祖，是表明他的宗支。語出《禮記・喪服小記》。下同。庶子，指正妻所生的長子以外的兒子以及妾生的兒子。祖，指祖父及以上的祖宗。王考，稱去世祖父。宗，宗族。❷宗子　古代宗法制度嫡長子為族人兄弟所共尊（宗），所以叫宗子。❸不祭禰四句　也不主持祭父，是表明他的宗支。禰，稱去世父親。❹庶子不為句　長子，又稱嫡子，即宗子，是正妻生的大兒子。斬，即斬衰，是最隆重的喪服。這服裝不縫邊，斷處外露，表示哀傷不作修飾。庶子不能穿。❺庶子不祭句　語出《禮記・喪服小記》。庶子，嫡子的兄弟。殤，不滿十九歲而死的人。無後者，無後嗣的人；

無後代的人。❻注　指鄭玄《禮記》注。鄭玄，字康成（西元一二七～二〇〇年），北海高密（今屬山東）人。東漢著名經學家，集漢代經學之大成。《禮記》注是他重要著作之一。❼世數　世代序數。❽不祭二句　語出《禮記》鄭玄注。❾以其二句　成人，指二十歲以上的人。祔祖，附入祖廟受祭而不獨立祭廟。❿祖庶句　語出《禮記》鄭玄注。⓫言庶孫二句　庶孫，祖庶之子。其祖，他的始祖。即從大宗族派生的小宗族。⓬凡所句　語出《禮記》鄭玄注。適子，即嫡子。適，通「嫡」。⓭下祭殤五　往下祭殤五代。⓮特祭　單獨設祭。⓯從祖祔食　即上文「祔祖以祭之」。食，享受祭品。⓰無後者四句　昆弟，即兄弟。諸父，指伯父、叔父。小宗，宗族的分支。大宗，宗族的本支。⓱曾子問　《禮記》篇名。

【語　譯】「庶子不主持祭祖，不止說祖父而已。是表明他的宗支」；表明宗子應當主祭。「也不主祭父，由於父是最親的，所以又闡發這一句。是表明他的宗支」；「庶子不穿長子穿的喪服」，是不承繼祖和父的緣故。這是講喪服，不是講主祭，所以又闡發這一條。

「庶子不祭殤和無後代的」，鄭玄注「不祭殤的是父親的庶子」，由於殤不足以算世代，又由於自己是庶子不主祭父所以不祭殤。「不祭無後代的是祖上的庶子」，雖然無後代，由於他已經成人能列入世代，應當附入祖廟來祭他，由於自己不主祭祖，所以不能單獨祭他。「祖上庶子的殤就自己祭他」，是說祖庶之子就能祭祀他兒子的殤了，這是將自己立為他的始祖了，已經沒有祔祭的場所。「凡是被祭祀的殤只有嫡子」，這是根據《禮記》天子往下祭殤五代，都是嫡子、嫡孫之類。所以得知凡是殤不是嫡都不能獨祭，只應當從祖廟依附享受祭獻。無後代的，指兄弟伯叔的殤和無後代的，如果祖廟在小宗的家，祭祀如大宗。見〈曾子問〉注。

殷而上七廟，自祖考而下五，并遠廟為祧者二，無不遷之太祖廟❶。至周有百世不毀之祖，則三昭三穆，四為親廟，二為文、武二世室，并始祖而七❷。諸侯無二祧，故五，大夫無不遷之祖，則一昭一穆與祖考而三，故以祖考通謂為太祖❸。若祫則請於其君❹，并高祖干祫之。干祫之，不當祫而特祫之也。孔《注》❺「〈王制〉謂周制」，亦粗及之而不詳爾。

「鋪筵設同几」❻，疑左右几一云。交鬼神異於人，故夫婦而同几，求之或於室，或於祊也❼。

祭社稷五祀百神者，以百神之功報天之德爾❽，故以天❾事鬼神，事之至也，理之盡也。

「天子因生以賜姓，諸侯以字為謚」❿，蓋以尊統上、卑統下之義。

「天子因生以賜姓」，難以命於下之人⓫，亦尊統上之道也。

據〈玉藻〉⓬，疑天子聽朔於明堂，諸侯則於太廟，就藏朔之處告祖而行⓭。

「受命祖廟，作龜禰宮」⓮，次序之宜。

【章　旨】有關祭禮的若干考釋。

【注　釋】❶殷而上四句　殷代以上，天子七廟，自祖考以下五廟，加上遠祖廟成為祧廟的二座，沒有不遷移神主的太祖廟。殷，朝代名，即商代，又叫殷商。廟，宗廟。祖考而下五，指祖考（始祖）廟、顯考（高祖）廟、皇考（曾祖）廟、王考（祖父）廟和考（父）廟。遠廟，指遠祖廟，指世代久遠的祖先的廟。祧，祧廟。包括祖考的考廟和祖考的王考廟。太祖，即始祖。❷至周有五句　百世不毀之祖，永不遷移神主的始祖廟，指后稷的祭廟。毀，遷走神主。三昭三穆，指宗廟序次，始祖居中，其二世、四世、六世廟稱三昭；其三世、五世、七世廟稱三穆。四為親廟，四座為血緣親近的祖先祭廟，指顯考廟、皇考廟、王考廟和考廟。文武二世室，即周文王、周武王二祭廟，因為不毀，所以叫世室。❸諸侯無二祧五句　五，即祖考廟、顯考廟、皇考廟、王考廟和考廟。一昭一穆與祖考而三，即祖考廟、王考廟和考廟。太祖，即始祖。❹請於其君　請示他們的君王。❺孔注　指孔穎達《禮記》注。孔穎達，字沖遠（西元五七四～六四八年），冀州衡水（今屬河北）人。奉唐太宗命主編《五經正義》，融合南北經學的見解，極力主張貴賤尊卑的區別，唐代採用為科舉取士標準。❻鋪筵設同几　鋪席設置同用的几。語出《禮記・祭統》。筵，席。几，矮或小的桌子，古人用來依憑身體。左右几一，左右几同一個。❼交鬼神四句　交鬼神異於人，交接鬼神不同於人。禮制生人几在左，鬼神几在右。生人，指主祭人。室，內室。祊，祊祭。指在廟門外西邊祭。❽祭社稷二句　社稷，土神和穀神。五祀，指祭灶神、戶神、宅神、門神和行神。百神，眾神。功，功績。報，報答。天之德，天的好生之德。❾天　指天之德。❿天子二句　天子依據出生地賜予姓，諸侯以祖父的字為族。語本《左傳・隱公八年》。生，出生地。姓，家族的稱號。字，男子行冠禮後，女子行笄禮後取的名。謚，當是「氏」字。氏即族。是大宗族的分支。⓫下之人　指大夫。下，指諸侯。⓬玉藻　《禮記》篇名，記述各種制度。⓭疑天子三句　聽朔，天子向諸侯頒布新年十二個月的日曆和政令。明堂，天子祭祀、召集諸侯、頒布政令的場所。太廟，即太祖廟。藏朔之處，即太廟。⓮受命二句　在太祖廟接受政令，到考廟占卜。句意謂尊敬祖先而親近父親。語出《禮記・郊特牲》。受命祖廟，指上句「諸侯則於太廟，就藏朔之處告祖而行」。作龜，用龜甲占卜。

【語　譯】殷代以上天子有七座祭廟，自祖考以下五廟，加上遠祖廟成為祧廟的二座，沒有不遷移神主的太祖廟。到周代有永不遷移神主的太祖廟，於是三昭三穆，四座是親近的廟，二座是文王和武王的世室，加上始祖廟共七座。諸侯沒有二座祧廟，所以只有五座，大夫又沒有不遷神主的始祖廟，於是一昭一穆和祖考廟共三座，所以祖考通常叫做太祖。若舉行祫祭就請示他的君王，加上高祖干祫之。干祫之，不當祫而將祫之也。孔注「〈王制〉指周代制度」，也是大略地說而沒有詳細考究罷了。

「鋪席設置同用的几」，猜測左右共一几。交接鬼神與人不同，所以夫婦用同几，尋求它有的在內室，有的在門外西邊祭祀。

祭社稷、五祀、眾神，以眾神的功績報答上天的好生之德罷了，所以用上天好生之德祭眾神，是祭事之最，也是義理的完美發揮。

「天子依據出生地賜予姓，諸侯以祖父的字作氏號」，當是尊貴者統管於上，卑下者統管於下的意思。

「天子依據出生地賜予姓」，不能賜予諸侯下屬的人，也是尊貴者統管於上的原則。

根據〈玉藻〉，推測天子在明堂聽朔，諸侯則在自己的太廟，就保存朔的地方稟告祖宗然後施行。

「在祖廟接受政令，到父廟去占卜」，這種次序是恰當的。

公之士及大夫之眾臣為眾臣❶，公之卿大夫、卿大夫之室老及家邑之士為貴臣❷，上言公❸士，所以別士於公者也；下言室老、士，所以別士於家❹者也。「眾臣不以杖即位」❺，疑義與庶子同。

適士，疑諸侯薦於天子之士及王朝爵命之通名❻，蓋三命方受位天子之朝❼，一命再命受職受服者，疑官長自辟除❽，未有位於王朝，故謂之官師❾而已。「小事則專達」❿，蓋得自達于其君，不俟聞於長者，《禮》所謂達官者也⓫。所謂達官之長者，得自達之長也；所謂官師者，次其長者也。然則達官之長必三命而上者，官師則中士而再命者，庶士⓬則一命為可知。賜官，使臣其屬也⓭。若卿大夫以室老、士為貴臣，未賜官則不得臣其士也。

【章旨】辨士和官的等級。

【注釋】❶公之士句　公，一等爵位。也稱諸侯國的國君。士，最低爵位。大夫，比士高的爵位。眾臣，辦事員。❷公之卿句　卿，比大夫高的爵位。室老，又名家相。指公、卿或大夫的家庭主管。家邑之士，掌管封地獄訟的官吏。家邑，采邑，即封地。貴臣，高於「眾臣」的官吏。❸公　指天子的。❹家　指卿大夫的采地。❺眾臣不以杖即位　眾臣不能執喪杖就位。語出《禮記・喪服小記》。杖，守喪用的棒，分竹杖、桐木杖。位，朝夕哭祭的位。執杖就哭位只能是嫡子。❻適士二句　適士，又稱元士，即上士。古代士有上、中、下三級。王朝，即天子朝廷。爵命，頒爵任命。古分爵位為公、侯、伯、子、男、卿、大夫和士八級。命有九命：一命為士，始受職位；再命為中士，受助祭服；三命為上士，立位王朝；四命為王朝大夫，受祭器；五命為子爵和男爵，受土地而不能立國；六命為王朝之卿，自置家產，管理采地；七命為侯爵和伯爵，受三百里以上采地並立國；八命為牧，是一州之長；九命為上公。❼蓋三命句　句意謂三命的上士才在中央政府有爵位。❽辟除　徵聘授官。❾官師　低於部門主管的官吏。❿小事則專達　小事就直接上報。語出《周禮・天官・小宰》。專，自作主張。達，上報。⓫不俟二句　俟，等待。聞，報告。長，主管。達官，向上通達的官吏。⓬庶士　一般辦事員。⓭賜官二句　賜官，賜予任命家臣的權力。官，任命家臣。臣其屬，任命他的所屬為家臣。

【語　譯】公的士及大夫的眾臣為眾臣，公的卿大夫和卿大夫的室老及家邑之士為貴臣，上句說公的士，用來區別為官在朝廷的；下句說室老和士，用來區別為官在卿大夫家的。「眾臣不能執喪杖就位」，推測意思與庶子相同。

適士，推測是諸侯推薦給天子的士和朝廷任命的通稱，三命才從朝廷得到爵位，一命再命受職受服的，推測由官長徵聘授官，未有朝廷爵位，所以叫他做官師罷了。

「小事就直接上報」，能自己上報到他的國君，不必等待報告給長官以後的，是《禮》所說的達官。所謂達官之長，是能自己上報的長官；所謂官師，是低於長官的官吏。但是達官之長必須三命以上，官師就是中士而再命的，庶士就只一命是能夠明白了。

賜予任命家臣的權力，使他能任命他的所屬為家臣。若卿大夫以室老、士為貴臣，沒有賜官就不能以他的士為家臣。

祖廟未毀，教於公宮❶，則知諸侯於有服族人❷，亦引而親之如家人焉。

「下而飲」❸者，不勝者自下堂而受飲也，「其爭也」，爭為謙讓而已。

君子之射，以中為勝，不必以貫革❹為勝。侯以布，鵠以革❺，其不貫革而墜於地者，中鵠為可知矣，此「為力不同科」❻之一也。

「知死而不知生，傷而不弔」❼，畏、壓、溺可傷尤甚❽，故特致哀死者、不弔生者以異之，且「如何不淑」❾之詞無所施焉。

「博依」，善依永而歌樂之也❿；「雜服」，雜習於制數服近之文也⓫。

《春秋》⓬大要天子之事也，故曰「知我者其惟《春秋》乎！罪我者其惟《春秋》乎！」⓭

「苗而不秀者」⓮，與下「不足畏也」為一說。

【章旨】這七節是關於《禮記》、《論語》和《孟子》的讀書筆記。

【注釋】❶祖廟未毀二句　祖廟尚未毀遷的女子要在那裡接受教育。祖廟，指高祖廟。未毀，指神主未遷出。句意謂五代以內的女兒許嫁者還是族中人。教，受教，內容是婦德婦言婦容婦功。公宮，指祖廟。❷有服族人　指五代內的族人。服，喪服。❸下而飲　語出《論語・八佾》。下同。這叫射禮，上古通過比箭觀察德行從而選拔人才。❹貫革　射穿皮製的靶心。❺侯以布二句　箭靶用布，靶心用皮。侯，箭靶。鵠，靶心。❻為力不同科　因為用力有不同。語出《論語・八佾》。科，等級。❼知死二句　認識死者卻不認識生者，致哀傷而不慰問。語出《禮記・曲禮上》。知，認識；相知。生，死者親屬。傷，致哀辭，即對死者表示悼念。弔，致弔辭，即慰問死者親屬。❽畏壓句　畏，指受刑而死。壓，壓死。溺，溺水而死。尤，更加。❾如何不淑　多麼不幸。語出《禮記・雜記》。淑，善；美。❿博依二句　博依，博通《詩經》的依物託意。語出《禮記・學記》。下同。善依，善譬喻。永，同「詠」。長吟。⓫雜服二句　雜服，學會各種事情。雜，都。習，熟悉。制數，規定之數。服近，做得符合禮。文，文辭；文字。⓬春秋　孔子編撰的史書，所記始於魯隱公元年（西元前七二二年）至魯哀公十四年（西元前四八一年），共二百四十二年的史實。書推尊周天子，文字簡要，字字褒貶。⓭知我者二句　句意謂孔子把政治思想都體現在《春秋》了。語出《孟子・滕文公下》。⓮苗而不秀者　苗長大卻不吐穗開花。語出《論語・子罕》。下同。秀，吐穗開花。

【語　譯】祖廟未毀遷的女子要在那裡受教育，就知道諸侯對於同族人，也扶持而且親近如同家裡人。

「下來飲」，是說不勝者自己下堂來接受罰酒，「他們的相爭」，是說爭著表示謙讓罷了。

君子行射禮，以中為勝，不必以射穿皮靶心為勝。靶用布，靶心用皮，那不曾穿透皮靶心而掉落在地的，中靶心是能知道了，這是「用力有所不同」的一種情況。

「認識死者卻不識死者親屬，就致哀悼而不慰問」，受刑死、壓死、溺死更加令人哀傷，所以惟獨致哀死者、不慰問親屬來區別它，況且「多麼不幸」的話沒有可用的地方。

「博依」，是說善用譬喻作長吟而且配樂歌唱；「雜服」，是說學會做事熟悉規定之數能符合禮的文字。

《春秋》主要是記天子的事，所以說「了解我的惟有《春秋》吧！怪罪我的惟有《春秋》吧！」

「苗長大卻不吐穗開花」，與下文「不值得畏懼」是同一說法。

乾稱篇第十七

【題　解】本篇是《正蒙》全書的總結，以嚴謹的邏輯和簡鍊的文字概括出張載思想體系的精髓。其首節和末節，作者原名「訂頑」、「砭愚」，分貼在西窗和東窗，作為座右銘的。很快被當時著名學者賞識，改稱為「西銘」、「東銘」而廣為流傳。篇中概括出張載思想大致有四方面，即關於社會的設想、關於自然的認識、關於為人的箴言和對佛教的批判。他所設想的社會是人與人、人與自然都能平等，和諧相處的大家庭。鮮明提出「民吾同胞，物吾與也」，「尊高年，所以長其長；慈孤弱，所以幼吾幼」，「凡天下疲癃殘疾、惸獨鰥寡，皆吾兄弟之顛連而無告者也」。這與氣一元論認為人都是氣形成的哲學思想是一致的。雖然這個大家庭還是封建制度，但是如此強烈、透徹的平等要求，今天也是令人耳目一新的。關於自然的認識，認為世界是有不是無，「凡可狀，皆有也；凡有，皆象也；凡象，皆氣也」、「形聚為物，形潰反原」。有、無是二種不同形態罷了。這就是氣一元論的簡明表述。因此形聚就「原始而知生」，形潰就「求其終而知死必矣」，死生也只是不同形態而已。同時認為世界不停在動，動也就是變。所謂「至誠，天性也；不息，天命也」，「至虛之實，實而不固；至靜之動，動而不窮」。變化動力來自氣的本身，氣是陰陽二體對立統一的結構，因此本能是動。「二端故有感，本一故能合。天地生萬物，所受雖不同，皆無須臾之不感」。呈現在張載面前是實有的充滿活力的世界，所以他的哲學自信而富有戰鬥力。至於為人，則主張「自益必誠」，人生必須真實一貫提高自己；同時「益物必誠」，助人務必真實一貫。做到二「誠」才有真正的「益」，所以要「戒其出汝者，歸咎其不出汝者」，他的人生是認真而實在的。他對佛教深惡痛極，從他敘述中看到佛教流毒無窮，「自其說熾傳中國，儒者未容窺聖學門牆，已為引取，淪胥其間，指為大道。乃其俗達之天下，致善惡、知愚、男女、臧獲，人人著信」。可以說學界一片黑暗，社會全成盲從。他從哲學角度，揭露佛學的虛妄，從根本上推倒了佛學。指出佛學求無否認有，這「無」是假設的。「以人生為幻妄，以有為為疣贅，以世界為蔭濁，遂厭而不有，遺而弗存」。否認現實而追求空無，「可謂知人乎？」「可謂知天乎？」，責問得痛快淋漓之極。

乾稱父，坤稱母，予茲藐焉，乃混然中處❶。故天地之塞，吾其體；天地之帥，吾其性❷。民吾同胞，物吾與❸也。大君者，吾父母宗子❹；其大臣，宗子之家相❺也。尊高年，所以長其長；慈孤弱，所以幼吾幼❻。聖其合德，賢其秀也❼。凡天下疲癃殘疾、惸獨鰥寡，皆吾兄弟之顛連而無告者也❽。于時保之，子之翼也❾；樂且不憂，純乎孝者也。違曰悖德，害仁曰賊，濟惡者不才。❿其踐形，唯肖者也⓫。知化則善述⓬其事，窮神⓭則善繼其志。不愧屋漏為無忝，存心養性為匪懈⓮。惡旨酒，崇伯子之顧養⓯；育英才，潁封人之錫類⓰。不弛勞而底豫，舜其功也⓱；無所逃而待烹，申生⓲其恭也。體其受而歸全者，參乎⓳！勇於從而順令者，伯奇⓴也。富貴福澤，將厚㉑吾之生也；貧賤憂戚，庸㉒玉女於成㉓也。存，吾順事；沒，吾寧也。

【章　旨】描繪出一個融和的封建社會，這是張載的政治理想。

【注　釋】❶乾稱父四句　乾叫做父，坤叫做母；我們人類很渺小，與它們融和地置身其中。乾，是陽，代表天。坤，為陰，代表地。陰陽變化產生萬事萬物，所以稱為父母。茲，更；很。藐，渺小。焉，感嘆語氣詞。混然，融和無差別的狀態。中處，處在中間。天上，地下，人居中，是古人所說的三才，即世界結構模式。❷故天地之塞四句　充斥天地是我們的身體，天地的引導是我們的人性。塞，充滿。帥，引導。上句說世上都是氣，人是氣的凝聚；下句說天性指導人性。❸與　相與；同類。❹宗子　即嫡子，封建社會宗法制度確定的家族權力的繼承人。❺家相　家庭總管。❻尊高年四句　長其長，尊敬我們的長輩。上「長」為動詞，尊敬。孤弱，無父的兒童。幼吾幼，愛護我們的兒童。上「幼」為動詞，愛護。❼聖其合德二句　聖，聖人。指道德才能最高的人。合德，德性與天地相合。賢，賢人，道德才能雖高但未能合德的人。❽凡天下二句　疲癃，衰老多病的人。惸，無兄弟的人。獨，無子女的人。鰥，老而無妻的人。寡，老而無夫的人。顛連，狼狽困苦的狀態。告，求告處。❾于時保之二句　適時保養他們，是您的庇護責任。保，保養。子，第二人稱的敬稱。翼，庇護。❿違曰三句　悖，違反；忤逆。仁，愛人，是儒家的最高道德。賊，害民眾的人。濟，助。不才，不是人。⓫其踐形二句　踐形，為人做事符合倫理道德。肖，相似；仿效。⓬述　遵循。⓭窮神　把握天性。⓮不愧二句　不愧屋漏，心地光明，不在暗中做壞事，起壞念頭。屋漏，本指內室西北角隱僻處。忝，羞辱。存心養性，保存本心，養育正性。匪，通「非」。⓯惡旨酒二句　惡，厭惡。旨酒，美酒。崇伯子，即大禹。因其父是崇國伯爵而有此稱。顧養，孝順贍養父母。⓰穎封人之錫類　指穎考叔勸和鄭莊公母子的事。穎，穎谷，約在今河南登封西。封人，古代掌守諸侯國國境的官。錫類，廣泛以孝教導天下。⓱不弛勞二句　弛，放鬆。底豫，得到歡樂。底，致。豫，樂。句意謂舜不辭勞苦終於得到父母的歡心。⓲申生　晉獻公子，晉文公兄。父聽信讒言要殺他，因而保持孝道自縊。⓳體其受二句　體其受，身體受自父母。歸全，死能保持完整。歸，死。參，姓曾，字子輿，孔子學生。⓴伯奇　周大夫尹吉甫兒子，遭後母毀謗，被父放逐卻不怨恨。㉑厚　使……豐厚。㉒庸　於是。㉓玉女於成　助你使成功。

【語　譯】乾叫父，坤叫母，我們人類渺小卻融和地置身其中。所以充斥天地的是我們的身體；而天地的指引是我們的人性。民眾都是兄弟姐妹，萬物都是與我們同類。君王是天地父母的繼承人；他的大臣，是繼承人的家庭總管。尊敬高年人，就像尊敬自己的長輩；慈愛孤弱，就像愛護自己的幼小。聖人是與天地合德的，賢人是我們中的優秀者。凡是天下衰老多病和殘疾的人以及鰥寡孤獨者，都是我們兄弟中受苦難而無處求告的人。適時保養他們，是您的庇護之責；讓他們樂而無憂，是完全出於孝道。違逆的叫悖德，害仁的叫賊，助惡的不成才。為人做事符合倫理道德的，唯有那能效法天道的吧。認識變化之理就善於遵循它的行事，把握天性的神妙就善於繼續它的志向。心地光明能不受恥辱，保存本心養育正性應當不放鬆。厭棄美酒，是大禹的孝養父母；培育英才，是潁封人的推廣孝道。不辭勞苦終於取得歡心，是舜的功德；不逃避而等待被烹，是申生的恭順。身體受自父母因而至死保全的，是曾參吧！勇於順從而遵守命令的，是伯奇。富貴福祿，用來富裕我們的生命；貧賤憂愁，會幫助你們成才。活著，我們遵循天道做事；死去，我們沒有遺憾。

凡可狀，皆有也；凡有，皆象也；凡象，皆氣也❶。氣之性本虛而神❷，則神與性乃氣所固有，此鬼神所以體物而不可遺也❸。舍氣，有象否？非象，有意❹否？

至誠❺，天性也；不息，天命❻也。人能至誠則性盡而神可窮矣，不息則命行而化可知矣。學❼未至知化，非真得也。

有無虛實通❽為一物者，性也；不能為一，非盡性也。飲食男女❾皆性也，是烏❿可滅？然則有無皆性也，是豈無對⓫？莊、老、浮屠為此說久矣，果暢真理乎⓬？

天包載萬物於內，所感所性，乾坤、陰陽⓭二端而已，無內外之合⓮，無耳目之引取⓯，與人物蕞然⓰異矣。人能盡性知天，不為蕞然起見⓱則幾⓲矣。

有無一，內外合，庸聖同。此人心之所自來也⓳。若聖人則不專以聞見⓴為心，故能不專以聞見為用。無所不感者虛也，感即合也，咸㉑也。以萬物本一，故一能合異；以其能合異，故謂之感；若非有異則無合。天性，乾坤、陰陽也，二端故有感，本一故能合。天地生萬物，所受雖不同，皆無須臾㉒之不感，所謂性即天道㉓也。

感者性之神，性者感之體，在天在人，其究㉔一也。惟屈伸、動靜、終始之能一也，故所以妙萬物而謂之神，通萬物而謂之道，體萬物而謂之性。

至虛之實，實而不固；至靜之動，動而不窮。實而不固，則一而散；動而不窮，則往且來。

性通極於無㉕，氣其一物爾；命稟同於性，遇乃適然㉖焉。人一己百，人十己千，然有不至，猶難語性，可以言氣㉗；行同報異，猶難語命，可以言遇。

【章旨】世界實有，而且始終變化。所謂實有，指世界由氣構成。而始終變化是氣的本性，表現為感，即對立統一。

【注釋】❶凡可狀六句　狀，形容。有，存在。象，現象。氣，張載把構成世界的基本因素叫做氣。❷氣之性本虛而神　氣的性能原本虛空而又神妙。虛，指性能是無形的能力。神，指性能的無所不在。❸此鬼神句　鬼神，指陰陽變化的一屈一伸，是性的基本表現方式。體，體現。❹意　意象；意識。❺至誠　實在一貫。❻天命　氣變化的必然性。❼學　學問。❽通　貫通；統一。❾飲食男女　代表人的基本需求。❿烏　哪。⓫對　對立；配對。⓬莊老二句　句意謂他們只看到對立兩面中的一面。莊，即莊子，名周（約西元前三九八～前二八六年），宋國蒙人（今河南商丘東北）。戰國時期重要思想家和文學家。著有《莊子》。老，即老子，生卒不詳。楚國苦縣（今河南鹿邑東厲鄉曲仁里）人。春秋時期著名思想家，主張有生於無。著有《道德經》，又名《老子》。浮屠，梵文Buddha的音譯，意譯作佛陀，簡稱佛。意思是覺者。這裡代表佛教。佛教主張一切都是幻覺，虛無才是真境，因而滅實有歸虛無，是人生的追求。暢，通暢；認清。⓭乾坤陰陽　乾坤，指天地，但是無形。陰陽，指氣的二個對立的組成部分。⓮內外之合　自身與外物的交感。合，感。⓯引取　吸取。⓰蕞然　渺小貌。⓱起見　產生感知。⓲幾　庶幾；差不多。⓳有無四句　一，貫通為一。庸，平常人。人心，人的認識。⓴聞見　指耳目所感受的感性認識。㉑咸　皆也；悉也。㉒須臾　片刻。㉓天道　氣的變化發展過程。㉔究　終極。㉕性通極於無　性通向終極就是無。句意謂性只是氣的性，是性能而不是氣本體，是存在著但只作為一種能力。㉖適然　偶然。㉗可以言氣　句意謂能夠說稟受的氣有差別，而氣的性是一樣的。

【語　譯】凡是能形容的，都是實在的；凡是實在的，都是現象；凡是現象，都是氣。氣的性本來無形體而又神妙不測，於是神妙不測和性是氣所固有的，這是鬼神變化所以能體現在萬物中卻沒有遺漏的緣故。除了氣，會有現象嗎？不是現象，會有意象嗎？

實在一貫，是天性；不停息，是天命。人能實在一貫就能窮盡天性，連神妙不測也能窮究了，人能不停息就天命推行從而變化也能夠知道了。學問沒有到達認識神妙變化，不是真有收穫。

有無虛實貫通為一，是性；不能貫通為一，不是窮盡性。飲食男女都是性，這哪能滅除？但是有和無都是性，這哪能沒有配對？莊子、老子和浮屠主張這種說法很久了，果真通達真理嗎？

天包容承載萬物在自己內部，所感受、所成為性，是乾坤、陰陽二方面罷了，沒有自身與外物的相感，沒有耳目的吸收，與人和物的渺小感知完全不同。人能盡性而知天，不被渺小感知所限制，那就差不多可以了。

有無貫通為一，自身與外物相感，平常人與聖人相同。這是人認識的來源。若是聖人就不專門拿感性認識為認識，所以不能專門拿感性認識來施用。無所不相感是虛，相感是會合，是全體。由於萬物本來是統一的，所以統一能會合差異；由於它能會合差異，所以叫它為感應；若不是有差異就沒有會合。天性，乾坤萬物都是陰陽兩面的，有對立兩方面所以有相感應，本是統一的所以能會合。天地生萬物，所稟受的雖然不同，但是，都沒有片刻的不相感應，所說的性也就是天道。

相感應是性的神妙不測，性是相感應的本體，在天在人，終極是一個。只有屈伸、動靜、終始的能夠統一，所以妙化萬物就叫做神，貫通萬物就叫做道，體現在萬物就叫做性。

至虛的實有，實有卻不凝固；至靜的活動，活動而無窮盡。實有卻不凝固，就會統一而又分散；活動而無窮盡，就會有去有來。

性通向極點就到了無，氣只是它的一個物罷了；命的共同性來源於性，遇合乃是偶然的。人一己百，人十己千，但是有達不到的，還是不能歸結到性，可以歸結到氣；行為相同而回報不同，還是不能歸結到命，可以歸結到機遇。

浮屠明鬼，謂有識之死受生循環，遂厭苦求免，可謂知鬼乎❶？以人生為妄見❷，可謂知人乎？天人一物❸，輒❹生取捨，可謂知天乎？孔孟所謂天，彼所謂道❺。惑者指游魂❻為變為輪迴，未之思也。大學當先知天德❼，知天德則知聖人，知鬼神❽。今浮屠極論要歸❾，必謂死生轉流❿，非得道不免，謂之悟道可乎？悟則有義有命⓫，均⓬死生，一⓭天人，惟知晝夜⓮，通陰陽⓯，體之不二⓰。自其說熾傳中國，儒者未容窺聖學門牆⓱，已為引取，淪胥⓲其間，指為大道。乃其俗達之天下，致善惡、知愚、男女、臧獲，人人著信⓳，使英才間氣⓴，生則溺耳目恬習之事，長則師世儒宗尚之言㉑，遂冥然㉒被驅，因謂聖人可不修而至，大道可不學而知。故未識聖人心，已謂不必求其迹；未見君子志，已謂不必事其文。

此人倫[23]所以不察，庶物[24]所以不明，治所以忽[25]，德所以亂，異言滿耳，上無禮[26]以防其偽，下無學以稽其弊。自古詖、淫、邪、遁之詞，翕然並興[27]，一出於佛氏之門者千五百年[28]，自非[29]獨立不懼，精一[30]自信，有大過人之才，何以正立其間，與之較是非、計得失？

釋氏[31]語實際[32]，乃知道者所謂誠[33]也，天德也。其語到實際，則以人生為幻妄，以有為為疣贅，以世界為蔭濁[34]，遂厭而不有，遺而弗存。就使得之，乃誠而惡明[35]者也。儒者則因明致誠，因誠致明[36]，故天人合一[37]，致學而可以成聖，得天而未始遺人[38]，《易》所謂不遺、不流、不過者也[39]。彼語雖似是，觀其發本要歸[40]，與吾儒二本殊歸矣。道一而已，此是則彼非，此非則彼是，固不當同日而語[41]。其言流遁失守，窮大則淫，推行則詖，致曲則邪[42]，求之一卷[43]之中，此弊數數[44]有之。大率知晝夜陰陽則能知性命[45]，能知性命則能知聖人，知鬼神。彼欲直語太虛[46]，不以晝夜、陰陽累[47]其心，則是未始見易[48]；未始見易，則雖欲免陰陽、晝夜之累，末由也已[49]。易且不見，又烏能更語真際[50]！捨真際而談鬼神，妄也。所謂實際，彼徒[51]能語之而已，未始心解[52]也。

【章　旨】斥責佛教一則否定世界的實有存在，二則不識世界變化，竟然流毒中國，為害極大。

【注　釋】❶浮屠明鬼四句　明鬼，解釋鬼。有識，佛教指眾生，即人和一切有情識的動物。此指人。受生循環，指佛教所說的六道輪迴，即人物死後為鬼，鬼在天道、人道、阿修羅道、畜生道、鬼道和地獄道中循環轉變，是最可厭最痛苦的事。受生，受命投生。可謂知鬼乎，能夠說得上理解鬼嗎。張載主張鬼是氣的散。❷妄見　幻覺。❸天人一物　天和人為同一物，即天和人都是氣。❹輒　擅自。❺道　佛教把消除一切有形物進入無礙自在境界為道。❻游魂　遊散的氣。《正蒙・動物篇》：「氣於人，生而不離、死而游散者謂之魂。」❼大學句　大學，有高深學問的人。天德，天性。❽鬼神　《正蒙・神化篇》：「鬼神，往來、屈伸之義。」❾要歸　要旨。❿轉流　循環。⓫有義有命　義，指行事的標準。命，天命。⓬均　均一。⓭一　統一；合一。⓮知晝夜　認識晝夜變化發展規律。⓯通陰陽　通曉陰陽變化規律。⓰體之不二　體之，體現它們。它們指有義有命。不二，沒有別的。⓱自其說二句　熾傳，像烈火燃燒似傳布。儒者，崇尚儒學的人，也泛指讀書人。容，容許。窺，探看。聖學，儒學，即孔子學說。門牆，師門。⓲淪胥　沉淪；陷溺。⓳致善惡二句　知，通「智」。臧獲，奴婢的別稱。著信，深信；著迷。⓴間氣　英雄偉人。古人以為英雄豪傑，上應星象，稟天地之氣而生，故稱傑出的人才為間氣。㉑生則二句　耳目恬習，耳濡目染。恬，安於。習，習慣。世儒，俗儒。宗尚，推崇效法。㉒冥然　糊裡糊塗。㉓人倫　人際關係。如君臣、父子等。㉔庶物　百物。庶，眾。㉕忽　滅。㉖禮　封建社會等級制度的社會規範和道德規範。㉗自古二句　詖，偏頗；片面。淫，過度；極端。邪，不正派。遁，躲閃；含糊。翕然，一齊。㉘千五百年　史載佛教傳入中國，始於東漢明帝永平十年（即西元六七年），張載生於西元一〇二〇年，約距千年。千五百年只是虛數，極言佛教為害之久。㉙自非　若不是。㉚精一　道德修養精粹純一。㉛釋氏　指佛教。佛教創始人釋迦牟尼，古文往往簡稱釋氏。也泛指佛教徒。㉜實際　客觀存在的事物與情況；事實。佛教用指事物的真實狀況和性質的終極，即所謂「虛空」。㉝誠　實在一貫。《正蒙・誠明篇》：「天所以長久不已之道，乃所謂誠。」㉞有為二句　有為，有作為；有所為。疣贅，皮膚增生形成的結節，喻指無用之物。蔭濁，充斥罪惡。蔭，庇護；充斥。濁，惡濁。㉟明　認識萬物的義理。㊱因明致誠二句　明是窮理，誠是盡性。《張子語錄下》：「自誠明者，先盡性以至於窮理也，謂先自其性理會來，以至窮理；自明誠者，先窮理以至於盡性也，謂先從學問理會，以推達於天性也。」㊲天人合一　天人協調同步。合一，齊一。㊳得天而未始遺人　句意謂聖人只是輔佐天，不能代替天。人有意識與天的自然不同。未始，未嘗；不曾。㊴易所謂句　易，即《易經》，又名《周易》。是儒家重要經典。書分經、傳二部分，經約成於周朝初年，傳大致是戰國至秦漢時人所作，且不止一人。著者用八卦推測人生和自然的變化，認為陰陽二種勢力相互作用是萬物的成因。遺，遺漏。流，流蕩放縱。過，越出；過頭。語見《易・繫辭上》：「曲成萬物而不遺」、「旁行而不流」、「範圍天地而不過」。40發本要歸　發本，發源；發生的本源。41同日而語　相提並論。42其言四句　流遁，流蕩逃避。守，操守。窮大，窮極廣大。《正蒙・大心篇》：「溺其志於虛空之大，所以語大語小，流循失中。其過於大也，塵芥六合。」推行則詖，實施就走向片面。詖，邪僻；偏頗。致曲則邪，究及細小的就走上邪路了。《正蒙・大心篇》：「其蔽於小也，夢幻人世。」43卷　古籍計量單位，相當現代的「章」。44數數　屢屢。45大率句　句意謂懂得晝與夜的陰陽變化規則也就懂得天性和天命。大率，大體；大致。46直語太虛　直，直接；直捷。太虛，指氣的本來狀態，即世界原始狀態。47累　牽累；牽掛。48易　變化。49末由也已　沒有門徑啊。由，途徑。也已，語氣詞連用，表示肯定。50真際　佛教用語，意為真義、真理。51徒　只。52心解　心裡明白；真正理解。

【語　譯】佛教談論鬼，說有感知的人，投胎循環，於是厭棄苦難求取避免，能說得上懂得鬼嗎？把人生看成夢幻，能說得上懂得人嗎？天人是同一物，擅自取捨，能說得上懂得天嗎？孔子孟子所說的天，他們叫做道。受迷惑的人將遊魂發生的變化看作輪迴，是沒有好好考慮啊。大學問家應當先認識天性，認識天性就認識聖人、認識鬼和神。如今佛教徒肆意宣揚的要旨，必定說死生循環，不得道就不能逃避，將這說成是悟道可以嗎？悟道乃知有義理有天命，死生無別，天人合一，惟有認識晝夜變化發展，通曉陰陽主宰一切，體現在萬事萬物沒有別的。自從他們的言論像烈火似傳遍中國，讀書人不容許探看儒學的門牆，就被引誘走了，沉淪在那裡面，認作大道。於是這種流俗傳遍天下，不論善人惡人、聰明人愚人、男人女人、奴婢之類，人人深信不疑，使優秀人才，生來就耳濡目染這些事，長大就學習俗儒推崇的那些話，於是不知不覺地受驅使，因而說聖人能夠不修為而達到，大道能夠不學習而認識。所以還沒有認識聖人的思想，已經在說沒有必要探求他的事跡；沒有見識君子之志，已經在說沒有必要學習他的文章。這才是人際關係之所以不明察，萬物之所以不明瞭，政治之所以遭破壞，道德之所以被混亂，從而奇談怪論充塞耳際，在上沒有禮法制度防止它的奸偽，在下沒有學問來考核它的弊害。自古片面、極端、邪惡、躲閃的言論，一齊發作，全都出自佛教之門有千五百年之久，若不是超凡脫俗無所畏懼，道德修養達到精萃純一，具有超人的才能，哪能做中流砥柱，同他們考較是非，衡量得失？

佛教說的實際，應當認識這就是明曉天道者所說的誠，也就是天性。他們說到實際，就把人生當成夢幻，把有作為看成無用的累贅，把世界看成積聚罪惡，於是厭惡而不想擁有，拋棄而不肯保存。就算他們得到了，卻是求盡性而厭惡窮理的。從事儒學的人則是通過明萬物之理達到天性，通過理會天性達到明萬物之理，所以天性人性能和諧為一，努力為學能夠成聖人，達到天性卻不曾忘記自己還是人，也就是《易經》所說的「不遺漏」、「不放縱」、「不越出」。他們的言論雖然好像正確，觀察他們的出發點和歸結點，就同我們儒學成為二種不同的來源與歸宿了。道只有一個，這個正確就那個錯誤，這個錯誤就那個正確，本來就不能相提並論的。他們的言論流蕩躲閃喪失原則，窮極廣大就泛濫無邊，推衍開來就偏頗，談及細微就邪僻，只看一卷經書，這類弊病就屢屢存在。大致說來認識晝夜陰陽的變化就能認識天性和天命，能認識天性和天命就能認識聖人，認識鬼神。他們想要直接談論太虛，不在晝夜、陰陽變化上下功夫，就是沒有看到變化；沒有看到變化，那就雖然想免除陰陽、晝夜變化的限制，也是無路可通的。變化尚且看不見，又哪能進而談論真理！拋棄真理來談論鬼神，就是虛妄。所說的實際，他們只能說說罷了，不曾有真正的理解。

《易》謂「原始反終❶故知死生之說」者，謂原始而知生，則求其終而知死必矣，此夫子所以直季路之問而不隱也❷。體不偏滯，乃可謂無方無體❸。偏滯於晝夜陰陽者物❹也，若道則兼體而無累也❺。以其兼體，故曰「一陰一陽」，又曰「陰陽不測」，又曰「一闔一闢」，又曰「通乎晝夜」❻。語其推行故曰「道」，語其不測故曰「神」，語其生生故曰「易」❼，其實一物❽，指事而異名爾。

大率天之為德，虛而善應❾，其應非思慮聰明可求，故謂之神，老氏況諸谷以此❿。

太虛者，氣之體。氣有陰陽⓫，屈伸⓬相感之無窮，故神之應也無窮；其散無數，故神之應也無數。雖無窮，其實湛然⓭；雖無數，其實一而已。陰陽之氣，散則萬殊，人莫知其一也；合則混然⓮，人不見其殊也。形聚為物，形潰反原，反原者其游魂為變與！所謂變者，對聚散存亡為文，非如螢雀之化，指前後身而為說也⓯。

【章旨】論述世界是由實在的氣及其變化構成的（即氣一元論）。是對前章批判佛教的正面論說。

【注釋】❶原始反終　原，推源；溯源。反，通「返」。❷此夫子句　夫子，指孔子。直，認為直率。季路，即子路，名仲由，孔子學生。事見《論語・先進》：「曰：『敢問死。』曰：『未知生，焉知死。』」張載用來說明自己理論出自聖人。❸體不偏滯二句　體，形體。偏，偏側；片面。滯，凝滯；不變。方，區域。❹物　指有形物。❺若道句　句意謂道是無形而貫通一切的。兼體，兼具眾體。兼，兼備。累，拖累。❻故曰四句　一陰一陽，指陰陽交互變化。陰陽不測，指這種變化難以預測。一闔一闢，是一陰一陽的形象說法。闔，閉。通乎晝夜，指貫通晝夜變化。引語都出自《易・繫辭上》。❼語其生生句　生生，生而又生；生生不息。意指變化永不停歇。易，變化。❽其實一物　它們的本質是同一物。其，它們的。實，實質。❾應　感應。❿老氏句　老氏，即老子。況，比喻。諸，「之乎」的合音。谷，空谷。《老子》第六章：「谷神不死，是謂玄牝。」⓫陰陽　指氣的互相對立而又統一的二個組成部分。⓬屈伸　即進退。是感應的基本模式。⓭湛然　明朗清澄貌。⓮混然　均勻無別貌；渾然一體。⓯非如二句　螢雀之化，古人認為夏天的螢火蟲是腐草變的，秋天雀入水會變作蛤。前後身，指前身轉為後身，是佛教所謂的輪迴。

【語　譯】《易經》說「推究開始、追尋終結因此能認識死和生的道理」，這是說推究開始從而認識生，那就知道追尋終結從而能認識死也是必然的了。這就是孔夫子所以肯定季路問得不隱晦的原因。

形體不偏側不凝滯，才能夠說沒有固定地點和固定模式。偏側凝滯於晝夜陰陽的具體變化的是物，若是道就兼備眾體而沒有拖累。由於它的兼備眾體，所以說它是「一陰一陽合成」，又說「陰陽變化難以預測」，又說「一閉一開地變化」，又說「貫通到晝夜變化」。論說它的推移運行就叫「道」，論說它的不能預測就叫「神」，論說它的生生不息就叫「易」，它們的實質都是同一物，根據情況給以不同名稱罷了。

大致天的性，虛空而善於感應，它的感應不是憑人的意識所能推求的，所以叫它做神，老子將它比喻為空谷也是依據這一點。

太虛，是氣的本來狀態。氣有陰陽，屈伸相互感應而無窮盡，所以神的感應也無窮盡；氣散裂成無數，所以神的感應也無數。雖然無窮盡，但是它的實質明朗清澄；雖然無數，但是它的實質還是同一物罷了。具備陰陽的氣，散裂就有千差萬別，人們不認識它們的統一；聚合就均勻無別，人們看不出它們的差異。形體凝聚了成為物，形體潰散了回歸氣，回歸氣是遊散的氣的變化吧！所謂變化，是針對聚與散、存與亡而言，不是像螢火蟲和雀的轉化，指前世轉後世而立說的。

益物必誠❶，如天之生物❷，日進日息❸；自益必誠，如川之方至，日增日得。施之妄，學之不勤，欲自益且益人，難矣哉！《易》曰「益長裕而不設」❹，信夫❺！

將修己，必先厚重以自持❻，厚重知學❼，德乃進而不固❽矣。忠信進德，惟尚友而急賢❾，欲勝己者親，無如改過之不吝❿。

戲言出於思也，戲動作於謀也。發乎聲，見乎四支⓫，謂非己心，不明⓬也；欲人無己疑⓭，不能也。過言非心也，過動非誠也⓮。失於聲，繆迷其四體⓯，謂己當然，自誣⓰也；欲他人己從⓱，誣人也。或者⓲以出於心者歸咎⓳為己戲，失於思者自誣為己誠，不知戒⓴其出汝者，歸咎其不出汝者，長傲且遂非㉑，不知孰㉒甚焉！

【章　旨】修己為人的座右銘。

【注　釋】❶益物必誠　助人務必真實一貫。益，增益；幫助。物，指人。❷生物　生養萬物。❸息　生長。❹益長裕而不設　益卦如天的生物必使寬裕而不虛設。語出《易．繫辭下》。益，卦名。長，生長。設，虛設。❺信夫　確實啊。夫，感嘆語氣詞。❻厚重以自持　厚重，仁厚莊重。持，扶持；保持。❼厚重知學　仁厚莊重又能懂得求學問。學，學問。❽固　停滯。❾忠信二句　忠，盡心。信，誠實。尚友，推重朋友。❿無如句　無如，不及。吝，吝惜。⓫見乎四支　見，同「現」。支，同「肢」。⓬明　開明；明智。⓭無己疑　不疑自己。⓮過言二句　過言，錯話。過動，錯事。⓯繆迷其四體　繆迷，錯亂；誤導。四體，即四肢。⓰誣　騙。⓱己從　從己。從，聽從。⓲或者　有人。⓳歸咎　歸罪。⓴戒　禁制；戒備。㉑長傲且遂非　助長傲慢並且遷就錯誤。長，助長；滋長。遂，順遂；遷就。㉒孰　誰；什麼。

【語　譯】助人務必真誠一貫，如同天的生養萬物，天天充實而天天成長；自助務必真誠一貫，如同江河的剛剛湧到，天天增加而天天獲得。施予的不實，學習的不勤奮，想自助而且助人，就很難了！《易經》說「益是給予生長者寬裕卻不是虛設的」，確實如此！

準備修養自己，務必先要莊重仁厚自我把持，仁厚莊重能懂得求學問，德性於是提升而不停滯了。盡心竭力提升德性，只知重視交友和急於求賢，希望優於自己的能趕上，不及他人的立即改過毫不遲疑。

戲笑之言出自意識，戲笑動作出自謀劃。從聲音發出，表現在四肢，說不是自己的，是不光明磊落；想他人不懷疑自己，是不可能的。錯話不出自真心，錯行不出自真誠。錯失地發出聲音，誤導了他的肢體，說自己本就這樣，是自欺；要他人聽信自己，是欺人。有人把出自內心的歸罪於自己的戲耍，失於思考的自欺為自己真誠，不懂得防備那出自你的和歸責那不出自你的，助長傲慢並且遷就錯誤，不知還有什麼比它更危險了！

橫渠易說

【說　明】作者張載有橫渠先生之稱，因而《橫渠易說》就是張載的《易說》。說是解說。這部書是張載研究《易經》的主要著作，也是他學說形成的基礎。全書採用為《易經》本文作注的形式，共分三卷。上經一卷，包括從乾卦到離卦，共三十卦。下經一卷，包括從咸卦到未濟卦共三十四卦。〈繫辭〉以下又一卷，末有總論十一則。他對《易經》經傳有解有不解，解也有詳有略，屬於義理派易學著作。其中特別推重〈繫辭〉，認為不知〈繫辭〉就不能理解《易經》。解說則象義兼取，而重在取義，只取卦爻本身之象；解說卦爻辭，有時取象，有時取義；解說六十四卦卦名則主要取義。並取卦變說，肯定〈序卦〉，不認為八卦來自河圖洛書。既講天道，又講人事，更多從道德修養的角度來解說卦爻辭。雖然也使用「天理」一詞，卻認為太極是《易經》的最高範疇，而太極就是氣的原本狀態。氣沒有定形，也沒有定所。氣必表現為象。氣是真實的存在，象也並非虛幻，從而批評了易學研究中的唯心論觀點。現在哲學界稱它為「氣一元論」，「是中國古代唯物論的重要形式」（見張岱年《關於張載的思想和著作》），對宋明哲學中唯物論的發展和清代王夫之的易學哲學體系的形成有深遠的影響。而關於人身修養的論述對於今人尤有啟迪。現將〈繫辭〉和乾、坤、屯、蒙四卦部分作譯注，《易說》的大略也就能了解了。因為〈繫辭〉是張載最注重的，他說「故觀《易》必由〈繫辭〉」。而乾、坤兩卦是《易經》六十四卦的「門戶」，是主卦。尤其乾卦，張載解說最詳，充分闡發了他的《易經》原理就是人處世修身的原理的理論。而蒙卦對張載的影響甚大，他的最重要著作之所以取名《正蒙》，就來自於《易經・蒙卦・彖傳》「蒙以養正，聖功也」之說。

乾

【題解】乾卦由六個陽爻組成，包括卦爻辭、〈彖傳〉、〈象傳〉和〈文言傳〉等部分，是《易經》首卦，也是六十四卦的主卦。乾既是氣的組成部分，又是一種性能。文中以龍為喻，代表陽、剛、天，是宇宙的原動力。張載《易說》隨文穿插其間，主旨說明乾是人在立身處世中修身養性成德的動力、過程和最高目標。

乾。元亨利貞。

乾之四德❶，終始萬物❷，迎之不見其首，隨之不見其後，然推本❸而言，當父母萬物❹。

〈彖〉明萬物資始❺，故不得不以元配乾；坤其偶也❻，故不得不以元配坤。

天下之理得，元也❼；會而通，亨也❽；說諸心，利也❾；一天下之動，貞也❿。

貞者，專靜也。

不曰天地而曰乾坤，言天地則有體⓫，言乾坤則無形⓬，故性⓭也者，雖乾坤亦在其中。

【章旨】解說乾卦的四種德性其實都是宇宙原動力的表現。

【注　釋】❶四德　四種德性，指元、亨、利、貞。❷終始萬物　自始至終主持萬物的發生和發展。乾的四德展現萬物發生和發展的全過程：元為萬物之發生，亨為萬物之成長，利為萬物之順遂，貞為萬物之穩固。❸推本　推究根本。本，指根本、本源。❹父母萬物　成為萬物的父母。父母，成為……父母；養育。❺彖明句　彖，即〈彖傳〉，是《易經》中解說經文的卦名、卦象和卦辭的文字。明，闡明；詮釋。資，憑藉；賴以。❻坤其偶也　坤，指坤卦，它由六個陰爻組成，代表陰、柔、地，與乾合成宇宙原動力。偶，配對；配偶。❼天下二句　天下之理，宇宙構成和運行的原理。即普遍真理。元，廣大；始初。❽會而二句　會，會合；匯聚。通，貫通。亨，暢通無阻。❾說諸心二句　說，通「悅」。使……歡悅。諸，「之乎」的合音字。利，獲利。❿一天下二句　一，主持；協調。天下之動，世上的一切變化。貞，專一而靜默；堅持不懈。⓫體　形體；實體。⓬形　形體；實體。⓭性　性能；屬性。用指宇宙的變化的本能。

【語　譯】乾卦的四種德性，自始至終主導著萬物，迎上去看不見它的頭，跟上去看不見它的背，但是從推究根本來說，理當是養育萬物的父母。

〈彖傳〉闡明萬物藉以始生，所以不能不以元配乾卦；坤卦是乾卦的配偶啊，所以不能不以元配坤卦。

宇宙的普遍真理獲得了，就是元；匯聚而且貫通，就是亨；讓人們發自內心歡悅，就是利；一統天下的變化，就是貞。貞，就是專一而又沉靜的意思。

不稱天地而稱乾坤，稱天地就具有形體，稱乾坤就沒有形體，所以性這個東西，即使乾坤也包含在裡面了。

【說　明】張載認為乾是氣的本性，是一切變化的原動力。他在《正蒙・太和》中說：「太和所謂道，中涵浮沉、升降、動靜、相感之性，是生絪縕、相盪、勝負、屈伸之始。其來也幾微易簡，其究也廣大堅固。起知于易者乾乎！效法于簡者坤乎！散殊而可象為氣，清通而不可象為神……語道者知此，謂之知道；學《易》者見此，謂之見《易》。」乾坤即是所說的「性」和「神」，張載用它說明世界萬物的多樣性和統一性。

初九，潛龍勿用。九二，見龍在田，利見大人。

大而得易簡之理❶，當成位乎天地之中❷，時舍而不受命❸，乾九二有焉❹。及夫化而聖矣❺，造而位天德矣❻，則富貴不足以言之。

九三，君子終日乾乾，夕惕若，厲无咎。九四，或躍在淵，无咎。

四處陰❼，故曰在淵❽。

九五，飛龍在天，利見大人。上九，亢龍有悔。用九，見群龍无首，吉。

乾不居正位❾，是乾理自然❿，惟⓫人推之使然⓬耶！

【章　旨】解說爻辭的主旨是立身處世必須順應時勢。

【注　釋】❶大而得易簡之理　大，宏大無際，意指涵容萬物。易簡之理，以平易簡明為本色的普遍真理，即上文的「天下之理」。這是說人應當把自己的德性修養成與天地相合，能涵容萬物。❷成位乎天地之中　成就自己的位置在天地的中間。意指實現人與自然相和諧運行的體系。成，成就；實現。❸時舍而不受命　時舍，時機舒暢。時，時機；時勢。舍，舒。不受命，沒有授權治國的機遇。受命，任命；授予大任。受，同「授」。❹乾九二有焉　乾九二，乾卦的九二爻。九，代表陽爻。二，指卦的六爻從下往上數的第二爻。一卦中的六爻，《易經》分別稱為：初、二、三、四、五、上。有焉，有這樣的情況。❺及夫化而聖矣　及，到。夫，語氣詞。化，徹底變化。張載用指由必然到自然的質變。聖，聖明睿智。張載用指人達到了與天地和諧合一的境界。❻造而位天德矣　造，達到。位，居位；定位。天德，天性，指宇宙本性、最高德性。句意指人的道德修養達到了最高境界。❼四處陰　四，指第四爻。陰，陰位。一卦六爻，初、三、五是奇數，稱為陽位；二、四、六是偶數，稱為陰位。❽淵　深潭。處在陰位，故比喻為深潭。❾乾不居正位　此釋「上九，亢龍有悔」。正位，謂陽爻居陽位，陰爻居陰位。上九以陽爻居陰位是不居正位，是不好的。❿乾理自然　乾理，指卦體由下體進入上體的運動變化規則。自然，必然；非人為。⑪惟　語助詞，用在句首，表示希望、祈使。⑫然　這樣。

【語　譯】涵容萬物而且把握了平易簡明的普遍真理，就應當在天地的中間成就自己的位置，時勢舒暢卻不授予大任，乾卦的九二爻有這樣情況。到了徹底變化從而成為聖哲了，到達而且居位最高德性了，那就連富貴都不值得說它了。

第四爻處在陰位，所以說「在深潭裡」。

乾卦的第六爻不處在正位，這是乾卦的自身規則本來如此，是人推動它造成這樣情況的啊！

【說　明】張載認為乾卦諸爻代表人的修身養德應當隨時勢而有不同表現。

〈彖〉曰：大哉乾元，萬物資始，乃統天。雲行雨施，品物流形。大明終始，六位時成，時乘六龍以御天。乾道變化，各正性命，保合大和，乃利貞。

雲行雨施，散而无不之❶也，言乾發揮徧被❷於六十四卦，各使成象❸。變，言其著❹；化，言其漸❺。萬物皆始，故性命之各正❻。惟君子為能與時消息❼，順性命，躬天德而誠行之也❽。精義時措❾，故能保合大和❿，健⓫利且貞，孟子所謂終始條理，集大成於聖智者歟⓬！《易》曰「大明⓭終始，六位時成⓮，時乘六龍以御天⓯。乾道變化，各正⓰性命，保合大和，乃利貞」，其此之謂乎⓱！

「乾道變化，各正性命」，此謂六爻。言天道變化趨時者，六爻各隨時自正其性命，謂六位隨時正性命各有一道理，蓋⑱為時各不同。

首出庶物，萬國咸寧。

不一則乖競⑲。

【章旨】解說〈彖傳〉關於乾卦為《易經》全書六十四卦的主卦和乾卦六爻是乾德隨時勢而作不同表現的解說。

【注釋】❶散而无不之　散，普降。之，到達。❷發揮徧被　發揮，發揚；施展。徧，同「遍」。普遍；周遍。被，加在；及到。❸象　指卦象，即卦的象徵物。❹著　顯著；激烈。❺化言其漸　化，變化。「著」與「化」對言，前者相當於質變，後者相當於量變。漸，逐漸；微細。❻性命之各正　性命，性指秉性，是萬物的天賦。命指命運，是後天所稟受。正，合理的；不偏斜。❼惟君子句　惟，獨；只。君子，指有道德的人。消息，衰盛；進退。❽順性命句　順，遵循。躬，自身；親自。誠，真心實意並一貫堅持。❾精義時措　精義，精究義理。義，指萬物的內在規律。時措，應時制宜。措，舉措；舉動。❿保合大和　保合，養護。大和，即太和，指天道，即自然的運行現象和規律。⓫健　剛強。⓬孟子二句　終始條理，自始至終有條理。條理，層次；系統。集，匯聚；成就。大成，最高道德。聖智者，即聖人，道德與智慧最高的人。歟，表感嘆語氣。⓭大明　指無所不在的乾道。⓮六位時成　六位，六個爻位。時成，適應時勢而成象。⓯時乘句　六龍，乾德六爻的六種表現，如：潛龍、見龍、飛龍、亢龍等。天，指天道。⓰正　擺正；端正。⓱其此之謂乎　其，表示推測。此之謂，「謂此」的倒置，「之」複指「此」。⓲蓋　表示推測。想必。⓳不一則乖競　一，一致；統一。乖競，相互背離；爭逐。

【語譯】雲氣流行，雨澤施布，遍及天下而沒有不到的，是說乾德的施展遍及所有六十四卦，分別讓它們形成自己的卦象。變，是說它的顯著的質的變化；化，是說它的緩慢的漸進的變化。萬物都有開始，所以它們的秉性和定命各自都合理的。惟有君子才能夠與時勢同進退，遵循天性與天命，親身履行天德從而忠誠不貳地實行它。精究義理從而因時制宜，所以能夠保養最大融和，蓬勃有利而且堅貞，這就是孟子所說的自始至終有條理，成就最高道德於聖人的身上吧！《易經》說「天道明耀始終一貫，六爻位根據時勢而成象，按照時勢駕六龍來遵循天道。天道發展變化，各自端正自己的秉性和定命，保養最大的融和，於是能有利而堅貞」，想必就是說這個的吧！

「天道發展變化，各自端正秉性和定命」，這是說六爻。說天道發展變化適合時勢，指六爻各自隨著時勢自我端正秉性和定命，是說六爻位隨著時勢端正秉性和定命各自有一個道理，想必是由於時勢各不相同。

不一致就會相互背離並爭競。

〈象〉曰：天行健，君子以自強不息。「潛龍勿用」，陽在下也。「見龍在田」，德施普也。「終日乾乾」，反復道也。

道，行❶也，所行即是道❷。《易》亦言「天行健」，天道❸也。

「或躍在淵」，進无咎也。

或躍進退皆可在淵者，性退❹也，故指其極❺而言也。

「飛龍在天」，大人造也。

乾之九五曰「飛龍在天，利見大人❻」，乃大人造位❼天德，成性躋聖者耳❽。若夫受命首出，則所性不存焉❾，故不曰「位乎❿君位」而曰「位乎天德」，不曰「大人君矣⓫」而曰「大人造也」。

成性則躋聖而位天德。乾九二正位於內卦⑫之中，有君德矣，而非上治也⑬。九五言上治者，通言乎天之德、聖人之性，故捨曰「君」而謂之「天」，見大人德與位之皆造也。

至健而易，至順而簡⑭，故其險其阻，不可階而升，不可勉而至。仲尼猶天，「九五飛龍在天」，其致一也。

【章旨】解說〈象傳〉對爻辭的詮釋：人生目標是努力使人性昇華而達到純粹完美。

【注釋】❶行　運行變化。❷道　萬物發展變化的進程。❸天道　自然發展運行規律。❹退　退讓。❺極　極限；底線。❻飛龍在天二句　猶如飛翔的龍在天空，有利於大人顯現在社會上。句意謂大人德性成熟。大人，具有大德大智而尚未純粹完美的人；具備君德的人。❼造位　造，到達。位，居位；就位。❽成性句　成性，成就完美的人性，即與天性和諧一致的人性。躋，登上；達到。聖者，指道德與智慧都達到完美的人。❾若夫二句　若夫，至於。首出，出而為首。所性，所成就的性。❿乎　相當「於」。⓫君矣　成為國君了。君，動詞。⓬內卦　《易經》一卦之內有六爻，其中下三爻稱內卦，上三爻稱外卦。⓭有君德矣二句　君德，國君的德性。上治，居上位治國。⓮至健而易二句　至健而易，指乾卦德性。至順而簡，指坤卦德性。

【語譯】道，就是運行變化，所運行變化的就是道。《易經》也說「天的運行健壯不止」，這就是天道。跳躍可能進也可能退處在深潭裡，是德性謙讓啊，所以是指他的底線來說的。乾的九五爻說「飛翔的龍在天空，有利於大人在社會上顯現」，這是大人達到居位天德，成熟德性昇華為聖人了吧。至於承受天命出為國君，那與所成就的德性是不相干的，所以不說「居位在君位」而說「居位在天德」，不說「大人成為國君了」而說「大人達到了」。

成就德性就能昇華為聖人從而居位天德。乾九二爻正位在內卦之中，具有國君的德性了，卻不是在上位治國啊。九五爻是講在上位治國的，是統合講天的德性和聖人的德性，所以捨棄說「國君」而稱它為「天」，顯示大人的德性與居位都達到了。

最剛健而又平易，最柔順而又簡明，所以它克服危險和阻礙，不是一步步地登攀用積累來達到，不是能以人為加力來實現。孔子如同天，「九五爻飛翔的龍在天空」，他們達到的目標是一樣的。

「亢龍有悔」，盈不可久也。「用九」，天德不可為首也。〈文言〉曰：元者，善之長也；亨者，嘉之會也；利者，義之和也；貞者，事之幹也。君子體仁足以長人，嘉會足以合禮，利物足以和義，貞固足以幹事。君子行此四德者，故曰「乾元亨利貞」。

仁❶統天下之善，禮❷嘉天下之會，義❸公天下之利，信❹一天下之動。

【章旨】解說〈文言傳〉，把乾的四德推演為人類社會的四種最基本的道德：仁、禮、義、信。

【注釋】❶仁　仁愛，指人與人相互親愛。它是儒學道德的核心。❷禮　禮儀和禮法，即封建社會的等級制度的社會規範和道德規範。❸義　合宜。指思想和行為符合一定的社會標準。❹信　誠實；不欺。

【語譯】仁統領普天下的善事，禮讚許並美化普天下的聚會，義公共普天下的利益，信統一普天下的行動。

【說明】把乾之四德元亨利貞推演為仁禮義信，從而使《易》學成了人學，這是張載《易說》的重要特徵。

初九曰「潛龍勿用」，何謂也？子曰：龍德而隱者也。不易乎世，不成乎名，遯世无悶，不見是而无悶，樂則行之，憂則違之，確乎其不可拔，潛龍也。

孔子喜弟子之不仕❶，蓋為德未成則不可以仕，是行而未成者也。故潛勿用，龍德❷而未顯者也。不成名，不求聞也，養實❸而已，樂行憂違❹，不可與无德者語也。「用則行，舍則藏，惟我與爾有是夫❺！」顏子❻龍德而隱，故「遯世不見知而不悔」❼，與聖者同。

「遯世不見知而不悔」，聖人不為沽激❽之行以求時知，依乎中庸❾，人莫能知，以此自信，不知悔也。

「樂則行之，憂則違之」，主於❿求吾志而已，无所求於外⓫。故善世溥化⓬，龍德而見者也；若潛而未見，則為己而已，不暇及⓭夫人者也。

孟子不得已而用潛龍者也⓮，顏子不用潛龍者也。孟子主教，故須說「予豈好辯哉？予不得已也」⓯。

【章旨】解說「潛龍」是指一心修性不求聞達的人。

【注釋】❶仕　做官。❷龍德　即乾德，指聖德，聖人之德。❸實　德性，指龍德。❹樂行憂違　是下文「樂則行之，憂則違之」的緊縮語，意謂所樂的就去做，所憂的就避開。❺用則行三句　語出《論語・述而》。舍，通「捨」。爾，你。指弟子顏淵。顏淵名回字子淵（西元前五二一—前四九〇年），魯國人。終生安貧樂道，好學不倦，是孔子最讚賞的弟子。不幸早死。❻顏子　尊稱顏淵。❼遯世不見知而不悔　語出《禮記・中庸》。遯世，避世。遯，同「遁」。見，被。❽沽激　矯情求譽。❾中庸　中道，即不偏不倚、無過無不及之道。它是儒學最重要的主張。❿主於　集中在；目的在於。⓫外　身外；外物。⓬善世溥化　治好國家使普遍受教化。善，改善；治理。溥，普遍。化，教化；感化。⓭及　顧及。⓮孟子不得已句　不得已，不能不；無可奈何。用，施展。潛龍，喻稱潛藏的聖德。⓯予豈二句　語出《孟子・滕文公下》。句意謂為了辯駁邪說，發揚孔門學說，是儒者不能不為之奮鬥的天職。

【語　譯】孔子讚賞學生的不去做官，想必為了德性尚未成熟就不能夠去做官，這是指正在履行而德性尚未成熟的人。所以埋名隱世而不施展，是具有聖德而尚未顯露的人。不成名，就是不企求知名，努力培養自己的素質而已，所樂意的就去做，所憂慮的就避開，這道理是不能與無德的人談論的。「任用就施展，不用就隱姓埋名，只有我與你有這樣的行為吧！」顏子具有聖德而隱世，所以說「避世不被人知而不後悔」，與聖人相同。

「避世不被人知而不後悔」，聖人不做矯情求譽的行為來求得當時社會的知名，依存於中庸之道，沒有人能夠了解，就以這個自信，不知道有後悔啊。

「所樂意的就去做，所憂慮的就避開」，著力於追求我的志願而已，沒有要求於身外的。所以治好國家使普遍受教化，是具備聖德並且顯現的人；如果潛伏而未能顯現的，那就努力修養自身罷了，沒有餘暇來顧及他人的。

孟子是不能不施展的「潛龍」，顏子是沒有施展的「潛龍」。孟子旨在教化，所以需要說「我難道喜好辯說的嗎？我無可奈何啊」。

九二曰「見龍在田，利見大人」，何謂也？子曰：龍德而正中者也。庸言之信，庸行之謹，閑邪存其誠，善世而不伐，德溥而化。《易》曰「見龍在田，利見大人」，君德也。

庸言庸行，蓋天下經德達道❶，大人之德施於是溥❷矣，天下之文明❸於是著矣。然非窮變化之神以時措之宜❹，則或陷於非禮之禮，非義之義，此顏子所以求龍德正中❺，乾乾❻進德，思處其極，未敢以方體之常❼安吾止也。顏氏求龍德正中而未見其止，故擇中庸得一善則拳拳服膺❽，歎夫子❾之忽焉前後❿也。

乾三四，位過中重剛，時不可舍⓫，庸言庸行不足以濟之，雖大人之盛有所不安。外趨變化，內正性命，故其危其疑，艱於見德者⓬，時不得舍也。九五，大人化⓭矣，天德位矣，成性聖矣，故既曰「利見大人」，又曰「聖人作⓮而萬物覩」。亢龍以位畫為言⓯，若聖人則不失其正⓰，何亢之有？德溥而化，言化物⓱也，以其善世即是化也。善其身⓲，自化也；兼善⓳天下，則是化物也；知化則是德。化，聖人自化也。化之況味⓴，在學者未易見焉，但有此次序㉑。

【章旨】解說「見龍」，提出從「見龍」到「飛龍」，即從「大人」到「聖人」，應該有一個質的飛躍。

【注　釋】❶庸言庸行二句　庸言庸行，日常的言語日常的行事。庸，日常；平常。經德，基本道德；公認的道德。達道，共同的準則。❷溥　廣大。❸文明　禮樂制度。❹然非句　窮，窮盡。變化之神，萬物變化的神妙，指天性。神，神妙；精髓。時措之宜，因時制宜。❺正中　即中道。正，是陽爻居陽位。中，指中位。❻乾乾　自強不息的樣子。❼方體之常　方體，固定的模式。方，區域。體，形體。常，常規。❽拳拳服膺　謹記在心。拳拳，牢握不捨。膺，胸。❾夫子　孔子弟子稱孔子為夫子。❿忽焉前後　恍恍惚惚或在前或在後。忽焉，倏忽的樣子。⓫乾三四三句　乾三四，指乾卦的九三爻和九四爻。位，爻位。過中重剛，超越中位並且陽爻居陽位。九三爻在內卦中位之上，九四爻在外卦中位之下。舍，舒坦。⓬見德者　指九二爻「見龍」。即展現德性的人。見，同「現」。⓭化　變化，這裡指質變。⓮作　興起。⓯亢龍句　亢龍，指乾卦九六爻。亢，過甚。位畫，爻所居的爻位，九六爻是卦中最高處。⓰正　中正；正道。⓱化物　使萬物感化。⓲善其身　使自身完善。⓳兼善　指不僅求自身的完美，並求天下的完美。⓴況味　境況和情味。㉑次序　過程。

【語　譯】常言常行，當是天下共同的德行和準則，大人的恩德流布於是普遍了，天下禮樂制度於是興盛了。然而不能窮盡變化的神性從而因時制宜的話，那就有可能陷入非禮之禮，非義之義，這正是顏子所以要追求聖德中道，自強不息地推進德性，想登上頂峰，不敢以常規讓自己停下的緣故啊。

顏子追求聖德中道而沒有看到他的止境，所以選擇中庸之道每得一善就時時把握，感嘆老師倏忽在前倏忽在後難以捉摸啊。

乾卦九三、九四爻，爻位超越中位並且重剛，時勢不能舒坦，常言常行不足以濟助它，雖然大人的盛德也有所不安寧。外部追隨時勢的變化，內心端正秉性和定命，所以它的危險和疑難，比「見德者」艱難，是時勢不舒坦啊。九五爻，大人昇華了，天德達到了，德性成熟達到聖了，所以已經說「有利於大人在社會上顯露」，又說「聖人興起而萬物注視」。亢龍是以爻及其所居爻位來說的，如果是聖人就不會喪失他的正道，有什麼過亢呢？

恩德普遍並且感化，是說感化萬物，是由於他的治好國家就是感化。完善自身，是自我感化；一併治好天下，那就是感化萬物；懂得感化就是德性。化，是聖人自我昇華。化的境況和情味，正在學習的人不容易認清它啊，只是有這個過程。

【說　明】自化與化物，也就是善其身與兼善天下，張載追求二者的統一。這對於修養道德很有啟示。

九三曰「君子終日乾乾，夕惕若，厲无咎」，何謂也？子曰：君子進德修業。忠信，所以進德也；修辭立其誠，所以居業也。知至至之，可與幾也；知終終之，可與存義也。是故居上位而不驕，在下位而不憂，故乾乾因其時而惕，雖危无咎矣。

乾九三修辭立誠❶，非繼日待旦如周公❷，不足以終❸其業。

忠信所以進德，學者止是一誠意耳❹，若不忠信，如何進德！不驕，德當至也；不憂，業❺當終也。

適在不安之位，故曰因其時❻。

求致用者，幾❼不可緩；將進德者，涉❽義必精；此君子所以立多凶多懼之地，乾乾德業❾，不少懈於趨時也。知至❿，極盡其所知也。

九四曰「或躍在淵无咎」，何謂也？子曰：上下无常，非為邪也；進退无恆，非離群也；君子進德修業，欲及時也，故无咎。

以陽居陰，故曰「在淵」；位非所安，故或以躍。德非為邪⓫，故進退上下，惟義所適，惟時所合，故曰「欲及時也」。能如此擇義⓬，則无咎也。

九四以陽居陰，故曰在淵，能不忘於躍，乃可免咎。「非為邪也」，終其義也。

【章旨】解說九三、九四爻的主旨是身處艱難更要自覺提高自己的素養。

【注釋】❶修辭立誠　修省言辭，樹立誠信。修，修省；修辭。立誠，確立誠在言行上的表現。誠，信實。❷周公　名旦，姬姓，因封邑在周（今陝西岐山縣北）而稱周公。曾輔佐其兄周武王滅商，武王死後，子成王年幼，他又攝政輔主，鎮壓反叛，鞏固了皇權。一生忠心耿耿，兢兢業業，是中國歷史上最著名的政治家之一。❸終　完成。❹忠信二句　忠信，忠誠信實，不欺詐。所以，所用來。學者，學習的人。誠意，誠心。❺業　指事業、功業。❻適在二句　適，恰值。不安之位，指九四爻以陽爻居陰位從而不安寧。因，依據；隨順。❼幾　萌兆；時機。❽涉　深入；探求。❾德業　德性與事業。❿至　達到的目標。⓫為邪　不走正道；不遵天道。邪，不正道；不正派。⓬義　事之宜，指思想行為符合一定的標準。

【語譯】乾九三爻的意思是修飾言辭樹立誠信，不夜以繼日地像周公，就不足以成就他的事業。

忠信是用來培養德性的，學的人只是一分誠心罷了，如果不忠信，如何培養德性！不驕傲，德性應當達到了；不憂慮，事業應當成功了。

恰好處在不安寧的境地，所以說要隨順時勢。

謀求致力於施用的，萌兆不能放鬆；準備培養德性的，探求事物的義理必須精深；這是君子所以處在多兇險多危懼的境地，還要自強不息地推進德性和事業，不肯有絲毫鬆懈地去追隨時勢的緣故啊。認清目標，就要極盡努力去做到。

以陽爻而處在陰位，所以說「在深潭」；所居爻位不是所安寧的，所以要跳躍。德性不是不正派，所以或進或退或上或下，只求正義所適合，只求時勢所切合，所以說「想趕上時勢啊」。能夠這般去擇取事物的道義，就不會有災難了。

九四爻以陽爻處在陰位，所以說「在深潭」，能不忘跳躍，於是能夠免除災難。「不做不正派」，是堅持正義。

九五曰「飛龍在天，利見大人」，何謂也？子曰：同聲相應，同氣相求，水流溼，火就燥，雲從龍，風從虎，聖人作而萬物覩。本乎天者親上，本乎地者親下，則各從其類也。

谷神能象其聲而應之，非謂能報以律呂之變也❶，猶卜筮❷叩❸以是言則報以是物而已，《易》所謂「同聲相應」是也。王弼謂「命呂者律」，語聲之變，非此之謂也❹。

聖人作，萬物覩，故利見大人。

本乎天者親上，本乎地者親下❺，此一章❻止為飛龍在天而發。龍虎水火之喻❼，蓋明各逐一類去，本在上者卻❽上去，本在下者卻逐下。德性本得乎天者今復在天，是各從其類也。

【章旨】解說九五爻的爻辭，事物都是以類相從的。

【注釋】❶谷神二句　谷神，指空山谷的神性。象，摹擬。應，應和。報，回答；回應。律呂，中國古代音律的簡稱，又稱十二律。其中奇數的六個律稱律，偶數的六個律稱呂。❷卜筮　古代的占卜術。用龜甲占卜的叫卜，用蓍草占卜的叫筮。❸叩　問。❹王弼謂三句　王弼，字輔嗣（西元二二六—二四九年），山陽（今河南焦作）人。三國時期的玄學家，主張以玄學代替逐漸衰落的漢儒經學，著有《周易注》、《周易略例》、《老子注》等。命，統轄；主宰。聲，指樂聲。非此之謂，相當於「非謂此」，「之」是複指「此」的。❺本乎二句　指同類相從。如《正蒙・動物》：「有息者根於天，不息者根於地。根於天者不滯於用，根於地者滯於方，此動植之分也。」❻章　段；段落。❼龍虎水火之喻　關於龍虎水火的比喻。見前〈文言傳〉「水流溼，火就燥，雲從龍，風從虎」句。也是同類相從的意思。❽卻　回復。

【語　譯】 空谷的神性能像那聲音給予回應，不是說能夠用音律的變化來回應，而是如同占卜用這話求問就用這事物來回應罷了，《易經》所說的「同類的聲音互相應和」就是這樣的。王弼說的「主宰呂的是律」，是說樂曲的變化，並不是講這個的。

聖人興起，萬物注視，所以有利於顯現大人。

根源於天的親近上，根源於地的親近下，這一段只是為「飛龍在天」發揮的。關於龍、虎、水、火的比喻，表明各自追隨同類事物而去的，根源在上的回復上去，根源在下的回復向下。德性根源得自天的如今回復在天，這就是各從它的同類。

上九曰「亢龍有悔」，何謂也？子曰：貴而无位，高而无民，賢人在下位而无輔，是以動而有悔也。

亢而自喪之也。

「潛龍勿用」，下也。「見龍在田」，時舍也。「終日乾乾」，行事也。「或躍在淵」，自試也。「飛龍在天」，上治也。「亢龍有悔」，窮之災也。「乾元用九」，天下治也。

居大中安止之地❶，至於三四則不得所安也。聖人神其德❷，不私❸其身，故乾乾自強，所以成之於天耳。

【章　旨】解說爻辭「亢龍有悔」、「見龍在田」、「終日乾乾」。

【注　釋】❶居大中安止之地　指初爻二爻和五爻。大中，中正；中道。安止，安於時。地，境地。❷神其德　使德性神聖。即修養完美德性。❸私　偏愛。

【語　譯】過亢從而自己失去自己。處在中正並安於時的處境，至於三爻和四爻就沒有得到所安於時的處境。聖人使自己的德性神聖化，因而不偏愛自身，所以自強不息，用來成就德性以達到天性罷了。

「潛龍勿用」，陽氣潛藏。「見龍在田」，天下文明。「終日乾乾」，與時偕行。「或躍在淵」，乾道乃革。「飛龍在天」，乃位乎天德。「亢龍有悔」，與時偕極。

顏子未成性，是為潛龍❶，亦未肯止于見龍❷，蓋以其德其時則須當❸潛。顏子與孟子時異，顏子有孔子在，可以不顯❹，孟子則處師道❺，亦是已老，故不得不顯耳。九二、九三、九四至上九❻，皆是時也。九四曰：「上下无常，非為邪也。進退无恆，非離群也。君子進德修業，欲及時也❼。」此時可上可下，可進可退，「非為邪也」，即是直❽也。天道不越乎直，直方大則不須習❾，行之自无不利。非為邪，則是陟降庭止❿也。進德修業欲及時，即是无然畔援，无然歆羨，誕先登於岸也⓫，言无畔去，亦无援引，亦无歆向⓬，亦无羨而不為，誕知登於岸耳。岸，所處地位也。此與進无咎同意，惟志在位天德而已。位天德，大人成性也。九三、九四大體相似，此二時⓭處危難之大，聖人則事天愛民，不恤⓮其他，誕先登於岸。

【章　旨】解說乾卦六爻的主旨是適應時勢。

【注　釋】❶潛龍　潛藏的龍。指初爻「潛龍勿用」。❷見龍　顯現的龍。指二爻「見龍在田」。❸須當　應當。❹顯　顯揚；顯名。❺師道　師的地位、作用及尊師的風尚。❻上九　即第六爻。由處在最高位又是陽爻而得名。❼上下六句　出自〈文言傳〉關於九四爻的解說。進退，能進能退，即「或躍在淵」的或躍。恆，常。群，群體；社會。❽直　正直，指天道。❾直方大句　直方大，正直、方正、廣大。習，學習。❿陟降庭止　上下進退都堅持公正。語出《詩・周頌・閔餘小子》。陟，攀登。庭，公正。止，語助詞。⓫无然畔援三句　語出《詩・大雅・皇矣》。无，不。然，語助詞。畔援，跋扈；強暴。歆羨，愛慕；羨慕。誕，語助詞。岸，地位。⓬言无畔去三句　畔去，畔離而去。援引，引進。歆向，喜好；嗜欲。⓭此二時　指九三爻和九四爻所處之時。⓮恤　體恤；顧及。

【語　譯】顏子尚未成熟聖性，這就是潛龍，也未嘗肯停止在見龍，想必由於那德性那時勢就應當潛隱。顏子與孟子所處的時勢不同，顏子有孔子在，可以不顯名，孟子卻處在師道，又是已經老了，所以不能不顯名罷了。九二爻、九三爻、九四爻至上九爻，都是時勢啊。九四爻說：「或上或下不穩定，不做不正當的事。或進或退不穩定，不是離開人群。君子增進德性經營事業，希望趕上時勢。」這時勢能上能下，能進能退，「不做不正當的事」，這就是正直。天道不越出正直，正直方正廣大就無須學習，實行它自然沒有不順利的。不做不正當的事，就是上升下降都公正。增進德性經營事業希望趕上時勢，就是不暴虐，不羨慕，只想先達到目標，是說不叛離，也不攀附，也不羨慕，也不因羨慕而不作為，只知道先達到目標罷了。岸，指所處的地位。這與前進會沒有災難意思相同，惟有心志專在達到天德罷了。達到天德，就是大人德性成熟了。九三爻、九四爻大體相似，這二爻的時勢所處危難的重大，聖人必須事奉上天愛惜民眾，顧不上其他，一心先要達到天德。

【說　明】張載的解說《易經》，強調「及時」，把不斷增進人的素質與適應社會形勢緊密聯繫起來，也就是把理論與實踐、為人與處世統一起來，可以說張載的《易經》之學也就是修身之學和趨時之學的統一。時的概念就是活動、發展的概念。它是張載的氣一元論的重要觀點之一。把它用到社會，就有了及時的說法。張載論著中往往提到時措、時措之宜、時中等詞語，都由此而來。

九五「大人造也」，造，成就也，或謂造為至義亦可。大人成性則聖也化，化則純是天德也。聖猶天也，故不可階而升❶。聖人之教，未嘗以性化責人❷，若大人則學可至也。位天德則神❸，神則天也，故不可以神屬人而言❹。莊子言神人，不識義理也❺；又謂至人真人❻，其辭險窄，皆无可取。《孟子》六等❼，至於神則不可言人也。上九亢龍，緣卦畫而言❽，須分初終❾，終則自是亢極。言君位則《易》有極之理，聖人之分❿則安有過亢！

【章　旨】辯析聖人是把握天道能自由自在的人，而不是虛幻的「神人」。

【注　釋】❶階而升　沿著臺階一步步攀登。意指不能憑量變，而須要質變，才能達到。❷聖人之教二句　教，教化。未嘗，不曾。性化，德性昇華，即德性的質變。化，指起質的變化。責，要求。❸神　神通；神妙；不可預測。指達到了天性。❹故不可句　不可以，不可是不能，以是把的意思。屬，歸屬。❺莊子二句　莊子，名周（西元前三六九—前二八六年），宋國蒙（今河南商丘東北）人。戰國時期哲學家和文學家，是繼老子之後的道家代表人物。著有《莊子》。神人，所謂修真得道而長生不老的人，語見《莊子・逍遙遊》。義理，指事物的內在規律。❻至人真人　至人，指超凡脫俗達到無我境界的人，語見《莊子・齊物論》。真人，指存養本性或修真得道的人，語見《莊子・大宗師》。❼孟子六等　《孟子》把人的德性分為善、信、美、大、聖和神六個等級。詳見《孟子・盡心下》。❽緣卦畫而言　緣，依據。卦畫，指爻畫在卦中的位置。❾初終　初指初爻；終指最上爻。❿分　才分；本性。

【語　譯】九五爻「大人造也」，造，就是成就啊，或者說造是達到的意思也對。大人的德性成熟了就會聖明並且神化了，神化就完全是天德了。聖明如同天，所以不能靠一步步積累來達到。聖人的教導，不曾拿德性的質變來要求人，至於大人就通過學習能夠達到的。達到天德就神化了，神化就是天了，所以不能拿神化歸屬到人身上來講。莊子說「神人」，是不懂義理；又稱「至人」、「真人」，那言辭詭異，都沒有可取的。《孟子》說「六等」人品，至於神品就不能用來說人的。上九是過亢的龍，是依據卦的爻畫來說的，需要分清始初和終極，終極就自然過亢已到極點。稱君位就說明《易經》有終極的道理，聖人的本性哪有過亢的呢！

《易》雖以六爻為次序而言，如此則是以典要❶求也。乾初以其在初處下，況❷聖修而未成者可也。上以居極位畫為亢，聖人則何亢之有！若二與三皆大人之事，非謂四勝於三，三勝於二，五又勝於四，如此則是聖可階也。三四與二，皆言所遇之時。二之時平和❸，見龍在田者則是可止之處也。時舍，時止也，以時之和平❹，故利見不至於有害。三四則皆時為危難，又重剛❺，又不中❻，至九五則是聖人極致❼處，不論時也。飛龍在天，況聖人之至若天之不可階而升也。

【章　旨】解說乾卦的六爻各代表不同的時勢。

【注　釋】❶典要　經常不變的準則。《易・繫辭下》：「變動不居，周流六虛，上下無常，剛柔相易，不可以為典要。」❷況　比喻。❸平和　平靜融和。❹和平　和順。❺重剛　指以陽爻而居陽位，如九二爻和九五爻。❻中　中位，如九二爻處在下卦的中位，九五爻處在上卦的中位。❼極致　頂峰；完美。

【語　譯】《易經》雖然以六爻形成次序來敘說，這樣的話就需用不變的準則來要求了。乾卦初爻由於它在初始處於最下，比喻修養聖德尚未成熟是行的。上九爻以在最高位成為過亢，聖人會有什麼過亢呢！至於九二爻與九三爻都是大人的事情，不是說九四爻勝於九三爻，九三爻勝於九二爻，九五爻又勝於九四爻，如果這樣，那麼聖德就是能夠沿著階梯一步步攀登的。九三爻、九四爻與九二爻，都是說所遇到的時勢。九二爻的時勢平靜融和，見龍在田的情況就是能夠停留的處境。時舍，是時勢能夠停留，由於時勢的和順，所以有利於顯現而不至於有害。九三爻、九四爻都是時勢成為危難，又是重剛，又不在中位，到九五爻就是聖人完美的頂峰，不論什麼時勢了。飛翔龍在天空，比喻聖人的完美像天一樣不能一步步攀升來達到的。

【說　明】張載認為大人為時勢所限制，而聖人什麼時勢都能自由自在，這就是重大區別。

大人與聖人自是一節妙處❶。「精義入神，以致用也；利用安身，以崇德也❷。」以理計之，如崇德之事尚可勉勉修而至❸，若大人以上事❹則无修，故曰「過此以往，未之或知」❺，言不可得而知也，直待己實到窮神知化❻，是德之極盛處也。然而人為者不過大人之事，但德盛處惟己知之，「默而成之，不言而信，不怒而威」❼，如此方是成就吾之所行大人之事而已。故于此又卻說「大人者與天地合其德，與日月合其明，與四時合其序，與鬼神合其吉凶❽」，如此則是全與天地一體，然不過是大人之事，惟是心化❾也。故嘗謂大❿可為也，大而化不可為也，在熟⓫而已。蓋大人之事，修而可至，化則不可加功⓬，加功則是助長也，要在乎仁熟⓭而已。然而至於大以上自是住⓮不得，言在熟極有意。

【章　旨】解說大人與聖人的微妙差別。

【注　釋】❶一節妙處　一節，一段。妙處，微妙的差別。❷精義四句　語見《易・繫辭下》。精義，精微的義理。入神，進到神性的境界。神，即天性。致用，致力於所用；付之於實用。利用安身，有利於施用，使自身所處皆安。安，安靜。崇德，提高德性；培養德性。❸以理計之二句　理，事理。計，分析。勉勉，持續努力。❹大人以上事　指聖人的事。❺過此以往二句　越過這條界限以上，沒有能知道別的。語見《易・繫辭下》。過，越過；超越。未之或知，相當於「未或知之」的倒文。或，有。❻窮神知化　窮神，徹底把握天性。知化，認清萬物變化的道理。❼默而三句　默默地成就它，不宣告卻得到民眾信從，不發怒卻擁有威重。語見《易・繫辭上》。❽大人者四句　語見《易經・乾卦》。大人，此指聖人。合，相合；契合。❾心化　內心起質的變化。參見《正蒙・大心》。❿大　指大人之事。⓫熟　純熟；成熟。⓬加功　指人為的努力。⓭仁熟　仁性成熟。仁性即聖德。⓮住　停留。

【語　譯】大人與聖人之間自然存在一段微妙之處。「精究義理進入神性，用來達到施用；有利於施用從而使自身安寧，用來提高德性啊。」以事理來分析，像提高德性的事情還能夠通過不斷努力來達到，至於大人以上的事情就無法靠人力，所以說「超出這條界限以上的，沒有能知道別的」，是說不可能知道，直到自己實在達到徹底把握天性和認清萬物變化的道理，這才是德性最高處。但是人所做的不過是大人的事情，而德性最高處惟有自己知道它，「默默地成就它，不宣告卻得到民眾信從，不發怒卻擁有威重」，這樣才是成就我所做的大人的事情罷了。所以在這爻卻說「大人與天地相合它們的德性，與日月相合它們的光明，與四季相合它們的運行，與鬼神相合它們顯示的吉凶」，這樣就完全與天地成為一體，然而不過是大人的事，關鍵在於內心質變啊。所以曾經說大人的事情是能夠靠努力做到的，成就大人的事情並且內心起質變是不能靠努力做到的，在於成熟罷了。想必大人的事，靠學習就能夠達到，內心質變那就不能單靠人為努力，單靠人為努力那就是揠苗助長了，關鍵在於仁性成熟罷了。但是至於大人以上自然停不得，說在於純熟是極其有意思的。

【說　明】張載認為大人在於盡主觀努力去做，聖人在於不做而自然達到，其間有一個自身的質變的問題。從而把自身的昇華看做衡量人物的第一要義。

大與聖難於分別，大以上之事，如禹、稷、皐陶❶輩猶未必能知，然須當❷皆謂之聖人，蓋為所以接❸人者與聖同，但己自知不足，不肯自以為聖。如禹之德，斯❹可謂之大矣，其心以天下為己任，規模❺如此；又克己若禹，則與聖人直无間別❻，孔子亦謂「禹於吾无間然矣」❼，久則須至堯舜❽。有人於此，敦厚❾君子，无少異聖人之言行，然其心與真仲尼須自覺有殊❿，在他人則安⓫能分別！當時至有以子貢⓬為賢於仲尼者，惟子貢則自知之。人能以大⓭為心，常以聖人之規模為己任，久於其道，則須化而至聖人，理之必然，如此，其大即是天也。又要細密處行之，并暗隙⓮不欺，若心化處則誠未易至。孔子猶自謂「若聖與仁則吾豈敢」⓯，儻⓰曰「吾聖矣」，則人亦誰能知！故曰「知我者其天乎」⓱。

【章　旨】解說大人與聖人難以分別。

【注　釋】❶禹稷皐陶　禹，又稱大禹。姒姓，夏氏。上古部落聯盟領袖，以治水流芳百世。稷，即后稷。名棄，古代周族始祖。善於農作，堯舜時曾任農官。皐陶，偃姓。傳說中東夷族首領，曾任舜的掌管刑法的官。❷須當　應當。❸接　接濟；交接。❹斯　這就；於是。❺規模　規格；格局。❻間別　差別；區別。❼禹於吾无間然矣　語見《論語・泰伯》。今本《論語》無「於」字。間然，缺失。句意謂孔子極力讚美禹的功績，說自己對於禹看不出有欠缺了。❽堯舜　二人都是傳說中部落聯盟領袖，是史書所稱道的聖王明君。儒家視為理想人物。❾敦厚　誠樸寬厚。❿殊　不同。⓫安　哪裡；哪。⓬子貢　複姓端木，名賜，字子貢，衛國人。是孔子學生，比孔子小三十一歲。⓭大　宏大到無所不包。⓮暗隙　隱蔽處；祕密處。隙，裂縫。⓯若聖與仁則吾豈敢　語見《論語・述而》。⓰儻　如果。⓱知我者其天乎　語見《論語・憲問》。其，表示推測。

【語　譯】大人與聖人很難分別，大人以上的事情，如禹、稷、皐陶一類人尚且未必能夠知道，但是應當都稱他們為聖人，想必因為所用來接待人的方式與聖人相同，但是自知不足，不肯自以為聖人。像大禹的德行，這就能夠稱他為偉大了，他的心以天下為己任，規模能夠這般；大禹又能約束自己，那就與聖人簡直沒有區別，孔子也說「禹在我看來已經沒有欠缺的了」，持久就必然達到堯、舜。有人在此，是位誠樸寬厚的君子，與聖人的言行沒有些些差異，但是他的心與真孔子必定自覺認識到有差別，在他人看來哪能分辨呢！當時甚至有人認為子貢優於孔子，只有子貢自己知道有所差別。人如果能夠以無所不包的宏大作為自己的心胸，經常拿聖人的規模作為自己的職責，持之以恆地在這條路線上，就應當會起質的變化，從而達到聖人，這是事理的必然，這樣，他的無所不包的宏大就是天了。又要從細密處實行它，並且暗地裡也不欺瞞，至於內心起質的變化就確實不容易達到。孔子還自己說「至於聖與仁，那我豈敢」，如果說「我已經成聖了」，別人又誰能知道！所以說「知道我的大概只有天吧」。

【說　明】張載提出難辨處在己而不在人，進一步強調本身質變的重要性和艱苦性。

然則必九五言「乃位乎天德」，蓋是成聖實到也；不言「首出」，所性不存焉，其實天地也❶，不曰「天地」而曰「天德」，言德則德位❷皆造，故曰「大人造也」，至此乃是大人之事畢矣。五❸，乾之極盛處，故以此當聖人之成德，言「乃位」即是實到為己有也。若由思慮勉勉而至者，止可言知，不可言位也，「乃位」則實在其所矣。大抵語勉勉者則是大人之分❹也，勉勉則猶或有退，少不勉勉斯退矣，所以須學問❺。進德修業，欲成性也，成性則從心皆天也。所以成性則謂之聖者，如夷之清，惠之和，不必勉勉❻。彼一節❼而成性，若聖人則於大以成性。

剛健故應乎天，文明故時行❽。

乾二五皆正中之德❾，五則曰「大人造也」，又曰「聖人作而萬物覩」，大人而升聖乃位乎天德也。不言「帝王」❿而言「天德」，位不足道也，所性不存焉。潛龍自是聖人之德備具，但未發見⓫。見龍成性，至飛龍則位天德⓬。

【章　旨】解說大人和聖人差別的實質。

【注　釋】❶不言三句　句意謂聖人不稱出而為首，是原有的人性昇華為天性了。首出，出而為首。所性，所稟承的德性。其實，它的實質。❷位　指人在天與地之間應處的位置。古人把天、地、人三者運行和諧稱為三才。❸五　指九五爻。❹分　本分；職責。❺學問　學習和討論。問，問難；討論。❻如夷之清三句　夷，即伯夷，是孤竹君的兒子。他與弟叔齊為推讓繼承王位而逃亡。遇到周武王興兵伐紂，二人叩馬勸阻不成，立誓不食周朝的糧食，終於餓死在首陽山。儒家稱之為最清高的人。清，清高。惠，即魯國大夫展禽，惠是他的諡號。因封邑在柳下，又被稱做柳下惠。以講「禮」善交際著名。和，和睦；融洽。❼一節　一個方面。❽剛健二句　剛健，堅強有力，代表乾的陽剛。應，順應；呼應。文明，人文禮儀。時行，據時推行。❾正中之德　指聖德。正中，指爻畫居中和正位，是中的意思，即中道。❿帝王　這裡代表最高權位。⓫潛龍二句　指初爻。備具，齊備；完備。發見，顯現。⓬見龍二句　見龍，指二爻。飛龍，指五爻。

【語　譯】然而必定在九五爻說「於是居位在天德」，想必是成就聖德實在達到了；不說「為首而出」，乃是所稟承的性不用強調了，它的實質已是天地了，不說「天地」而說「天德」，稱德性就表示德性和居位都達到了，所以說「大人達到了」，到此於是大人的事情完畢了。九五爻，是乾卦的最旺盛的處所，所以拿它相當聖人的成就德性，說「於是居位」就是實在達到已經成為自己擁有。如果靠人為思慮的不斷努力來達到的話，只能夠說知道，不能夠說到位，「於是居位」就是確實處在那所在了。大致來說不斷努力的就是大人的本分，不斷努力還可能會有後退，稍許不努力就後退了，所以必須努力學習並研討。增進品德修習學業，是想成就德性，成就德性就能任心所為都符合天道了。所以成就德性就稱它為聖，如伯夷的清高，柳下惠的融和，是不必強求努力的。他們從一個方面成就德性，至於聖人卻在無所不包的宏大上成就德性。

陽剛強健所以順應天，禮樂昌明所以依據時勢施行。

乾卦九二爻、九五爻都是處正位又居中位的德性，九五爻說「大人達到了」，又說「聖人興起從而天下萬物注視」，大人從而昇華為聖人於是達到天德。不說「帝王」而說「天德」，是權位不足以稱道，與所稟承的德性不相干。潛龍自然是聖人的德性已經具備，只是還沒有顯現。

見龍是已經成就德性，到了飛龍就達到天的德性了。

「乾元用九」，乃見天則。乾元者，始而亨者也，利貞者，性情也。

「利貞者，性情也」❶，以利解性，以貞解情。利，流通之義，貞者實❷也；利，快利也，貞，實也❸；利，性也，貞，情也。情儘在氣之外❹，其發見莫非性之自然，快利盡性，所以神也。情則是實事，喜怒哀樂之謂❺也，欲喜者如此喜之，欲怒者如此怒之，欲哀欲樂者如此樂之哀之，莫非性中發出實事也。

乾始能以美利利天下，不言所利，大矣哉！大哉乾乎！剛健中正，純粹精也；六爻發揮，旁通情也；

「剛健中正」，中爻❻之德。「剛健中正，純粹精也❼」，主以中正為精也。「六爻發揮❽」，言時各異。「旁通情也」，情猶言用也❾。六爻擬議，各正性命❿，故乾德旁通，不失太和⓫而利且貞也。

時乘六龍，以御天也；雲行雨施，天下平也。君子以成德為行，日可見之行也。

「成德為行⓬」，德成自信而不疑，所以日見於外可也。

潛之為言也，隱而未見，行而未成，是以君子弗用也。君子學以聚之，問以辯之，寬以居之，仁以行之。

君子之道，成身成性以為功者也⓭，未至於聖，皆行未成之地耳。顏子之徒⓮，隱而未見，行而未成，故曰「吾聞其語矣，未見其人也」⓯。「龍德而隱」，聖修而未成者也，非如學者⓰之未成。凡言龍，喻聖也，若顏子可以當之，雖伯夷之學猶不可言龍⓱。龍即聖人之德，顏子則術⓲正也。

《易》曰「見龍在田，利見大人」，君德也。九三重剛而不中，上不在天，下不在田，故乾乾因其時而惕，雖危无咎矣。九四重剛而不中，上不在天，下不在田，中不在人，故或之；或之者，疑之也，故无咎。

此以六畫分三才也⑲。以下二畫屬地，則四遠於地，故言中不在人⑳；若三則止言不在天，在田㉑而已。

夫大人者，與天地合其德，與日月合其明，與四時合其序，與鬼神合其吉凶，先天而天弗違，後天而奉天時。天且弗違，而況於人乎！況於鬼神乎！亢之為言也，知進而不知退，知存而不知亡，知得而不知喪。其唯聖人乎！知進退存亡而不失其正者，其唯聖人乎！

浩然无間則天地合德，照无偏係則日月合明，天地同流則四時合序，酬酢不倚則鬼神合吉凶㉒。

天地合德，日月合明，然後能无方无體，然後无我㉓，先後㉔天而不違，順至理以推行，知无不合也。雖然，得聖人之任，皆可勉而至，猶不害㉕於未化爾。

【章旨】解說性和情，聖人是性和情的完美統一。

【注釋】❶利貞者二句　利貞，乾卦四德的兩種德性。利是施利；貞是專一。性情，性是內在品德；情是外在表現。❷實在。❸利四句　快利，迅速；快捷。實，實事。❹情儘在氣之外　情全出現在氣的外表。儘，只管；老是。氣，張載用指形成世界的基本元素，它無形卻實在。《正蒙・乾稱》：「凡可狀，皆有也；凡有，皆象也；凡象，皆氣也。」❺喜怒哀樂之謂　是說喜怒哀樂的。❻中爻　卦中居中位的爻，即九二爻和九五爻。❼純粹精也　純粹，純正不雜。精，精華，指天性。

❽發揮　把內在的性質或能力表現出來。❾旁通情也二句　旁通，廣通；博通。這裡指爻與爻、卦與卦都能夠相通和轉化。用，施行；作用。❿六爻擬議二句　擬議，行動前的謀劃和議論。正，擺正；端正。性，稟性。命，定命。⓫太和　最大的融和狀態。張載用來指稱世界的初始狀態和理想狀態。也指道。⓬行　行事；言行。⓭成身句　成身，成就本身。指功業。成性，指成就德性。前者有形，是外在表現；後者無形，是內在德性。功，功效。⓮徒　一類人。⓯吾聞二句　語見《論語・季氏》。⓰學者　學習的人。⓱雖伯夷句　句意指伯夷「彼一節而成性，若聖人則於大以成性」。見前章。⓲術　途徑；方法。⓳此以六畫句　六畫，指卦中的六個爻畫。三才，古指天、地、人的和諧體系。⓴中不在人　處於中又將不屬於人位。六爻的位置，初與二是地位，三與四是人位，五與六是天位。四爻已遠離二爻的地，未達到五爻的天，又在四爻的人位的最高位置，所以說中不在人。㉑在田　指在地的位置。按〈繫辭〉本文當作「不在田」。因為第三爻在人位，而第二爻才是地位。㉒浩然无間四句　浩然，廣大無際的樣子。偏係，偏側和束縛。流，運行；變化。酬酢，應對。倚，偏向。㉓然後能二句　无方无體，指沒有形體。方，場所；區域。體，形體。无我，不以自我為中心；無主觀私見，指主觀與客觀完全一致。㉔先後　或先或後。㉕害　妨害；影響。

【語　譯】「利貞，是性和情」，以利解釋性，以貞解釋情。利，是流通的意思，貞是實在；利，是快捷通利，貞，是實事；利，是性能，貞，是實情。情全在氣的外部，它的表現沒有不是性的自然流露，快捷通利窮盡性的發揮，所以神妙。情卻是實事，稱它為喜怒哀樂，要喜歡的就這樣喜歡它，要惱怒的就這樣惱怒它，要悲哀的要歡樂的就這樣歡樂它悲哀它，沒有不是從性中發出來的實事。

「陽剛強健執中守正」，是中爻的德性。

「陽剛強健執中守正，是純一不雜的精華」，關鍵以執中守正為精華。「六爻施展變化」，是說時勢各不相同。「廣通就是情」，情如同說作用。六爻的謀劃和議論，各自端正稟性和命運，所以乾德普遍流通，不失去太和從而快捷並且實在。

「成就德性表現為行動」，德性成就能夠自信而不懷疑，所以天天顯現到外部是能夠的。

君子的原則，是以成就本身功業成就德性作為功效的，還沒有達到聖人，都是正在進行卻尚未成就的境地罷了。顏子一類人，隱伏而尚未顯現，履行而尚未成就，所以說「我聽見他的話了，還未曾看見他的人」。「具備龍德而隱伏」，是培養聖德而尚未成就的狀況，並非像只知學習的人的尚未完成學業。凡是說龍，是比喻聖德的，像顏子能夠當得上它，即使伯夷的學習還不能說成龍。龍就是聖人的德性，顏子就是路線正確。

這是把六爻畫分成三才。以下面二爻畫屬於地，那第四爻畫就遠離了地，所以說中位不在人；至於第三爻畫就只能說不在天，不在田罷了。

浩大無邊就能與天地相合其德性，遍照無礙就能與日月相合其光明，與天地一同運行就能與四季相合其順序，應酬無偏向就能與鬼神相合其吉凶。

與天地相合其德性，與日月相合其光明，然後能無處所無形體，然後能無我，行事先後於天都不會違背，遵循真理推行，知慮沒有不合適的了。雖然這樣，得到聖人職責的，都能夠通過努力來達到，也不影響內心尚未質化罷了。

【說　明】成聖的關鍵在於成性，成性則要求無我，無我才能與天地的德性相合。

坤

【題解】坤卦由六個陰爻組成，代表純陰。它與代表純陽的乾卦構成宇宙原動力的相互對立又相互統一的兩面，乾是陽，坤就是陰；乾是天，坤就是地；乾是主，坤就是從；乾是剛健，坤就是柔順。其主要特性是柔順，主要的卦象是牝馬（雌馬）。卦中六個爻從初六至上六，反映陰氣從弱的「履霜」到強盛的「疑於陽」的不同時的不同狀況。疑，同「擬」。比擬。〈彖傳〉和〈象傳〉穿插於卦爻辭中作解說，〈文言傳〉則居卦末，進行全面解說。內有與卦爻辭出入的，如「西南得朋，東北喪朋」的「朋」字，本指貝，是遠古時代的貨幣，而〈彖傳〉和〈象傳〉卻解說為朋友等等。

坤。元亨，利牝馬之貞。君子有攸往，先迷後得主利。西南得朋，東北喪朋，安貞吉。

以西南為得朋，乃安貞❶之德也；以東北為喪朋，雖得主有慶而不可懷也❷。

西南土之位，東北木之位也❸。

「西南得朋，東北喪朋」，江沱之間，有嫡不以其媵備數，是不能喪朋也；媵遇勞而无怨，卻是能喪朋者，其卒嘯也歌，是「乃終有慶」也❹。此婦人之教❺大者也。西南，致養❻之地，東北，反西南者也，陰陽正合，則陰相對者必陽也。「西南得朋」，是始以類相從而來也。「東北喪朋」，喪朋，相忘之義，聽其自治，不責人，不望人，是喪其朋也❼，喪朋則有慶矣。江有沱、有汜、有渚❽，皆是始離而終合之象也。有嫡不以其媵備數，是不能喪朋；媵遇勞而无怨，是能喪朋也，以其能喪朋，故能始離而終合。「之子歸」❾，自嫡也；「不我以」，「不我與」，「不我過」❿，皆言其始之不均一⓫也。「其後也悔」⓬，嫡自悔也。處，「既安既處」之處也，始離而終既處⓭也。歌是「乃終有慶」，慶則同有慶。

〈象〉曰：至哉坤元！萬物資生，乃順承天。坤厚載物，德合无疆。含弘光大，品物咸亨。牝馬地類，行地无疆。柔順利貞，君子攸行。先迷失道，後順得常。

坤先迷不知所從，故失道；後能順聽，則得其常矣。

西南得朋，乃與類行；東北喪朋，乃終有慶。安貞之吉，應地无疆。〈象〉曰：地勢坤，君子以厚德載物。初六，履霜堅冰至。〈象〉曰：「履霜堅冰。」陰始凝也，馴致其道，至堅冰也。六二，直方大，不習无不利。〈象〉曰：六二之動，直以方也。「不習无不利」，地道光也。

地道之有孚者，故曰光也⓮。

六三，含章可貞，或從王事，无成有終。〈象〉曰：「含章可貞。」以時發也。「或從王事」，知光大也。

六三以陰居陽，不獨有柔順之德，其知光大，含蘊文明，可從王事者也⑮。然不可動以躁妄，故可靜一以俟時⑯；不可有其成功，故无成⑰乃有終也。

六四，括囊，无咎无譽。〈象〉曰「括囊无咎」，慎不害也。六五，黃裳元吉。〈象〉曰「黃裳元吉」，文在中也。上六，龍戰于野，其血玄黃。〈象〉曰「龍戰于野」，其道窮也。用六，利永貞。〈象〉曰「用六永貞」，以大終也。〈文言〉曰：坤至柔而動也剛，至靜而德方，後得主而有常，含萬物而化光。坤道其順乎，承天而時行！

效法⑱故光。

屈伸、動靜、終始各自別，今以剛柔言之，剛何嘗⑲无靜，柔何嘗无動，「坤至柔而動也剛」，則柔亦有剛，靜亦有動，但舉一體⑳，則有屈伸、動靜、終始，乾行不妄，則坤順必時㉑也。

【章　旨】解說坤卦的主旨是柔順。

【注　釋】❶安貞　安於正道。貞，指牝馬的貞，代表柔順。坤卦的貞與乾卦的貞有區別，乾卦的貞沒有條件限制。❷雖得句　主有慶，主人有吉慶。懷，依戀；留戀。❸西南二句　這是以五行配方位。❹江沱七句　語見《詩・召南・江有汜》的小序。江，指長江。沱，指長江派生的流入其他河流後又回歸的支流。嫡，嫡妻；正妻。媵，古稱陪嫁女子。古代諸侯娶婦，一國嫁女，另外有二個國家送女至嫁女國充當陪嫁，也有堂姐妹充當陪嫁的。備數，滿足人數。喪朋，相忘；忽略。張載自釋：「喪朋，相忘之義，聽其自治，不責人，不望人，是喪其朋也，喪其朋有慶矣。」勞，勞心；憂慮。卒，最後；結尾。此指《詩・召南・江有汜》的末章。嘯也歌，語本該詩，意是號哭，此用作歡歌。嘯，撮口吹出聲音。也，句中語氣詞。乃終有慶，語見下文〈彖傳〉。❺婦人之教　關於婦德的教育。❻致養　獲得滋養。❼聽其自治四句　聽，聽任。治，調治，指心情安寧。望，埋怨；怨望。是，這。❽江有沱句　語出上詩。汜，指江河旁出而流入其他河流後回歸的支流。渚，水中小塊的陸地。❾之子歸　語出上詩。子，女子。歸，古稱出嫁為歸。❿不我三句　語出上詩。相當於「不以我，不與我，不過我」。以，用；帶。與，偕。過，訪；探望。⓫均一　均等如一。⓬其後也悔　語出上詩。⓭處　悔過自止。⓮地道二句　乎，誠信；信用。光，廣大。⓯其知光大三句　知，同「智」。光大，廣大。含蘊，包含積聚。文明，指禮樂文化昌明。王事，治國大事。⓰然不可二句　躁妄，急躁妄亂。靜一，恬靜專一。俟，等待；等候。⓱无成　沒有既定法則。成，成法；既定法則。⓲效法　模仿。⓳何嘗　何曾。⓴體　形體；系統。㉑時　應時；適時。

【語　譯】以西南方為得到朋友，是安於正道的德性；以東北方為喪失朋友，雖然遇到主人有吉慶卻不能留戀。西南是土的方位，東北是木的方位。

「西南方得到朋友，東北方忘卻朋友」，長江與沱水之間，有正妻出嫁不以陪嫁女備足人數，是不能忘卻朋友；陪嫁女遭遇憂患而不怨恨，卻是能忘卻朋友，詩的最後一章吹口哨啊歌唱啊，這是「於是最終有了吉慶」。這是婦女教育的大規則。西南，是獲得滋養的地方，東北，是與西南相反的地方，一陰一陽正相合，那麼，陰相對的必定是陽。「西南方得到朋友」，是始初以同類相隨從而來。「東北喪朋」，喪朋，是忘卻的意思，聽任她自作主張，不責求，也不怨望，這是忘卻她的朋友，忘卻朋友就會有吉慶了。長江有沱水、有汜水、有小沙洲，都是始初分離而最終會合的象徵。有正妻出嫁不以陪嫁女來備足人數，是不能忘卻朋友；陪嫁女遭遇憂患而無怨恨，是能夠忘卻朋友，所以始初分離而最終會合。「這女子出嫁」，自己是嫡；「不攜帶我」，「不與我一起」，「不邀約我」，都說她始初的不均等如一。「後來她懊悔了」，是嫡自己懊悔。處，是「既安既處」的處，始初分離而最終悔止。歌唱就是「於是最終有吉慶」，慶就是共同有吉慶。

坤卦先迷惘不知所從，所以迷失原則，後來能夠順承聽從，於是得到正規了。

地的原則是有誠信，所以說廣大啊。

六三爻以陰爻居陽位，不只具有柔順的美德，而且才智廣大，積聚著禮樂文化的成就，能夠從事治國大業的啊。但是行動不能急躁妄亂，所以能恬靜專一地等待時機；不能夠擁有它的成功，所以沒有既定法則於是有完滿的結果。

效法天所以廣大。

屈伸、動靜、終始各自有區別，如今以剛柔來說，剛何曾沒有靜，柔何曾沒有動，「坤最為陰柔而行動起來也陽剛」，那麼柔也有剛，靜也有動，只舉一種形體，便有屈伸、動靜和終始的分別，乾的運行不妄亂，那麼坤的順承必定應時。

積善之家，必有餘慶；積不善之家，必有餘殃。

餘慶餘殃，百祥百殃❶，與《中庸》必得之義同❷。善者有後❸，不善者无後，理當然，其不然者，亦恐遲晚中間❹。譬之瘠之或秀，腴之或不秀❺，然而不直之生也幸而免，遇外物大抵適然耳❻。君子則不恤，惟知有義理❼。

臣弒其君，子弒其父，非一朝一夕之故，其所由來者漸矣，由辯之不早辯也。《易》

曰「履霜堅冰至」，蓋言順也。直其正也，方其義也，君子敬以直內，義以方外，敬以直內則不失於物❽，義以方外則得己❾，敬義一道也。敬所以成仁❿也，

蓋敬則實為之，實為之故成其仁。

敬義立而德不孤。「直方大，不習无不利」，則不疑其所行也。陰雖有美，含之以從王事，弗敢成也，地道也，妻道也，臣道也，地道无成而代有終也。天地變化，草木蕃；天地閉，賢人隱。《易》曰「括囊无咎无譽」，蓋言謹也。君子黃中通理，正位居體，美在其中，而暢於四支，發於事業，美之至也。陰疑於陽必戰，為其嫌於无陽也，故稱龍焉；猶未離其類也，故稱血焉。夫玄黃者，天地之雜也，天玄而地黃。

正位居體，所以應黃裳之美⓫。

【章旨】解說為人處世應學坤德，禮敬而謙恭。

【注釋】❶餘慶二句　餘慶，先代遺留的恩澤。餘，遺留。殃，災殃；災禍。百祥，眾多吉祥。百，泛說多。❷與中庸句　中庸，原為《禮記》中的一篇，文旨以不偏不倚作為最高準則，認為誠是宇宙本體。宋代程頤、朱熹等人將它獨立出來，與《大學》、《論語》和《孟子》合刊，定名為《四書》，從此成為中國古代官頒的教科書。必得之義，語見《中庸》第十七章：「故大德必得其位，必得其祿，必得其名，必得其壽」。與張載所釋〈文言〉「積善之家，必有餘慶；積不善之家，必有餘殃」有其因必有其果，句意相同。必得，必定得到。❸後　後果；結果。❹其不然二句　其，若；如果。遲晚，晚來後到。❺譬

之二句　瘠，貧瘠。這裡指貧瘠的土地。或，或者；或許。秀，指禾類植物開花。這裡指長得很好。腴，肥。這裡指肥沃的土地。❻然而二句　不直之生，不正直的人。直，正直；忠直。幸，僥倖。外物，身外的事物。即周圍環境。大抵，大都；大概。適然，偶然；恰巧。❼君子二句　恤，體恤；顧及。義理，指六十四卦所蘊含的古人自然觀、哲學思想。以孔子為代表。❽敬以句　敬，遵行禮敬。直內，使內心正直。❾義以句　義，合宜；適合於準則。方外，使外部事物方正。即使外部事物也能符合準則。❿仁　仁愛。儒家視為最高的道德準則，張載認為仁是天性的體現。⓫正位二句　正位，指以陽爻居陽位，陰爻居陰位。這裡指六五爻。居，處於。體，四肢。應，應和。黃裳之美，喻指順承的美德。黃裳，表示居中處下。黃，中色。裳，下服。

【語　譯】先代遺留的恩澤先代遺留的禍殃，種種吉祥種種禍殃，與《中庸》「必得」的意思相同。善人有後福，不善人沒有後福，是理所當然的，如果不是這樣的話，也只在早晚之間。譬如貧瘠的土地或許長出很好的莊稼，肥沃的土地或許長不出很好的莊稼，但是不正直的人僥倖地得到避免，是所遇到的環境大概湊巧吧。君子對此則不顧及，只知有道義和規則。

遵從禮敬從而使內心正直就不致失去外物，符合準則使外部事物方正也就得到了自己的正直，敬和義是同一道理。敬是用來成就仁德的，想必敬就能實實在在去做，能實實在在去做所以成就了他的仁德。

居於正位並分布於四肢，是用來應和黃裳的謙恭美德。

【說　明】張載認為坤卦的德性是順承，因此為人當謙恭，而謙恭是為了堅持原則。

屯

【題解】屯，是聚積。屯卦陽爻少而陰爻多，它的下卦是一個陽爻在兩個陰爻之下，上卦又是一個陽爻陷入兩個陰爻之間，現示為處於困難之中。如出門難、狩獵難和婚聚難等等。張載的解說共有六條，大都解釋字義，如「雲雷皆是氣之聚處，屯，聚也」。然而如「磐桓猶言柱石。磐，磐石也；桓，桓柱也」之說，把雙音詞拆成兩個單音詞，就有望文生義之嫌，不過他所闡發的理論卻也自成一說。

屯。元亨利貞，勿用有攸往，利建侯。〈彖〉曰：屯，剛柔始交而難生，動乎險中，大亨貞。雷雨之動滿盈，天造草昧，宜建侯而不寧。

往則失其居矣❶。

〈象〉曰：雲雷屯，君子以經綸。

雲雷皆是氣之聚處❷，屯，聚也。

初九，磐桓，利居貞，利建侯。〈象〉曰：雖磐桓，志行正也。以貴下賤，大得民也。

磐桓❸猶言柱石。磐，磐石也；桓，桓柱也❹；謂利建侯，如柱石在下不可以動，然志在行正也。

六二，屯如邅如，乘馬班如，匪寇婚媾。女子貞不字，十年乃字。〈象〉曰：六二之難，乘剛也。「十年乃字」，反常也。

班，布❺，不進之貌。

六三，即鹿无虞，惟入于林中，君子幾不如舍，往吝。〈象〉曰「即鹿无虞」，以從禽也。君子舍之，往吝窮也。

處非其地，故曰「入于林❻中」。虞，防禁也❼。二以乘剛有寇❽，故五若可親❾；五屯其膏❿，故不若捨之。

六四，乘馬班如，求婚媾，往吉，无不利。〈象〉曰：求而往，明也。九五，屯其膏，小貞吉，大貞凶。〈象〉曰「屯其膏」，施未光也。上六，乘馬班如，泣血漣如。〈象〉曰「泣血漣如」，何可長也！

待求⓫而往。

【注　釋】❶往則失其居矣　此句解說卦辭「勿用有攸往」。攸，所。往，出行。居，居地。❷雲雷句　這是張載對雲雷這類自然現象的解釋。《正蒙・參兩》：「故雲物班布太虛者，陰為風驅，斂聚而未散者也。凡陰氣凝聚，陽在內不得出，則奮擊而為雷霆。」張載所說的氣指稱宇宙的基本元素，雲雷都是氣的變化現象。❸磐桓　徘徊；逗留。張載拆分為二，解說為柱石，柱石就是承柱的基石。其理論為明代王夫之所承繼，見下句。❹磐四句　磐石，大石。桓柱，就是柱。❺班布　班，盤旋；迴旋。布，分布。❻林　林莽。❼虞二句　虞，虞人，古代掌管山林之官。防禁，防阻、禁止。❽二以乘剛有寇　二，指六二爻。乘剛，指陰爻凌駕於陽爻之上。六二爻是陰爻，而初九爻是陽爻，六二在初九之上，所以這樣說。❾五若可親五，指九五爻。若可親，似能夠親近。九五爻與六二爻是陰陽相應，所以說可親。❿屯其膏　喻指恩澤滯留。因為九五爻居中又正位，又處在最尊貴的「五」位，但是卻陷在兩陰爻之間，因此困難重重。膏，脂肪。⓫求　指求婚。

【語　譯】出行就失去他的居地了。

雲和雷都是氣的聚積所在，屯，就是聚積。

磐桓如同說柱和它的基石。磐，就是厚重的大石；桓，就是房柱；是說有利於建國封侯，如同柱的基石在下面支撐著不能夠動搖，就是志堅而行為端正。

班，是分布，是遲疑不進貌。

所處不是合適的地方，所以說「進入了莽林」。虞人，就是防阻禁止。六二爻由於乘剛從而表示有盜寇，所以九五爻好像能親近的；九五爻聚積著脂膏，所以不如捨棄它。

等待來求婚然後前往。

蒙

【題 解】蒙，是蒙昧幼稚的意思。蒙卦也是陰盛陽衰，卦中六個爻是四陰二陽，然而陽爻居中位，象人或物的始生，稚小蒙昧，趨向未定。卦旨在啟蒙，提倡施教，從而引導走向文明中正。所謂「蒙以養正，聖功也」，養，是教育培養的意思。張載更把教育推演為人生第一要務和治國第一要旨，認為人生來並不純潔，唯有通過教育，才能純潔。《正蒙・中正》：「使蒙者不失其正，教人者之功也。盡其道者，其惟聖人乎！」與此同時，力斥宗教欺蒙世人，《正蒙・乾稱》：「自其說熾傳中國，儒者未容窺聖學門牆，已為引取，淪胥其間，指為大道。乃其俗達之天下，至善惡、知愚、男女、臧獲，人人著信，使英才間氣，生則溺耳目恬習之事，長則師世儒宗尚之言，遂冥然被驅，因謂聖人可不修而至，大道可不學而知。故未識聖人心，已謂不必求其跡；未見君子志，已謂不必事其文。此人倫所以不察，庶物所以不明，治所以忽，德所以亂」。把批判宗教迷信視為「正蒙」的不能回避的重要任務，可謂深惡痛絕。最後，他把畢生結晶之作取名為《正蒙》，以表示終生為之奮鬥的堅定信念。

蒙。亨。匪我求童蒙，童蒙求我。初筮告，再三瀆，瀆則不告，利貞。

禮聞取道義於人，不聞取其人之身❶。來之為言，屬有道義者謂之來❷。來學者，就❸道義而學之，往教者，致其人而取教也❹；「童蒙求我，匪我求童蒙」是也❺。

教人當以次❻，守得定，不妄施。《易》曰「初筮告，再三瀆，瀆則不告」，是剛中之德也❼。

〈彖〉曰：蒙，山下有險，險而止，蒙。

「險而止蒙」，蒙亨以亨行時中也❽。夫險而不止則入於坎，入於蹇❾，不止則是安其危之類也。以其知險而止也，故成蒙之義方以有求❿。「童蒙求我，匪我求童蒙」，以蒙而求，故能時中，所以亨也。

險而止蒙，夫於不當止⓫而止，是險也，如告子之不動心，必以義為外⓬，是險而止也。蒙險在內⓭，是蒙昧之義。蒙方始務求學，而得之始，是得所止⓮也。若蹇則是險在外者也。

人心多則无由光明⓯，「蒙雜而著」⓰，「著」，古「着」字，雜着於物，所以為蒙。蒙，昏蒙也。

【章旨】解說卦旨蒙者要存求教之心，而教者當持啟發之旨。

【注釋】❶禮聞二句　禮，指封建社會的道德規範和社會規範。取，求取；學習。道義，道德義理。即思想品德和學問。於，從；向。其，那。身，身軀；身形。❷屬有句　屬，依託；歸附。來，即下文的來學。❸就　跟從；跟隨。❹往教者二句　往教，前往學習者處施教。致，召致；召請。❺童蒙二句　童蒙，像幼童般的蒙昧者。匪，同「非」。❻以次　按照順序；依照過程。次，序次；過程。《正蒙・中正》：「教人者必知至學之難易，知人之美惡，當知誰可先傳此，誰將後倦此」。這就是「次」，明顯包括對教育內容和教育對象的認識。就是下一章中的「時」。❼易曰四句　初筮，首次占問。告，回告；告知。再三，多次重複。瀆，褻瀆；輕慢。參見《正蒙・樂器》關於〈甘棠〉詩的解說。剛中，剛健中正。剛健為乾，是天道；中正是執中守正，即儒家所提倡的中庸之道。❽險而二句　險而止蒙，語見〈彖傳〉。蒙，指蒙卦。險，指卦象。蒙卦的卦象是山下有水。止，指卦德。卦德是不能進。蒙亨，見卦辭。蒙，指蒙卦。亨，通順。時中，適時的中正。意為堅守準則而又適應時勢。❾入於坎二句　坎，指坎卦。它的上卦和下卦都是一陽爻陷於二陰爻之中，是重險，但由於陽爻居中位，因此表示雖險卻能通順。蒙卦下卦的卦象與它相同。蹇，指蹇卦。它的上下卦恰與蒙卦相倒，表示先難而後獲。❿故成蒙句　成蒙之義，形成蒙卦的含義。成，形成。方，才開始。⓫不當止　指坎卦，即雖險而能通順。⓬告子之不動心二句　語本《孟子・公孫丑上》。告子，戰國時人，名姓不詳。一說名不害。主張「食色，性也」等。並認為不能在言語上取勝，便不必求助於思想，把內在思想與外在言語完全分開。⓭在內　在卦的內部，喻指在人的內部素質。⓮得所止　得到了根基。《正蒙・中正》：「中正然後貫天下之道，此君子之所以大居正也。蓋得正則得所止，得所止則可以弘而至於大。」⓯人心多句　人心多，人心多欲。光明，光大明白。張載認為人心務須保持空靈，而不受物欲牽累。⓰蒙雜而著　語見《易・雜卦》。蒙，指蒙卦。雜，雜亂。著，附著。

【語譯】禮只聽說向人求取道義，不曾聽說求取那個人。來之作為言辭，是指前去依託有道義者稱之為來。來學習，是指追隨道義前來學習它，前往施教，是指召請人前來求取教導；「童蒙來求我，不是我來求童蒙」就是這種情況。

教育人應當按照一定的順序，執守要堅定，不要胡亂施為。《易經》說「初次占問就有回告，多次重複就成了褻瀆，褻瀆就不回告」，這是剛健中正的德性。

「有險而止是蒙卦」，蒙卦通順是以通順來施行適時的中正。若是有險而不停止，那就進入坎卦，進入蹇卦，不停止就屬於安於危險一類。由於它知道危險從而停止，所以形成了蒙卦的含義才開始有求取。「童蒙來求我，不是我來求童蒙」，由於蒙昧而有求取，所以能適時而中正，所以通順。

有險而止是蒙卦，若是在不應當停止卻停止，這是危險，如告子的不動心，主張把義看做外物，這是有險而止。蒙卦是險在內部，是蒙昧的意思。蒙昧才開始致力求學，然而獲得的起點，是獲得學習的根基。若是蹇卦那就是險在外部了。

人心多欲就無法光明正大，「蒙卦雜亂而附著」，「著」，是古「着」字，雜亂附著於物，所以成為蒙昧。蒙，是昏蒙的意思。

【說　明】張載認為人生來就存在求知之心，並且人生就是排除蒙昧的過程。

「蒙亨」，以亨行時中也。「匪我求童蒙，童蒙求我」，志應也。「初筮告」，以剛中也。「再三瀆，瀆則不告」，瀆蒙也。蒙以養正，聖功也。〈象〉曰：山下出泉，蒙，君子以果行育德。

時中之義甚大，如「蒙亨以亨行時中也」者，蒙何以有亨？以九二❶之亨行蒙者之時中，故蒙所以得亨也；蒙无遽亨之理，以九二循循❷行時中之亨也。蒙卦之義，主之者全在九二，〈彖〉之所論，皆二之義。教者但觀蒙者時之所及則道❸之，此是以亨行時中也；此時也，正所謂如時雨化之❹。如既❺引之中道而不使之通，則是教者之過；當時而道之使不失其正❻，則是教者之功。「蒙以養正，聖功❼也」，養其蒙使正者，聖人之功也。

【章　旨】解說教育要循循善誘，把握時機。

【注釋】❶九二　指第二爻，由於它是陽爻，所以能通行。❷循循　依著次序的樣子。❸道　通「導」。引導。❹時雨化之　時雨，及時雨。化，化育。❺既　已經。❻正　走上正道。❼聖功　神聖的功業；聖人的功業。

【語譯】適時而中正的含義頗大，如「蒙卦通順是以通順施行適時而中正」，蒙卦為什麼會有通順？以九二爻的通順施行蒙卦的適時而中正，所以蒙卦因此得到通順；蒙卦沒有急驟通順的道理，是以九二爻遵循次序施行適時而中正的通順。蒙卦的含義，主持它的全在九二爻，〈象傳〉所論述，都是九二爻的含義。教育者只要觀察蒙昧者時機所能及就引導他，這就是以通順施行適時而中正；這時機，正所謂如時雨化育。如果已經引導他走上中道，卻不使他通順，那就是教育者的過錯；抓住時機從而引導他使不違失正道，那就是教育者的成功。「蒙昧者靠教育得到正道，是神聖的事業啊」，教育那蒙昧者使得到正道，是聖人的事業啊。

【說明】張載強調教育人是偉大的事業，提出教育既要用正道教人，又要從實際出發並循循善誘，也就是要抓住他所說的「時」，從而對教育內容和教育方法都提出了嚴格的要求。

初六，發蒙，利用刑人，用說桎梏，以往吝。〈象〉曰「利用刑人」，以正法也。

以柔下賢，居於坎陷❶，然无所私係❷，用心存公，雖不能諭人於道以辨曲直，正法❸可也。善行法者多說❹於任刑，道非弘矣，故以往吝❺，故君子哀矜❻而勿喜也。

九二，包蒙吉。納婦吉，子克家。〈象〉曰「子克家」，剛柔接也。

擇婦而納之則吉。

九二以下卦之中主卦德，故曰「子克家」❼。以子任家，必剛柔得中乃濟❽，不可嚴厲也。

六三，勿用取女，見金夫，不有躬，无攸利。

金夫❾，二也；「不有躬」，履非正則不能固於一也❿。〈象〉曰「勿用取女」，行不順也。六四，困蒙吝。〈象〉曰：困蒙之吝，獨遠實也。六五，童蒙吉。〈象〉曰：童蒙之吉，順以巽也。

不愿⓫不信，蒙之失正者也。故蒙正如童吉，與夫〈彖〉之義同⓬。

上九，擊蒙，不利為寇，利禦寇。象曰：利用禦寇，上下順也。

蒙暗犯寇，禦之可也⓭，以剛明極顯⓮而寇蒙暗，則傷義而眾不率⓯也。九二以剛居中，故能包⓰蒙而吉。

【章　旨】解說爻辭的一些文句。

【注　釋】❶以柔下賢二句　以柔下賢，以柔順居賢能之下。柔，指初六爻，是陰爻。下，在……的下面。賢，指九二爻，是陽爻。居於坎陷，在坎卦的陷坑。坎卦的上下卦都是一個陽爻陷在二個陰爻之間，表示危險，而蒙卦的下卦正相同。❷私係　私心的牽制。❸正法　執行法律；治罪。正，受正。❹說　通「悅」。樂於；喜歡。❺吝　不吉。❻哀矜　憐憫。❼九二二句　下卦之中，下卦的中位。卦德，指從卦象引申出來的基本性質、品德與功用。克家，能負責家庭。❽濟　有利；完成。❾金夫　指美男。由於它是第二爻陽爻，對應上面六三爻是陰爻而說的。金，喻指剛健。❿不有躬二句　躬，身軀；自身。履，履行；實施。固，固守。一，指初六爻，是陰爻。⓫愿　老實謹慎。⓬故蒙正二句　童吉，即爻辭的「童蒙吉」。〈象傳〉解說為「童蒙之吉，順以巽也」。順，柔順。巽，恭順；服從。象之義，指〈彖傳〉的「蒙亨以亨行時中也」。⓭蒙暗犯

寇二句　蒙暗，蒙昧昏暗。犯，發生；引發。寇，侵犯；掠奪。禦，抵禦；防禦。⓮剛明極顯　指上九爻。由於在卦的最高位而下面的六五爻和六四爻都是陰爻，從而顯現剛明極顯的品性。⓯率　率服；服從。⓰包　包容。

【語譯】由於柔順而居於賢能之下，就在坎卦的陷坑裡了，但是沒有私心的牽制，用心只在公義，雖然不能開導人們從道義上來辨明曲直，也就只能執行法律了。善於施行法律的人都喜歡任用刑罰，道義就不能光大了，所以用於出外不吉利，因此君子憐憫而不心喜。

選擇媳婦從而娶她就吉利。

九二爻憑在下卦的中位主持全卦的德性，所以說「兒子負責家庭」。以兒子負責家庭，必須讓陽剛與陰柔和諧才能完滿，不能夠一味嚴格厲害啊。

金夫，就是九二爻；「沒有了自身」，是說做的不是正道就不能固守於一。

不老實謹慎不誠信，是蒙昧者的喪失教正。所以蒙昧者得到教正就如童蒙吉利，與〈象傳〉的意思相同。

蒙昧昏暗引發侵犯，防禦它就可以了，以剛明極顯赫來侵犯蒙昧昏暗，就會傷害正義從而眾人不服從。

九二爻剛健居中位，所以能夠包容蒙昧從而吉利。

繫辭上

【題解】〈繫辭〉又名〈繫辭傳〉，分上下兩部分，是《易經》經文之外關於全書原理的通論。作者及成書年代說法不一。張載特別推重〈繫辭〉，他說：「〈繫辭〉所以論《易》之道，既知《易》之道，則《易》象在其中，故觀《易》必由〈繫辭〉。」因而解說特多，他的許多重要見解都在其中。不僅如此，而且還能夠看到他對《易經》思想的繼承和發揚。只不過錄文時有刪省，所錄的文字也沒有作逐字逐句的說解。

〈繫辭〉所舉《易》義，是聖人❶議論到此，因舉《易》義以成之，亦是人道❷之大且要者也。

〈繫辭〉反復❸惟在明《易》所以為易，撮聚❹眾意以為解，欲曉後人也。欲觀《易》先當玩辭❺，蓋所以說《易》象❻也。不先盡〈繫辭〉，則其觀於《易》也，或遠或近，或太艱難。不知〈繫辭〉而求《易》，正猶不知禮❼而考《春秋》❽也。

〈繫辭〉所以論《易》之道，既知《易》之道，則《易》象在其中，故觀《易》必由〈繫辭〉。

【章旨】解說〈繫辭〉是解讀《易經》經文的關鍵。

【注釋】❶聖人 指孔子。古人認為〈繫辭〉是孔子所作。❷人道 指社會中人應遵循的道德規範。❸反復 反反覆覆；重來復去。❹撮聚 撮合聚集。❺玩辭 玩，玩習；研究。辭，指卦爻辭。❻易象 指《易經》的卦象及所表示的萬事萬物之象。❼禮 社會生活中由於風俗習慣而形成的行為準則、道德規範和各種禮節。❽春秋 中國編年體史書，相傳由孔子根據魯國史書修訂而成。起於魯隱公元年，止於魯哀公十四年（西元前七二二——前四八一年），共二百四十二年。敘事極簡，用字含著褒貶。

【語譯】〈繫辭〉所舉明的《易經》的大義，是聖人議論到這個，因而舉明《易經》的大義從而寫成它，也是人道之中重大而又緊要的啊。

〈繫辭〉反反覆覆只在於闡明《易經》之所以是變易。撮合聚集眾多的意思來解說，希望開導後來人。要讀懂《易經》應當先研習卦爻辭，想必它是用來說明《易經》展示的種種現象的。如果不先徹底理解〈繫辭〉，那麼他閱讀《易經》，就或者遠或者近，或者太艱難。不懂得〈繫辭〉來探討《易經》，正如同不懂禮而來考究《春秋》。

〈繫辭〉是用來議論《易經》原理的，已經理解《易經》原理，那麼《易經》展示的種種現象就在裡面了，所以讀《易經》必定從〈繫辭〉入手。

天尊地卑，乾坤定矣；卑高以陳，貴賤位矣；

先分天地之位❶，乾坤立則方見易❷，故其事則莫非易也。所以先言天地，乾坤《易》之門戶❸也。不言高卑❹而曰卑高者亦有義，高以下為基，亦是人先見卑處，然後見高也，不見兩❺則不見《易》。物物❻象天地，不曰天地而曰乾坤者，言其用⑦也。乾坤亦何形？猶言神⑧也。人鮮⑨識天，天竟不可方體⑩，姑⑪指日月星辰處，視以為天。陰陽言其實⑫，乾坤言其用，如言剛柔⑬也。乾坤則所包者廣。

動靜有常，剛柔斷矣；

動靜陰陽，性也。剛柔，其體未必形⑭。

靜專動直，不為物累⑮，則其動靜有常，不牽制於物也。然則乾為剛果⑯，斷然⑰不疑矣。

天地動靜之理，天圓則須動轉⑱，地方則須安靜。

在天成象，在地成形，變化見矣。

有形有象⑲，然後知變化之驗⑳。

是故剛柔相摩。

以人言之，喘息是剛柔相摩㉑，氣一出一入，上下相摩錯㉒也，於鼻息見之。

人自鼻息相摩以蕩㉓於腹中，物既消爍㉔，氣復升騰。

【章旨】解說乾坤是天地的德性，是《易經》的最基本原理。

【注釋】❶位　定位；居位。❷乾坤句　乾坤，指天地的德性。即氣的相互對立又相互統一的兩個組成方面，也是氣變化的原動力。立，立位。意為確立乾坤的主導地位。分了天地之位，也就立了乾坤。易，變易；變化。❸門戶　入口。喻指事物的關鍵。❹卑　低下。❺兩　指事物內部相互對立又相互統一的兩個方面。卑高就是這樣的兩個方面。也就是乾坤。❻物　種種物，即萬物。❼用　效用；作用。❽神　神妙莫測。張載用指無形而又無所不在的氣變化的原動力。又稱天性、天德。❾鮮　少。❿方體　形體。⓫姑　姑且；暫且。⓬實　實質。⓭剛柔　《易經》的基本概念。用以表述天地萬物和卦爻的對立統一的兩個方面，性質與陰陽相同，而層次略低，稱陰陽，其物件抽象無形；稱剛柔，其對象具體有形。⓮形　成形。⓯靜專二句　專，專一；純一。直，正；不歪斜。為物累，被事物牽制。為，被。累，牽制。⓰剛果　剛毅果斷。⓱斷然必定；一定。⓲動轉　旋轉。《正蒙．參兩》：「地純陰凝聚於中，天浮陽運旋於外，此天之常體也。恆星不動，純繫乎天，與浮陽運旋而不窮者也；日月五星逆天而行，並包乎地者也。」這是張載對宇宙的構想。⓳有形有象　有形體有現象。象，指現象，有形可見的具體狀態。⓴驗　徵象；徵兆。㉑摩　摩擦。㉒摩錯　摩擦。㉓蕩　震盪；搖盪。㉔消爍　消融。

【語譯】先分出天地的定位，乾坤確立了這才看見變化，所以萬事萬物沒有不表示變化的。之所以先說天地，乾坤是《易經》入門啊。不說高低而說低高也有含義，高以低作為基礎，也是人先看見低處，然後看見高處的，看不見兩的存在也就看不見《易經》。每一物都像天地，不說天地而說乾坤，是說它的作用。乾坤又有什麼形狀？如同說氣的神奇原動力。人很少能認識天，天終究沒有形體，姑且指日月星辰所在，把它看做天。陰陽是說它的實質，乾坤是說它的作用，如同說剛柔一樣。乾坤那就包括很廣了。

動靜陰陽，是性。剛柔，它的體態未必成形。

靜能專一動能正直，不被物所牽制，那麼它的動靜就會有常規，不會被物所牽制。這樣，乾就是剛毅果決，確定無疑的了。

天地動靜的原理，天是圓的就必須旋轉，地是方的就必須安靜。有形體有現象，然後知道變化的徵兆。

以人來說，喘息是剛柔相摩擦，氣一出一入，上下相摩擦，在鼻子的呼吸中看見它。人從鼻子呼吸相互摩擦到震盪於腹內，物已經消融，氣又升騰起來。

【說　明】這裡說《易經》為書全在於陰陽的變化，陰陽雖然無形，但是造成萬物。並以人為例，甚至細微的呼吸仍是陰陽變化的表現。所以觀察世界，必先認識陰陽，讀《易經》也一樣，必須從認識陰陽變化入手。

乾知大始，坤作成物；乾以易知，坤以簡能；

天地雖一物❶，理須從此分別。太始❷者語物之始，乾全體❸之而不遺，故无不知也，知之先者蓋莫如乾。成物者，物既形矣，故言作，已入於形器❹也，初未嘗有地而乾漸❺形，不謂之作，謂之何哉？然而乾以不求知而知，故其知也❻速；坤以不為而為，故其成也廣。

易則易知，簡則易從；易知則有親，易從則有功；有親則可久，有功則可大；可久則賢人之德，可大則賢人之業。易簡而天下之理得矣，天下之理得而成位乎其中矣。

此皆言聖人體天地之德然❼也。「可久」者，可以久遠推行；「可大」者，其得體❽也大。凡語道理之徒，道達❾不已，竟亦何求推行及民！故以賢人德業措諸事業❿，而言「易簡理得而成位乎天地之中」⓫。蓋盡人道，並立乎天地以成三才⓬，則是與天地參⓭矣。但⓮盡得人道，理自當爾，不必受命⓯。

仲尼之道，豈不可以參天地⑯？

言知者，知而已；言能者，涉於形器，能成物也。「易則易知」⑰，「易知則有親」⑱。今夫虎豹之為物，豢⑲之雖馴，人亦不敢遂以親狎⑳，為其難測。惟其平易，則易知易從㉑，「信則人任焉」㉒，以其可從信，人斯委任㉓，故易以有功矣。道體㉔至廣，所以有言難，有言易，有言小，有言大，无乎不在。

「坤至柔而動也剛」㉕，剛乃積大勢㉖成而然爾。

乾至健无體，為感㉗速，故易知；坤至順不煩，其施普，故簡能㉘。

志大則才大、事業大，故曰「可大㉙」，又曰「富有」；志久則氣㉚久、德性久，故曰「可久」，又曰「日新㉛」。德業不可久、不可大，不足謂之賢人，況㉜可謂之聖人乎！

易簡理得則知幾㉝，知幾然後經㉞可正。天下達道㉟五，其生民㊱之大經乎！

經正則道前定，事豫㊲立，不疑其所行，利用安身㊳之要莫先焉。

「成位乎其中」，與天地合其德也。

【章　旨】解說乾坤展示著平易簡明的宇宙基本原理。

【注　釋】❶一物　統一物。❷太始　古代指天地萬物之始，即世界形成時的狀態。❸體　體現；展現。❹形器　有形物；物體。與精神相對。❺漸　積漸。❻也　語氣詞，表停頓。❼然　這樣；如此。❽體　規模；本體。❾道達　說明；表達。❿事業　人的事務及其成就。⓫易簡理句　易簡理，平易簡明的宇宙真理。成乎天地之中，成就位置與天地並列。意指人與天地成為一體。⓬三才　指天、地、人。《易經・說卦》：「是以立天之道曰陰與陽，立地之道曰柔與剛，立人之道曰仁與義。兼三才而兩之。」是一個天與人和諧的系統。⓭參　同「叄」。並列；等列。⓮但　只。⓯受命　指受天的任命。《正蒙・誠明》：「此大德所以必受命，易簡理得而成位乎天地之中也。所謂天理也者，能悅諸心，能通天下之志之理也。能使天下悅且通，則天下必歸焉；不歸焉者，所乘所遇之不同，如仲尼與繼世之君也。」是說孔子雖沒有受天命為君治國，但是在精神上、德性上已經與天地同步，成為一體。⓰仲尼二句　參見上句注。仲尼，孔子字。古人稱字為敬，直呼其名為不敬。⓱易則易知　乾生物的道理平易，人們容易認知。上「易」，平易。下「易」，容易。⓲易知則有親　指天道平易，人們容易認識，因而能夠順應並親近它。親，親近。⓳豢　飼養牲畜。⓴親狎　親近；輕慢。㉑易從　義同「有親」，親近就會服從。㉒信則人任焉　語出《論語・陽貨》。信，誠信。則，乃；於是。任，信任。㉓委任　信用。㉔道體　道的存在狀態。道，指宇宙萬物的本原。體，存在的狀態。㉕坤至柔而動也剛　語出《易經・坤卦・文言傳》。也，語氣詞，表示停頓。㉖大勢　大局趨勢；總趨勢。㉗感　感應；變化。㉘其施普二句　普，廣大周遍；普遍。簡能，坤以不為而為，無心於創造，所以說簡；簡而不繁是能。㉙可大　能夠大。可，能夠。㉚氣　舊指氣數、命運。㉛日新　一天比一天新；天天有進步。意指永遠前進。㉜況　何況。表示推進一層的意思。㉝幾　事物初始微危及其事態向吉的轉機。㉞經　準則；常理。㉟達道　公認的準則。《中庸》：「君臣也，父子也，夫婦也，昆弟也，朋友之交也：五者，天下之達道也。」㊱生民　人民。㊲豫　通「預」。事先有所準備。㊳利用安身　利其施用，安處其身。利用指業，安身指德。

【語　譯】天地雖然是個統一物，理則需從乾坤這裡區分。太始狀態是說萬物的開始，乾完全體現而沒有遺漏，所以沒有不知曉的，最早知曉的沒有比得上乾。形成物，是指物已經成形了，所以叫做「作」，是已經進入有形物了，最初不曾有地而乾漸漸積累成形，不稱它為「作」，又稱它為什麼呢？但是，乾以不求知曉而知曉，所以它的知曉很迅速；坤以不為而為，所以它的成效很廣大。

這都是說聖人體現天地德性的狀況是這樣的。「能夠永久」，是指能夠永久推行；「能夠廣大」，是指它得到規模很廣大。凡是說事理的人，喋喋不休，竟然哪有求推及到民眾的！因此以賢人的道德才能放到事業上來，因而說「平易簡明的宇宙真理得到了從而成就位置在天地之間」。是說窮盡人道，能與天地並列從而形成三才，就是與天地並列而為三了。只要能窮盡人道，是理所當然罷了，不必一定受到天的任命。仲尼的準則，難道不能夠與天地並列而為三？

說知，是知曉而已；說能，就進到有形物，能形成物體了。「平易就容易認知」，「容易認知就有順應和親近」。如今虎豹作為猛獸，飼養雖然能使牠馴服，人們也不敢就此輕慢牠，因為牠難於預料。惟有那平易，就容易認知容易信從，「有誠信就得到人們的委任了」，由於他的能信任，人們就委任他，所以容易有功效了。道的規模極其廣大，所以有的說艱難，有的說容易，有的說小，有的說大，沒有不存在的。

「坤最柔順然而活動起來很剛健」，剛健是積聚大局趨勢形成這樣的罷了。

乾最剛健而沒有形體，發生感應迅速，所以平易能認識；坤最順承而不煩擾，它的施展廣大周遍，所以簡明而有能量。

志大就才能也大、事業也大，所以說「能夠大」，又說「富有」；志永久就氣數也永久、德性也永久，所以說「能夠永久」，又說「天天出新」。如果道德事業不能永久、不能廣大，不足以稱他為賢人，更何況稱他為聖人呢！

平易簡明的宇宙真理得到了就能認知先兆，能認知先兆然後準則能夠正規。天下公認的準則有五條，是民眾的重大準則吧！準則正確就能事理預先確定，事務預先確立，不懷疑他所做的，有利於施用使自身安寧的關鍵沒有比它更重要了。

「成就位置在它們的中間」，就是與天地相合德性。

【說明】張載認為世界從始初到產生萬物，都是陰陽活動變化的結果，是客觀存在，而不是神在主宰。《易經》就是一部推演陰陽變化的書，所涉及的人道也都是陰陽變化而已。

聖人設卦觀象，繫辭焉而明吉凶，剛柔相推而生變化。是故吉凶者，失得之象也；悔吝者，憂虞之象也；變化者，進退之象也；剛柔者，晝夜之象也；六爻之動，三極之道也。

吉凶者，失得之著❶也；變化者，進退之著也；設卦繫❷辭，所以示其著也。吉凶變化，悔吝剛柔，《易》之四象歟❸！悔吝由贏不足而生，亦兩而已。「變化進退之象」云者，進退之動也微，必驗之於變化之著，故察進退之理為難，察變化之象為易。六爻盡利而動❹，所以順陰陽、剛柔、仁義❺、性命❻之理也，故曰「六爻之動，三極❼之道也」。

是故君子所居而安者，《易》之序也；

序猶言分也。《易》之中有貴有賤，有吉有凶，皆其自然之分也。所居皆安之，君子安分❽也。

所樂而玩者，爻之辭也。

言君子未嘗須臾學不在《易》。玩，玩習❾也，每讀則每有益，所以可樂。

居則觀其象而玩其辭，動則觀其變而玩其占。

占非卜筮之謂⑩，但事在外可以占驗也，觀乎事變，斯⑪可以占矣。蓋居則觀其象而玩其辭⑫，此所以動則觀其變而玩其占也。

〈彖〉者，言乎象者也；

象，謂一卦之質⑬。

齊小大者存乎卦，

卦有稱名至小而與諸卦均齊⑭者，各著其義也，蓋稱名小而取類⑮大也。

辨吉凶者存乎辭，

欲見小疵⑯者，必存乎辭。

憂悔吝者存乎介，

悔吝吉凶之萌，惟介於石⑰者能見幾而作。「憂悔吝者存乎介⑱」，欲觀《易》象之小疵，宜存志靜⑲，知所動之幾微也。

震无咎者存乎悔。

幾者動之微，虛靜⑳則知幾。凡言无咎㉑者，必求其始皆有悔，今能改之也。有咎而免者，善震㉒而補也。

《易》與天地準，故能彌綸天地之道。

「《易》與天地準㉓」，此言《易》之為書也。易行乎其中，造化㉔之謂也。

言「彌綸」「範圍」㉕，此語必夫子㉖所造。彌者彌縫綴緝㉗之義；綸者往來經營㉘之義。

《易》之為書與天地準。《易》即天道，獨入於爻位繫之以辭者，此則歸於人事。蓋卦本天道，三陰三陽一升一降而變成八卦㉙，錯綜為六十四㉚，分而有三百八十四爻也。因爻有吉凶動靜，故繫之以辭，存乎教誡㉛，使人動則觀其變而玩其占，其出入以度，內外使知懼，又明於憂患與故，无有師保㉜，如臨父母。聖人與人撰出一法律之書，使人知所向避，《易》之義也。

【章旨】解說讀《易經》的功能作用。

【注釋】❶著　顯著；顯示。❷繫　聯屬；依附。❸吉凶變化三句　悔吝，懊悔貪心，指小過失，相對於吉凶，程度為輕。四象，指太陽、少陽、太陰、少陰。由陰陽兩儀發展而來，太陰太陽是純陰純陽，少陰少陽則是各含陰陽。四象又代表四方、四時等。這裡把吉凶、變化、悔吝和剛柔看做四象。❹六爻句　六爻，指一卦內的六個爻。盡利，趨利。❺仁義　仁愛和正義，是儒家含義極廣的道德範疇。張載以仁指內心的仁德，以義指處置事務的公正。❻性命　德性和命運。中國古代哲學家認為性是天生的，命是後天所稟受的。❼三極　指天道、地道和人道。天道為陰陽，地道為剛柔，人道為仁義。極，最高。❽分　本分；定命。❾玩習　研習；揣摩；玩味。❿占非句　占，占卦；占問。卜筮，古時占卜，用龜甲的稱卜，用蓍草的稱筮，合稱卜筮。⓫斯　這就。⓬蓋居句　居，平素；平常。象，指卦象和爻象。辭，指卦辭和爻辭。⓭質　實質；性質。⓮均齊　均等齊一。⓯類　同類。⓰小疵　小過失。疵，小缺點；小毛病。⓱介於石　見《易經・豫卦》。意為立界如石，喻指不失分寸，確保節操。⑱介　纖介。喻指吉凶起於細微處。⑲靜　靜一。⑳虛靜　心靈清明。㉑咎　災禍。㉒震　震動；戒懼。㉓準　等同。㉔造化　創造化育。也指天地、自然界。㉕彌綸範圍　彌綸，包括；涵蓋。範圍，效法。㉖夫子　指孔子。㉗彌縫綴緝　彌縫，彌補。綴緝，縫合。㉘經營　籌劃。㉙八卦　又稱經卦，是《易經》中的八種基本圖形，分別象徵天、地、雷、風、水、火、山、澤。㉚六十四　八卦以兩卦相重演化而成。㉛教誡　教導訓戒。㉜師保　教師。

【語　譯】吉和凶，是失和得的顯示；變化，是進和退的顯示；陳設卦爻繫聯上解說辭，是用來展示它的顯示的。

吉凶變化，悔吝剛柔，是《易經》的四象吧！悔吝由滿盈和不足產生，也是相互依存相互對立的兩罷了。

「變化是進退的現象」說的，是指進退的活動很微細，務必要從變化的顯著中檢驗它，所以審察進退的道理是很難的，審察變化的現象是容易的。

六爻趨利而變動，用來遵循陰陽、剛柔、仁義、性命的原理，所以說「六爻的變動，是三極的原理」。序如同說分。《易經》中有貴有賤，有吉有凶，都是自然的劃分。所處都安心它，是君子的安分。是說君子不曾有片刻不在學《易經》。玩，就是研習，每讀《易經》就會每有得益，所以有所樂。

占卜並非指用龜甲或蓍草占卜，只要事情在身外能夠占問檢驗，觀察事情的變化，這就能夠占問了。是說平素就觀察它的卦象和爻象從而研習它的卦爻辭，這就是所謂行動就觀察它的變化從而研習它的占問。

卦象和爻象，是說一卦的實質。

卦有稱名極小而與眾卦均等齊一的，是各自顯明它的含義，想必稱名雖小而所取同類卻大。

想要看見小過失的話，必定見於卦爻辭。

悔吝吉凶的萌生，只有不失分寸堅守節操的人能夠看見先兆而行動。

「憂慮悔吝存於微細」，想觀察《易經》所示的小過失，應保存心志的靜一，認識所變動的細微先兆。先兆是變動的細微，清明靜一就能認識先兆。

凡是說沒有災禍的，必定是它的起始都會有後悔，而今能改正它。有災禍而能避免的，是善於驚醒而補救的。

「《易經》與天地一致」，這是說《易經》的作為一本書。變化在其中進行，這稱它為造化。說「彌綸」「範圍」，這話必定是孔夫子所造。彌是彌縫補綴的意思；綸是反覆籌劃的意思。

《易經》作為書與天地一致。《易經》就是天道，唯獨進入爻位繫聯上卦爻辭的，這就歸入到人事。這是說卦根本於天道，三陰爻三陽爻一升一降從而演變成為八卦，交錯綜合又成為六十四卦，分化從而擁有三百八十四爻。憑藉爻具有吉凶動靜，所以繫聯上卦爻辭，存在有教導訓戒，使人要行動就觀察它的變化從而研習它的占問，它的出入都符合規矩，心內身外都使知道戒懼，又能夠明白憂患及其緣故，即使沒有老師，也好像面對著父母。聖人為人們寫出一部法律的書，使人們知道走向和躲避，這是《易經》的意義啊。

仰以觀於天文，俯以察於地理，是故知幽明之故；原始反終，故知死生之說。

天文地理，皆因明而知之，非明則皆幽也，此所以知幽明之故❶。萬物相見乎離❷，非離不相見也。見者由明而不見者非无物也，乃是天之至處。彼異學❸則皆歸之空虛，蓋徒知乎明而已，不察夫幽，所見一邊❹耳。

氣❺聚則離明❻得施而有形，氣不聚則離明不得施而无形。方其聚也，安得不謂之客❼？方其散也，安得遽謂之无？故聖人仰觀俯察，但云「知幽明之故」，不云「知有无之故」。

《大易》❽不言有無，言有無，諸子之陋❾也。人雖信此說，然不能知以何為有，以何謂之無。如人之言曰自然，而鮮有識自然之為體⑩。盈天地之間者，法象⑪而已；文理⑫之察，非離不相覩也。方其形也，有以知幽之因；方其不形也，有以知明之故。

釋氏語實際⑬，乃知道者所謂誠也⑭，天德也。其語到實際，則以人生為幻妄，以有為為疣贅⑮，以世界為蔭濁⑯，遂厭而不有，遺而弗存。就使得之，乃誠而惡明⑰者也。儒者則因明致誠，因誠致明⑱，故天人合一⑲，致學而可以成聖，得天而未始遺⑳人，《易》所謂不遺、不流、不過㉑者也。故語雖似是，觀其發本要歸，與吾儒二本殊歸㉒。道一而已，此是則彼非，彼是則我非，是故不當同日而語㉓。其言流遁失守㉔，窮大則淫，推行則詖，致曲則邪㉕，求之一卷之中，其弊數數㉖有之。大率知晝夜陰陽則能知性命，能知性命則能知鬼神，知聖人㉗。彼欲直語太虛㉘，不以晝夜、陰陽累其心㉙，則是未始㉚見易；未始見易，則雖欲免陰陽、晝夜之累，末由㉛也已。易且不見，又烏能更語真際㉜！捨真際而談鬼神，妄也。所謂實際，彼徒能語之而已，未始心解也。

《易》曰「原始反終㉝，故知死生之說」者，死生止是人之終始也㉞。

【章　旨】解說宇宙是實際存在，明與幽，即有與無，只是相互可以轉化的兩種狀態，因而痛斥佛教以虛無為真理的唯心論。

【注　釋】❶天文四句　天文，指天上的星象。地理，指山川土地的形勢。因，憑藉；通過。明，顯明。指有形態的。幽，隱而不能見的。古人所謂的無。故，原因。❷離　明。《易經・說卦》：「離也者，明也，萬物皆相見。」❸異學　相當於今人說的異教。此指佛教。❹一邊　一部分；片面。❺氣　張載用來指稱構成宇宙的元素。❻離明　光明；顯現。❼客　指暫時狀態，與本來面貌相對。❽大易　即《易經》。❾諸子之陋　諸子，眾位學者專家。如老子、莊子等人。如《正蒙・太和》：「若謂虛能生氣，則虛無窮，氣有限，體用殊絕，入老氏，有生於無，自然之論，不識所謂有無混一之常。」陋，淺陋。❿體　本體；載體。⓫法象　可取法的事物現象的總稱。⓬文理　紋理與條理；現象與態勢。如上文的「天文地理」所指的。⓭釋氏句　釋氏，指佛教徒。佛教始祖釋迦牟尼，中國古書往往簡稱為釋氏，也泛指佛教徒。實際，客觀實在事物和情況；事實。佛教用指事物的真實狀況和性質的終極。⓮乃知道句　知道者，懂得天道的人。道，天道，指天所蘊含的原理。誠，實在一貫。《正蒙・誠明》：「天所以長久不已之道，乃所謂誠。」⓯以有為句　有為，有作為。疣贅，本指皮膚增生形成的瘤，喻指無用之物。⓰蔭濁　指充斥汙濁罪惡的場所。⓱明　認清萬物的原理。⓲儒者二句　儒者，遵從儒學的人。因明致誠因誠致明，《張子語錄下》：「自誠明者，先盡性以至於窮理也，謂先自其性理會來，以至窮理；自明誠者，先窮理以至於盡性也，謂先從學問理會，以推達於天性也。」⓳合一　協調一致。⓴遺　遺漏；遺棄。㉑不流不過　不流，不流蕩放縱。不過，不過分；不越規。㉒觀其二句　發本，發源；發出來的源頭。本，根本。要歸，歸結；歸總其歸宿。殊，不同；差異。㉓同日而語　相提並論。同日，同時。㉔流遁失守　流遁，流蕩逃避。守，守持；操守。㉕窮大三句　窮大，極盡廣大。淫，放縱；過分。《正蒙・大心》：「溺其志於虛空之大，所以語大語小，流遁失中。其過於大也，塵芥六合。」詖，邪僻；偏頗。曲，細小事。《正蒙・大心》：「其蔽於小也，蒙幻人世。」㉖數數　屢屢。㉗大率三句　意謂晝夜、陰陽、性命、鬼神、聖人，都是天道的體現。《正蒙・太和》：「『日月相推而明生』，『寒暑相推而歲成』。神易無方體，『一陰一陽』，『陰陽不測』，皆所謂『通乎晝夜之道』也。」大率，大致；大體。鬼神，《正蒙・神化》：「鬼神，往來、屈伸之義，故天曰神，地曰示，人曰鬼。」自注：「神示者歸之始，歸往者來之終。」㉘太虛　指氣的本來狀態，即宇宙原始狀態。㉙累其心　擱在心上。意為用心去研究。㉚未始　不曾。㉛末由　無從；沒有途徑。㉜真際　佛教用語，意指真意、真理。㉝原始反終　原，推源；追溯。反，同「返」。❸死生句　句意謂人的死生只是氣的一種變化，而不是有或無。

【語　譯】天象與地勢，憑藉有形從而得到認識，不是有形就無法看到，這是用來認識無形與有形的緣故。萬物相互顯現於光明，除卻光明就不能相互顯現。顯現的由於有形而沒有顯現的並非沒有物，這才是天的終極處。那異學卻全把它們歸結到空虛，這是他們只認識有形的而已，卻不能察覺那無形的，所認識僅僅一部分罷了。

氣聚合就光明得到施展因而顯現形體，氣不聚合就光明得不到施展因而沒了形體。當它聚合，哪能不稱它為暫時狀態？當它散裂，哪能就稱它為無？所以聖人抬頭看天俯身視地，只說「認識無形和有形的成因」，卻不說「認識有和無的成因」。

《大易》不說有無，說有無，是諸子的淺陋。人雖然相信這一說法，但是不能認識以什麼作為有，以什麼稱之為無。好像人說自然，卻很少有認識自然之本體的。

充滿天地之間的，法象而已；現象和條理的觀察，非光明不能相互看見。當它成形，有了認識無形的成因；當它沒有成形，有了認識有形的成因。

釋氏講「實際」，就是懂得天道者所說的「誠」，也就是天性。他們說到實際，就把人生看做虛假，把有作為看做累贅，把世界看做罪惡淵藪，於是厭惡而不想擁有，拋棄而不肯保存。就算得到了那「實際」，卻只是明白天性而厭惡究明萬物。從事儒學的人卻通過究明萬物之理達到明白天性，通過明白天性達到究明萬物之理，所以天性和人性和諧為一，努力治學從而能夠成為聖人，達到天性卻不曾忘記人，也就是《易經》所說的「不遺漏」、「不放縱」、「不越出」。所以他們的話雖然似乎正確，觀察它的來源和歸宿，與我儒學卻是兩個來源和不同歸宿。道只有一個，這個正確就那個錯誤，那個正確就這個錯誤，因此不能相提並論。他們的言論隨便躲閃喪失原則，窮極廣大就泛濫無邊，推廣施行就會偏頗，究及細微就成邪僻，只要翻看一卷經書，那弊病就屢屢存在。大體說來能認識晝夜陰陽就能認識性命，能認識性命就能認識鬼神，認識聖人。他們想徑直談論太虛，卻不在晝夜、陰陽上下功夫，就是不曾看見變化；不曾看見變化，那就雖然想免除陰陽晝夜的約束，也是做不到的。變化尚且看不見，又哪能進而談論真際！拋開真際來談論鬼神，就是虛妄。所謂實際，他們只能說說而已，不曾有真正了解。

《易經》說「追溯起始返回終了，所以認識死生的說法」，這是說死生只是人的終始啊。

【說明】這一段很精彩。有和無、生和死，是歷來爭論最為激烈的論題之一。張載明確提出《大易》不言有無，只講明和幽，明和幽都是氣的形態，它們既是相對的，又是可以相互轉化的，世界一切只是氣而已。也就是說世界是真實存在，從而形成他的具有唯物精神的氣一元論。運用這一理論，他解釋人的生死只是氣一種變化的始和終，而不是有和無，應該客觀地去面對。所謂「海水凝則冰，浮則漚，然冰之才，漚之性，其存其亡，海不得而與焉。推是足以究死生之說」，見《正蒙・動物》。

精氣為物，游魂為變，是故知鬼神之情狀。

「精氣為物，游魂為變」❶，精氣者，自无而有❷；游魂者，自有而无。自无而有，神之情也❸；自有而无，鬼之情也。自无而有，故顯而為物；自有而无，故隱而為變。顯而為物者，神之狀也；隱而為變者，鬼之狀也。大意❹不越有无而已。物雖是實，本自虛來，故謂之神；變是用虛，本緣❺實得，故謂之鬼。此與上所謂神無形而有用，鬼有形而無用，亦相會合。所見如此，後來頗極推闡❻，亦不出此。

與范巽之❼言：《易》所謂「原始反終故知死生之說」者，謂原始而知生，則求其終而知死必矣。此夫子所以直季路之問而不隱也❽。體不偏滯，乃可謂无方无體❾。偏滯於晝夜陰陽者物也，若道則兼體❿而無累也。以其兼體也，故曰「一陰一陽」，又曰「陰陽不測」，又曰「一闔一闢」，又曰「通乎晝夜」⓫。語其推行，故曰「道」；語其不測，故曰「神」；語其生生⓬，故曰「易」。其實⓭一物，指事而異名爾。大率天之為德，虛而善應，其應非思慮聰明⓮可求，故謂之神，老氏況諸谷以此⓯。太虛者，氣之體。氣有陰陽，屈伸相感⓰之无窮，故神之應也无窮；其散无數，故神之應也无數。雖无窮，其實湛然⓱；雖无數，其實一而已。陰陽之氣，散則萬殊，人莫知其一⓲也；合則混然⓳，人不見其殊也。形聚為物，形潰反⓴原，反原者，其游魂為變乎！所謂變者，對聚散存亡為文，非如螢雀之化㉑，指前後身而為說。輔嗣所解㉒，似未失其歸也。

所謂山川門霤之神，與郊社天地陰陽之神，有以異乎㉓？《易》謂「天且弗違而況於鬼神乎」㉔！仲尼以何道而異其稱耶？又謂「游魂為變」，魂果何物？其游也情狀如何？試求之使無疑，然後可以拒神怪之說，知亡者之歸。

此外學㉕素所援據以質成㉖其論者，不可不察以自袪㉗其疑爾。

氣之於人，生而不離、死而游散者謂魂㉘，一成而不變者為魄㉙。

【章旨】解說氣的陰陽潛能展現為世界的不斷變化，造成事物的多樣性和統一性。

【注釋】❶精氣二句　精氣，指神，精純的氣。游魂，物死從而遊散之氣。《正蒙・動物》：「氣於人，生而不離、死而遊散者謂魂。」❷自无而有　從無形而到有形。句中的無和有都指形體來說的。❸神之情也　神，即伸，與下句的鬼相對。鬼，即屈。《正蒙・神化》：「鬼神，往來、屈伸之義。」情，情狀；狀況。❹大意　總的意思。❺緣　由；從。❻推闡　推闡闡發。❼范巽之　宋代人，名育，字巽之。進士出身，歷任光祿卿，中戶部侍郎。曾從學張載並向朝廷舉薦他。❽此夫子句　夫子，指孔子。直季路之問而不隱，事見《論語・先進》：「(子路)曰：『敢問死。』(孔子)曰：『未知生，焉知死。』」直，認為直率。季路，即子路，名仲由，孔子學生。生性率直好問。❾體不二句　體，形體。偏滯，拘泥不變通。偏，偏側；偏執。滯，凝滯；不變。方，區域。❿兼體　兼具眾體，意指通貫一切，等於沒有形體。兼，兼有；兼備。⓫故曰一陰一陽四句　一陰一陽，指包含相互對立相互統一的陰陽兩個方面。這是說道的根本性質。陰陽不測，指陰陽感應所發生的變化難以預料。這是說道的運行。一闔一闢，相當於一屈一伸、一呼一吸，是對於陰陽變化的形象說法。這是說道的變化形態。闔，閉。通乎晝夜，貫通到時間。這是說道的運行過程形成時間、季節的變化。⓬生生　即生生不息。指一代接一代持續繁衍。⓭其實　它的實質。⓮聰明　指耳聰目明。⓯老氏句　老氏，指老子。即老聃。姓李名耳，字伯陽。楚國苦縣（今河南鹿邑東）厲鄉曲仁里人。春秋時期的思想家，主張有生於無。著有《老子》，又名《道德經》，書旨以永恆之「道」說明萬物的生成及演變。後人尊他為道家及道教的始祖，然而，不同觀點的思想家都曾從不同角度汲取過他的思想。況諸谷，語本《老子》，老子用山谷來描述他主張的「道」，象徵空虛莫測。況，比喻。諸，「之乎」的合音字。⓰感　感應。即相互作用。⓱湛然　明朗清澄貌。⓲一　一體；統一。⓳混然　渾然一體貌；均勻無差別貌。⓴反　同「返」。㉑螢雀之化　古人認為夏天的螢火蟲是腐草變的，而秋天的雀入水會變成蛤。前後身，指前世能轉為後世，是佛教所謂的輪迴。㉒輔嗣所解　輔嗣的解釋。輔嗣，王弼的字。山陽（今河南焦作）人。三國時期的玄學家，主張以玄學代替逐漸衰落的漢儒經學。著有《周易注》、《周易略例》、《老子注》等書。所解，他的《老子注》說：「谷中央無谷也。無形無影，無逆無違，處卑不動，守靜不衰，谷以之成而不見其形，此至物也。」㉓所謂三句　山川門霤之神，指山河房屋眾神。古人認為這些場所都有神靈。霤，屋簷。郊社，祭天地。有以異乎，張載認為沒有不同。《正蒙・王禘》：「祭社稷五祀百神者，以百神之功報天之德爾，故以天事鬼神，事之至也，理之盡也。」㉔天且弗違句　語見《易經・乾卦・文言傳》，原作：「天且弗違，況於人乎！況於鬼神乎！」語意謂人能達到與天地德性相合的話，那就一切都會與它一致而不違背。㉕外學　東漢以通六經（指《易》、《詩》、《書》、《春秋》、《禮》、《樂》）為外學。㉖質成　判斷是非從而求得公正解決。㉗祛　除去。㉘魂　古人想像能離開形體而存在的人的精神。㉙魄　古人指依附人身而顯現的精神。

【語　譯】「精氣形成物，遊魂是變化」，精氣，是從無形化為有形；遊魂，是從有形化為無形。從無形成為有形，是神的狀況；從有形化為無形，是鬼的狀況。從無形成為有形，所以顯現而成為物；從有形化為無形，所以隱去而發生變化。顯現而成為物，是神的狀況；隱去而發生變化，是鬼的狀況。總之不越出有形和無形罷了。物雖然是實的，本從虛的來，所以稱它為神；變是虛化，本由實的得來，所以稱它為鬼。這與上文所說的神無形而有效用，鬼有形而沒有效用，也是相合的。所見解就是這樣，後來盡力闡發，也沒有超出它。

與范巽之談：《易經》所說「探求起始返求終了所以能認清關於生和死的理論」，是說探求起始從而認識生，那就求索它的終了從而認識死也是必然的了。這就是孔夫子所以肯定子路提問的直率而不隱晦的緣故。

形體不拘泥固定，才能夠稱得上沒有局限沒有形體。拘泥於晝夜陰陽的都是物，若是道就貫通所有形體而不受拘泥。由於它的貫通所有形體，所以說「一陰一陽」，又說「陰陽變化莫測」，又說「一閉一開」，又說「貫通到晝夜」。說它的推演變化，所以叫做「道」；說它的不能預測，所以叫做「神」；說它的生生不息，所以叫做「易」。其實質是同一個物，指它的行事而給予不同的名稱罷了。大致天的德性，虛而善於感應，它的感應不是憑思慮耳目能夠求得的，所以叫它為神，老子將它比喻為山谷就是根據這一點。太虛，是氣的本體。氣具有陰陽兩個方面，一屈一伸相互感應的無窮無盡，所以神的感應也無窮無盡；它散裂成無數，所以神的感應也無數。雖然無窮無盡，它的實質明明白白；雖然無數，它的實質一個罷了。具有陰陽的氣，散裂就千差萬別，人不能認識它們的統一；聚合就渾然一體，人看不出它們的不同。形聚合成為物，形潰散返回原貌，返回原貌，就是遊魂在變化吧！所謂變化，是對聚散存亡來說的，並非如螢和雀的轉化，指著前身和後身來說的。王輔嗣所作的解釋，似乎並未失去它的指歸。

所謂山川門庭之神，與郊社天地陰陽之神，有什麼差別嗎？《易經》說「上天尚且不違背他，更何況鬼神呢」！仲尼根據什麼給予它們不同稱呼呢？又說「遊魂為變」，魂果然是什麼？它的遊是什麼情狀？嘗試探求它達到沒有疑問，然後能夠抵拒關於神怪的說法，認識死亡就是回歸。它是外學素來所引為根據用以證明它們的理論的，不能不加以考察從而能自己除去疑惑罷了。

氣的對於人，生不離開，死就遊散的叫做魂，一旦形成就不能再變化的叫做魄。

【說　明】這一段同樣精彩。上一段講的是世界是真實存在，這一段講世界又是不斷變化的，變化與實在又是聯繫在一起的。

與天地相似，故不違；知周乎萬物而道濟天下，故不過；旁行而不流，樂天知命，故不憂；

意❶，有思也；必❷，有待也；固❸，不化也；我，有方也❹。四者有一焉，則與天地不相似。

如天地无私，則於道不離，然遺物而獨化，又過乎大中之表❺也。故下文曰範圍而不過，曲成而不遺❻。

未能周❼萬物，則必有過。過，失也。

知周乎萬物而道濟[8]天下，然後不錯[9]。若不如此，則或得於此而失於彼也。

天惟運動一氣，鼓萬物而生，无心以恤物[10]。聖人則有憂患，不得似天[11]。

天地設位，聖人成能[12]。聖人主天地之物，又智周乎萬物而道濟天下，必也為之經營[13]，不可以有憂付之无憂[14]。

旁行而不流，圓神不倚也[15]。

主應物不能固知[16]，此行而流也。入德處不移[17]，則是道不進，重滯者也。

安土敦乎仁，故能愛。

安土[18]，樂其所自生；不得其生，非忠厚之道也。

安土，不懷[19]居也。有為而重[20]遷，無為而輕遷，皆懷居也。

範圍天地之化而不過，

窮理盡性，然後至於命[21]；盡人物之性，然後耳順[22]；與天地參[23]，無意、必、固、我，然後範圍天地之化；從心不踰矩，老而安死[24]，然後不夢周公[25]。

通乎晝夜之道而知，

不偏滯於晝夜之道[26]，故曰通知[27]。

【章　旨】解說聖人如天又不等於天。

【注　釋】❶意　意向；心意。❷必　固執。❸固　固定。❹我二句　我，自我。有方，有局限。❺大中之表　大中，廣大而執中。大是廣大而無所不容；中是中道。《經學理窟・學大原下》：「人當平物我，合內外，如是以身鑒物便偏見，以天理中鑒則人與己皆見，猶持鏡在此，但可鑒彼，于己莫能見也，以鏡居中則盡照。只為天理常在，身與物俱見，則不自私，己亦是一物，人常脫去己身則自明。」表，標誌；界限。❻範圍二句　範圍，效法。意指效法天地。曲成，成就微細，意指成就萬物。❼周　周遍；普遍。❽道濟　道，指一定人生觀、世界觀、政治主張或思想體系。即上文的「大中」之道。也是天德的完美體現。濟，有益；有利。❾錯　通「措」。停止；放棄。❿鼓萬物二句　鼓，鼓動；鼓舞；激發。恤，體恤；周濟。⓫聖人則有憂患二句　句意謂人有意識，所以與天完全自然不同。⓬天地設位二句　指天地設定自己的位置，即所謂「天尊地卑」。聖人成能，聖人成就了完美的人性，與天地組成三才。⓭經營　籌劃營謀。⓮不可句　不能把有意識寄託給無意識，人是要主動去做的。有憂，指人。无憂，指自然。⓯旁行二句　旁行，普遍推行；周行。圓神，運旋無窮。倚，偏向一邊。⓰主應物句　主，主持。應，應酬。固，堅持。知，通「智」。⓱不移　不趨時變化。移，變動。⓲安土　安心於鄉土。⓳懷　懷念；留戀。⓴重　看重；不願。㉑窮理盡性二句　窮究萬物的規則達到天性。窮理是認識，是智；盡性是修德。命，天命。《正蒙・誠明》：「天所自不能已者謂命。」相當於天道。至於命，語本《論語・為政》：「五十而知天命。」張載改「知」為「至」，自有其說。《正蒙・三十》：「五十窮理盡性，至天之命；然不可自謂之至，故曰知。」㉒耳順　耳聞其言就知其意，表示與萬物感應暢通。語出《論語・為政》：「六十而耳順。」㉓參　同「三」。意指合而為三。㉔從心二句　從心，隨心所欲。踰，同「逾」。安死，死而心安；死也沒有遺憾。㉕不夢周公　表示心事已了。語本《論語・述而》。夢周公，是孔子的理想。周公，名旦，姬姓，封邑在周（今陝西岐山北）而有周公之稱。曾輔助兄周武王滅商興周，後為年幼成王攝政，功業卓著。相傳曾創制禮樂等一系列典章制度，被封建社會奉為典範。㉖晝夜之道　即陰陽變化之道。㉗通知　徹底認識。

【語　譯】意，是有所思求；必，是有所期待；固，是頑固不化；我，是自我局限。四者之中如果有一個，就與天地不相似。

像天地那樣無私，也就不會離開道，但是遺棄萬物而獨自昇華，又超出了大中的界限。所以下文說效法天地而不超越，成全萬物而不遺棄。

未能周遍萬物，就必定有過失。過，就是失誤。

智慧周遍萬物並且道義拯救天下，然後能堅持不放棄。如果不這樣，就或者在這邊得了卻在那邊失去了。

天只是運動著的氣，鼓動萬物萌生，沒有意識來體恤萬物。聖人卻是有憂患，不能像天那樣。天地設置好位置，聖人成就了德性。聖人主持天地的萬物，又能智慧周遍萬物並且用道義拯救天下，務必為它們籌劃營謀，不能拿有憂患的寄託於無憂患的。

普遍推行卻不放縱，圓通感應而不偏重。

主持感應萬物卻不能堅定智慧，這是推行卻陷於放縱。修德卻不能權宜，那是道不能深造，是凝滯不前。

安心鄉土，喜愛他所出生的地方；不重視他所出生的地方，不合忠厚的原則。

安心鄉土，是不留戀舊居。有所作為卻看重遷移，無所作為卻輕視遷移，都是留戀舊居。

窮盡萬物的規則達到天性，然後達到了天命；窮盡人與物的性，然後聲入心通；與天地配合為三，沒有意、必、固、我的弊病，然後效法天地的化育；隨心所欲而不越規，老了而能心安理得地死，然後不再夢見周公。

不局限在晝夜變化的原理，所以叫做徹底認識。

【說　明】前兩章講的是自然，一是實在，二是運動。這一章講到了人，也就是意識。作為意識的代表——聖人，從消極方面說，必須徹底拋棄意、必、固、我四弊；從積極方面說，就要窮理盡性，達到與天地一致。但是人之與天還是有不同，天的運行是自然如此；而人必須有所作為，主動去配合天。

故神无方而易无體。

〈繫辭〉言《易》，大概是語《易》書制作之意；其言「易无體」之類，則是天易也❶。

神與易雖是一事，方與體雖是一義，以其不測，故言无方；以其生生，故言无體。然則易近於化❷。

一陰一陽之謂道，

一陰一陽是道也，能繼繼❸體此而不已者，善也。善，猶言能繼此者也；其成就之者，則必俟見性❹，是之謂聖。仁者不已其仁，姑謂之仁；知者不已其知，姑謂之知❺；是謂致曲❻，曲能有誠也，誠則有變，必仁知會合乃為聖人也。所謂聖者，於一節❼上成性也。夷惠❽所以亦得稱聖人，然行在一節而已。「百姓日用而不知」，蓋所以用莫非在道。飲食男女❾皆性也，但己不自察，由旦至暮，凡百舉動❿，莫非感而不之知。今夫心又不求，感又不求，所以醉而生夢而死者眾也。

繼之者善也，成之者性也。

言繼繼不已者善也，其成就者性也。仁知各以成性，猶勉勉而不息，可謂善成⓫，而存存⓬在乎性。仁知見之，所謂「曲能有誠」者也。不能見道，其仁知終非性之有也。

性未成則善惡混，故亹亹⑬而繼善者斯為善矣。惡盡去則善因以成，故舍曰善而曰「成之者性也」。

神不可致思，存焉可也；化不可助長，順焉可也。存虛明⑭，久至德，順變化，達時中⑮，仁之至，義之盡也。知微知彰，不舍而繼其善，然後可以成人性矣。

仁者見之謂之仁，知者見之謂之知，

聞見不足以為己有，「仁者見之謂之仁，知者見之謂之知」，心各見本性⑯，始為己有，苟未見性，須當勉勉。今學者既知趨向⑰，殊不費力，何為不勉勉！

百姓日用而不知，故君子之道鮮矣。

百姓日用而不知，溺於流也。

【章旨】解說人性能達到天性就是聖人。但是聖人不是天生的，需要持續不斷地努力，努力認識自己，提高自己。

【注釋】❶其言二句　易无體，變化沒有固定的形體。天易，指自然自身的變化，即氣自身的變化。❷化　化生；化育。❸繼繼　繼而又繼；持續不斷。❹見性　顯現完美的德性。見，同「現」。❺知　通「智」。❻致曲　致力研求細微的事理。

曲，一偏。❼節　事物的一端。泛指事項。❽夷惠　夷，伯夷，上古孤竹君的兒子。他與弟叔齊為推讓繼承王位而逃亡，後來遇到周武王興兵伐紂，二人叩馬勸阻不成，發誓不吃周朝的糧食，終於餓死在首陽山。儒家稱他為最清高的人。惠，即魯國大夫展禽，惠是諡號，因封邑在柳下，又被稱為柳下惠。以講「禮」和善於外交著名，深受儒家尊崇。儒家稱道伯夷的是清，柳下惠的是和。❾飲食男女　代表人的日常基本需求。❿凡百舉動　凡百，概括的詞語；一切。舉動，行動。⓫猶勉勉二句　勉勉，勤懇不倦貌。善成，善指「繼繼不已」；成指「其成就者性」。意思是努力達到完美的人性。⓬存存　存它的存。指常存。即長存。⓭亹亹　勤勉不倦貌。⓮虛明　指神。描述神的無形而又無處不在的狀況。⓯時中　適時而執中。即適合時勢執行中道。⓰本性　指完美人性。⓱趨向　志趣。

【語　譯】〈繫辭〉講解《易經》，大致是講《易經》撰寫的用意；它所說「變化沒有形體」之類，那就是指天的變化。

神性與變化雖然是同一件事，一方與形體雖然是同一意義，由於它的不可預測，所以說不拘於一方；由於它的生生不息，所以說沒有固定形體。然而變化接近於化育。

一陰一陽就是道，能持續不斷地體現它而不止息，這就是善。善，如同說能持續發揚道的；那達到它的，就必須等到顯示完美的人性，這就叫它為聖。仁者不止息他的仁，暫且叫它為仁；智者不止息他的智，暫且叫它為智；這叫做能夠致力研求細微的事理，能夠致力研求細微的事理就能有誠心，誠心就有變化，必須仁與智會合才能成為聖人。所謂聖者，有在某一項上達到完美人性的。如伯夷和柳下惠之所以也能夠稱為聖人，而他們的品行只在一項而已。「百姓天天在用卻不認識」，是說所用沒有不在道的。飲食男女都是性，只是自已不能自我審察，從早到晚，一切舉動，沒有不是感應卻不認識它。現在內心又不求認識，感應又不求深究，所以酒醉般活著做夢般死去的人多了。

說持續不斷地努力的是善，那達到的就是完美的人性。仁與智各憑自身達到完美的人性，還是要勤勤懇懇而不止息，是能稱得上善成了，然而長久存在是在於性。仁者智者顯示完美人性，是所謂「致力研求細微的事理能有誠心」的啊。不能顯示道，他的仁、智終究不是性之所有。

人性沒有達到完美就是善惡混雜的，所以勤勉不倦地持續為善的這才成為善了。惡被除盡，善就能藉以圓滿，所以不說善而說「達到它的是完美的人性」。

神不能憑人的思慮求得，保存它就行了；化育不能助長，順著就行了。保存虛明的神，堅持最高德性，順著變化，達到適時而執中，是仁之最，義之全。認識細微的也認識顯明的，不止息並且持續他的善，然後能夠達到完美的人性了。

聽到的看到的還不足以成為自己擁有的，「仁者看見它稱它為仁，智者看見它稱它為智」，內心各自顯現本性，才能成為自己擁有的，如果未能顯現本性，必須勤勤懇懇地努力。現在學者已經知道方向，卻不肯花費力氣，為什麼不勤勤懇懇地努力呢！

百姓天天在用卻不認識，是沉溺於放任自流。

【說　明】 聖人不是天生的，而是靠自覺勤懇不斷地努力，這是人性的必然發展方向。

顯諸仁，藏諸用，

非神不能顯諸仁，非知不能藏諸用。

鼓萬物而不與聖人同憂。

老子言「天地不仁，以萬物為芻狗❶」，此是也；「聖人不仁，以百姓為芻狗❷」，此則異矣。聖人豈有不仁？所患者不仁也。天地則何意於仁？鼓萬物而已。聖人則仁爾，此其為能弘道❸也。

鼓萬物而不與聖人同憂，天道也。聖不可知也，無心之妙非有心所及也。

天不能皆生善人，正以天无意也。「鼓萬物而不與聖人同憂」，聖人之於天下，法則无不善也。然古者治世多而後世不治，何也？人徒見文字所記，自唐虞❹以來論其治亂，殊❺不知唐虞以上幾治幾亂，須歸之運數，有大數，有小數❻，故孟子曰：「天下之生久矣，一治一亂。」❼

〈繫〉之為言，或說《易》書，或說天，或說人，卒❽歸一道，蓋不異術，故其參錯❾而理則同也。「鼓萬物而不與聖人同憂」，則於是❿分出天人之道。人不可以混天，「鼓萬物而不與聖人同憂」，此言天德之至也。與天同憂樂，垂法於後世，雖是聖人之事，亦猶聖人之末流⓫爾。

神則不屈，无復回易⓬，「鼓萬物而不與聖人同憂」，此直⓭謂天也。天則无心，神可以不詘⓮，聖人則豈忘思慮憂患？雖聖亦人耳，焉得遂欲如天之神，庸⓯不害於其事？聖人苟不用思慮憂患以經⓰世，則何用聖人？天治自足矣。聖人所以有憂者，聖人之仁也；不可以憂言者，天也。蓋聖人成能，所以異於天地。

富有之謂大業，日新之謂盛德。

富有，廣大不禦⓱之盛與！日新，悠久无疆之道與！富有者，大而无外⓲也；

日新者，久而无窮也。顯其聚也，隱其散也，顯且隱，幽明所以存乎象；聚且散，推盪⑲所以妙乎神。「日新之謂盛德」，過而不有，凝滯於心，知之細也，非盛德日新。惟日新，是謂盛德。義理⑳一貫，然後日新。

生生之謂易。

生生，猶言進進也。

極數知來之謂占，

「極數㉑知來」，前知也。前知其變，有道術㉒以通之，君子所以措於民者遠矣。

通變之謂事。

能通其變而措於民，聖人之事業也。

【章　旨】解說聖人與天不同是有為有憂，正因為有憂有為，所以成為聖人。

【注　釋】❶天地不仁二句　語見《道德經》第五章。天地不仁，意思說天地自然而為不是有意識的。芻狗，古代祭祀用草紮成的狗，喻指微賤無用之物。❷聖人不仁二句　語見《道德經》第五章。意思是聖人與天一樣。❸弘道　弘揚道。❹唐虞指堯舜時期。❺殊　竟；卻。❻須歸之三句　運數，命運氣數。大數，指大的運數，即大局的運數。小數，小的運數，即個人的自身運數。❼天下之生久矣二句　語見《孟子・滕文公下》。生，指生民。即民眾。❽卒　最終。❾參錯　雜亂不齊。❿於是　在這點上。⓫聖人之末流　指聖人剩下的業績。意思指不是聖人的精神。⓬回易　改換。⓭直　特；只。⓮詘　通「屈」。屈曲；折疊。⓯庸　豈；難道。⓰經　治理。⓱禦　止。⓲大而无外　指包容一切，相當於宇宙之大。⓳推盪　推移；變化。⓴義理　普遍皆宜的道理。㉑極數　窮盡蓍策數的變化。㉒道術　古代指治道的方法。

【語　譯】不是神就不能顯現在仁裡面，不是智就不能藏隱在作用裡面。

老子說「天地不仁愛，把萬物當做無用的草紮的狗」，這話是對的；說「聖人不仁愛，把百姓當做無用的草紮的狗」，這就不一樣了。聖人豈有不仁愛的？他所憂患的就是不仁愛。天地則哪有意識在仁愛上面？只是鼓動萬物罷了。聖人就仁愛了，這就是他所以能夠弘揚道的緣故啊。

鼓動萬物而不與聖人同憂，是天道。神聖不能知曉，無心的神妙並非有心者所能及到的。

天不能都生善人，正因為天是無意識的。「鼓動萬物而不與聖人同憂」，聖人的對於天下，治理法則沒有不完善的。然而古代治世多而後代治不好，是什麼原因呢？人們只看見文字所記載的，自唐堯、虞舜以來評論它們的治與亂，卻不知道唐堯、虞舜以上時代有多少治世多少亂世，須當歸結到命運，命運有大命運，也有小命運，所以孟子說：「天下有民眾很長久了，一番治一番亂。」

〈繫辭〉的作為解說，或者解說《易經》，或者解說天，或者解說人，最終歸結到同一個道，因為不用不同的方法，所以它雖然參錯不齊，但是原理卻相同。「鼓動萬物而不與聖人同憂」，就從這裡分出天人的原則來。人不能混淆於天，「鼓動萬物而不與聖人同憂」，這是講天德之最。與天同憂樂，留傳法制於後世，雖然是聖人之事，也不過是聖人遺留的業績罷了。

神就是不屈曲的，不再回換改變，「鼓動萬物而不與聖人同憂」，這只是講天的。天是無意識的，神能夠不屈曲，聖人則豈能忘記思慮憂患？雖然是聖人也只是人而已，哪能就想如天之神，豈不損害他的事業？聖人如果不用思慮憂患來治理社會，那麼用聖人做什麼？天自己治理就足夠了。

聖人所以有憂患，是聖人的仁愛；不能夠用憂患來說的，是天。因為聖人成就完美的人性，所以不同於天地。

富有，就是廣大無邊的昌盛吧！天天新，就是悠久無限的原理吧！富有，就是廣大無外；天天新，就是長久無窮。

顯現是它的聚合，隱沒是它的散裂，顯現而又隱沒，無形和有形所以存在於現象之中；聚合而又散裂，變化所以奇妙在於神。

「天天新稱為昌盛的德性」，經過而不擁有，如果滯留在心裡，是認識的細微，並非昌盛的德性天天新。只有天天新，這才稱為昌盛的德性。道理一條線貫串著，然後天天新。

生生，如同說推進而又推進。

「窮盡蓍策的變化從而知曉未來」，是先知。先知它的變化，有辦法來溝通它，君子所用來安置民眾的是很深遠了。

能貫通它的變化從而安置民眾，是聖人的事業。

【說　明】張載提出的兩點很好：一是聖人要像天一樣，仁愛萬物；二是聖人要積極努力做事，不能放任自流。

易簡之善配至德。

循天下之理之謂道，得天下之理之謂德，故曰「易簡之善❶配至德」。

知崇禮卑，崇效天，卑法地，天地設位而易行乎其中矣。成性存存，道義之門。

「知崇禮卑」，叩其兩端而竭也❷，崇既效天，卑必法❸地。

非知，德不崇；非禮，業❹不廣。知崇，天也，形而上❺也。通晝夜之道❻而知，其知崇矣。知及之而不以禮性之❼，非己有也，故知禮成性而道義出，如天地設位而易行❽。天地位定而易行乎其中，知禮成性❾而道義出。夫《易》，聖人所以崇德廣業❿，以知為德，以禮為業也，故知崇則德崇矣。此論《易》書之道，而聖人亦所以教人。「天地設位而易行乎其中」，比下文「成性存存道義之門⓫」而言也。天地設位，故易行乎其中，知禮成性，則道義自此出也，道義之門蓋由⓬仁義行也。

聖人亦必知禮成性，然後道義從此出，譬之天地設位則造化⓭行乎其中。知則務⓮崇，禮則惟欲乎卑，成性須是知禮，存存則是長存。知禮亦如天地設位。

何以致不息？成性則不息。誠，成也，誠為能成性也，如仁人孝子所以成其身⓯。柳下惠，不息其和也；伯夷，不息其清也⓰。於清和以成其性，故亦得為聖人也。然清和猶是性之一端，不得全正，不若知禮以成性，成性即道義從此出。

知極其高，故效天；禮著實處，故法地。人必禮以立⑰，失禮則孰為道？「天地設位而易行乎其中，成性存存，道義之門」，知禮以成性，性乃⑱存，然後道義從此出。

學不能自信而明者，患在不自勉爾。當守道不回⑲，如川之流，源泉混混⑳，不捨晝夜，无復回卻㉑，則自信自明，自得之也。《易》曰「繼之者善也」，惟其能相繼而不已者，道之善也；至於成性，則不勉而中㉒，不思而得，從容中道矣，故曰「成性存存，道義之門」。

【章　旨】解說人道——人應遵循的基本原則，這就是道義。

【注　釋】❶易簡之善　平易簡明地生成萬物的完善。易簡，指宇宙真理。❷知崇禮卑二句　知崇禮卑，智慧要崇高禮要低下。知，通「智」。禮，指封建社會等級制度的社會規範和道德規範。叩，探問。兩端，兩頭。指知和禮。竭，盡。❸法　效法。❹業　事業。上句「德」指自身修養；此句「業」指在社會上的作為。❺形而上　在有形體之上，指超越物質的意識。❻晝夜之道　即表現為時間的陰陽變化之道。❼性之　成為它的性。❽天地設位而易行　天地定位從而變化進行。天地設位，即篇首說的「天尊地卑」。易，變易；變化。❾知禮成性　智慧和禮成就人性。❿崇德廣業　崇德，使德崇高。廣業，使事業廣大。⓫成性存存道義之門　成性，指以智和禮成就完美的人性。存存，相當於生生不息的「生生」，是長存。道義之門，指道義所出處。門，指門徑、門戶。⓬由　隨順。⓭造化　創造化育。即生成萬物的變化。⓮務　勉力從事。⓯成其身　使之成就自身。《正蒙・誠明》：「天所以長久不已之道，乃所謂誠。仁人孝子所以事天誠身，不過不已於仁孝而已。」⓰柳下惠四句　柳下惠伯夷，見前章注。和、清，《正蒙・中正》：「無所雜者清之極，無所異者和之極。勉而清，非聖人之清；勉而和，非聖人之和。」⓱人必禮以立　人務必以禮立身。孔子介紹自己成長過程，說「三十而立」，見《論語・為政》。張載解說為「三十器於禮」，見《正蒙・三十》。器，成器；成才。⓲乃　於是；才。⓳不回　不退；不屈。⓴混混　同「滾滾」。水流不絕貌。㉑回卻　退卻；返回。㉒中　達到；恰好對上。

【語譯】遵循宇宙的普遍真理稱它為道，得到宇宙的普遍真理稱它為德性，所以說「平易簡明的美善相配於最高德性」。

「智慧應當崇高禮應當謙卑」，是探問它的兩頭並且達到窮盡，崇高則仿效天，謙卑必然效法地。

不是智慧，德性不能崇高；不是禮，事業不能廣大。

智慧崇高，是天，是形而上的。通貫晝夜變化的原理而有智慧，那智慧就崇高了。智慧達到卻不以禮修養成德性，不是自己所擁有的，所以智慧與禮修養成德性從而道義形成，如天地定位從而變化進行。

天地位置確定了從而變化在其中進行，智慧與禮修養成德性從而道義形成。《易經》，是聖人用來提高德性廣大事業的，以智慧為德性，以禮為事業，所以智慧崇高也就德性崇高了。這是論述《易經》的原理，而聖人也用來教人。「天地定位從而變化在其中進行」，是比照下文「成就德性而且長存是道義的門戶」來說的。天地定位，所以變化在其中進行，智慧與禮修養成德性，道義就從這裡形成，道義的門戶大致是說由行仁義而來的。

聖人也必定以智慧與禮修養成德性，然後道義從這裡形成的，譬如天地定位從而創造化育就在其中進行。智慧就務須尊崇，禮就只求謙卑，修養成德性應當是智慧與禮，存而又存就是長存，智慧與禮也像天地定位。

憑什麼達到持續不已？修養成德性就能持續不已。誠，就是形成，誠是能修養成德性的，如同仁人孝子所用來修養其自身。柳下惠，持續不已他的和；伯夷，持續不已他的清。分別在清與和上面修養成德性，所以也能夠成為聖人。然而清與和僅僅是德性的一個方面，沒有達到完美，比不上以智慧與禮成就德性，成就了德性就是道義從這裡形成。

智慧要窮極它的高，所以仿效天；禮要落到實處，所以效法地。人必須以禮立身，失去禮還有什麼稱得上道呢？「天地定位從而變化在其中進行，修養成德性並且長存，是道義的門戶」，以智慧與禮修養成德性，德性於是長存，然後道義從這裡形成。

學習不能自信而昌明的，弊病在於不自我努力罷了。應當堅守道義不退卻，如大河的流水，水源滾滾，晝夜不停，不再回頭，就能自信而自我昌明，是自己得到它的。《易經》說「持續不斷努力就是善」，惟有能繼續不斷的，才是道的善；至於成就最高德性，則能不須努力而達到，不必思慮而獲得，從容在中道領域之中了。所以說「修養成德性而且長存，是道義的門戶」。

聖人有以見天下之動，而觀其會通，以行其典禮，

時措之宜便是禮，禮即時措時中見之事業者❶。非禮之禮，非義之義，但❷非時中皆是也。非禮之禮，非義之義，又不可以一概❸言，如孔子喪出母，子思不喪出母❹，又不可以子思守禮為非也。又如制禮者小功不稅❺，使曾子❻制禮，又不知如何。以此不可易言。時中之義甚大，須是精義入神❼以致用，始得觀其會通以行其典禮❽，此方是真義理也。行其典禮而不達會通，則有非時中者矣。今學者則須是執禮，蓋禮亦是自會通制之者。然言不足以盡天下之事，守禮亦未為失，但大人❾見之，則為非禮非義，不時中也。君子要多識前言往行❿以畜其德，以其看前言往行熟，則自能比物醜類⓫，亦能見得時中。禮亦有不須變者，如天敘天秩⓬之類，如何可變！時中者不謂此。

【章　旨】解說禮要適合時勢。

【注　釋】❶時措之宜二句　時措之宜，適應時勢措施的合宜，即應時制宜。時措，即時措之宜。時中，應時的中道。即時措之宜。見，同「現」。❷但　只。❸一概　同一個標準。❹如孔子二句　喪，治喪。出母，古稱被父親所離棄的母親。子思，孔子孫。《禮記・檀弓上》：「為伋也妻者，是為白也母；不為伋也妻者，是不為白也母。故孔氏之不喪出母，自子思始也。」伋，子思字。白，子思兒子名。❺小功不稅　小功，舊時喪服名，是五服之一。其服用較細的熟麻布做成。服期五個月。為曾祖父母、伯叔祖父母、堂伯叔父母、未嫁祖姑、堂姑、已嫁堂姐妹、兄弟妻、從堂兄弟、未嫁從堂姐妹和外祖父母、母舅、母姨等服之。稅，指日期已過才聞知從而服喪。❻曾子　名參。字子輿（西元前五〇五－前四三六年）。春秋末魯國南武城（今山東費縣）人。孔子學生，以孝著稱。❼精義入神　精微的義理深入神性。❽典禮　制度和禮儀。❾大人　古代對德高者的稱呼。❿前言往行　指前賢的言行。⓫比物醜類　比照同類事物。比，比照。醜，比照。⓬天敘天秩　天生的次序，天生的品級。《正蒙・動物》：「生有先後，所以為天序；小大、高下相並而相形焉，是謂天秩。」敘，同「序」。

【語　譯】應時制宜便是禮，禮就是適時措置適時執中顯現在事業上面的。不合乎禮的禮，不合乎義的義，只要不達到適時執中都是的。不合乎禮的禮，不合乎義的義，又不能夠按同一個標準來評論，例如孔子為出母治喪，子思不為出母治喪，又不能夠把子思守禮認為不合乎禮。又如制禮者以為小功不稅，如果讓曾子來制禮，又不知該如何。因此不能輕易地說。適時執中的含義很大，必須精究義理深入神性從而付於施用，才能觀察他的會合變通從而施行他的制度和禮儀，這才是真義理。施行他的制度和禮儀卻不認識會合變通，就會有不適時執中的了。現今學習的人就必須堅守禮，因為禮也是從會合變通中制定的。然而言論不能說盡天下的事務，守禮也算不上失誤，但是修養高的人看見它，就認為不合乎禮不合乎義，不是適時執中。君子應該多多認識前賢的言行用來培養德性，由於他看前賢言行熟了，就自己能夠比照同類事物，也能顯得適時執中。禮也有不須要改變的，如天敘天秩之類，怎麼能夠改變！適時執中的不指這個。

【說　明】張載提出「時措之宜便是禮」，主張禮要與社會發展相適應，具有改革精神，符合當時社會需要。與他的基本觀點氣是變動不停的相一致。但是，他關於禮的理論又是複雜而矛盾的。他在提出禮是天性在社會中的體現，又把封建等級制度看成如天敘天秩一樣，是不可改變的。正如他在《正蒙・乾稱》中的著名論述，一方面主張「民吾同胞，物吾與也」，另一方面又主張「大君者，吾父母宗子；其大臣，宗子之家相也」。所以我們在肯定他進步性的同時，又要全面地客觀地評價他的理論。

繫辭焉以斷其吉凶，是故謂之爻。言天下之至賾而不可惡也，

《易》語天地陰陽，情偽至隱賾而不可惡也❶，諸子馳騁說辭❷，窮高極幽，而知德者厭其言。故言為非難，使君子樂取之為貴。

《易》之為書，有君子小人❸之雜，道有陰陽，爻有吉凶之戒，使人先事決疑，避凶就吉。

擬之而後言，議之而後動，擬議以成其變化。

凡一言動，是非可否隨之而生，所以要慎言動❹。「擬之而後言，議之而後動」❺，不越求是而已。此皆著爻象之辭所以成變化之道，擬議以教之也❻。

凡有一迹❼出，便有无限人議論處。至如天之生物亦甚有不齊處❽，然天則无心不恤，此所以要慎言動。《易》曰「擬之而後言，議之而後動」，只是要求是也。

子曰：君子之道，或出或處，或默或語。二人同心，其利斷金。同心之言，其臭如蘭。

君子自知自信，了然❾不惑。又於出處語默❿之際獲與人同，則其志決然⓫，利可斷金。

惟仁者能聽盡言，己不欲為善則已，苟欲為善，惟恐人之不言。「二人同心，其利斷金」，夫一人固自明矣，又有一人言而同心，其為利也如金鐵之可斷。義理必至於出處語默之不可易，如此其同也，己固自信，又得一人與之同，故利可斷金。

【章旨】解說君子要慎言慎行，目的只為了求是。

【注釋】❶情偽句　情偽，真假。隱賾，精微玄妙。隱，精微。賾，幽深玄妙。❷諸子句　諸子，據《正蒙》，張載點名批評的有老子、莊子和告子等人，對佛教尤為激烈。馳騁，奔競；趨赴。說辭，勸說別人使聽從自己意見的言論。❸君子小人　古指有德者與無德者。❹言動　言行。❺擬之而後言二句　學《易經》者應如作《易經》者先比擬物象而後說易理，學《易經》者應如作《易經》者之於爻，議論爻辭之後而行動。擬，估量；猜測。❻此皆二句　著，撰寫。爻象之辭，即爻辭和卦辭。爻辭，指說明《易經》六十四卦中各爻要義的文辭。卦辭，指說明六十四卦每卦要義的文辭。擬議，行動之前的謀劃和議論。❼迹　事跡。❽天之生物亦甚有不齊處　如前章所說的天秩天敘，即天之生物有先後、小大、高下的差別。❾了然　全然；完全。❿出處語默　出仕與隱退、發言與沉默。⓫決然　斷然。

【語　譯】《易經》講天地陰陽，真偽極其精微玄妙卻不會令人厭煩，諸子盡力施展說辭，窮極高深和幽微，但是有德性的人厭惡他們的言論。所以言論不難，使君子樂於聽取才是難能可貴的。

《易經》的作為一部書，有論及君子與小人的不同，道有陰陽，爻有關於吉凶的告戒，讓人事先決斷疑問，以便趨吉避凶。

凡是一有言論和行動，是或非可以或不可以就會隨之產生，所以要謹慎言論和行動。「學習《易經》的人應當比擬物象然後說《易》理，議論爻辭然後行動」，所說不越出求是罷了。這都是寫在卦爻辭裡面所用來形成變化之道的，謀劃議論用來教人的。凡是有一件事情出來，便會有無限的人議論的地方。至於天的生成萬物也往往有不齊一的，但是天沒有意識不會去體恤，這是所以要謹慎言論行動的原因。《易經》說「學習《易經》的人應當比擬物象然後說《易》理，議論爻辭然後行動」，只是為了求是。

君子自知自信，完全沒有疑惑。又在出仕、隱退、議論、沉默的時候獲得與人共鳴，那麼他就心意堅決，鋒利得能夠切斷金石。

只有仁者能採納聽盡別人的話，自己不想為善也就罷了，假如真想為善，就惟恐別人不說話。「二人同心，它的鋒利能切斷金石」，一個人固然自己明白了，又有一個人言論能同心，它的鋒利如同金鐵的能夠切斷。

義理必須到了出仕、隱退、議論、沉默都不能改變，像這樣的同一，自己當然自信，又得到一個人與它相同，所以它的鋒利連金石也能夠切斷。

【說　明】慎言慎行不是少言少行，而是說要謀定而後動，做到預先有準備。《易經》說「擬之而後言，議之而後動」也就是這個意思。《易經》這本書的價值也就在此。

大衍之數五十，其用四十有九。

「大衍❶之數五十，其用四十有九」，天地之數也，一固不為用。「天一，地二，天三，地四，天五，地六，天七，地八，天九，地十。」❷天混然❸一物，无有終始首尾，其中何數之有？然此言特示有漸❹爾，理須先數天，又必須先言一，次乃至於十也。且天下之數止於十，窮則自十而反❺一。又數當止於九，其言十者，九之耦❻也。揚雄亦曰「五與五相守」者❼，蓋地數无過天數之理，孰有地大於天乎？故知數止於九，九是陽極❽也，十也者姑為五之耦焉爾❾。

分而為二以象兩，掛一以象三，揲之以四以象四時，歸奇於扐以象閏，五歲再閏，故再扐而後掛。天數五，地數五，五位相得而各有合。天數二十有五，地數三十，凡天地之數五十有五，此所以成變化而行鬼神也。乾之策二百一十有六，坤之策百四十有四，凡三百有六十，當期之日。二篇之策萬有一千五百二十，當萬物之數也。

極兩兩❿，是為天三。數雖三，其實⓫一也，象成而未形也。地兩兩，剛亦效也，柔亦效也。七離九。六坎八。⓬

參天兩地，此但天地之質也，通其數⑬為五。乾坤正合為坎離⑭，坎離之數當六七，精為日月，粗為水火⑮，坎離合而後萬物生。得天地之最靈為人，故人亦參為性，兩為體，推其次序，數當八九。八九而下，土其終也，故土之為數終於地十。過此以往，萬億无窮，不越十終反一而已。陽極於九，陰終於十，數乃成，五行⑯奇耦乃備。過此周而復始⑰，滋至无算，不越於是。陽用其極，陰不用極而用六者，十者，數之終，九之配也。地无踰天之理，終於其終而已焉。

參天兩地，五也。一地兩，二也。三地兩，六也，坤用⑱。五地兩，十也⑲。一天三，三也。三天三，九也，乾用。五天三，十五也。凡三五乘天地之數⑳，總四十有五，并參天兩地自然之數五，共五十。虛太極之一，故為四十有九㉑。

「掛一象三」，象天地之三也㉒。揲四，象四時也㉓。揲象四時，數不過十，十時乃二歲半，舉三揲之餘也。直云「五歲再閏」者，盡遇多之數也。揲常餘九，則揲者四十而已，四十乃十四時之數㉔也。

六↓七↓八↓九↓十
一。此相間㉕循環之數也。
↑五↑四↑三↑二

「五位相得而各有合」，一二相間㉖，是相得也；各有合，以對相合也，如一、六，二、七，三、八，四、九。各有合，神也；位相得，化也。奇，所掛之一也；扐，左右手四揲之餘也㉗。再扐後掛者，每成一爻而後掛也，謂第二第三揲不掛也。閏常不及五年而再至，故曰「五歲再閏」。此歸奇必俟於再扐者，象閏之中間再歲也。

「成變化而行鬼神㉘」，成行陰陽之氣而已矣。

是故四營而成易，十有八變而成卦，八卦而小成。引而伸之，觸類而長之，天下之能事畢矣。顯道神德行，是故可與酬酢，可與祐神矣。

示人吉凶，其道顯；陰陽不測，其德神。顯故可與酬酢㉙，神故可與祐神㉚；受命如響㉛故可與酬酢，知來藏往㉜故可與祐神。示人吉凶，其道顯矣；知來藏往，其德行神矣。語著龜㉝之用也。

顯道者，危使平，易使傾，懼以終始，其要㉞无咎之道也。神德行者，寂然㉟不動，冥會㊱於萬化之感而莫知為之者也。受命如響，故可與酬酢，曲盡鬼謀㊲，故可與祐神。顯道神德行，此言著龜之行也。

【章　旨】解說用蓍草占卦的方法。

【注　釋】❶大衍　指以大數來演卦。衍，演。❷天一地二等十句　天是陽，地是陰，五個奇數代表天，五個偶數代表地，又一至十象徵天地陰陽的自然現象。我國古代認為數字象徵天地生生不息的活動。❸混然　無所辨別貌。❹漸　逐漸；徐進。❺反　同「返」。回歸。❻耦　通「偶」。成對；配偶。❼揚雄句　揚雄，字子雲（西元前五三—西元一八年），一作楊雄，蜀郡成都（今屬四川）人。西漢文學家、哲學家和語言學家，著有《法言》、《太玄》和《方言》等，原有集，已散佚，明人輯有《揚子雲集》。五與五相守，語據《太玄．玄圖》改。❽陽極　陽數的最高。即天數的最高。極，極至。❾十也者句　姑，姑且；權且。焉爾，焉表示決定語氣，爾是句末語氣詞，相當於「耳」、「而已」。❿極兩兩　極，終極；原始。兩兩，指陰陽、奇偶數兩兩相配。⓫其實　它的實質。⓬七離九二句　七九是陽數也是天數，離指離卦；六八是陰數，也是地數，坎是坎卦。分別代表陰陽。⓭通其數　合天地之數。即三加二為五。⓮坎離　卦名，坎是陽卦，離是陰卦。⓯精為日月二句　日月星辰能改變物的性情形體，又稱變數；水火土石能化育飛禽走獸草木，又稱化數。精為變性，粗指化育。變化從而萬物生。⓰五行　指金、木、水、火、土五種物質。古人把它們作為構成萬物的元素，用來說明世界萬物的起源和多樣性的統一。⓱周而復始　循環往復。⓲用　作用。⓳十也　見「十者，數之終，九之配也。」表示是配而非「用」。⓴天地之數　指五。㉑虛太極二句　虛，空出。太極，指派生萬事萬物的本原。故為四十有九，指占筮時用五十根蓍草，有一根不用，象徵太極，實際只使用四十九根。㉒掛一象三二句　掛一象三，指占筮時，將四十九根蓍草任意分握兩手，再從右手中取出一根，夾在左手的小指中。象天地之三，象徵天、地、人三才。㉓揲四二句　揲，指用手抽點成批或成束物品的數目。四時，指四季。指「掛一象三」以後，再將左右手中的蓍草，每四根一數。㉔四十乃十四時之數　四十是十個四時的數目。十四時，十個四季。㉕相間　指奇數與偶數相間。亦即天數與地數相間。㉖一二相間　即奇數與偶數相間。㉗奇四句　奇，零數；餘數。扐，筮法稱每次將數剩零餘的蓍草夾在手指間為扐。㉘鬼神　天地間精氣的聚合變化。㉙酬酢　應對。㉚神故可與祐神　祐神，協助神的功能。祐，保祐。前「神」是《易經》的達到天性的德性，屬於人的；而「祐神」的神是天性，自然而無意識。人性達到了天性，就能協調天性行事了。㉛嚮　回聲。㉜藏往　隱藏於以往之中。㉝蓍龜　蓍指蓍草，龜指龜甲，都是占卜的工具。㉞要　總要；總。㉟寂然　心神安寧而無雜念貌。㊱冥會　暗合。㊲曲盡鬼謀　曲盡，窮盡。鬼謀，鬼神的謀劃。

【語　譯】「大衍之數是五十，實際使用的只有四十九」，這是天地的數目，一是本來就不使用的。「天一，地二，天三，地四，天五，地六，天七，地八，天九，地十。」天是渾然一體的，沒有終始頭尾，其中能有什麼數字？但是這樣說只是表示有漸進的過程罷了，按理必須先數天，又必須先說一，依次於是到達十。而且天下之數止於十，盡了就從十返回到一。又數字應當止於九，那說十的，是九的配偶。揚雄也說「五與五相守」，這是因為地數沒有超過天數的道理，哪有地大於天的呢？所以知道數止於九，九是陽極，十姑且作為五的配偶吧。

極陰陽奇偶兩相對應，這就是天三。數雖然是三，其實質還是一，現象形成卻還沒有呈現形體。地陰陽奇偶兩相對應，剛也是顯出的效用，柔也是顯出的效用。七離九，六坎八。

三天兩地，這只是天地的質，通合它們的數是五。乾坤合為坎和離，坎和離的數應當是六和七，變之精成為日月，化之粗成為水火，坎與離相合然後萬物萌生。獲得天地最靈的是人，所以人也以三為性，以兩為本體，推算它的次序，數應當是八和九。八和九以下，土成為它們的終結，所以土作為數目結束於地十。超過它往前數，到億萬無窮，也不超出到十結束再返回一罷了。陽終極於九，陰終極於十，數字於是完成，五行奇偶於是完備。超過它，循環往復，大到算不了，也不會超出它。陽用它的九，陰不用它的極十而用六，是因為十是數的終了，是九的配偶。地沒有超過天的道理，終極在它的終極罷了。

三天兩地，是五。一地兩，是二。三地兩，是六，是坤施用。五地兩，是十。一天三，是三。三天三，是九，是乾施用。五天三，是十五。凡是三五乘以天地之數五，總的是四十五，加三天兩地的五，共五十。空出象徵太極的一，所以是四十九。

「掛一象徵三才」，是象徵天、地和人的三才。以四為單位的揲，是象徵四季。揲象徵四季，揲的次數不會超過十，十季是二歲半，是揲三遍的餘數。只說「五歲再閏」，是盡多餘的數。揲常常餘九，揲的數就是四十罷了，四十是十個四季數。

六 ↓七↓八↓九↓十
↑五↑四↑三↑二 一。這是相間循環的數列。

「五位相投合從而各自有配合」，奇數偶數相間，是相投合；各自有配合，是以對子相配合，如一、六，二、七，三、八，四、九。各自有配合，是神性；位相投合，是變化。

奇，是所掛起來的一；扐，是左右手以四為單位揲後的餘數。再一次扐以後掛起來的，是每成一爻以後掛起來的，是說第二第三揲是不掛的。閏年常不到五年就有二次，所以說「五年二閏」。這是歸納奇必須等到再次扐的原因，就像閏年的中間再有平年。

「構成宇宙各種變化的象徵，就像鬼神般推算起來」，構成和推算都是陰陽之氣罷了。

告示人吉凶，它的道就顯明；陰陽變化不可預測，它的德性就達到神。顯明所以能夠參與應對，達到神性所以能夠幫助天的神；接受占問回答如同回聲，所以能夠參與應對，知道未來隱藏以往所以能夠參與幫助神。告示人吉凶，它的道顯明了；知道未來隱藏以往，它的德行達到神了。這是講蓍草龜甲的效用。

顯明道，是危險使之平安，平易使之傾危，以前因後果來敲警鐘，其要旨就是避免災禍的原則。德行達到了神性，是心身安寧無波動，暗合萬千變化的感應卻沒有人知道做這個的人。接受占問如同回聲，所以能夠參與應對，窮盡鬼神般的謀劃，所以能夠幫助神。顯明道並且德行達到了神性，這是說蓍草龜甲的推演。

子曰：知變化之道者，其知神之所為乎！

化之於己，須臾之化則知須臾之頃必顯❶，一日之化則知一日之況❷有殊。

《易》知變化之道則知神之所為，又曰：「知幾❸其神乎！」

惟神為能變化，以其一天下之動也；人能知變化之道，其必知神之為也。

聖人之進，豈不自見！今在學者區別是非，有化於善者，猶能知之，況聖人乎！《易》言「窮神知化」，又言「知變化❹之道」，知變，化安得不知！

變言其著，化言其漸。

《易》有聖人之道四焉：以言者尚其辭，以動者尚其變，以制器者尚其象，以卜筮者尚其占。

辭、變、象❺、占，皆聖人之所務也，故易道具焉。

尚❻辭則言无所茍，尚變則動必精義❼，尚象則法必致用❽，尚占則謀必知來，四者非知神之所為，孰能與於此！

知德之難言，知之至也。孟子謂「我於辭命❾則不能」，又謂「浩然之氣❿難言」，《易》謂「不言而信存乎德行」，又以尚辭為聖人之道，非知德，達乎是哉？

學未至乎知德，語皆有病。形而上者，得辭斯得象矣，故變化之理須存乎辭。言，所以顯變化也。《易》有聖人之道四⓫焉，而曰「以言者尚其辭」，辭者，聖人之所重。

人言命字⓬極難，辭之盡理而无害者，須出於精義。《易》有聖人之道四，曰以言者尚其辭，必至於聖人，然後其言乃能无蔽⓭，蓋由精義所自出也，故辭不可以不修⑭。人於龜策無情之物，不知其將如何，惟是自然莫或使之然者，陰陽不測之類也。己方虛心以鄉⑮之，卦成於爻以占之，其辭如何，取以為占。聖人則又於陰陽不測處以為占，或於夢寐⑯，或於人事卜之。然聖人於卜筮亦鮮⑰，蓋其為疑少故也。

是以君子將有為也，將有行也，問焉而以言，其受命也如嚮，无有遠近幽深，遂知來物，非天下之至精，其孰能與於此！參伍以變，錯綜其數，通其變，遂成天地之文，極其數，遂定天下之象，非天下之至變，其孰能與於此！《易》无思也，无為也，寂然不動，感而遂通天下之故，非天下之至神，其孰能與於此！夫《易》，聖人之所以極深而研幾也。唯深也，故能通天下之志；唯幾也，故能成天下之務；唯神也，故不疾而速，不行而至。子曰「《易》有聖人之道四焉」者，此之謂也。

有不知則有知，无不知則无知，是以鄙夫有問，仲尼竭兩端而空空⑱，《易》无思无為，受命乃如嚮。

「无有⑲遠近幽深，遂知來物，非天下之至精，孰能與於此」，此言《易》

之為書也。至精者，謂聖人窮理極盡精微處，《中庸》所謂至矣。

既言參伍[20]矣，參伍而上復如何分別？

氣之聚散於太虛，猶冰凝釋[21]於水，知太虛即氣則无有有无。故聖人語性與天道之極，盡於參伍之神變易而已。諸子[22]淺妄，有有无之分，非窮理之學也。

《易》非天下之至精，則辭不足以待天下之問；非深，不足以通天下之志；非通變極數[23]，則文不足以成物。象不足以制器，幾不足以成務[24]；非周知兼體[25]，則其神不能通天下之故，不疾而速，不行而至也。

非至精、至變、至神不能與，故曰「神而明之，存乎其人」[26]。无知者，以其无不知也；若言有知，則有所不知也。惟其无知，故能竭兩端，《易》所謂「寂然不動，感而遂通」也。无知則神矣，苟能知此，則於神為近。无知者，亦以其術[27]素備也，道前定則不窮。

一故神，譬之人身，四體[28]皆一物，故觸之而无不覺，不待心使至此而後覺也，此所謂「感而遂通，不行而至，不疾而速」也。物形乃有小大精粗，神則无精粗，神即神而已，不必言作用。譬之三十輻共一轂[29]則為車，若无輻與轂，則何以見車之用！感皆出於性，性之流㉚也，惟是君子上達、小人下達之為別。

《易》言「感而遂通」者，蓋語神也。雖指暴㉛者謂之神，然暴亦固有漸，是亦化也。

聖人通天下之志，雖愚人與禽獸猶能識其意。

有所感則化。感亦有不速，難專以化言，感而遂通者神，又難專謂之化也。

聖人感天下之志，雖愚人猶能識其意。

凡氣，清則通，昏則壅㉜，清極則神。故聚而有間則風行，風行則聲聞具㉝達，清之驗與！不行而至，通之極與！

天一，地二，天三，地四，天五，地六，天七，地八，天九，地十。

此語恐在「天數五、地數五」處。然聖人之於書，亦有不欲併以一說盡，慮易知後則不復研究，故有易有難，或在此說，或在彼說，然要終必見，但俾學者潛心㉞。

【章旨】解說《易經》的四種應用方法：繫辭、變化、現象、占卜。

【注　釋】❶須臾句　須臾，一會兒；片刻。頃，短時間。❷況　情況；情形。❸幾　指事物初始微危及其事態向吉的轉機。❹變化　張載所說的「變」相當於現代哲學術語「質變」；「化」相當於現代哲學術語「漸變」。❺象　指爻象和卦象。❻尚　崇尚；重視。❼精義　精求義理。❽致用　達到實用。❾辭命　古代使節往來，相互應對的言詞。語出《孟子・公孫丑上》。❿浩然之氣　正大剛直之氣。語出《孟子・公孫丑上》。⓫聖人之道四　即「以言者尚其辭，以動者尚其變，以制器者尚其象，以卜筮者尚其占」。⓬命字　用字。⓭蔽　壅蔽；遮蔽。⓮修　修飾；推敲。⓯鄉　通「向」。面向。⓰夢寐　睡夢；夢中。⓱鮮　少。⓲是以二句　鄙夫，莊稼漢。仲尼，孔子的字。竭，窮盡。兩端，兩頭。喻指事情的終始。空空，一無所有。句意謂仲尼問清事情的終始，自己保持空空像一無所知。事載《論語・子罕》。⓳无有　不分；不論。⓴參伍　交互錯雜；錯綜比驗。此指變化。㉑凝釋　凝固和融化。㉒諸子　泛指老子、莊子、列子、淮南子等道家，詳《正蒙・太和》。㉓通變極數　通貫一切變化極盡著策數的變化。㉔務　事務。㉕周知兼體　周知，統知。兼體，兼具各體。亦即無體。㉖神而明之二句　語見下文。意為達到了神的德性從而使它顯明，依存於那個人。其人，指周文王，是儒家推崇的聖人。㉗術　方法。㉘四體　四肢，泛指全身。㉙三十輻共一轂　輻，車輪中湊集於中心轂的直木。轂，車輪中心的圓木，周圍與車輻的一端相接，中有圓孔，用以插軸。㉚流　運轉不停。㉛暴　急驟；猛烈。㉜壅　阻塞。㉝臭　氣味。㉞但俾句　俾，使。潛心，指專心從事。

【語　譯】緩慢的變化對於自己，片刻的緩慢變化就知道在片刻時間裡必定顯現，一日的緩慢變化就知道一日的狀況有所不同。《易經》認識變化的原理，也就認識神性的作為，又說：「知曉先兆就達到神性了吧！」

惟有神性能夠變化，由於它主宰天下的一切活動；人能夠認識變化的原理，那就必定認識神性的作為。聖人的進步，豈不能自我認識！現今在學習的人區別是非，有緩慢進步的，尚且能夠認識它，何況聖人呢！《易經》說「窮盡神性認識變化」，又說「認識變化的原理」，認識激烈的變化，哪能不認識緩慢的變化！

變是說它的顯著，化是說它的逐漸。

辭語、變化、卦爻象、占卜，都是聖人所努力從事的。所以變化的原理就備具了。

重視文辭就言論沒有隨便的，重視變化就行動必定精求義理，重視卦爻象就法則必定致力於應用，重視占卜就謀議必定預知未來，四者若不是知道神性者所為，有誰能做到這般！

知道德性的難以解說，是智慧之最了。孟子說「我不擅長文辭」，又說「浩然正氣很難解說」，《易經》說「不說話而能使人信從存在於德行」，又以重視文辭作為聖人的原則，不是知道德性，能達到這一點嗎？

學問沒有達到知道德性，文辭都有弊病。形而上者，獲得文辭就獲得卦爻象了，所以變化的原理應當存在於文辭。文辭，是用來顯示變化的。《易經》有聖人的原則四條，卻說「用言論的重視文辭」，文辭，是聖人所重視的。

人們說遣辭用字不容易，文辭能徹底表述原理而沒有損害的，必須出於精究義理。《易經》有聖人的原則四條，說用言論的重視文辭，必須達到聖人，然後他的言論才沒有弊病，想必從精究義理出來的，所以文辭不能不修飾。

人對於龜甲蓍草這些沒有情感的東西，不知道它們將會怎樣，只是自然而然沒有誰使它們成為這樣的，是陰陽不測之類。自己正虛心嚮往它，卦形成於爻從而占卜它，它的文辭怎麼樣，拿來用作占卜。聖人卻又在陰陽不測處占卜，或者在睡夢之中，或者從人事占卜它。然而聖人對於卜筮亦用得很少，想必是他的疑難很少的緣故。

有所不知才會有知，無所不知則是無知，因此農人有詢問，孔子問清事情的終始兩端而自己保持空空如也，《易經》沒有意識沒有作為，接受卜問而回答如同回聲。

「不論遠近幽深，就知曉未來的事物，不是天下的最精微的義理，誰能做到這般」，這是說《易經》的作為一部書。最精微的義理，是說聖人窮盡義理到了極盡精微，是《中庸》所說的極致了。

已經說陰陽交互變化了，陰陽交互變化之上又如何分別？

氣的在太虛之中聚合散裂，就好像冰塊在水中凝結和消溶，知道太虛就是氣就沒有有和無的說法。所以聖人講到性與天道的終極，窮盡在陰陽交互變化的神性變化而已。諸子淺陋虛妄，有著有和無的分別，可不是窮盡義理的學問。

《易經》若不是天下的最精微，那就文辭不足以等待天下人的占問；若不是最深邃，就不足以貫通天下人的意志；若不是通貫一切變化極盡蓍策數的演化，那就文辭不足以形成物。卦爻象不足以啟示製成器具，先兆不足以促成事務；若不是遍知一切兼具眾體，那就它的神性不能貫通天下，所以不必指使急疾但是快速前進，不必指使行走但是到達了。

不是最精微、最變化、最神性就不能參與，所以說「神性而顯明它，存在於那個人」。無知，是由於他的無所不知；如果說有知，就會有所不知。只因為他的無知，所以能竭盡事情的終始，《易經》所謂「靜悄悄地不動，感應了就貫通」。無知就神奇了，如果能認識這一點，也就接近神性了。無知的，也以他的方法向來具備，原則先確定就不會窮於應酬。

統一所以神奇，譬如人的身體，四肢都是統一體，所以觸到它，沒有不感覺到的，不必等到心指使到這裡以後才發覺，這就是所謂「感應了就貫通，不行動就到達，不急疾卻快速」。物的形體有小大精粗，神性卻沒有精粗之分，神性就是神性罷了，不必講作用。譬如三十根輻條共同接到一個車轂上就做成車，若是沒有車輻和轂，憑什麼顯現車的功用！感應都是出自性，都是性的不停的運轉，只是君子向上發展、小人向下發展形成差別。

《易經》說「感應就貫通」，是就神性而言的。雖然說急驟的變化也稱為神性，然而急驟的也本來由積漸而成，這也是化。

聖人貫通天下的意志，即使愚人禽獸也能認識他的心意。

有所感就有化。感也有不快速的，很難專門拿化來說，感就貫通的是神性，又很難專門稱它為化。

聖人感應天下的意志，即使愚人也能認識他的心意。

凡是氣，清就貫通，昏就壅堵，清之極就是神性。所以聚合而有空間，風就能行進，風能行進，就聲音能聞到氣味能達到，這是清的效驗吧！不行動而到達，這是通的極致吧！

這些話恐怕在「天數五、地數五」的地方。然而聖人對於書，也有不想併為一處說盡的，考慮到容易認知以後就會不再研究，所以有易有難，或在這裡說，或在那裡說，然而最終必然顯現，只在使學習的人專心從事。

子曰：夫《易》，何為者也？夫《易》，開物成務，冒天下之道，如斯而已者也。

「開物成務」，物，凡物也；務，事也；開，明之也；成，處之也。事无大小，不能明則何由能處！雖至粗至小之事，亦莫非開物成務。譬如不深耕易耨❶，則稼穡烏得而生！「惟深也故能通天下之志，惟幾也故能成天下之務」，是則開物成務者，必也有濟世❷之才。

是故聖人以通天下之志，以定天下之業，以斷天下之疑。是故蓍之德圓而神，卦之德方以知，六爻之義易以貢。

圓神❸故能通天下之志，方知❹故能定天下之業，爻貢❺故能斷天下之疑。《易》書成，三者備，民患明，聖人得以洗濯其心而退藏於密❻矣。

惟能通天下之志❼者為能感人心。

吉凶與民同患。

吉凶可以正勝❽，非聖人之患也。

神以知來，知以藏往。

開物於幾先，故曰「知來」，明憂患而弭⑨其故，故曰「藏往」。

古之聰明叡知，神武而不殺者夫！

「神武不殺」⑩，神之大者也，使知懼而不犯，神武者也。

是以明於天之道而察於民之故，是與神物以前民用。

言天之變遷禍福之道，由民之逆順取捨之故，故作《易》以先之。

聖人以此齊戒以神明其德夫！

民患除，憂疑亡，用利身安，故可退藏於密，窮神知化以崇高其德也。自此而下，又歷言⑪其德之出而異名也。

是故闔戶謂之坤，闢戶謂之乾，一闔一闢謂之變，

闔戶，靜密也，闢戶，動達也⑫，形開而目覩耳聞，受於陽也。一動一靜，是戶之常，專於動靜則偏也。「一闔一闢謂之變」，人之有息⑬，蓋剛柔相摩、乾坤闔闢之象也。

制而用之謂之法，

因其變而裁制⑭之以教天下，聖人之法也。

利用出入，民咸用之，謂之神。

用之不窮，莫知其鄉⑮，故名之曰神。虛靜照鑒，神之明也。無遠近幽深，利用出入，神之充塞而無間也。

【章旨】解說占筮的原理。

【注釋】❶易耨 善於除草。易，修治。耨，除草。❷濟世 拯救人世。❸圓神 圓通神奇。❹方知 方正有智慧。知，通「智」。❺爻貢 指六爻以它的意義變化而告知。❻密 寂靜。❼志 志向；意志。❽以正勝 憑正道取勝。正，指正道。❾弭 停止；消除。❿神武不殺 神武，聰明威武，即不用威能使萬民服從。殺，殺戮。⓫歷言 明白講述。⓬闔戶四句 闔戶，關門。闢戶，開門。動達，活動通達。⓭息 氣息；呼吸。⓮裁制 節制。⓯鄉 通「向」。方向。

【語譯】「認明萬物成就事業」，物，是萬物；務，是事業；開，認明它；成，成就它。事無大小，不能認明的話根據什麼來處理好！即使最粗、最小的事情，也沒有不是認明萬物成就事業的。譬如不深耕除草的話，那麼莊稼怎麼能生長！「只有深邃所以能貫通天下的心志，只有先兆所以能促成天下的事務」，因此認明萬物成就事業的人，必須具有救世的才能。

圓通的神性所以能夠貫通天下人的意志，方正的智慧所以能夠成就天下的大業，六爻的意義通過變化來告知所以能夠決斷天下的疑問。《易經》成書，三者齊備，民眾的患難明白了，聖人能夠洗滌他的憂心從而隱退藏身於寂靜了。

只有能夠融通天下人意志的人才能感動人心。

吉凶能夠用正道來取勝，不是聖人的患難。

認明萬物在先兆之先，所以說「預知未來」，明白憂患從而消除它的來源，所以說「隱藏在以往」。

「聰明威武而不殺戮」，是神性的寬大，使懂得懼怕從而不敢違逆，是聰明威武的。

解說了天的變化發展和成禍或成福的原理，是由民眾的逆反或順承、接受或捨棄來表現的，所以聖人創作《易經》以預先顯示它。

民患消除，憂疑消失，行事有利身心安寧，所以能退藏於寂靜，窮盡神性認清演化從而使德性崇高。自此以下，又一一說明那德性的表現而名稱不同的。

闔門，是寂靜，開門，是活動通達，形體器官展開從而目見耳聞，是來自於陽。一動一靜，是門的常情，專指動靜就偏了。「一闔一開稱它為變化」，人的有呼吸，也是剛質與柔質相互摩擦、是乾坤開閉的現象。

憑藉變化加以斟酌用來教導天下，是聖人的法則。用之而無窮無盡，沒有人知道它的趨向，所以取名為神。

虛明寧靜無不照到，是神性的顯明。無論遠近幽深，有利於施用或出或入，是神性的充塞宇宙而沒有空隙。

是故《易》有大極，是生兩儀，兩儀生四象，四象生八卦，八卦定吉凶，吉凶生大業。

四象即乾之四德，四時之象❶，故下文云「變通莫大乎四時」。盡吉凶之理，則能盡天人之助❷而成位乎其中，故下云「崇高莫大乎富貴」❸。有吉凶利害，然後人謀作，大業生；若无施不宜，則何業之有！

天生神物，聖人則之；

天生蓍龜，聖人則之❹以占兆。

天地變化，聖人效之；

天地變化，聖人作《易》以蓍龜效之，故曰「聖人效之」。

天垂象，見吉凶，聖人象之；河出圖，洛出書，聖人則之。

作《易》以示人，猶天垂象❺見吉凶；作書契效法，猶地出圖書❻。

繫辭焉，所以告也。

《易》象繫之以辭者，於卦既已具其意象矣❼，又切❽於人事言之，以示勸戒。

《易》曰：「自天祐之，吉无不利。」子曰：祐者，助也，天之所助者順也。

《易》曰「自天祐之」，此言宜在「立心勿恆凶❾」下，蓋上言「莫益之」，故此言多助也。

【章　旨】解說卦爻的來歷及其作用。

【注　釋】❶四象二句　乾之四德，指元、亨、利、貞，是乾卦的四個特性。詳乾卦。四時，即四季。乾之四德配四時。這是把乾的四種德性與萬物在四季中由生到終的生長過程相配合。❷天人之助　天道與人道的互助。❸崇高莫大乎富貴　此句張載未錄。崇高，指人的崇高事業。❹則之　效法它；以它為法則。❺天垂象　天顯示現象。❻作書契二句　書契，文字。契，就是刻，上古文字往往用刀刻寫。地出圖書，指河圖洛書。古代儒家傳說伏羲氏時，有龍馬從黃河出現，背負河圖；有神龜從洛水出現，背負洛書，二者都是天授神物。漢儒孔安國認為河圖即八卦，而洛書即「洪範九疇」。❼易象二句　易象，此指卦象、爻象及所表示萬物之象。意象，指主體離開具體事物後在腦中留下的形象。❽切　切合。❾立心勿恆凶　此句在〈繫辭下〉第四章。

【語　譯】四象就是乾卦的四德，四季的形象，所以下文說「變化的貫通沒有大過四季的」。窮盡吉凶的原理，就能窮盡天道與人道的互助從而成就定位於三才之中，所以下文說「崇高的事業沒有比富貴更大」。

有吉凶利害，然後人的謀略發生，大事業興起；若所有措施都合宜，那還有什麼事業！

天生蓍草和神龜，聖人效法它用來占問先兆。

天地變化，聖人創作《易經》用蓍草和龜甲來效法它，所以說「聖人效法它」。

創作《易經》用來告示人，如同天用天象來顯現吉凶；製作文字來效法，如同地湧出河圖洛書。

《易經》的卦象及所表示的萬物之象聯繫上文辭，對於卦來說已經具有意象了，又切合於人事來講解它，用來表示勸戒。

《易經》說「自天祐之，吉無不利」，這話應當在「立心勿恆凶」之下，因為上面說「莫益之」，所以這裡說多助。

變而通之以盡利，

理勢❶既變，不能與時順通，非盡利之道。

鼓之舞之以盡神。

鼓❷天下之動者存乎神。

天下之動，神鼓之也，神則主乎動，故天下之動，皆神之為也。辭不鼓舞❸

則不足以盡神，辭謂《易》之辭也。於象固有此意矣，又繫之以辭，因而駕說❹，使人向之，極盡動之義也。歌舞為巫風❺，言鼓舞之以盡神者，與巫之為人无心若風狂然❻，主於動而已。故以好歌舞為巫風，猶云如巫也。巫主於動，以至於鼓舞之極也，故曰盡神。因說鼓舞之義，故取巫為言。語其動而已。

乾坤其《易》之縕邪！乾坤成列而《易》立乎其中矣，乾坤毀則无以見《易》，《易》不可見，則乾坤或幾乎息矣。

陰陽、剛柔、仁義❼之本立，而後知趨時應變，故乾坤❽毀則无以見《易》。感而後有通，不有兩則无一❾，故聖人以剛柔立本，乾坤毀則无以見《易》。乾坤既列❿，則其間六十四卦爻位錯綜以為變易。苟乾坤不列，則何以見《易》？《易》不可見，則是无乾坤。乾坤，天地也；易，造化⓫也。聖人之意莫先乎要識造化，既識造化，然後其理可窮。彼⓬惟不識造化，以為幻妄⓭也。不見《易》則何以知天道？不知天道則何以語性⓮？

不見易則不識造化，不識造化則不知性命⓯，既不識造化，則將何謂之性命也？有謂心即是易，造化也，心又焉能盡易之道！

易乃是性與天道，其字日月為易⓰，易之義包天道變化。

釋氏⑰之言性不識易，識易然後盡性，蓋易則有無動靜可以兼而不偏舉也。

是故形而上者謂之道，形而下者謂之器，化而裁之謂之變，推而行之謂之通，舉而錯之天下之民謂之事業。

一陰一陽不可以形器⑱拘，故謂之道。乾坤成列而下，皆《易》之器。乾坤交通⑲，因約裁⑳其化而指別之，則名體各殊，故謂之變。推行其變，盡利而不遺，可謂通矣；舉盡利之道而錯㉑諸天下之民以行其典禮，《易》之事業也。

運於无形之謂道，形而下者不足以言之。

「形而上者」是无形體者，故形而上者謂之道也；「形而下者」是有形體者，故形而下者謂之器。无形迹㉒者即道也，如大德敦化是也；有形迹者即器也，見於事實即禮義是也。

凡不形以上者，皆謂之道，惟是有无相接與形不形處知之為難。須知氣從此首㉓，蓋為氣能一㉔有无，无則氣自然生，氣之生即是道是易。

化而裁之存乎變，推而行之存乎通，

常人之學，日益㉕而不自知也。仲尼行著習察，異於他人，故自十五至於七十，化而裁之，其進德之盛者歟㉖！

聖人因天地之化裁節而立法，使民知寒暑之變，故為㉗之春夏秋冬，亦化而裁之之一端耳。

「變則化」，由粗入精也，「化而裁之謂之變」，以著顯微也。「化而裁之存乎變」，存四時之變，則周歲之化可裁；存晝夜之變，則百刻㉘之化可裁。「推而行之存乎通」，推四時而行，則能存周歲之通，推晝夜而行，則能存百刻之通。

神而明之，存乎其人，默而成之，不言而信，存乎德行。

上天之載㉙，无聲臭可象，正惟儀刑文王，當冥契天德而萬邦信說㉚，故《易》曰「神而明之，存乎其人」。

「神而明之，存乎其人」，不知上天之載，當存文王。「默而成之，存乎德行」，學者常存德性，則自然默成而信㉛矣。

「神而明之，存乎其人」，道至有難明處而能明之，此則在人也。凡言神，亦必待形然後著，不得形，神何以見？「神而明之，存乎其人」，然則亦須待人而後能明乎神。

存文王則知天載之神，存眾人則知物性之邪㉜。

【章旨】解說《易經》以象徵方法展示宇宙真理，聖人效法天而寫成《易經》。

【注釋】❶理勢　道理趨勢。❷鼓　鼓動；鼓舞；激勵。❸鼓舞　義同上文的「鼓」。❹駕說　傳布。❺歌舞為巫風　巫以歌舞事神，所以歌舞為巫風。巫，指從事占卜、祈禱等為人祈福卻災的人。風，指風俗。❻風狂然　風狂吹貌。❼陰陽剛柔仁義　分別指天道、地道和人道。❽乾坤　指陰陽變化的效用，是《易經》的門戶。❾不有兩則无一　沒有相互對立相互統一的兩部分也就沒有統一物。兩，指統一物內部兩個相互對立相互統一的部分。一，指統一物。❿乾坤既列　乾坤已經定位。即《繫辭》開頭說的：「天尊地卑，乾坤定矣」。列，陳列；序列。⓫造化　創造化育。⓬彼　指佛教。⓭幻妄　虛假。⓮不知天道句　天道，指日月星辰等天體運行過程和推測吉凶。張載用指氣不斷演化的過程。性，張載用指氣的變化潛能。即所謂一陰一陽、陰陽不測等等。⓯性命　性和命。命，定命；命運。⓰其字日月為易　句意謂易字上半是日字，下半是月字。⓱釋氏　指佛教。⓲形器　有形的器物。⓳交通　彼此相通。交，交互。⓴約裁　約略裁節。約，大略；大致。㉑錯　通「措」。施行。㉒形迹　形體跡象。㉓從此首　從這裡開始。㉔一　統一。㉕日益　每天增加。㉖仲尼五句　指孔子一生的成長過程。詳《正蒙・三十》。㉗為　謂；以為。㉘百刻　古記時法，以一百刻為一晝夜。㉙載　事。㉚正惟二句　文王，指周文王。他是古史上著名的聖王。儀刑，效法。冥契，暗合。說，同「悅」。神而明之存乎其人，神性的顯明，存在於那個人。㉛信　確實。㉜邪　不正；邪僻。

【語譯】事勢已經變化，而不能與時順應溝通，就不是窮盡利益的原則。

激勵天下活動的原動力存在於神性。

天下的活動，是神性激勵它們的，神性主持著活動，所以天下的活動，都是神性的作為。文辭不能激勵就不足以窮盡神性，文辭是指《易經》的文辭。在卦象、爻象之中本來已經有這意思了，又聯繫上文辭，從而傳布，使人們投向它，從而極盡活動的含義。歌舞像巫風，是說鼓舞天下萬物從而窮盡神性，與巫的為人無心像風狂吹一樣，要在活動而已。所以將喜好歌舞認為巫風，如同說像巫。巫主在活動，從而達到鼓舞之極，所以說窮盡神性。因而解說鼓舞的含義，所以拿巫來比喻，是講它的活動而已。

陰陽、剛柔、仁義的根本確立了，然後知道趨合時勢適應變化，所以乾坤毀壞就無法展現《易經》。感應以後達到融通，沒有兩體也就沒有統一物，所以聖人拿剛柔確立根本，乾坤毀壞就無法展現《易經》。乾坤已經列定序位，那麼其中六十四卦爻位就錯綜從而形成變化。如果乾坤沒有列位，那憑什麼展現《易經》？《易經》不能展現，這就是沒有乾坤。乾坤，是天地；變易，是造化。聖人的意思最緊要的是認識造化，已經認識了造化，然後它的原理能夠窮盡。那些人只因不識造化，把它認為是虛假的。不展現《易經》憑什麼認識天道？不認識天道又憑什麼談論性？

看不見變易也就不認識造化，不認識造化也就不懂得性和命，既然不認識造化，又拿什麼稱它為性和命呢？有人稱心就是變易，就是造化，心又哪能窮盡變易的原理！

變易就是性與天道，其字日加月構成易，易的含義包括天道變化。

佛教的解說性卻不認識變易，但是認識變易然後才能窮盡性，因為變易就是有和無、動和靜能夠兼有而不偏廢。

一陰一陽不能用有形物來拘束，所以稱它為道。「乾坤成列」以下，說的都是《易經》的有形器。乾坤變化通暢，因而裁量它的變化從而一一加以區別，那就名稱和形體都各自不同，所以稱它為變化。推行它的變化，窮盡利益而沒有遺漏，能稱得上暢通了；把窮盡利益的原則安置到天下的民眾從而施行制度和禮儀，這是《易經》的事業。

運行在無形之中的叫做道，形而下者不足以談論它。

形而上者是無形體者，所以形而上者稱它為道；形而下者是有形體者，所以形而下者稱它為器。無形跡者就是道，如大德努力於教化就是的；有形跡者就是器，顯現於事實就是禮義一類。

凡不具有形體以上者，都稱之為道，只是有和無相接與形不形的地方認識它是很難的。應當認識氣從這裡開始，那是由於氣能統一有和無，無就氣自然而生，氣的產生就是道就是變易。

平常人的學習，天天有增益卻自己不認識。仲尼品行的顯著與學習的審察，不同於其他人，所以從十五歲到七十歲，進步並加以裁節，他的提高德行是很明顯的了！

聖人憑藉天地的變化加以裁節從而建立了法制，使民眾認識寒暑的變化，所以定出春夏秋冬，也是變化而加以裁節之一項罷了。

「變就會化」，是指由粗進入精微，「化加以裁節稱之為變」，是指以顯著顯現細微。「化加以裁節存在於變化之中」，存在於四季之變之中，一週年的化就能裁節；存在於晝夜變化之中，一天的百刻變化就能裁節。「推動而進行存在於暢通」，推動四季的運行，就能存在一週年的暢通，推動晝夜的運行，就能存在百刻的暢通。

上天的事，沒有聲音和氣味能夠象徵它，只有效法周文王，就會暗合天的德性從而萬國悅服，所以《易經》說「神妙而顯明神性，存在於那個人」。

「神妙而顯明神性，存在於那個人」，不認識上天的事，應當存在於周文王。「默默地成就它，存在於德行」，學習的人經常保存德性，就自然默默成就從而信實了。

「神妙而顯明神性，存於那個人」，天道到了難以明白的地方而能明白它，這就在於人了。凡是說神性，也必須等到成形以後才顯著，不具有形體，神性憑什麼顯現？「神妙而顯明神性，存在於那個人」，然而也必須有待於人而後才能顯明神性。

存在於周文王就知道上天事情的神性，存在於普通人就知道物性的邪僻。

繫辭下

八卦成列，象在其中矣；因而重之，爻在其中矣；剛柔相推，變在其中矣；繫辭焉而命之，動在其中矣。吉凶悔吝者，生乎動者也；剛柔者，立本者也；變通者，趨時者也；吉凶者，貞勝者也。

變其勢也，動其情❶也，情有邪正故吉凶生。變能通之則盡利，能貞夫一❷，則吉凶可勝，而天地不能藏其迹，日月不能眩❸其明。辭各指其所之，聖人之情也；指之使趨時盡利，順性命之理，臻三極之道也❹。人能從之，則不陷於凶悔❺矣，所謂「變動以利言」者也。然又有攻取❻愛惡，本情素動，因生吉凶悔吝而不可變者，乃所謂「吉凶以情遷」者也。能深存❼繫辭所命，則二者❽之動見矣。又有義命當吉當凶、當亨當否者❾，聖人不使避凶趨吉，一以貞勝而不顧，如「大人否亨」、「有隕自天」、「過涉滅頂凶无咎」、損益「龜不克違」及「其命亂也」之類，三者情異❿，不可不察。

天地之道，貞觀者也；日月之道，貞明者也；天下之動，貞夫一者也。

著天地日月，以剛柔立其本也，其變雖大，蓋不能遷夫正者也⓫。貞明不為日月所眩，貞觀不為天地所遷⓬。貞，正也，本也，不眩、不惑、不倚之謂也。天地之道至大至廣，貞乃能觀也；日月之明，貞乃能明也；天下之動，貞乃能一也。蓋言天地之道，不眩惑者始能觀之；日月之明，不眩惑者始能明之；天下之動，不眩惑者始能見夫一也。所以不眩惑者何？正以是本也。本立則不為聞見所轉，其聞其見，須透徹所從來，乃不眩惑。此蓋謂人以貞而觀天地，明日月，一天下之動也。

貞明不為日月之所眩，貞觀不為天地之所遷，貞觀貞明，是己以正而明日月、觀天地也。多為日月之明與天地變化所眩惑，故必己以正道觀之。能如是，不越乎窮理⓭。豈惟耳目所聞見，必從一德⓮見其大源，至於盡處，則可以不惑也。心存默識，實信有此，苟不自信，則終為物役⓯。事千變萬化，其究⓰如此而已，天下之動貞夫一者也。

爻象動乎內，吉凶見乎外，

因爻象⓱之既動，明吉凶於未形，故曰「爻象動乎內，吉凶見乎外」。

功業見乎變，

隨爻象之變以通其利，故功業見也。

聖人之情見乎辭。

　聖人之情，存乎教人而已。

天地之大德曰生，

　將陳理財養物於下，故先敘天地生物。

聖人之大寶曰位，何以守位曰仁，

　失位⑱則无以參天地而措諸民也。

【章旨】解說卦、爻、繫辭的產生和作用，聖人從中取得治國的原則。張載的解說強調變是必然趨勢，讀《易經》必須有正確的觀點。

【注釋】❶情　情狀；狀態。❷貞夫一　貞，正。下文說：「貞，正也，本也，不眩、不惑、不倚之謂也。」即堅持正確觀點和立場。一，統一，指同一個基本原則。也就是天道。❸眩　迷亂；迷惑。❹順性命二句　性命之理，指性和命的原則。性是氣的變化的本能，命是性變化的必然趨勢。《正蒙・誠明》：「性其總，合兩也；命其受，有則也；不極總之要，則不至受之分，盡性窮理而不可變，乃吾則也。」臻，至；達到。三極之道，即天道、地道和人道。三極，指天、地、人。《正蒙・大易》：「易一物而合三才：陰陽氣也，而謂之天；剛柔質也，而謂之地；仁義德也，而謂之人。」❺凶悔　指吉凶悔吝。與吉凶相比，悔吝指後悔和貪吝，是小過失。❻攻取　就是感應。❼存　思。❽二者　指變動以利言者和吉凶以情遷者。❾又有句　義命，義理和命運。亨，亨通。否，不通。❿如大人否亨二句　大人否亨，大人坦然承受命塞，才能亨通。語出《易經・否卦》。有隕自天，有隕石從天降落。意指人應遵循自然規律。語出《易經・姤卦》。過涉滅頂凶无咎，像過河遭受滅頂，雖然兇險，但是殺身成仁，不能責怪。語出《易經・大過卦》。損益龜不克違，損指損卦，益指益卦。兩卦都有「十朋之龜弗克違」句。意思是使用價值十朋的大龜占卜，結果也是這樣。損卦這句話在六五爻，所指受益者在上位；益卦恰好相反，這句話在六二爻，所指受益者在下位。其命亂也，國家政令已經陷於混亂。語出《易經・泰卦》。意思是物極必反。三者，「大人否亨」與「有隕自天」為一，指應遵循自然規律；「過涉滅頂凶无咎」與損益「龜不克違」為二，指敢於面對現實；「其命亂也」是三。⑪著天地四句　著，顯明。剛柔，指陰陽。遷，離開；改移。正，正道，即天地之道。⑫貞明二句　貞明，是己以正認明日月。貞觀，是己以正觀察天地。貞，指正道。為，相當於「被」。⑬窮理　指窮盡萬事萬物的原理。⑭一德　統一的德性所知。張載所說的德性所知相當於理性認識。《正蒙・大心》：「天大無外，故有外之心不足以合天心。見聞之知，乃物交而知，非德性所知；德性所知，不萌於見聞。」⑮為物役　成為物的奴隸。⑯究　終極。⑰爻象　爻所顯示的現象。⑱位　指聖人修德養性達到與天地合德的境界。也指國君位。

【語　譯】變化是它的必然趨勢，而活動是它的實際情況，實際情況有正有邪，所以產生吉和凶。變化能夠暢通就能窮盡利益，能歸正於統一的原則，吉和凶都能夠順應，從而天地不能隱藏它的痕跡，日月不能眩惑它的光明。文辭各自指向它的趨向，是聖人所示的實情；指示它使能趕上時勢窮盡利益，遵循性和命的原則，達到三極之道。人能遵從它，就不會有凶悔了，這就是所謂「變動是就趨利而說」的。然而爻有感有應有愛有惡，實情一向活動，因而產生吉凶悔吝而不能改變的，這就是所謂「吉凶根據情而轉移」的。能深思《繫辭》所告示，那就二者的變動都顯現了。又有按義理按命運應當吉應當凶，應當亨通應當閉塞的，聖人不讓避凶趨吉，一概用正道取勝而不顧忌，如「大人否亨」、「有隕自天」、「過涉滅頂凶无咎」、損卦和益卦的「龜不克違」及「其命亂也」之類，三者情形不同，不能不加以審察。

顯明天地日月，是以陽剛和陰柔確立它的根本，它的變化雖然很大，然而不能離開那正道。貞明不會被日月所眩惑，貞觀不會被天地所改移。貞，就是正道，就是根本，稱它為不被眩惑、不被迷惑、不偏向。天地的原理最大最廣，掌握正道才能觀察；日月的光明，掌握正道才能認明；天下的活動，掌握正道才能綜合為一。大概是說天地之道，不被眩惑的人才能看清它；日月的光明，不被眩惑的人才能認明它；天下的活動，不被眩惑的人才能看見那一致。所以能不被眩惑的原因是什麼？正由於這個根本。根本確立了就不會被聞見所轉移，它的聞它的見，務須徹底認明它的來源，才能不被眩惑。這大致在說人以正道觀察天地，認明日月，統一天下的活動。

貞明不被日月的光明所眩惑，貞觀不被天地的現象所轉移，貞觀貞明，就是自己以正道認明日月、觀察天地。大多數人都被日月的光明與天地的變化所眩惑，所以必須自己以正道來觀察它。能這樣做，不外乎去窮盡萬事萬物的原理。豈能只憑耳目所聞見，必須從統一德性看它們的根本源頭，到達盡頭，也就可以不被迷惑了。心想默認，確實相信有這個，如果不自信，就最終被物所奴役。事物千變萬化，其終極就是這樣罷了，天下的活動歸結於統一。

憑藉爻象的變動，認明吉凶在尚未成形的時候，所以說「爻象變動在內部，吉凶就顯現在外部」。隨爻象的變動從而通達它的利益，所以功業就顯現了。

聖人所考慮的，在於教導人罷了。

將要在下文陳述料理財物養育物產，所以先敘述天地生成萬物。

失去應居的位置就沒有辦法參與天地的序位從而治理民眾。

古者包犧氏之王天下也，仰則觀象於天，俯則觀法於地，觀鳥獸之文與地之宜，

此皆是聖人取之於糟粕也❶。

「地之宜」，如為黑，為剛鹵，為大塗❷。

以通神明之德，以類萬物之情，

神明之德，通於萬殊；萬物之情，類於形器❸。

作結繩而為罔罟，以佃以漁，蓋取諸離。

柔附於物，飲血茹毛之教❹，古所先有。

包犧氏沒，神農氏作，斲木為耜，揉木為耒，耒耨之利以教天下，蓋取諸益。

天施地生而損上益下，故播種次之。

日中為市，致天下之民，聚天下之貨，交易而退，各得其所，蓋取諸噬嗑。

聚而通貨，交相有无次之❺。

神農氏沒，黃帝、堯、舜氏作，通其變，使民不倦，神而化之，使民宜之。

鴻荒之世，食足而用未備，堯舜而下，通其變而教之也❻。神而化之，使民不知所以然❼，運之无形以通其變，不頓革❽之，欲民宜❾之也。大抵立法須是過人者❿乃能之，若常人安能立法！凡變法須是通，「通其變使民不倦」，豈有聖人變法而不通也？

黃帝、堯、舜垂衣裳而天下治，蓋取諸乾坤。

君逸⓫臣勞。上古无君臣尊卑勞逸之別，故制以禮，垂衣裳而天下治⓬，必是前世未得如此，其文章禮樂簡易朴略，至堯則煥乎其有文章⓭。然傳上世者，止是伏犧神農⓮。此仲尼道古也，猶據聞見而言，以上則不可得而知。

所傳上世者未必有自⑮，從來如此而已。安知其間故嘗有禮文⑯，一時磨滅爾，又安知上世无不如三代⑰之文章者乎！然而如《周禮》則不過矣，可謂周盡⑱。今言治世，且指堯舜而言，可得傳者也。歷代文章，自夫子而損益之，見其禮而知其政，聞其樂而知其德，不可加損矣。

刳木為舟，剡木為楫，舟楫之利以濟不通，致遠以利天下，蓋取諸渙。

舟車之作，舟易車難，故舟先於車。

服牛乘馬，引重致遠，以利天下，蓋取諸隨。

不勞而得其欲，故動而悅。取諸隨。

重門擊柝以待暴客，蓋取諸豫。

有備則无患，故豫⑲。

斷木為杵，掘地為臼，臼杵之利，萬民以濟，蓋取諸小過。

備物致用，過⑳以養物。小過。

弦木為弧，剡木為矢，弧矢之利以威天下，蓋取諸睽。

養道雖至，禁網尚疏，但懲其乖亂而已㉑。睽。

上古穴居而野處，後世聖人易之以宮室，上棟下宇以待風雨，蓋取諸大壯。

剛以承上，柔以覆下，上其棟下其宇之象。棟，屋脊檁也；宇，椽也㉒。若指第二檁為棟，則其間已有宇，不得為上棟也。若指栿㉓為棟，又益遠矣。宇兩垂而下，故言「下宇」。

上古結繩而治，後世聖人易之以書契，百官以治，萬民以察，蓋取諸夬。

禮教備，養道足，而後刑可行，政可明，明而不疑。

《易》說制作之意蓋取諸某卦，止是取其義與象契，非必見卦而後始有為也，然則是言夫子之言爾。

【章　旨】說明卦象與器物的關聯。解說著重闡發聖人遵循陰陽變化的天道，趨時製作，不斷創新，並使民眾易於接受，從而達到治世。

【注　釋】❶此皆句　這都是聖人取法於糟粕。糟粕，指天地生成的萬物。《正蒙・太和》：「凡天地法象，皆神化之糟粕爾。」句意謂聖人最重要的是達到天德。❷地之宜四句　地之宜，地之利。宜，合宜；適合。剛鹵，鹹土地。大塗，泥淖。❸神明之德四句　神明之德，指天性，天性神奇莫測而又無處不在，所以說神明。萬殊，萬千差別，指萬物。形器，指有具備形體的器。❹柔附於物二句　柔附，依附。飲血茹毛，亦作「茹毛飲血」。指遠古時人還不知道熟食，只能生吃禽獸。茹，吃。❺聚而句　貨，錢財；貨物。交相，相互交易。❻鴻荒之世四句　鴻荒之世，指遠古時期。鴻荒，同「洪荒」。堯，名放勳，陶唐氏。古代傳說中父系氏族社會後期部落聯盟領袖。以設置百官掌管時令、制定曆法、推位讓賢等而得到天下擁戴。舜，名重華，姚姓，有虞氏。古代傳說中的氏族社會後期部落聯盟領袖。以先後巡省四方，除去鯀、共工、驩兜和三苗而得到天下擁戴。通，疏通；暢通。❼所以然　所以能這樣的緣由。❽頓革　急劇改革。頓，突然。❾宜　合適；適應。❿過人者　超越常人的人。⓫逸　安閒。⓬垂衣裳而天下治　形容無為而治，天下太平。⓭其文章二句　文章禮樂，指禮樂法度。

朴略，質樸疏略。煥乎，光明顯赫貌。⓮伏犧神農　伏犧，又作伏羲、庖犧，風姓，古代傳說中部落首領。以創制八卦、教民捕魚、畜牧而得到天下擁戴。神農，又稱炎帝。古代傳說中的帝王，以教民造農具從事農作和嘗百草取藥而得到天下擁戴。⓯未必有自　未必有來歷。⓰禮文　指禮樂制度文獻。⓱三代　指夏、商、周三個朝代。⓲然而二句　周禮，又稱《周官》或《周官經》，儒家經典之一。係搜集周王室官制和戰國時代各國制度，添附儒家政治理想，增減排比而成的彙編。作者說法不一。周盡，完美。⓳豫　指豫卦。喜悅安樂。⓴過　指小過卦。卦內有四個陰爻兩個陽爻，表示陰爻過度，具有亨通的意思。它的前面一卦是中孚卦，表示孵化的意思。小過卦是鳥飛的形象，能夠務實，就會大吉大利。㉑禁網二句　禁網，指各種法令、禁令。乖亂，違背錯亂。㉒棟四句　棟，房屋的正梁。宇，屋簷。屋脊檁，即房屋的正梁。檁，屋架間、山牆架或屋架於山牆的小梁，用來支承椽子或屋面板。椽，椽子。㉓栿　指以小木附大木上。

【語　譯】這都是聖人從變化的具體成果中取法的。

「土地的合宜」，如土地是黑的，是鹹鹼土，是泥淖之類。

神奇而明照的德性，貫通到千差萬別的事物；萬物的情形，類似於有形體的器具。

依附於萬物，生吃食物的習俗，古來先就有了。

天普施地養育，損減上而增益下，所以播種排在它的後面。

聚集從而交流錢物，交易有無又排在它的後面。

遠古時期，食物充足而用具沒有完備，自從堯、舜以後，疏通它的變化從而教導民眾。潛移默化，使民眾不知道所以會成為這樣，運行在無形之中從而疏通它的變化，不急劇改革它，希望民眾能夠適應它。大致創立法制必須是出眾的人才能進行，如果是普通人哪能創立法制！凡是變法必須是疏通，「疏通它的變化使民眾不覺得厭倦」，豈有聖人變法而不能疏通的呢？

國君安閒而臣下勞累。上古時期沒有國君臣下尊高卑微勞累安閒的差別，所以制定禮法制度，無為而治從而天下太平，必定是前面的時代未能這樣做，它們的禮樂法度簡單平易質樸疏略，到了堯的時代就光明顯赫而有禮法制度了。但是傳承上古時期的，只是伏犧和神農。這是孔子在述說古代，還能根據所聞所見來說的，這以上的時期就不能知道了。所傳說上世的未必有根據，只是從來如此而已。怎麼知道它們中間或許有過禮法制度，一時間磨滅罷了，又怎麼知道上世沒有不如三代的禮法制度呢！但是像《周禮》就沒有錯失了，稱得上周密詳盡。如今講太平盛世，都指堯、舜來說，是能得到流傳的。歷代的禮法制度，自從孔子加以增刪以後，看見它的禮就知道它的政治，聽見它的音樂就知道它的德行，不能夠再增刪了。

船和車的製造，船容易而車困難，所以船在車之前。

不勞動卻達到他的欲求，所以行動並且歡悅。取自隨卦。

有了準備就沒有禍害，所以喜悅安樂。

具備器物達到使用，小過卦用來指導養育萬物。小過卦。

養育萬物的方法雖然完備，法制禁令還疏略，只懲罰那違背搗亂的罷了。睽卦。

陽剛用來支承上面，陰柔用來覆蓋下面，這是上面是正梁下面是屋簷的形象。正梁，是屋背脊的梁；屋簷，是椽子，如果指第二小梁為正梁，那就這中間已經有屋簷，不能成為上面的正梁。如果指柎為正梁，又更加差遠了。宇字兩垂往下，所以說「下宇」。

禮教完備，養育方法周詳，然後刑法能夠推行，政治能夠清明，清明而不懷疑。

《易經》說製作的意思想必取自某個卦，只是取它的含義與形象相契合，不是必須看見卦以後才開始作為，不過這話是孔子說的啊。

陽卦多陰，陰卦多陽。

陽卦❶多陰，則陽為之主；陰卦❷多陽，則陰為之主。雖小大❸不齊，而剛柔得位，為一卦之主則均矣。

陽一君而二民，君子之道也；陰二君而一民，小人之道也。一其歸❹者，君子之道；多以御❺者，小人之理。陽遍體眾陰❻，眾陰共事一陽，理也。是故二君共一民，一民事二君❼，上與下皆小人之道也；一君而體❽二民，二民而宗❾一君，上與下皆君子之道也。

【章旨】解說卦分陰陽，存在兩種不同傾向。

【注釋】❶陽卦　指具有一陽爻和兩陰爻的卦，指震卦、坎卦和艮卦。❷陰卦　指具有一陰爻和二陽爻的卦，指巽卦、離卦和兌卦。❸小大　陽爻為大；陰爻為小。❹歸　歸屬。❺御　駕御；統治。❻陽遍體句　陽，指陽爻。陰，指陰爻。❼是故二句　二君共一民，是從陽卦的卦象一陽爻二陰爻引申出來的。一民事二君，是從陰卦的卦象二陽爻一陰爻引申出來的。❽體　體恤；體察。❾宗　認為宗主；服從。

【語譯】陽卦多陰爻，那就陽爻成為卦的主宰；陰卦多陽爻，那就陰爻成為卦的主宰。雖然爻的大小不整齊，但是陽剛陰柔各自得到它的爻位，成為一卦之主宰卻是均一的。

統一它們的歸屬，是君子之道；為首者多，是小人之道。陽爻周遍體察眾多陰爻，眾多陰爻共同服從一個陽爻，是符合規則的。因此二君共有同一民眾，同一民眾服從二君，係上與下都屬於小人之道；一君體察二民，二民服從一君，係上與下都屬於君子之道。

《易》曰：「憧憧往來，朋從爾思。」子曰：天下何思何慮！天下同歸而殊塗，一致而百慮，天下何思何慮！日往則月來，月往則日來，日月相推而明生焉；寒往則暑來，暑往則寒來，寒暑相推而歲成焉；往者屈也，來者信也，屈信相感而利生焉。尺蠖之屈，以求信也；龍蛇之蟄，以存身也；精義入神，以致用也；利用安身，以崇德也。

正惟存神爾。不能利用，便不思不勉，執多以御，故憧憧❶心勞而德喪矣。將陳恬知交養，故序日月寒暑屈信相感之義❷。

君子行義以達其道，精一於義，使不思而得，不勉而中，如介於石❸，故能見幾而作。

天下何思何慮？明屈信之變，斯盡之矣。

天下何思何慮？行其所无事，斯可矣。

「何思何慮」，行其所无事而已。下文皆是此一意。行其所无事，惟務崇德，但妄意、有意❹即非行其所无事；行其所无事，則是意、必、固、我❺已絕。今天下无窮動靜情偽，止一屈信而已，在我先行其所无事，則復何事之有！日月寒暑之往來，尺蠖❻之屈，龍蛇之蟄❼，莫非行其所无事，是以惡其鑿❽也。百慮而一致，先得此一致之理，則何用百慮！慮雖百，卒歸乎理而已矣。此章從「憧憧往來」，要其有心，至於「德之盛也」，率本此意。咸之九四，有應在初，思其朋，是感其心也⑨。不言心而言心之事，不能虛以受人，乃憧憧而致其思，咸道失矣⑩。憧憧往來，心之往來也；不能虛以接物而有所繫著，非行其所无事也。精義入神，豫而已⑪。學者求聖人之學以備所行之事，今日先撰次⑫來日所行必要作事。如此，若事在一月前，則自一月前栽培⑬安排，則至是時有備。言前定，道前定，事前定，皆在於此積累，乃能有功。天下九經⑭，自是行之者也，惟豫而已。撰次豫備乃擇義之精，若是則何患乎物至事來！精義入神須從此去，豫則事无不備，備則用利，用利則身安⑮。凡人應物无節⑯，則往往自失，故要在利用安身，蓋以養德也。若夫窮神知化⑰則是德之盛，故云「未之或知」。蓋大則猶可勉而至，大⑱而化則必在熟，化即達也。「精義入神以致用」，謂貫穿天下義理，有以待之，故可致用。窮神是窮盡其神也，入神是僅能入於神也，言入如自外而入，義固有淺深。

「日月相推而明生焉，寒暑相推而歲成焉」，神易无方體⑲，一陰一陽不測，皆所謂「通乎晝夜之道」也。

「精義入神」，事豫吾內，求利吾外也⑳；「利用安身」，素利吾外，致養吾內也。窮神知化乃養成自然，非思勉之能強㉑，故崇德而外，君子未或致知也。「精義入神」，豫之至也。

義以反經㉒為本，經正則精；仁以敦化為深，化行則顯。義入神，動一㉓靜也；仁敦化，靜一動也。仁敦化則无體，義入神則无方。

「精義入神」，要得盡思慮，臨事无疑。

「精義入神」，固不待接物。然君子何嘗不接物，人則見君子閑坐獨處，不知君子接物在其中。睡雖不與物接，然睡猶是成熟者㉔。

知幾其神，精義入神，皆豫之至也。豫者見事於未萌，豫即神也。

精義入神，利用安身，此大人之事㉕。大人之事則在思勉力行，可以推而至之；未之或知以上事㉖，是聖人盛德自致，非思勉可得。猶大而化之，大則人為可勉也，化則待利用安身以崇德，然後德盛仁熟，自然而致也，故曰「窮神知化，德之盛也」。自是別隔為一節㉗。

義有精粗，窮理則至於精義，若盡性則即是入神，蓋惟一故神。

通天下為一物而已㉘，惟是要精義入神。

所存能靜而不能動者，此則存；博學則利用，用利則身安，身安所以崇其德也。所應皆善，應過則所存者復神。

窮神知化，德之盛也。

德盛者，神化可以窮盡，故君子崇之。

化，事之變也。

大可為也，大而化不可為也，在熟而已。《易》謂「窮神知化」，乃德盛仁熟之致，非智力能強也。

形而上者，得辭幾得象矣㉙。神為不測，故緩辭㉚不足以盡神，緩則化矣；化為難知，故急辭㉛不足以體化，急則反神。

《易》所以明道，窮神則无《易》矣。

見幾則義明，動而不括㉜則用利，屈信順理則身安而德滋。窮神知化，與天為一，豈有我所能勉哉？乃德盛自致爾。大抵思慮靜乃能炤㉝物，須放心寬快㉞公平以求之，乃可見道。況德性自是廣大，《易》曰「窮神知化，德之盛也」，豈淺心可得！

化不可言難知，可以言難見，如日景㉟之行則可知之，其所以行則難見也。雷霆感動雖速，然其所由來亦漸爾。能窮神知化，德之盛也歟！

【章　旨】為人的根本在於掌握世界基本原理來努力修養德性。解說以很大篇幅反覆闡明它的重要性和實現途徑。

【注　釋】❶憧憧　往來不定貌。❷將陳二句　恬知，使認知安靜。恬，安靜。交養，交互提高。即將修養自身與處理世務相互促進來提高德性。序，敘說。屈信，同「屈伸」。信，通「伸」。❸介於石　立界如石，喻指不失分寸，確保節操。❹妄意有意　妄意，胡亂猜想。有意，有意圖。❺意必固我　意是有所求；必是有期待；固是停滯在過去；我是自我局限。它們就是孔子所說的絕四。《正蒙・中正》：「天理一貫，則無意、必、固、我之鑿。意、必、固、我，一物存焉，非誠也；四者盡去，則直養而無害矣。」❻尺蠖　中國北方稱「步曲」，南方稱「造橋蟲」。蟲體細長，行動作伸縮的步行，休息時能伸直如枝狀。❼蟄　動物冬眠時潛伏在土中或洞中不食不動的狀態。❽鑿　穿鑿附會。❾咸之九四四句　咸，指咸卦。九四，即九四爻，「憧憧往來，朋從爾思」就是它的爻辭。有應在初，有相應關係的在初爻。應，是術語，指內卦與外卦，各自的第一爻、第二爻、第三爻，有對應的關係。所以有思其朋之說。感其心，有感在心。❿不言心四句　心之事，指心的感受。虛以受人，能以博大的胸懷接受別人。虛，虛心。即《正蒙・大心》所說的「大心」，所謂：「大其心則能體天下之物，物有未體，則心為有外。」咸道失矣，咸卦顯示的原理喪失了。張載曾經這樣說過：「聖人惟于屈伸有感，能有屈伸，所以得天下之物，何用憧憧以思而求朋！大抵咸卦六爻皆以有應不盡咸道，故君子欲得虛受人，能容以虛，受人之道也。」見《橫渠易說・下經・咸卦》。⓫精義入神二句　精義入神，精微的義理到達神奇的天性。義，指萬事萬物所含的規則。入，到達，表示進入。神，陰陽變化的天性。豫，預備。⓬撰次　編纂；記述。⓭栽培　醞釀；準備。⓮天下九經　指天下公認的九種原則。《中庸》：「凡為天下國家有九經，曰：修身也、尊賢也、親親也、敬大臣也、體群臣也、子庶民也、來百工也、柔遠人也、懷諸侯也。」⓯身安　指身心安寧。⓰節　節制。⓱窮神知化　窮盡神奇的天性認清萬物的變化。⓲大　指人盡主觀努力所能達到的修養德性的最高境界，還沒有達到仁熟自然的聖人。⓳神易无方體　神易，神奇天性的變化。方體，固定形態。方，場所；區域。體，形態。⓴事豫吾內二句　吾內，自身。吾外，身外。㉑強　勉強；強來。㉒反經　反，同「返」。經，規則。㉓一　統一。㉔然睡猶是成熟者　句意謂看似睡眠狀態還如同修成德性成熟的寧靜。㉕大人之事　大人與聖人相似，大人在於盡主觀努力能達到；聖人不能憑主觀努力來達到，聖人是自然而然地與天地同步。換句話說，大人是「精義入神」，而聖人是「窮神知化」。㉖未之或知以上事　句意表示並非憑人的智慧所能達到的事。㉗節　事情的一端。㉘通天下為一物而

已　全天下只是同一個物罷了。這個物就是氣。《正蒙‧乾稱》：「凡可狀，皆有也；凡有，皆象也；凡象，皆氣也。」㉙得辭句　辭，指卦辭和爻辭。象，指卦象和爻象。㉚緩辭　表示演化的漸變的詞語。㉛急辭　表述質變的詞語。㉜動而不括　發動而不結滯。括，結礙。㉝炤　同「昭」。明顯。㉞寬快　寬鬆舒暢。㉟日景　即日影。景，同「影」。

【語　譯】正是惟有保存神奇的天性罷了。不能使施用有利，便不思索不努力，任多頭驅使，所以往來不定而心神勞累從而喪失德性了。將陳述使心智恬靜與修養德性相互促進，所以敘說日月寒暑屈伸相互感應的含義。

君子推行道義來達到他的原則，精純統一在道義，使不思慮而能得到，不人為努力而能符合中道，有如立界如石似地不失分寸，所以能見先兆而有作為。

天下需要思什麼慮什麼？認明屈伸的變化，這就窮盡了。

天下需要思什麼慮什麼？施行那所沒有事的政策，這就行了。

「思什麼慮什麼」，施行那所沒有事的政策罷了。下面的文章都是這一意思。施行那所沒有事的政策，只在致力於培養德性，只要胡思亂想和有意圖就不是施行那所沒有事的政策；施行那所沒有事的政策，就是意、必、固、我都已經杜絕。如今天下無窮無盡的動靜真偽，只是一個屈伸罷了，在我先施行那所沒有事的政策，就還會有什麼事！日月寒暑的交替，尺蠖蟲的屈體，龍和蛇的冬眠，沒有不是施行那所沒有事的政策，因此厭惡那些穿鑿附會。百種思慮而趨向一致，先能得到這一致的原理，就哪用得著百慮！慮雖然有百種，最終還是歸結到原理罷了。這一章從「憧憧往來」，要他的有心，到「德之盛也」，全都本著這意思。咸卦的九四爻，有對應的在初爻，思念他的朋友，就是感在他的心。不說心而說心中的事，是不能以博大的胸懷接受人，於是往來不定地致力於思求，咸卦的原理也就喪失了。往來不定，是心的往來不定；不能以博大的胸懷接受人和物反而有所束縛，不是施行那所沒有事的政策。精究義理能進入神奇的天性，準備罷了。學習的人求取聖人的學問，用來準備所進行的事，今天先安排將來的日子所必須做的事。這樣，如果事在一個月以前，就從一個月之前醞釀安排，到時候就有了準備。話要預先確定，原則要預先確定，事情要預先確定，都在於這種積累，才能有功效。天下九條基本原則，自然是推行的事情，只在於準備而已。安排和準備是選取精義，如果能這樣，何必擔心物和事的到來！精究義理進入神奇的天性必須從這方面入手，有準備就能事情無不具備，有具備就能施用有利，施用有利就能身心安寧。大凡人應接人和物沒有節制的話，就往往喪失自我，所以關鍵在於有利於施用使身心安寧，從而培養德性。至於窮盡神奇的天性認清萬物的變化，那是德性的極盛，所以說「不曾知道別的」。想必大還能通過主觀努力來達到，大並且昇華就必須要純熟，昇華就是達到了天性。窮神「精究義理進入神奇的天性從而致力於施用」，是說貫穿天下的義理，有準備著，所以能夠致力於施用。窮神是窮盡那神奇的天性，入神是僅僅能夠進入到神奇的天性，說入如同從外面進入，含義當然有淺有深。

「日月相互推移從而產生了光明，寒暑相互推移從而構成了年歲」，神奇天性的變化沒有具體的區域和形體，一陰一陽的變化莫測，都是所謂「通到晝夜變化的原理」的。

「精究義理進入神奇的天性」，事準備在我的內部，求取利益在我的外部；「施用有利從而身心安寧」，是求取利益在我的外部，達到培養我的內部。窮盡神奇的天性認清萬物的變化就是培養成自然而然，不是靠人的主觀努力所能強求的，所以培養德性以外，君子不知道有別的方法。「精究義理進入神奇的天性」，是最好的準備。

義理以回歸規則為根本，規則端正了義理就會精深；仁德以致力於教化為深厚，教化實行了就能顯現。義理進入神奇的天性，是變動統一於寧靜；仁德致力於教化，是寧靜統一變動。仁德致力於教化就不呈現形體，義理進入神奇的天性就沒有區域。

「精究義理進入神奇的天性」，要能夠竭盡思慮，臨事不遲疑。

「精究義理進入神奇的天性」，當然不必等待接應物。然而君子何嘗不接應物，人就看見君子獨自空閒坐著，卻不知道君子接應物就在這當中。睡眠雖然不與物接應，但是睡眠還是像德性成熟者的狀態。

認識先兆幾乎就是神奇天性了，精究義理進入神奇的天性，都是最好的準備。準備是發現事情於尚未萌發，準備就是神奇的天性。

精究義理進入神奇的天性，有利於施用從而身心安寧，這是大人的事。大人的事在於主觀努力竭力施行，就能夠推動從而達到它；不知道別的以上的事，是聖人德性昌盛自然達到，並非憑主觀努力能夠取得。猶如大並且昇華，大是人為能夠努力的，昇華卻是等到通過有利於施用從而身心安寧來培養德性，然後德性昌盛仁性成熟，自然而然來達到，所以說「窮盡神奇的天性認明變化，是德性的昌盛」。自然是別隔著一層。

義有精有粗，窮盡原理就達到了精微的義理，若是能窮盡性就是進入神奇的天性，想必是歸結為一所以是神奇的天性。

通天下只是一物而已，正因為這樣就要求精究義理進入神奇的天性。

所保存的能安靜而不能活動的，這個就保存；廣博的學習就有利於施用，施用有利就能身心安寧，身心安寧是用來培養德性的。所感應都是善，感應過了就能使所保存的返回到神奇的天性。

德性昌盛，是指神奇的天性和變化都能夠窮盡，所以君子推崇它。

化是事情的變化。

大是能夠做到的，大並且昇華是不可能做到的，在於成熟而已。《易經》說「窮盡神奇的天性認明變化」，這是德性昌盛仁性成熟所達到，並非人的智力能強求的。

形而上者，得知文辭幾乎也就得知法象了。神奇的天性是難以預測的，所以表述緩慢漸變的文辭不足以窮盡神奇的天性，緩慢就成了漸變；漸變是難以知覺的，所以表述急劇質變的文辭不足以體現漸變，質變就回歸神奇的天性了。

《易經》是用來顯明原理的，窮盡神奇的天性也就沒有《易經》了。

認識先兆就會義理顯露，發動而不結滯就能施用有利，屈伸感應遵循原理就能身心安寧從而德性滋長。窮盡神奇的天性認清變化，與天成為一體，豈有我自己所能夠強求的？這是德性昌盛自然達到罷了。大致思慮安靜，才能認明萬物，必須以放心寬舒公平來求取它，才能見到道。何況德性本來就廣大，《易經》說「窮盡神奇的天性認明變化，是德性的昌盛」，豈是淺薄的心意所能夠得到的！

演化不能說難以知覺，只能說難以發現，如日影的移動就是能夠知覺它，它的之所以移動就難以發現了。

雷霆感應發動雖然迅速，但是它的形成也是漸漸積累罷了。能窮盡神奇的天性認明變化，是德性的昌盛吧！

神化者，天之良能❶，非人能。故大而位天德，則窮神知化。氣有陰陽❷，推行有漸為化，合一不測為神。其在人也，智義❸利用，則神化之事備矣。德盛者，窮神則智不足道，知化則義不足云❹。天之化也運諸氣❺，人之化也順夫時；非化非時，則化之名何有？化之實❻何施？《中庸》曰「至誠為能化」，《孟子》曰「大而化之」，皆以其德合陰陽，與天地同流❼而无不通也。所謂氣也者，非待其鬱蒸凝聚❽，接於目而後知之；苟健順、動止、浩然、湛然之得言❾，皆可名之象爾。然則象若非氣，指何為象？時若非象，指何為時？世人取釋氏銷礙入空，學者捨惡趨善以為化，直可為始學遺累者薄乎云爾❿，豈天道神化所同語也哉！

物無孤立之理，非同異、屈信、終始以發明之，則雖物非物也。事有始卒乃成，非同異、有无相感則不見其成，不見其成，則雖物非物。故一屈一信相感而利生焉。

【章　旨】解說神化是氣的本性，也是客觀存在的。

【注　釋】❶良能　本能。❷氣有陰陽　氣含有兩個互相對立又互相依存的部分。這就是陰陽。❸智義　智，指智慧、聰明。義，指思想行為符合一定的社會標準。❹云　說。❺運諸氣　運行在氣裡面。諸，「之乎」的合音字。❻實　實際內容；實質。❼流　流變；運行。❽鬱蒸凝聚　鬱，濃郁、繁盛貌。蒸，蒸騰。凝，凝結。聚，聚合。這四者，張載用來證明都是氣實際存在的形態。❾苟健順句　苟，只要。健順，指剛強和柔順。動止，指變動和休止。浩然，至大剛正貌。湛然，指清澈明淨貌。❿世人三句　釋氏，中國指稱佛教始祖釋迦牟尼。後亦泛稱佛教徒。礙，障礙。佛教用指一切有形物。捨惡趨善以為化，張載批評這種說法，而主張不斷發揚新善為化。直，只。薄，淺薄。云爾，語末助詞。相當於「如此」。

【語　譯】神奇的天性和變化，是天的本能，而不是人的性能。所以大進而達到天的德性，就能窮盡神奇的天性認明變化。

氣具有陰陽兩部分，推動運行徐徐進步是演化，綜合為一而不可預測是神奇的天性。它在於人，智慧道義有利於施用，那就神奇的天性和變化的事情齊備了。德性昌盛的，窮盡神奇的天性就連智慧也不值得稱道，認明變化就連道義也不值得談論。天的變化運行在氣之中，人的變化順應於時勢；不是變化不是時勢，那麼變化的名稱怎麼會有？變化的實際內容又在哪裡？《中庸》說「至誠才能夠變化」，《孟子》說「大並且變化它」，都認為那德性綜合陰陽，與天地同步變化而沒有不暢通的。所說氣這個物，並非等到它的繁盛、蒸騰、凝結、聚合，與眼睛交接之後才知道它；只要有剛健柔順，變動休止、至大剛正狀態、清澈明淨狀態的能夠稱說，都是能夠稱名的現象啊。因此現象如果不是氣，指什麼為現象呢？時勢如果不是現象，指什麼為時勢呢？世人採取佛教銷除有形物進入空無的說教，學者拿捨棄惡趨向善以為教化，只能成為初學人的拖累，真淺薄啊，豈能與天道神奇的天性和變化相提並論的嗎！

物沒有孤立的道理，不是同與異、屈與伸、終與始來表明它，那就雖然是物也不成其為物。事要有始有終才構成，不是同與異、有與無相互感應就不能展現它的構成，不能展現它的構成，那就雖然是物也不成其為物。所以一屈一伸相互感應從而利益產生了。

知幾者為能以屈為信。君子无所爭，彼信則我屈，知❶也。彼屈則吾不信而信矣，又何爭！

無不容，然後能盡屈信之道，至虛則無不信矣。

君子無所爭，知幾於屈信之感而已。精義入神，交信於不爭之地，順莫甚焉，利莫大焉。

將致用者，幾不可緩；將進德者，徙義必精。此君子所以立多凶多懼之地，乾乾❷進德，不少懈於趨時也。

明庶物，察人倫❸，然後能精義入神，因性其仁而行。

不知來物❹，未足以利用。

《易》曰：「困于石，據于蒺藜，入于其宮，不見其妻，凶。」子曰：非所困而困焉，名必辱；非所據而據焉，身必危。既辱且危，死期將至，妻其可得見邪！

此明不能利其用者也，寡助之至，親戚畔❺之。

《易》曰：「公用射隼于高墉之上，獲之无不利。」子曰：隼者，禽也；弓矢者，器也；射之者，人也。君子藏器于身，待時而動，何不利之有！動而不括，是以出而有獲，語成器而動者也。

此明能精義以致用者也。

子曰：小人不恥不仁，不畏不義，不見利不勸，不威不懲。小懲而大誡，此小人之福也。

暗於事變者也。

子曰：危者，安其位者也；亡者，保其存者也；亂者，有其治者也。是故君子安而不忘危，存而不忘亡，治而不忘亂，是以身安而國家可保也。

明君子之見幾。

子曰：德薄而位尊，知小而謀大，力小而任重，鮮不及矣。

不知利用以安身者也。

子曰：知幾其神乎！君子上交不諂，下交不瀆，其知幾乎！

「上交不諂，下交不瀆」❻，人事不過於上下之交，此可盡人道❼也。人道之用，盡於接人而已，諂瀆召禍，理勢必然，故君子俯仰❽之際，直而好義，知幾莫大焉。

幾者，動之微，吉之先見者也。

幾者象見而未形者也，形則涉乎明，不待神而後知也。「吉之先見」云者，順性命則所見皆吉也。

觀其幾者，善之幾也，惡不可謂之幾。如曰「幾者動之微，吉之先見」，亦止言吉爾。且如孝弟⑨仁之本亦可以言幾，造端乎夫婦亦可以言幾，親親而尊賢亦可以為幾，就親親尊賢而求之又有幾焉。又如言不誠其身，不悅於親，亦是幾處。苟要入德，必始於知幾。

君子見幾而作，不俟終日。《易》曰：「介于石，不終日貞吉。」介如石焉，寧用終日，斷可識矣。

知幾其神，由經正以貫之，則寧用終日，斷⑩可識矣。

君子既知其幾，則隨有所處，不可過也，豈俟⑪終日？「幾者動之微，吉之先見者也。」夫幾則吉凶皆見，特言吉者，不作則已，作則所求向乎吉。

常易故知險，常簡故知阻。豫之六二常不動，故能得動之微。

君子知微知彰，知柔知剛，萬夫之望。

君子知微知彰，知柔知剛，未嘗不得其中⑫，故動止為眾人之表⑬。

學必知幾造⑭微。「知微之顯，知風之自，知遠之近，可以入德。」由微則遂能知其顯，由末即至於本，皆知微知彰知柔知剛之道也。

子曰：顏氏之子，其殆庶幾乎！有不善未嘗不知，知之未嘗復行也。

知不善未嘗復行，不貳⓯過也。盛德之士，然後知化，如顏子庶乎知化也⓰。有不善未嘗不知，已得善者，辨善與不善也。《易》曰「有不善未嘗不知」，顏子所謂有不善者，必只是以常意有迹處便為不善而知之⓱，此知幾也，於聖人則无之矣。

知德為至當⓲而不忘至之，可見善於微也。蓋欲善不舍，則善雖微必知之。不誠於善者，惡能為有為无？雖終身由之⓳不知其道，烏足與幾乎！顏子心不違仁，故不善未嘗不知，其致一也。

孔子稱顏子「不善未嘗不知，知之未嘗復行」，其知不善，非獨知己，凡天下不善皆知之，不善則固未嘗復行也。又曰「吾未見能見其過而內自訟」⓴，亦是非獨自見其過，乃見人之過而自訟。「其殆庶幾」㉑，言庶幾於知幾。

【章　旨】解說要善於察見先兆和正確利用先兆。

【注　釋】❶知　通「智」。❷乾乾　自強不息。❸明庶物二句　庶物，眾物；萬物。人倫，封建社會指人與人的關係和應當遵守的行為準則。❹來物　未來的事物。❺畔　通「叛」。❻上交不諂二句　諂，巴結奉承。瀆，輕慢。❼人道　與「天道」相對，指為人之道，或社會規範。❽俯仰　隨時俗周旋應付。❾孝弟　亦作「孝悌」。孝是善事父母；弟是善事兄長。❿斷　斷然；一定。⓫俟　等待。⓬中　中道，即不偏不倚之道。⓭表　表率。⓮造　達到。⓯貳　再；重複。⓰如顏子句　顏子，指顏淵。名回，字子淵（西元前五二一—前四九〇年），魯國人。孔子最稱賞的學生。終生安貧好學，不幸早死。子，古人以稱子表示尊敬。庶，差不多。⑰必只是句　常意，常常意識到。有迹處，留有痕跡的地方。指過錯。⑱至當　最為恰當。《正蒙・至當》：「至當謂之德。」⑲由之　遵從它。⑳吾未見能見其過而內自訟　語出《論語・公冶長》。訟，責備。㉑其殆庶幾　殆，大概；恐怕。庶幾，差不多。

【語譯】認明先兆的人是能以屈為伸的。君子沒有要爭的，彼伸就我屈，是聰明的。彼屈那就我不伸而伸了，又爭什麼！

沒有不容納的，然後能窮盡屈伸的原理，最虛心容受就沒有不伸的了。

君子沒有要爭的，從屈伸的感應中認明先兆而已。精究義理進入神奇的天性，相互伸在不爭之地，沒有比這更順暢了，沒有比這更有利了。

將要致力於施用的人，先兆不可放鬆；將要推進德性的人，趨從義理必須精微。這就是君子之所以處在多凶多懼的處境，自強不息地提高德性，追隨時勢不肯少許鬆懈。

認明萬物，觀察人際關係，然後能夠精究義理進入神奇的天性，憑藉以仁成性來施行。

不認識未來的事物，不足以使施用有利。

這說明不能使施用有利的人，無助之極，連親戚都背叛他。

這說明能靜求義理從而致力於用的人。

是不能認明事物變化的人。

說明君子的察見先兆。

是不懂使施用有利從而身心安寧的人。

「與上面交往不巴結奉承，與下面交往不輕慢」，人與人的事情不超出上下的交往，這就能夠盡到為人之道。

為人之道的運用，盡在交接人而已，巴結奉承和輕慢召來禍患，是事理趨勢的必然，所以君子在隨時俗應付的時候，正直而且仗義，認明先兆沒有比它更重大了。

先兆是現象顯現而尚未成形，成形就進入明朗，不必等到神奇的天性就知覺的。「吉的先顯現」說的，是遵循性和命就所顯現的都是吉的。

觀察先兆，是善的先兆，惡不能稱為先兆。如說「先兆是變動的細微，吉的先兆」，亦只說吉。而且如孝弟作為仁性的根本亦可以說是先兆，開始於夫婦亦可以說是先兆，親近親屬而且尊重賢才亦可以是先兆，就親近親屬尊重賢才來探求它又有先兆了。又如說不能使自身誠，不能取悅父母，亦是先兆的所在。只要進入德性，就必定開始於懂得先兆。

懂得先兆幾乎就是神奇的天性，根據規則來端正貫通它，就哪用整天，一定能認識了。

君子已經認知先兆，就隨著有所處置，不能錯過，豈能等一整天？「先兆是變動的細微，吉的預先顯露的。」先兆是吉凶都顯現的，獨說吉，是不做事就算了，做事就所求取的都趨向吉。

恆常平易所以知道危險，恆常簡略所以知道阻礙。豫卦的六二爻恆常不動，所以能得到變動的細微。君子認識細微認識彰顯，認識柔順認識剛健，未嘗不達到中道，所以行動成為眾人的表率。

學習必須認識先兆探索細微。「認識細微的顯露，認識風的來處，認識遠之由近處，就能夠進入德性。」由細微就能認知它的顯露，由末節就能到達根本，都是認識細微認識彰顯認識柔順認識剛健的原理。

認識不善的就不再做，是不重複過錯。

德性昌盛的人士，然後懂得造化，如顏子差不多懂得造化了。有不善未嘗不知道，已經得到善的，是能辨別善與不善的。《易經》說「有不善未嘗不認識」，顏子所謂有不善的，必只是以常常意識到留有痕跡的地方便是不善從而認識它，這是認識先兆，在聖人就沒有這個了。

懂得德就是最恰當從而不忘達到它，是能在細微中發現善。想必追求善不放棄，那就善雖然細微也必定認識它。不能志誠於善的人，哪能認識有善無善？雖然終身遵循著它卻不認識它的原理，哪夠得上議論先兆呢！顏子心不違離仁性，所以不善未嘗不認識，他的目標是統一的。

孔子稱讚顏子「不善未嘗不認識，認識了未嘗再做」，他的認識不善，不只是認識自己，凡是天下的不善都認識，不善的就堅決不再做。又說「我沒有看見能發現他的過錯而內心自我責備的」，亦是不只自己發現過錯，而是看見別人的過錯而能自我責備。「大概差不多了」，是說差不多認識先兆了。

天地絪縕，萬物化醇；男女構精，萬物化生。

始陳上下交以盡接人之道，卒具男女致一之戒而人道畢矣❶。

氣坱然❷太虛，升降飛揚，未嘗止息，《易》所謂「絪縕」❸，莊生所謂「生物以息相吹」、「野馬」者歟❹！此虛實動靜之機，陰陽剛柔❺之始。浮而上者陽之清，降而下者陰之濁，其感通聚結❻，為風雨，為霜雪，萬品之流形❼，山川之融結，糟粕煨燼❽，无非教也。

心❾所以萬殊者，感外物而不一也。天大无外，其為感者絪縕而已。物物所以相感者，利用出入，莫知其鄉❿，一⓫萬物之妙者歟！

虛則受，盈則虧，陰陽之義也。故陰得陽則為益，以其虛也；陽得陰則為損，以其盈也。艮三索而得男，乾道之所以成也⓬；兌三索而得女，坤道之所以成也⓭。故三之與上⓮，有天地絪縕、男女構精之義者此也。

陰虛而陽實，故陽施而陰受。受則益，施則損，蓋天地之義也。艮三索而得男，兌三索而得女，乾坤交索⑮而男女成焉，故三之與上，所以有絪緼構精之義。夫天地之絪緼，男女之構精，其致一⑯至矣。是理也，可以意考，而言之所不能喻⑰也。以乾之三而索於坤，則是三人行而損一人也；索之而男女成焉，是得其友也⑱。乾坤合而損益之義著，非致一其孰能與於此！

子曰：君子安其身而後動，易其心而後語，定其交而後求，君子修此三者，故全也。危以動，則民不與也；懼以語，則民不應也；无交而求，則民不與也。莫之與，則傷之者至矣。《易》曰：「莫益之，或擊之，立心勿恆，凶。」此又終以昧⑲於致用之戒。

【章旨】解說氣的陰陽變化造成世界的多樣性和統一性。

【注釋】❶卒具句　具，陳述；開列。男女致一，指男女結合。戒，告戒。❷坱然　廣大貌。❸絪緼　同「氤氳」。指陰陽感應發生變化。❹莊生句　莊生，即莊子。姓莊名周（西元前三六九—前八六年），宋國蒙（今河南商丘東北）人。戰國時期重要的思想家和文學家，著有《莊子》，繼承並發展了老子思想觀點，被認為道家中僅次於老子的重要人物。生物以息相吹、野馬，都指生物的呼吸。張載認為它們就是氣的變化狀態。❺陰陽剛柔　陰陽是性，剛柔是體。其實都是氣互相對立互相統一的兩個方面的表現。❻感通聚結　感是感應；通是融通；聚是聚合；結，是凝結。萬品，萬類；萬物。❼流形　變化成形。❽糟粕煨燼　指氣變化生成的有形物，與氣的變化潛能相對而言。糟粕，指酒渣。喻指事物粗劣無用的部分。煨燼，指燃燒後留下的殘餘。❾心　指心對外物的感知。古人認為心是人的思維器官。❿鄉　通「嚮」。方向；趨向。⓫一　統一；合一。⓬艮三索二句　艮，指艮卦。三索而得男，第三爻得到了男。艮卦的初爻和第二爻都是陰爻，到第三爻才是陽爻，所以說得男。乾道，同「天道」。指天的運行原理。⓭兌三索二句　兌，指兌卦。三索而得女，兌卦的初爻和第二爻都是陽爻，到第三爻才是陰爻，所以說三索而得女。坤道，同「地道」，指地的運行原理。⓮三之與上　三爻與上爻有著相應的關係。上，指卦的最上爻。艮卦的最上爻是陽爻；兌卦的最上爻是陰爻。⓯交索　交互感應。⓰致一　達到合一。⓱喻　曉喻；使明白。⓲以乾四句　以在陽位的第三爻求索到陰爻，就是三人行動而一人必須放棄不同的主張，求索到就男女結合了，這就是得到了它的朋友，這四句解說《易》曰：『三人行，則損一人，一人行，則得其友。』言致一也。」張載沒有摘錄這幾句話，出自《易經・下經・損卦》，原意是：三人共同行動而主張不同，存在許多不一致，有一人必須放棄成見。一人單獨行動，反而會得到志同道合的朋友。乾，指陽位。乾之三而索於坤，指坤卦的第三爻居陽位而得陰爻。索之而男女成焉，是用來說明合一之道的。⓳昧　愚昧；不懂。

【語　譯】開頭陳述與上交往與下交往來盡到人與人交際的原則，最終備述男女結合為一的告戒從而人與人交際的原則盡在於此了。

氣廣大地充滿宇宙，升降飛揚，不曾休止，這就是《易經》所說的「絪縕」，莊子所說的「生物用呼吸互相吹動」、「野馬」吧！這是無形與有形、變動與靜止的樞紐，陰與陽、剛與柔的初始。飄浮向上的是陽氣的清純，降落向下的是陰氣的重濁，它們的感應融通聚合凝結，就成為風雨，成為霜雪，然而萬物變化的形態，山川的消融或凝結，都只是變化的糟粕煨燼，沒有不給人以啟示的。

心裡之所以存在千差萬別，是感受外物從而不一致的緣故。天是廣大無所不包的，它成為感應的是變化著的陰陽而已。萬物之所以互相感應，受利與施用、出與入，都不能知道它的趨向，是統一萬物的神妙的天性吧！

虛的就接受，滿的就虧損，是陰陽的本義。所以陰得到陽就成為受益，是由於它的虛；陽得到陰就成為受損，是由於它的充盈。艮卦三索從而得到男，乾道所用來形成的；兌卦三索從而得到女，是坤道所用來形成的。所以三爻與上爻，有著天地的陰陽變化、男女結合的本義就是這個。

陰虛而陽實，所以陽散發而陰接受。接受就得益，散發就虧損，想必是天地的本義。艮卦三索從而得到男，兌卦三索從而得到女，乾坤交互感應從而男女形成了，所以三爻與上爻，有著陰陽變化結合的本義。天地的陰陽變化，男女的結合，它們達到合一的原理已是極至的了。這原理，能夠用心意領會，但是為言語所不能曉喻的。以坤卦的三爻在陽位而求索於陰爻，是三人行而有虧損於一人；求索到它從而男女結合了，這就是得到了它的朋友。乾坤結合從而虧損與增益的原理顯現，不是達到合一之極至又有誰能參與其中！

這又把不懂致力於施用的告戒作為終結。

子曰：乾坤其易之門邪！乾，陽物也；坤，陰物也；陰陽合德而剛柔有體，

推而行之存乎通，所謂合德❶；確然隤然❷，所謂有體。乾於天為陽，於地為剛，於人為仁；坤於天則陰，於地則柔，於人則義。先立乾坤以為易之門戶，既定剛柔之體，極其變動以盡其時，至於六十四❸，此《易》之所以教人也。

其稱名也雜而不越。

其文辭錯綜而條理不雜，雜而不越❹。

於稽其類，其衰世之意邪！

世衰則天人交勝❺，其道不一，《易》之情也。

夫《易》，彰往而察來，而微顯闡幽。

如坤初六驗履霜於已然、察堅冰於將至之類❻。一云「數往知來」❼，其義一也。

其事肆而隱，

顯者則微之使求其原，幽者則闡之使見其用；故曰「其事肆而隱」❽。

卦有稱名至小而與諸卦均齊者，各著其義也，蓋稱名小而取義大也。

因貳以濟民行。

天下之理既已思盡，因《易》之三百八十四爻❾變動以寓❿之人事告人，則當如何時，如何事，如何則吉，如何則凶，宜動宜靜，丁寧以為告戒，所以因貳以濟民行也⓫。

《易》之興也，其於中古乎！作《易》者，其有憂患乎！

諳識⓬情偽吉凶之變，故能盡性命。

【章旨】解說《易經》的結構和主旨。

【注釋】❶合德　會合德性。❷確然隤然　確然，剛強貌。隤然，柔順貌。❸六十四　是《易經》中卦的總數。❹其文辭二句　錯綜，交錯綜合。條理，層次；系統。雜而不越，繁雜而不亂。越，越出條理。❺世衰句　世衰，社會衰敗。交勝，交替勝出；相互爭勝。❻如坤句　如坤卦初六爻驗證踏到薄霜在已經如此、察見堅冰在即將到來的這一類。句意謂見微知著、察往知來。坤初六，指坤卦的初爻，是陰爻。初，指第一爻。六，代表陰爻。履霜，出自初六爻的爻辭。履，踏；踩。已然，已經如此。然，如此；這樣。堅冰，堅實的冰。語出初六爻的爻辭。❼數往知來　推論前事就能夠預知未來。❽顯者三句　微之，使它隱微。原，根本。闡之，闡明它。見，同「現」。用，效用。肆，直截了當。隱，隱藏。❾三百八十四爻　《易經》中爻的總數。卦有六十四，每卦有六爻，所以有三百八十四爻。❿寓　寄託。⓫丁寧二句　丁寧，一再囑咐。告戒，申告勸誡。因，憑藉。貳，變易無常。濟，濟助。⓬諳識　熟悉。

【語　譯】推動施行存在於貫通，是所說的會合德性；剛強貌柔順貌，是所說的有形體。乾對於天來說是陽，對於地來說是剛，對於人來說是仁；坤對於天來說是陰，對於地來說是柔，對於人來說是義。先確立乾坤把它們作為《易經》的門戶，是已經確定剛柔的形體，極盡變化來窮盡它的時機，一直到六十四卦，這就是《易經》用來教人的。

《易經》的文辭錯綜複雜卻條理不紊亂，是繁雜卻不越軌。社會衰敗就導致天與人爭勝，它們的原則不一致，這是《易經》所據的實情。

像坤卦的初六爻驗證履霜於已經如此、察見堅實的冰在即將到來的這一類。一說「推論前事就能夠預知未來」，它們的含義是一樣的。

明顯的就使它隱微從而探求它的根本，幽隱的就闡明它從而顯現它的效用；所以說「它的事直截了當卻又隱藏著深意」。

卦有稱名很小卻與眾卦均等齊一的，是各自顯明它的含義，想必稱名小而所取含義很大。

天下的原理已經想盡，憑藉《易經》的三百八十四爻的變動從而寄託人事來告知人，應當什麼時機，什麼事情，怎樣就吉，怎樣就凶，適宜行動適宜安靜，一再囑咐作為申告勸誡，這就是憑藉變化無常來濟助民眾行動的。

熟悉真假吉凶的變化，所以能識盡德性和命運。

是故履，德之基也；

〈繫辭〉獨說九卦❶之德者，蓋九卦為德，切於人事。

困，德之辨也。

困而不知變，民斯為下矣；不待困而喻❷，賢者之常也。困之進人也，為德辨，為感速，孟子謂「人有德慧術智恆存乎疢疾」以此❸。自古困於內無如舜，困於外無如孔子❹。以孔子之聖而下學❺於困，則其蒙難正志，聖德日躋❻，必有人所不必知而云獨知者矣，故曰：「莫我知也夫❼！」「知我者其天乎❽！」

巽，德之制也。

量宜接物，故曰制也❾。

履，和而至，

和必以禮節之，注意極佳❿。

益，長裕而不設，

益⓫物必誠，如天之生物，日進日息。自益必誠，如川之方至，日增日得。施之妄，學之不勤，欲自益且不足，益人難矣哉！《易》曰：「益，長裕⓬

而不設。」設，謂虛設，信夫！因銘諸牖以自訟⑬。

「益長裕而不設」，益以實也。妄加以不誠之益，非益也。益必實為有益，如天之生物，長必裕之，非虛設也。

巽，稱而隱。

巽順以達志，故事舉而意隱⑭。

井以辯義，

稱物平施，隨所求小大與之，此辯義也⑮。

巽以行權。

不巽⑯則失其宜也。

【章旨】解說〈繫辭〉獨說九卦的德性切合人事。張載沒有全部摘錄，僅對困、巽、履、益、井五卦作解說。

【注釋】❶九卦　指履、謙、復、恆、損、益、困、井和巽卦，都表示身處憂患時的因應原則。❷喻　明白。❸困之進人四句　進，促進；推動。辨，辨明。速，迅速。德，德行。慧，智慧。術，藝能；技能。智，心智；才智。語出《孟子・盡心上》。疢疾，疢病，比喻憂患。❹自古二句　困於內，指舜受到後母和弟謀害。困於外，指孔子的外部環境不順而難以為政。❺下學　屈己向下學習。❻躋　上升。❼莫我知也夫　沒有人了解我呀。語出《論語・憲問》。莫，沒有誰。我知，即知我的倒置。知，了解。也夫，語氣詞連用，表示感嘆。❽知我者其天乎　語出《論語・憲問》。其，表示肯定的推測。❾量宜接

物二句　量宜接物，衡量合宜接待人物。物，指人物、公眾。制，制宜。⑩和必二句　和，和諧；祥和。節，節制；限制。注意，賦予的意思。⑪益　增長。⑫長裕　長，生長。裕，充裕；富裕。⑬因銘句　銘，本義是座右銘，這裡用作動詞，是寫座右銘的意思。牖，窗。訟，督責。⑭巽順二句　達，通達；實現。志，志向。舉，舉行；舉辦。⑮稱物三句　稱物，稱量物。平施，公平施與。與，給與。辯義，明辨道義的合宜。辯，通「辨」。⑯不巽　不謙遜。

【語　譯】〈繫辭〉唯獨解說九個卦的卦德，想必是這九個卦的卦德，切合於人事的緣故。

遭遇困境卻不知道改變，民眾這就成為下愚了；不等到受困就能明白，是賢者的常情。困境對於促進人，作為德能明辨，作為感應能迅速，孟子說「人有道德智慧技能心智往往依存於患難」就是根據這個的。自古以來受困於內部的沒有超過舜，受困於外部的沒有超過孔子。以孔子的聖明反而虛心從受困中學習，那麼，他的蒙受艱難端正心志，聖人的德性天天上升，必定有人們所不必然知道而說獨自知道的了，所以說：「沒有誰知道我呀！」「知道我的大概是天吧！」

衡量適宜去接待人物，所以說「制宜」。

和諧必須用禮來制約它，賦予的意義極好。

增益物必須誠心，如同天生長萬物，日日促進日日滋長。增益自己必須誠心，如同河水的到來，日日增加日日得到。措施的妄亂，學習的不勤奮，想自我增益尚且達不到，要增益別人就更難了！《易經》說：「益卦是生長的寬裕而不是虛設的。」設，是說虛設，確實啊！因而銘刻在窗戶用來自勉。

「益卦是生長的寬裕而不是虛設的」，是以實在來增益。胡亂加以不誠實的增益，不是增益。增益必須實在有增益，如同天的生長萬物，生長必定使它寬裕，而不是虛設的。

巽卦柔順從而通達心志，所以是事情舉辦了而心意隱而不露。

稱量事物能公平施與，隨著所要求的大小給與他，這是明辨道義的適宜。

不巽就會失去它的合宜。

【說　明】此中關於困卦卦德的解說給人以很大的啟示，應當把困難看成促進的力量。聖明如舜如孔子受困之大，人莫能及，然而他們「蒙難正志，聖德日躋」，也是人莫能及。正是這種不畏困難的進取精神獲得了成功。

《易》之為書也不可遠，為道也屢遷。

心不存之，是遠也❶。不觀其書，亦是遠也。蓋其為道屢遷❷。

《易》之為書也，原始要終，以為質也；六爻相雜，唯其時物也。

於一卦之義，原始要終，究兩端以求其中❸。六爻則各指所之❹，非卦之質也，故吉凶各類❺其情，指其所之。

其初難知，其上易知，本末也；初辭擬之，卒成之終。若夫雜物撰德，辯是與非，則非其中爻不備。噫！亦要存亡吉凶，則居可知矣；知者觀其〈彖辭〉，則思過半矣。

初上終始，三四非貴要之用，非內外之主，中爻以要存亡吉凶❻。如困卦「貞大人吉无咎」，蓋以剛中也，小過小事吉，大事凶，以柔得中之類❼。

《易》為君子謀，不為小人謀，故撰德於卦，雖爻有小大❽，及繫辭其爻，

必喻之以君子之義。

柔之為道，不利遠者。

柔之用近也❾。

道有變動，故曰爻；爻有等，故曰物；物相雜，故曰文。

爻者，交雜❿之義。

《易》之興也，其當殷之末世，周之盛德邪？當文王與紂之事邪？

剛柔錯雜，美惡混淆，文王與紂當之矣⓫。

是故其辭危。危者使平，易者使傾，其道甚大，百物不廢，懼以終始，其要无咎，此之謂《易》之道也。

不齊戒⓬其心，則雜而著也。

百物不廢，巨細无不察也。

夫乾，天下之至健也，德行恆易以知險；夫坤，天下之至順也，德行恆簡以知阻；能說諸心，能研諸侯之慮，

擬議云為⓭，非乾坤簡易以立本，則《易》不可得而見也。

簡易故能悅諸心，知險阻故能研諸慮。

簡易然後知險阻，理得然後一以貫天下之道。

至健而易，至順而簡，故其險其阻，不可階而升，不可勉而至。

太虛之氣，陰陽一物也，然而有兩體，健順而已⑭。亦不可謂天无意，陽之意健，不爾⑮何以發散和一？陰之性常順，然而地體重濁，不能隨則不能順，少不順即有變矣。有變則有象，如乾健坤順，有此氣則有此象可得而言，若无則直⑯无而已，謂之何而可？是无可得名。故形而上者，得辭斯得象，但於不形中得以措辭者，已是得象可狀也。今雷風有動之象，須得天為健，雖未嘗見，然而成象，故以天道言；及其法也則是效也，效著則是成形，成形則地道也。若以耳目所及求理，則安⑰得盡！如言寂然湛然⑱亦須有此象。

有氣方有象，雖未形，不害象在其中。

〈繫辭〉言「能研諸慮」，止是剩「侯之」二字，說者就解而「諸侯有為之主」，若是者即是隨文⑲耳。

定天下之吉凶，成天下之亹亹者。是故變化云為，吉事有祥，象事知器，占事知來。天地設位，聖人成能；人謀鬼謀，百姓與能。

言《易》於人事終始悉備，行善事者，《易》有祥應之理。萌兆之事，而《易》具著見之器；疑慮而占，則《易》示將來之驗。有以見天地之間，成能⑳者聖人而已。能畏信於《易》者，雖百姓之愚，能盡人鬼幽明之助㉑。

天能謂性，人謀謂能。大人盡性，不以天能為能而以人謀為能，故曰「天地設位，聖人成能」。

天人不須強分，《易》言天道，則與人事一滾[22]論之，若分別則只是薄乎云爾。自然人謀合，蓋一體也，人謀之所經畫[23]，亦莫非天理。

八卦以象告，爻象以情言，

八卦有體，故象在其中。錯綜為六十四爻，爻象所趨各異，故曰「情言」。

變動以利言，吉凶以情遷。

能變通則盡利，累於其情則陷於吉凶矣。

情偽相感而利害生。

凡卦之所利與爻之所利，皆變通之宜也。如「利建侯」[24]，「利艱貞[25]吉」。屈信相感而利生，感以誠也；情偽相感而利害生，雜以偽也。誠則順理而利，偽則不循理而害。

《易》言「情偽相感而利害生」，則是事以人事言，故有情偽利害也。「屈信相感而利生」，此則是理也，惟以利言。

【章　旨】解說《易經》的原理和閱讀的方法。

【注　釋】❶心不存之二句　存，保存；存留。遠，遠離。❷其為道屢遷　《易經》的法則屢屢變遷。按：本文此下還有「變動不居，周流六虛，上下無常，剛柔相易，不可為典要，惟變所適」等語，大意是：這種變動不拘泥於一定的形式，在卦的六個爻位之間，普遍流通，或上或下，沒有常規，剛爻與柔爻相互變易，不能成為法則，惟變化所趨。張載沒有摘錄。❸原始要終二句　原，追溯。要，歸結；歸納。兩端，指始與終。中，指本質。❹所之　所象徵的事物。❺類　類似。❻初上四句　初上，指初爻和上爻。三四，指三爻和四爻。貴要之用，重要的作用。貴，尊貴；重要。內外，指內卦和外卦。中爻，指內卦和外卦的中爻。即二爻和五爻。❼如困卦五句　貞，守正道。剛中，指陽爻居中位。困卦居中位的二爻和五爻都是陽爻。小過，卦名。小事三句，見《易經・小過卦》的卦辭和爻辭。以柔得中，指以陰爻居中位。小過卦居中位的二爻與五爻都是陰爻。❽爻有小大　陽爻為大，陰爻為小。❾柔之用近也　柔的作用在於近處。柔，指柔位，即陰位第四爻。它與第五爻相近，而第五爻是君位，柔的本質是軟弱所以必須依附他人表示柔順。❿交雜　交錯。⓫文王句　文王，指周文王。紂，也稱帝辛。商代的最後君主。曾征服東夷。又殺死比干、梅伯，囚禁周文王。此後周武王率領諸侯滅商，紂在牧野（今河南淇縣西南）戰敗自焚。傳統史書稱他為無道君主的代表。⓬齋戒　修身反省。⓭擬議云為　擬議，行動之前的謀劃和議論。云為，說和做。⓮太虛四句　一物，同一物；統一物。兩體，兩部分。即兩個互相依存互相對立互相轉化的部分。健順，指陰陽。健指陽，順指陰。⓯爾　這樣。⓰直　只。⓱安　哪。⓲寂然湛然　寂然，靜默貌。湛然，明淨貌。⓳隨文　依據字面臆測作出附會的解釋。⓴成能　達到仿效天地的功能。㉑人鬼幽明之助　解釋「人謀鬼謀，百姓與能」。鬼指鬼神。㉒一滾　混同。滾，亦作「混」。㉓經畫　經營規劃；籌劃。㉔利建侯　語出《易經・屯卦》。意為有利於建立公共的事業。㉕利艱貞　語出《易經・噬嗑卦》。有利於克服艱難，堅守正道。

【語　譯】心不保存它，是遠離。不去看它的書，也是遠離。這是因為易的法則在常常變化。

至於一卦的含義，要追溯起始探求終了，考究始終兩頭來求取它的中正。六爻各自指示它的趨向，不是卦的實質，所以吉凶各自類似它的情形，指示它的趨向。

初爻上爻表示終與始，三爻四爻不是緊要的作用，因為不是內卦和外卦的主，中爻用來決定存亡吉凶。

如困卦「堅守正道大人吉利沒有災難」，想必由於陽爻居中位的緣故，小過卦小事吉利，大事凶險，由於陰爻得到中位的緣故之類。

《易經》為君子謀慮，不為小人謀慮，所以把德性寫在卦上，雖然爻有大和小，到了把解釋文辭附在它的爻，必定以君子的道義說明它。

陰柔的效用在近處。

爻，是交錯叢雜的意思。

陽爻與陰爻交錯叢雜，美與惡混雜，周文王與紂相當這種情況。

不修養他的心，就會叢雜而且繁亂。

一切物都不廢棄，大的和小的沒有不審察的。

擬議的言論和行動，不把乾坤的簡明平易的原理立為根本，《易經》就不可能得到顯現。

簡明平易所以能使人滿心歡喜，認識危險艱難所以能精細思考。

簡明平易然後認識危險艱難，得到了簡明平易的真理然後以一條線貫通天下的一切道理。

最剛健而平易，最柔順而簡明，所以克服那危險那艱難，不能一步步登梯似地提升，不能憑主觀努力來達到。

太虛的氣，是陰陽的統一物，然而具有兩體，就是剛健和柔順而已。也不能說天沒有意識，陽的意識剛健，不這樣的話，憑什麼發散合一？陰的德性常常柔順，然而地的形體沉重混濁，不能隨從就不能柔順，稍不柔順就有變化了。有變化就會有現象，如乾的剛健坤的柔順，有這氣就會有這現象能夠把它說出來，若沒有也就只是沒有罷了，稱它為什麼才行呢？這是沒有什麼能夠得到稱名的。所以形而上者，得到文辭也就得到了現象，只要在不具形體之中能夠用文辭描述的，已經是得到現象能夠描述了。如今雷與風有發動的現象，需要得到天為剛健，雖然不曾看見，但是形成了現象，所以拿天道來說；一到它的效法就是效用，效用顯著就是形成形體，形成形體就是地道了。若以耳目所能及去探求原理，就哪能究明！如同說靜默的樣子明淨的樣子也應該有這現象。有氣才有現象，雖然還沒有成形，不妨害現象存在於其中。

〈繫辭〉說「能研諸慮」，只剩「侯之」二字，解說者就解為「諸侯有為之主」，像這樣便是望文生義。說《易經》關於人事終始全都具備，做善事的，《易經》具有應以吉祥的事理。先兆的事情，《易經》具有顯現的工具；疑慮從而占問，《易經》就會顯示將來的徵兆。有用來顯現天地之間，成就德性的是聖人罷了。能驚畏信仰《易經》的，即使百姓的愚昧，也能盡到人與神暗的明的相助。

天的本能稱之為德性，人的意識稱之為本能。大人認明天的德性，不拿天的本能而拿人的意識作為本能，所以說「天地設立了位置，聖人成就了德性」。

天與人不必強加分別，《易經》說天道，就與人事一同論述，如果強加分別就是淺薄了吧。人的意識自然與天道相合，想必是同一個整體，人的所經營規劃，也沒有不是天理。

八卦具有形體，所以現象存在其中。交錯綜合成為六十四爻，〈彖傳〉所趨向各不相同，所以說「根據情況來說」。

能變通就能窮盡利益，被實際情況所困就會陷入吉凶。

凡是卦的所利與爻的所利，都是變化中的合宜。如「利建侯」，「利艱貞吉」。

屈伸相感應從而產生有利，是以誠相感應；真偽相感應從而產生利與害，是摻雜了偽。誠就遵循原理從而有利，偽就不遵循原理從而有害。

《易經》說「真偽相感應從而產生利與害」，就是專拿人事說的，所以有真與偽、利與害。「屈伸相感應從而產生有利」，這就是天理，只說有利。

經學理窟

【說　明】經學是指研究經傳的解釋和分析義理的學問；理窟是指道理的深奧處。這裡指的經學就是儒家經學，張載把它看成治學、修身、治國的總綱，不僅自己作為終身的事業，而且竭力向社會推廣。這部書也是語錄的分類彙編，共五卷，標目分為〈周禮〉、〈詩書〉、〈宗法〉、〈禮樂〉、〈氣質〉、〈義理〉、〈學大原上〉、〈學大原下〉、〈自道〉、〈祭祀〉、〈月令統〉、〈喪紀〉等十二篇，涵蓋面很大。這些語錄，看起來都只是片言隻語，得來卻很不容易，讀它也須深入領會。其中〈詩書〉、〈禮樂〉、〈氣質〉、〈義理〉、〈學大原上〉、〈學大原下〉、〈自道〉諸篇推敲為人處世之道，強調自覺、學行合一和治學與修身合一，不只剖析經義、訓釋文字而已，選注如下。

詩書

【題解】詩指《詩經》，書指《尚書》，都是儒家的重要經典。張載精研儒家經典，把它看作汲取學術思想的源泉。本篇彙集的這些語錄，不只是對《詩經》和《尚書》說的，也是對所有儒家經典說的，都是他精研並發揚儒家思想的結晶。如說「故欲知天者，占之於人可也。」提出天理只在人心的觀點，就充分發揮了孟子關於「民為貴，社稷次之，君為輕」的思想。又如認為自古以來聖君賢王「皆虛其心以為天下」，這一思想是本篇的主旨，也是他所認為的儒家政治思想的核心。為天下，所指的是為天下的人，而不是爭天下的權，這對當時的統治者也是一種規勸。這些語錄還總結了他的讀書方法，讀儒家經典首先要讀懂文字，其次要理解內容，最終要領會主旨。只有領會了主旨，才是真正讀懂了。因此他贊成孟子的「以意逆志」的讀《詩經》的方法。所謂以意逆志也就是從主旨上去理解。所以他提出了「聖人文章無定體，《詩》、《書》、《易》、《禮》、《春秋》，只隨義理如此而言」的論斷，指出它們都是聖人思想的不同形式的表現而已。

〈周南〉〈召南〉如乾坤❶。

「上天之載，無聲無臭」❷，但儀刑文王則可以取信家邦❸，言當學文王者也。

蝃蝀者，陰氣薄而日氣見也❹。有二者，其全見者是陰氣薄處，不全見者是陰氣厚處。

聖人文章無定體，《詩》、《書》、《易》、《禮》、《春秋》，只隨義理如此而言❺。李翱有言：「觀《詩》則不知有《書》，觀《書》則不知有《詩》。」亦近之❻。

「順帝之則」，此不失赤子之心也❼，冥然無所思慮，順天而已。赤子之心，人皆不可知也，惟以一靜言之。

古之能知詩者，惟孟子為以意逆❽志也。夫詩之志至平易，不必為艱險求之，今以艱險求詩，則已喪其本心，何由見詩人之志！

文王之於天下，都無所與❾焉。「文王陟降，在帝左右」❿，只觀天意如何耳。觀〈文王〉⓫一篇，便知文王之美，有君人⓬之大德，有事君之小心。

【章　旨】有關《詩經》的解說，藉以說明儒家經典都表述同一基本思想，讀經應當融會貫通，以掌握基本思想為目標。

【注　釋】❶周南句　周南召南，都是《詩經》的組成部分。《詩經》有風、雅、頌三部分。風又分為十五國風，所謂國風，就是今天所說的十五個地區的民歌。國就是地區，風就是民歌。〈周南〉所在的地區大致相當今天的陝西、河南之間；〈召南〉所在的地區大致相當今天的河南、湖北之間，分別是當時重臣周公和召公的封地。加上靠近京都，古人認為它們最能體現王朝的正統思想。乾坤，是《易經》的兩個卦名。張載認為「乾坤《易》之門戶也」，見《橫渠易說・繫辭上》。這裡用來比喻〈周南〉和〈召南〉在十五種民歌中是作為典範的。❷上天之載二句　上天的行事既沒有聲響，又沒有氣味。寓意上天的行事是默默地自然而然地在進行著。語出《詩・大雅・文王》。載，行事。臭，氣味。❸但儀刑句　但，只要。儀刑，效法。文王，指周文王。名昌姬姓，是周王朝的奠基人，也是儒家尊奉的聖君賢王。家邦，原指家與國，後多指國家。❹蝃蝀二句螮蝀，就是虹。這裡也指《詩經》中的詩篇名，原是一首描述女子爭取婚姻自主而遭指責的民歌。陰氣，指水氣、雲氣。日氣，指日光。《正蒙・樂器》解說這首詩時說：「日出而陰升自西，日迎而會之，雨之候也，喻婚姻之得禮者也；日西矣而陰生於東，喻婚姻之失道者也。」可以參見。❺聖人文章三句　體，體裁。詩，指《詩經》，它是中國最早的詩歌總集。書，又稱《書經》、《尚書》。是中國上古歷史文件和部分追述古代事跡著作的彙編。易，指《易經》，又名《周易》。通過八卦的形式推測自然和社會的變化，認為陰陽兩種勢力的相互作用是產生萬物的根源。禮，即《周禮》，又稱《周官》或《周官經》。係搜集周室官制和戰國時代各國制度，添附儒家政治理想，增減排比而成的彙編。春秋，編年體史書，相傳由孔子依據魯國史官所編的《春秋》整理修訂而成。起於魯隱公元年（西元前七二二年），終於魯哀公十四年（西元前四八一年），計二百四十二年。五種書都是儒家的重要經典。義理，講求經義、探究名理的學問。❻李翺有言四句　李翺，唐代人（西元七七二—八四一年），會昌十四年（西元七九八年）的進士，歷任廬州刺史、刑部侍郎、戶部侍郎和山南東道節度使。是唐代著名文學家韓愈的學生。他以《中庸》作為理論根據，反對佛教。觀詩二句，句意謂讀書應當注重所表述的思想內容，而不要拘泥書的體裁。李翺〈答朱載言書〉「創意造言，皆不相師。故其讀《春秋》也，如未嘗有《詩》也；其讀《詩》也，如未嘗有《易》也；其讀《易》也，如未嘗有《書》也；其讀屈原、莊周也，如未嘗有六經也。故義深則意遠，意遠則理辯，理辯則氣直，氣直則辭盛，辭盛則文工。」即此引文所本。近，相近；相似。❼順帝之則二句　順帝之則，遵循天帝的法則。帝，張載認為就是天，他是無神論者。語出《詩・大雅・皇矣》。赤子，初生的嬰兒，喻指清純。❽逆　猜度；理解。❾與　參與；干預。❿文王陟降二句　周文王上下升降，只在天帝左右。語出《詩經・大雅・文王》。陟降，升降，意指一舉一動。⓫文王　《詩經・大雅》的一篇詩名。它是周人追述並讚美周文王從而深戒自己的詩。⓬君人　統治人。

【語　譯】〈周南〉與〈召南〉在《詩經》中的地位和作用的重要如同乾卦和坤卦在《易經》中的地位和作用。

「上天的行事，既沒有聲響，也沒有氣味」，只要效法周文王就能夠取得全國的信任，是說應當學習周文王。

螮蝀，是水氣微薄，因而日氣顯現的現象。有兩種情況，那完全顯現的是水氣微薄的，不完全顯現的是水氣深厚的。

聖人的文章沒有固定的體裁，《詩經》、《尚書》、《易經》、《周禮》、《春秋》，只是隨著經義來說的。李翺說過：「讀《詩經》就不知道還有《尚書》，讀《尚書》就不知道還有《詩經》。」意思也相類似。

「遵循上天的法則」，這是指不喪失嬰兒那樣的純潔心靈，專默精誠而不加思索，遵循上天而已。嬰兒的純潔心靈，人們都不可能知悉，只能用專一靜默來描述它。

古人能夠領會《詩經》的，只有孟子認為用自己的心意去領會《詩經》的志趣。《詩經》的志趣最為普通明白，不必故做艱深去考求，如果以艱深去考求，就已經喪失它的本意，從哪裡去見到《詩經》作者的志趣！

周文王對於天下事，完全沒有參與的。「周文王一舉一動，都在天帝的身邊」，只看天意怎樣而已。讀〈文王〉一篇詩，就知道周文王的完美，既具有治理民眾的偉大德性，又具有事奉君王的謹慎小心。

萬事只一天理❶。舜舉十六相，去四凶，堯豈不能？堯固知四凶之惡❷，然民未被❸其虐，天下未欲去之。堯以安民為難，遽去其君則民不安，故不去，必舜而後因民不堪❹而去之也。

高宗夢傅說❺，先見容貌，此事最神。夫夢不必須❻聖人然後夢為有理，但天神不間❼，人入得處便入也。萬頃之波與汙泥之水❽，皆足受天之光，但放來平易，心便神也。若聖人起一欲得靈夢之心，則心固已不神矣。神又焉有心？聖人心不艱難，所以神也。高宗只是正心思得聖賢，是以有感。

天無心，心都在人之心。一人私見固不足盡，至於眾人之心同一則卻是義理，總之則卻是❾天。故曰天曰帝者，皆民之情然❿也，謳歌訟獄之不之焉⓫，人也而以為天命。武王不薦周公，必知周公不失為政⑫。

《尚書》難看，蓋難得胸臆⑬如此之大，只欲解義則無難也。

《書》稱天應如影響，其福禍果然否⑭？大抵天道不可得而見，惟占⑮之於民，人所悅則天必悅之，所惡則天必惡之，只為人心至公也，至眾也。民雖至愚無知，惟於私己然後昏而不明，至於事不干礙⑯處則自是公明。大抵眾所向者必是理也，理則天道存焉，故欲知天者，占之於人可也。

【章　旨】研究朝代更替，詮釋天理就在人心，得人心者得天下的道理。

【注　釋】❶天理　自然法則；普遍規律。❷堯固知句　舜，名重華，姚姓，有虞氏。古代傳說中的父系氏族社會後期部落聯盟領袖。十六相，指舜有十六個助手。見下文「八元」、「八凱」注。去，排除。四凶，古代傳說舜所流放的四惡人或四族首領：渾敦、窮奇、檮杌、饕餮。堯，名放勳，陶唐氏。古代傳說中父系氏族社會後期部落聯盟領袖。❸被　遭；受。❹堪　承受。❺高宗句　高宗，即商代君王武丁。相傳少時生活在民間，即位後，重用傅說、甘盤為大臣，建立了功業。後被稱為高宗。傅說，相傳原在傅岩地方從事建築的奴隸，後被武丁任為大臣，治理國政。❻須　等待。❼間　隔開；差別。❽萬頃句　形容廣大。頃，一頃合一百畝。汙泥，汙水與泥土。❾卻是　實是。❿然　這樣。⓫謳歌句　謳歌，歌頌；讚美。訟獄，爭訟的事。焉，相當「於此」。也，句中語氣詞。⓬武王二句　武王，名發，姬姓，周文王之子，是周王朝的創建者。周公，名旦，周武王之弟，曾輔助周武王滅商興周。周武王死後，又輔助年幼姪兒周成王，平定叛亂，鞏固王權，並制訂了禮樂制度，被儒家奉為聖人。因封地在周（今陝西岐山縣北），又稱為周公。⓭胸臆　心胸；胸懷。⓮書稱二句　應，回應。影響，如影隨形如響隨聲。果然，果真這樣，表示事情應驗。⓯占　卜問；預測。⓰干礙　障礙；相關連。

【語　譯】天下萬事只在一個天理。舜舉用十六名重臣，排除四名兇惡的人，堯難道不能做到？堯本來就知道四名兇惡人的罪惡，但是民眾還沒有遭受他們的暴虐，天下還沒有要求排除他們。堯認為使民眾安寧是最重要的，匆促排除他們就會導致民眾不安寧，所以沒有排除，必須等到舜以後憑藉民眾不能忍受從而排除他們。

高宗夢見傳說，先看見容貌，這件事最為神奇。夢是不必等到聖人然後做夢才是有道理的，只要天心和神奇不相阻隔，人能進入的夢境就進入了。萬頃的碧波與汙泥濁水，都能夠接受天的光亮，人只要放開來平靜不起浪，心也就神奇了。如果聖人起了一個想得到靈夢的心思，那麼，內心本來就已經不神奇了。神奇又哪能有心？聖人的內心並不複雜深祕，所以神奇了。高宗只是正想得到聖賢之才，因此有了感受。

天沒有心，天心都在人的心。個人的私見不能夠窮盡它，至於大眾的心達到一致便是普遍道理，總之那就實是天。所以稱呼天稱呼帝的，都是民情這樣的，歌頌或爭訟的不來到，人們啊以為是天命。周武王不舉薦周公，必定知道周公不會失去為政的道理。

《尚書》難讀，想來難得人之胸懷有這樣的廣大，如果只想解讀文義也就沒有什麼難處的了。

《尚書》說天的回應如同影的隨形回聲的隨聲，那福與禍果真是這樣的嗎？大致上天道不能夠看見，只有從民眾中預測，人們所喜歡的，天就必定喜歡，所厭惡的，天就必定厭惡，只是因為人心最為公正，最為廣泛。民眾雖然愚笨無知，只是在自身私利上才昏蒙不明白，到了事情與自己不相干就自然公正明白了。大致說來眾心所向的必定是正理，正理就天道存在著了，所以想知道天意的，從民眾中預測就好了。

【說　明】此章強調天理與人心的一致性，所謂「天無心，心都在人之心」，毫不神祕。而人的心決不能憑個人的私見，務必以眾人之心為據，應該有所區分。

「稽眾舍己」❶，堯也；「與人為善」❷，舜也；「聞善言則拜」❸，禹也；「用人惟己，改過不吝」❹，湯也；「不聞亦式，不諫亦入」❺，文王也；皆虛其心以為天下也。

「欽明文思」❻，堯德也；「濬哲文明，溫恭允塞」❼，舜德也。舜之德與堯不同，蓋聖人有一善之源，足以兼天下之善。若以字之多寡為德之優劣，則孔子「溫、良、恭、儉、讓」❽又多於堯一字；至於八元、八凱❾，「齊聖廣淵，明允篤誠，忠肅恭懿，宣慈惠和」❿，則其字又甚多，如是反過於聖人。如孟子言「堯舜之道孝悌而已」⓫，蓋知所本。

【章　旨】解說各時期的聖君賢王表現儘管不相同，卻都是「虛其心以為天下」，反對濫用頌辭。

【注　釋】❶稽眾舍己　考核公眾捨棄自己。句意謂一切以公正能幹為標準。語出《尚書·大禹謨》。稽，考核。舍，捨棄。❷與人為善　語出《孟子·公孫丑下》。與，扶持。❸聞善言則拜　語出《孟子·公孫丑上》。拜，禮敬。❹用人惟己二句　用人如用自己，改正錯誤毫不猶豫。語出《尚書·仲虺之誥》。惟，是；為。吝，吝惜。湯，又名成湯，商族領袖，以推翻暴君夏桀得到天下擁戴。❺不聞亦式二句　不出名的人也任用，不敢諫諍的人也去聽取。語出《詩·大雅·思齊》。聞，聞達；出名。諫，勸說，用於下對上。❻欽明文思　恭敬明達，有文謀思慮。語出《尚書·堯典》。欽，恭敬。明，通敏。文，文謀。思，思慮。❼濬哲文明二句　深沉有智慧從而文理明察，溫和恭敬誠信篤實。語出《尚書·舜典》。濬，深沉。哲，智能。文明，文理明察。允，誠信。塞，篤實。❽溫良恭儉讓　溫和善良恭敬謙卑退讓。語出《論語·學而》。❾八元八凱　八元，指傳說中上古帝王高辛氏的八位有才德的助手：伯奮、仲堪、叔獻、季仲、伯虎、仲熊、叔豹、季貍。八凱，指傳說中上古帝王高陽氏的八位有才德的助手：蒼舒、隤敳、檮戭、大臨、尨降、庭堅、仲容、叔達。❿齊聖廣淵四句　中正聖明寬宏深沉，通達誠信篤厚誠實。忠誠敬恪恭敬純美，遍及慈愛施惠融和。語出《左傳·文公十八年》。⓫堯舜之道句　堯、舜的原則就是做到孝悌而已。語出《孟子·離婁上》。孝悌，亦作「孝弟」。意為善待父母善待兄長。

【語　譯】「考核於民眾而忘卻自己」，是堯啊；「助人為善」，是舜啊；「聽到善言就禮敬」，是大禹啊；「用人就如同用自己，改正錯誤毫不猶豫」，是湯啊；「不出名的人也任用，不敢諫諍的人也聽取」，是周文王啊；他們都是虛懷若谷地為了天下。

「欽明文思」，是堯的德性啊；「濬哲文明，溫恭允塞」，是舜的德性啊。舜的德性與堯不同，因為聖人有著專一為善的本源，就足以相容天下的眾善。如果以字的多少作為評論德性的優劣，那麼孔子的「溫、良、恭、儉、讓」又比堯多出一個字；至於八元、八凱，所謂「齊聖廣淵，明允篤誠，忠肅恭懿，宣慈惠和」，它的字數就更加多了，這樣不是反而超過了聖人嗎。應該像孟子說的「堯舜的原則就是孝悌而已」，因為孝悌是明白根本的。

【說　明】張載往往通過解說經書來闡述自己的觀點，這章所說的「虛其心」，就是要以天下人為心。正如《正蒙・大心》所提倡的「大心」、無我之心，所謂「大其心則能體天下之物，物有未體，則心為有外。世人之心，止於聞見之狹。」同時值得我們注意的是不以「字之多寡為德之優劣」。

今稱《尚書》，恐當稱「尚書」❶。尚，奉上之義，如尚衣尚食❷。

先儒稱武王觀兵於孟津，後二年伐商，如此則是武王兩畔也❸。以其有此，故於《中庸》言「一戎衣而有天下」解作一戎殷，蓋自說作兩度也❹。孟子稱「取之而燕民不悅弗取，文王是也」，只為商命未改；「取之而燕民悅則取之，武王是也」❺。此事間❻不容髮，當日而命未絕則是君臣，當日而命絕則為獨夫❼；故「予不奉天，厥罪惟均」❽。然問命絕否，何以卜❾之？只是人情而已。諸侯不期而會者八百❿，當時豈由武王哉？〈靈臺〉⓫，民始附也，先儒指以為文王受命之年，此極害義理。又如司馬遷稱文王自羑里歸，與太公行陰德以傾紂天下，如此則文王是亂臣賊子也⓬。惟董仲舒以為文王閔悼紂之不道，故至於日昃不暇食⓭；至於韓退之⓮亦能識聖人，作〈羑里操〉有「臣罪當誅兮，天王聖明」之語。文王之於紂，事之極盡道矣，先儒解經如此，君臣之道且不明，何有義理哉？如〈考槃〉之詩永矢弗過、弗告，解以永不復告君過君⓯，豈是賢者之言！

〈詩序〉⓰必是周時所作，然亦有後人添入者，則極淺近，自可辨也。如言「不肯飲食教載之」⓱，只見詩中云「飲之食之，教之誨之，命彼後車⓲，謂之載之」，便云「教載」，絕不成言語也。又如「高子曰靈星之尸」⓳，分明是高子言，更何疑也。

〈七月〉⓴之詩，計古人之為天下國家，只是豫而已。

【章旨】關於古代聖君賢王事跡的考辨。

【注釋】❶今稱尚書二句　尚書，儒家重要經典之一。「尚書」，意為崇尚的書。❷尚衣尚食　分別是皇宮裡侍奉皇上衣和食的官名。❸先儒稱三句　武王，即周武王。觀兵，檢閱軍隊用來顯示軍威。孟津，古黃河渡名。在今河南孟津東北、孟縣西南。相傳周武王伐紂，在這裡會盟諸侯並渡黃河。商，朝代名。西元前十六世紀成湯滅夏後建立的奴隸制國家，傳到紂，被周武王攻滅。共傳十七代，三十一王。約當西元前十六世紀到前十一世紀。畔，同「叛」。❹故於中庸二句　《中庸》，儒家經典之一。原是《禮記》中的一篇，以不偏不倚為道德行為的最高標準，以「誠」為世界本體。宋代程頤、朱熹把它和《大學》、《論語》、《孟子》合刊為《四書》，成為宋以後的官頒教科書。一戎衣而有天下，一次戰爭就占有了天下。戎衣，軍服。近人考證，認為「一戎衣」即殲滅大殷。一，大寫作「壹」。壹、殪音同。殪是殲滅的意思。戎，大。兩度，兩次，一次指觀兵孟津；一次指「一戎殷」。❺孟子稱五句　語出《孟子・梁惠王下》。❻間　間隙。❼獨夫　指殘暴無道、眾叛親離的統治者。❽予不奉天二句　我如果不遵循天意滅亡商紂，那麼我的罪惡就會與商紂一樣。語出《尚書・泰誓》。厥，其；它的。❾卜　卜問；預測。❿八百　形容眾多。⓫靈臺　《詩經・大雅》的一篇，內容是描述周王興建靈臺和遊賞奏樂的。⓬又如三句　司馬遷，字子長（約西元前一四五或一三五—？年），夏陽（今陝西韓城南）人，西漢史學家、文學家和思想家。著有《史記》。羑里，古地名，在今河南湯陰北。相傳周文王曾被紂王囚禁在這裡。太公，俗稱姜太公。是周武王滅亡商紂的主要助手。陰德，指暗中有德於人的行為。傾，顛覆。紂，即紂王，是商王朝末代國王，歷史上有名的暴君。亂臣賊子，指不守臣道、心懷異志的人。⓭惟董仲舒二句　董仲舒，廣川（今河北棗強東）人，西漢哲學家、今文經學大師。著有《春秋繁露》和《董子文集》。閔悼，憂患傷痛。不道，無道。日昃不暇食，形容專心致志、孜孜不懈。昃，日西斜。暇，空閒。⓮韓退之　即韓愈。河南河陽（今河南孟縣南）人，唐代文學家、哲學家。著有《昌黎先生集》。⓯如考槃二句　考槃，《詩經・衛風》中的詩篇，內容描述隱者獨善其身，自得其樂。永矢弗過弗告，都是詩中的詞語。矢，同「誓」。弗，不。過，來往。告，訴說；告訴。⓰詩序　指《詩・小雅・綿蠻》的序。⓱不肯飲食教載之　意謂渴了不肯給予飲，餓了不肯給予食，有事不肯教他，有車不肯載他。之，指自己。⓲後車　指帝王或高官出行時後面隨從的車。⓳高子曰靈星之尸　語出《詩・周頌・絲衣》。高子，不詳。一說是春秋時的齊國人，曾與孟子論詩。靈星之尸，指祭靈星時一人為尸。尸，是古代代表死者受祭的活人。⓴七月　《詩・豳風》中的一篇詩，敘述周代農民的農業生產和生活狀況。

【語譯】今天說的《尚書》，恐怕應當叫做「侍奉皇上的書」。尚，是侍奉皇上的意思，如尚衣、尚食。

先前的儒者稱周武王在孟津率兵示威，這以後的第二年討伐殷商，這樣就是說周武王有兩次造反。由於有這樣情況，所以《中庸》說「一戎衣而有天下」解說為一次與殷商作戰，想來是武王自己說作兩次。孟子稱「取得它而燕國人民不歡迎就不取，周文王就是這樣做的」，只因為商朝的命運還沒有改變；又說「取得它而燕國人民歡迎就取它，周武王就是這樣做的」。這件事不能有絲毫的疏忽，文王當時由於命運沒有斷絕就是君臣的關係，武王當時由於殷朝命運已經斷絕紂就成為獨夫；所以「我如果不遵奉天命討伐紂王，那罪惡也就與紂王一樣了」。然而詢問命運有沒有斷絕，根據什麼來預測它？只能是民情罷了。諸侯不約而同地聚會在一起有八百個之多，當時難道能由周武王作主的嗎？

〈靈臺〉詩，描述民眾開始附集，先前的儒者指它說的是周文王接受天命的時候，這極大地損害義理。又如司馬遷說周文王自從羑里回去以後，與姜太公一起暗地裡施恩德於民眾藉以顛覆紂王的天下，這樣的話，周文王就成了亂臣賊子。惟有董仲舒認為周文王憂患傷痛紂王的無道，所以竭盡臣道到了專心致志，孜孜不懈地地步；關於韓愈也能理解聖人，所創作的〈羑里操〉有「臣的罪行應當責罰啊，天王是聖明的」的話。周文王對於紂王，侍奉他是極盡了道義，先前的儒者解釋經書成這個樣子，君臣關係的原則尚且不能明白，還有什麼普遍道理可言呢？如〈考盤〉詩的永矢弗過、弗告，解釋為不再向君王訴說、不再與君王過往，難道是賢人說的話！

〈詩序〉必定是周代時所作，但是也有後來人添入的，那就極為淺近，自然能夠辨識。例如說「不肯飲食教載之」，只是看到〈綿蠻〉詩中說「給我飲給我食，教育我教誨我，命令隨從的車，喊我去乘坐」，便說成「教載」，絕對不成為詞語。又如「高子曰靈星之尸」，分明是高子的話，更有什麼疑問。

〈七月〉這首詩，思慮古人的治理天下國家，只在於預先做好準備而已。

【說　明】張載的這些考辨，重要不在於史實是否準確，而在於如何認識它們。他總是通過對史跡的分析來闡明他自己的觀點。

禮樂

【題　解】本篇是關於禮與樂的語錄彙編。儒家認為禮與樂是維護封建社會的兩大精神支柱，張載繼承並加以發展。本篇前半部分論樂，強調音樂與道德的聯繫；後半部分論禮，最為精彩，所提出「時措之宜便是禮」，也就是說禮要符合實際，又要隨時發展，是很值得肯定的。

「禮反其所自生，樂樂其所自成」❶。禮別異不忘本，而後能推本為之節文；樂統同，樂吾分而已❷。禮天生自有分別，人須推原其自然❸，故言「反其所自生」；樂則得其所樂即是樂也，更何所待！是「樂其所自成」。

【章　旨】總說禮制和音樂的本質。

【注　釋】❶禮反其所自生二句　語本《禮記・檀弓上》：「樂樂其所自生，禮不忘其本。」文字稍有不同。禮，指封建社會等級制度的社會規範和道德規範。反，同「返」。回歸。自，從；由。樂樂，音樂以……為悅樂。上「樂」指音樂；下「樂」指悅樂。❷禮別異四句　別異，區別差異；劃分等級。別，區別；辨別。本，根本。指人與生俱來的差別。節文，禮儀；儀式。統同，統一相同的。分，本分。❸禮天生自有分別二句　張載認為禮出自天性，下文有「天之生物便有尊卑大小之象，人順之而已，此所以為禮也」的說法，從而把自然與社會混為一談，視封建禮教為天生的真理。推原，追溯。自然，天然；天生。

【語　譯】「禮回歸它所產生的，音樂悅樂它所成就的」。禮區分差異不忘根本，然後能夠推演根本為它制訂相應的禮儀制度；音樂統一共同的，以我自己的本分為樂而已。禮天生就有了差別，人必須追溯它的天生狀態，所以說「反其所自生」；音樂卻是得到它所悅樂的就是悅樂，此外還期待什麼呢！這就是「樂其所自成」。

周樂有〈象〉，有〈大武〉，有〈酌〉❶。〈象〉是武王為文王廟所作，下武繼文也，武功本於文王❷，武王繼之，故武王歸功於文王以作此樂，象文王也。〈大武〉必是武王既崩❸，國家所作之樂，奏之於武王之廟。〈酌〉必是周公❹七年之後制禮作樂時於〈大武〉有增添也，故〈酌〉言「告成〈大武〉」也，其後必是〈酌〉以❺祀周公。

「治亂以相」，為周召作❻；「訊疾以雅」，為太公作❼。

「入門而縣興金奏」，此言兩君相見，凡樂皆作，必〈肆夏〉也❽。至升堂❾之後，其樂必不皆作，奏必有品次❿。大合樂猶今之合曲也，必無金石，止用匏竹之類也⓫。「八音克諧」⓬，堂上堂下盡作也明矣。

古樂不可見，蓋為今人求古樂太深，始以古樂為不可知。只此〈虞書〉⓭「詩言志，歌永言，聲依永，律和聲⓮」求之，得樂之意蓋盡於是。詩只是言志，歌只是永其言而已，只要轉⓯其聲，合⓰人可聽，今日歌者亦以轉聲而不變字為善歌。長言後卻要入於律，律則知音者知之，知此聲入得何律。古樂所以養人德性中和⑰之氣，後之言樂者止以求哀，故晉平公⑱曰：「音無哀於此乎？」哀則止以感人不善之心。歌亦不可以太高，亦不可以太下，太高則入於噍殺⑲，太下則入於嘽緩⑳。蓋窮本知變，樂之情也。

《周禮》言「樂六變而致物各異」㉑，此恐非周公之制作本意，事亦不能如是確然。若謂「天神降」，「地祇出」，「人鬼可得而禮」㉒，則庸㉓有此理。

【章旨】有關古樂的考釋。

【注釋】❶周樂三句　周樂，周代的音樂。周代自西元前十一世紀周武王滅商創建，至西元前二五六年被秦滅亡，共歷三十四王、八百多年。周代所創立的禮樂制度被儒家尊崇為理想的制度。象、大武、酌，是歌頌周代創業成功的三部大樂。詳下文。❷象三句　武王，即周武王。名發，姬姓。是滅商興周的創建者。文王，即周文王。名昌，姬姓。周武王之父。本是周族首領，商紂王封他為西伯，成為西方各族的領袖。曾攻滅黎、邘、崇諸國，是滅商興周的奠基者。文王廟，祭祀周文王的建築。廟，古代祭祀祖宗的建築。下武，放低他的武功。武功，戰爭功業。❸既崩　既，已經。崩，舊稱皇帝死為崩。❹周公　名旦，姬姓。周文王之子，周武王之弟。因封地在周（今陝西岐山縣北）又稱周公。曾力助武王滅商興周，武王去世，又輔助年幼姪兒周成王平叛，從而鞏固了中央政權，並制訂了一系列禮樂制度。是中國歷史上著名的政治家。儒家尊他為聖人。❺酌以　相當於以酌，即用酌的樂曲。❻治亂以相二句　治亂以相，調節樂曲的末章用叫做相的樂器。語出《禮記・樂記》。亂，稱樂曲的末章。相，一種古樂器，又名柎，皮製，像鼓，內盛糠，用來打節拍。周召，指周公和召公。周公見前注。召公，名奭，姬姓，周文王之子，周武王之弟，因封地在召（今陝西岐山西南），又稱召公。曾力助周武王滅商興周，武王去世，又輔助年幼的姪兒周成王，與周公協力鞏固中央政權，史稱周召之治。❼訊疾以雅二句　訊疾以雅，快速威武使用叫做雅的樂器。語出《禮記・樂記》。訊疾，形容舞姿快速威武。訊，通「迅」。雅，古樂器，似桶，口小並蒙上皮，用來加快節拍。太公，姜姓，呂氏，名望字子牙，周武王滅商興周之戰的主要指揮者。因封在齊地，成為古齊國的創始人，所以又被稱為太公。俗稱為姜太公。❽入門而縣四句　入門而縣興金奏，進門懸著的金屬樂器就奏起來了。縣，同「懸」。懸掛。興，啟動。金奏，敲擊金屬樂器奏樂。作，奏。肆夏，古樂章名。❾升堂　登堂。❿品次　次序。⓫大合樂三句　大合樂，眾樂同時合奏。指歌樂與眾聲俱作。合曲，合奏眾樂曲。金石，指金屬類樂器和石質類樂器。中國古代把樂器分為八類：鐘、鈴等為金類；磬等為石類；塤等為土類；鼓等為革類；琴、瑟等為絲類；柷、梧等為木類；笙、竽等為匏類；管、籥等為竹類。匏竹之類，指竹類樂器。⓬八音克諧　所有樂器都和諧。語出《尚書・舜典》。八音，中國古代對各類樂器的總稱。克，能夠。⓭虞書　即〈舜典〉，是儒家經典《尚書》的組成部分。⓮詩言志四句　詩篇表述心志，歌唱將詩篇曼聲長吟，樂聲配合歌唱，音律調和著樂聲。語出《尚書・舜典》。永，通「詠」。聲，樂聲。古以宮、商、角、徵、羽五音表示。律，音律。⓯轉換；轉移。⓰合　同「洽」。投契。⓱中和　公正和悅。⓲晉平公　名彪，春秋時代晉國國君。⓳噍殺　聲音急促。⓴嘽緩　鬆緩。㉑周禮句　周禮，儒家經典之一，又稱《周官》或《周官經》。係搜集周王室官制和戰國時代各國制度，添附儒家政治理想的彙編而成。編者與寫作年代，說法不一，近人考定為戰國時代人所作。樂六變而致物各異，語本《周禮・春官宗伯・大司樂》。變，更換。致，招致。這是一種天人感應的說法。㉒天神降三句　三句都本《周禮・春官宗伯・大司樂》。天神，指北辰之神。地祇，指昆侖之神。人鬼，指后稷。㉓庸　怎麼；哪。

【語　譯】周代樂曲有〈象〉，有〈大武〉，有〈酌〉。〈象〉是周武王為周文王祭廟祭祀所作，表示自己的戰爭功業繼承周文王，戰爭功業是以周文王的戰爭功業為根本的，周武王繼承他，所以周武王歸功於周文王從而創作這首樂曲，是象徵周文王的。〈大武〉必定是周武王已經死了，是國家所創作的樂曲，在周武王祭廟中演奏的。〈酌〉必定是周公七年之後制禮作樂時對於〈大武〉有所增添，所以〈酌〉稱「稟告其成功於〈大武〉」，此後必定是用它來祭祀周公的。

「調節樂曲末章用叫做『相』的樂器」，是為象徵周公召公而作的；「迅速威武用叫做『雅』的樂器」，是為象徵姜太公而作的。

「賓主進門從而懸著的金屬樂器就演奏起來」，這是說兩君相見，所有樂器都演奏起來，那必定是〈肆夏〉樂。到了登上廳堂以後，那樂器必定不是都演奏，演奏必定有次序。大合樂就像現在的合曲，必定沒有金、石類樂器，只用竹類樂器。「八音都能和諧」，廳堂上下全都演奏起來就很清楚的了。

古樂不能夠見到，想來是由於現在人求索古樂太苛求了，才以為古樂不能夠知曉。只憑這〈虞書〉說的「詩歌表述心志，歌唱將詩歌曼聲長吟，樂聲依附於曼聲長吟，音律調和著樂聲」的話去探求它，要得到古樂的含義應該全在這裡了。詩歌只是表述心志，歌唱只是將詩歌曼聲長吟而已，只要轉換它的樂聲，讓人愛聽，今天歌唱的人也把轉換樂聲卻不改變字認為善於歌唱。曼聲長吟以後卻要合於音律，音律就只有知音者知道它，知道這樂聲入得哪一音律。古樂是用來養護人德性的公正融和之氣的，後來談論音樂的人只用來企求哀傷，所以晉平公說：「音樂沒有比這更哀傷了嗎？」哀傷只能感動人的不善的心。歌唱也不可以太高，也不可以太低，太高就會導致急促，太低就會導致鬆緩。因為窮究根本認明變化，是音樂的實情。

《周禮》說「音樂六次變化從而招致的事物各不相同」，這恐怕不是周公制作古樂的本意，事實也不能像這樣確鑿。若是說「天神降」，「地祇出」，「人鬼能夠得到從而向它禮敬」，哪有這種道理。

商、角、徵、羽皆有主[1]，出於脣、齒、喉、舌，獨宮聲全出於口，以兼五聲[2]也。徵恐只是徵平[3]，或避諱[4]為徵仄，如是則清濁[5]平仄不同矣，齒舌之音異矣。

今尺長於古尺，尺度權衡之正必起於律[6]。律本黃鐘[7]，黃鐘之聲，以理亦可定。古法律管當實千有二百粒秬黍，後人以羊頭山黍用三等篩子透之，取中等者用，此特未為定也[8]。此尺只是器所定。更有因人而制，如言深衣之袂[9]一尺二寸，以古人之身，若止用一尺二寸，豈可運肘[10]？即知因身而定。羊頭山老子說一稃二米秬黍，直是天氣和⑪，十分豐熟。山上便有，山下亦或有之。

律呂⑫有可求之理，德性深厚者必能知之。

後之言曆數⑬者，言律一寸而萬數千分之細，此但有其數而無其象耳。

聲音⑭之道，與天地同和，與政通。蠶吐絲而商絃絕⑮，正與天地相應。方蠶吐絲，木之氣極盛之時，商金之氣衰⑯。如言「律中太簇」，「律中林鍾」⑰，於此盛則彼必衰。方春木當盛，卻金氣不衰，便是不和，不與天地之氣相應。

先王之樂，必須⑱律以考其聲，今律既不可求，人耳又不可全信，正惟此為難。求中聲⑲須得律，律不得則中聲無由見。律者自然之至，此等物雖出於自然，亦須人為之；但古人為之得其自然，至如為規矩⑳則極盡天下之方圓矣。

【章　旨】考釋音律出於自然，應該是能夠加以考定的。

【注　釋】❶商角句　商角徵羽，中國古樂的四個音符。中國古樂採用五聲音階，上四個音符再加上宮音符，沒有半音。主，指發聲部位。❷五聲　又稱五音，指宮、商、角、徵、羽。❸徵平　指此徵字讀平聲。漢字的古四聲分平、上、去、入，與現代四聲分第一聲、第二聲、第三聲、第四聲不同。古四聲又歸納為平、仄兩類，平聲歸平類，其餘三聲歸仄類。大致說來，古平聲相當現代的第一聲和第二聲，古仄聲相當現代的第三聲和第四聲。❹避諱　指封建社會對君主和尊長的名字避免直接說出或寫出而改用其他字的做法。❺清濁　古指漢字的聲調，古四聲又各分陰陽，清是陰聲調，濁是陽聲調。❻尺度句　尺度，尺寸；長度。權衡，指秤。正，標準。❼律本黃鍾　中國古代音律又稱十二律，從低到高依次是黃鍾、大呂、太簇等。黃鍾是基本律。❽古法律管四句　律管，測定音律的管。實，充填。千有二百，這是古代表述數目的方法，即一千二百。秬黍，黑黍。羊頭山，在今山西沁淵東北。篩子，布滿網眼用來分離粗細顆粒的竹編器具。特，獨；只是。❾深衣之袂　深衣，古代諸侯、大夫、士閒居時穿的衣服。上衣與下裳相連著。袂，衣袖。❿附　即上臂和前臂相連接的部分。⓫羊頭山二句　老子，指老人。一稃二米，一殼二實。稃，穀皮。直，只。⓬律呂　即十二音律。⓭曆數　推算歲時節候的次序。⓮聲音　指樂聲。⓯蠶吐絲而商絃絕　意指季節變化與音樂關聯著，這是古人的一種傳統說法。商絃，指奏出商音符的絃。⓰木之氣二句　木之氣，指生長之氣。商金之氣，指秋天的蕭瑟之氣。⓱律中太簇二句　二句都出自《禮記・月令》。律，音律。中，相應；符合。太簇、林鍾，都是音律名。⓲須　等待。⓳中聲　標準音。⓴規矩　分別指稱校正圓形和方形的工具。

【語　譯】商、角、徵、羽都是有主要發聲部位的，分別出自唇、齒、喉、舌的器官，惟獨宮聲完全出自口腔，因而相容五聲。徵恐怕只是徵字的平聲，或者避諱成為徵字的仄聲，如果這樣就清濁平仄不相同了，有齒音與舌音的差異了。

今尺比古尺長，尺度衡量的標準必定依據音律。音律以黃鐘為根本，黃鐘的樂聲，按理也能夠確定。古法音律管應當充填一千二百粒黑黍，後來人拿羊頭山的黍用三等篩子篩選它，選取中等的來用，只是這未能成為定準。這尺是用器物所確定的。還有依據人來制定的，如說深衣的衣袖長一尺二寸，按照古人的身材，如果只用一尺二寸的衣袖，哪能運動手肘？就知道它是因人的身材而定的。羊頭山老人說一穀二實的黑黍，只是天氣和順，作物十分豐熟的情況。山上便有，山下也可能有。

音律有著能夠求取的道理，道德深厚的人必定能夠懂得的。

後來講曆數的人，說律管一寸而可有一萬數千分的細分，這只是有它的數字而沒有它的現象罷了。樂音的原理，與天地協和，與政事相通。蠶吐絲從而商絃斷絕，正是與天地相應和。當蠶吐絲正是木之氣極旺盛的時候，而商金之氣衰降。如說「律中太簇」，「律中林鐘」，都是這個旺盛就那個必定衰降。當春天木之氣正盛，金氣卻不衰降，便是不和諧，是不與天地之氣相應和。

先王的音樂，務必用音律來考察它的樂聲，如今音律已經不能求得，人的耳朵又不能夠完全相信，正為這事犯難。求標準音需要得到音律，得不到音律就無法見到標準音。音律是自然所至，這等事物雖然出於自然，也需要人去做；只是古人去做得到了它的自然，就像做成規矩就量盡了天下的方和圓了。

鄭衛之音，自古以為邪淫之樂❶，何也？蓋鄭衛之地濱大河，沙地土不厚，其間人自然氣輕浮；其地土苦，不費耕耨，物亦能生，故其人偷脫怠惰，弛慢頹靡❷。其人情如此，其聲音同之，故聞其樂，使人如此懈慢❸。其地平下，其間人自然意氣柔弱怠惰；其土足以生，古所謂「息土之民不才」者此也❹。若四夷則皆據高山谿谷，故其氣剛勁，此四夷常勝中國者此也❺。

移人者莫甚於鄭衛，未成性者皆能移之，所以夫子戒顏回也❻。

今之琴❼亦不遠鄭衛，古音必不如是。古音只是長言，聲依於永，於聲之轉處過，得聲和婉❽，決無預前定下腔子❾。

【章旨】論音樂分正邪，培養德性的人應當警誡。

【注釋】❶鄭衛之音二句　鄭衛之音，指春秋戰國時期鄭、衛二國的民間音樂，因與孔子提倡的雅樂大相逕庭，深受儒家排斥。後遂用作靡靡之音的代稱。邪淫，不正派而又淫蕩。❷蓋鄭衛之地八句　鄭衛之地，約在今河南境內。濱，水邊；面臨。大河，即黃河。土，指土質。氣，指風氣。輕浮，言行隨便不莊重。苦，粗。耨，鋤草。偷脫，苟且輕率。怠惰，懶惰。弛慢，鬆緩。頹靡，委靡。❸懈慢　懈怠輕慢。❹其地平下四句　平下，平坦而又低下。意氣，意志和勇氣。息土，肥沃的土地。❺若四夷三句　四夷，古代泛稱四方的少數民族。谿谷，兩山間的低谷。剛勁，剛強堅勁。中國，古稱中原地區。❻移人者三句　移，轉移；改變。未成性者，尚未成就完美人性的人。成，成就；成熟。性，德性。所以，所用來。夫子戒顏回，語見《論語・衛靈公》。夫子，指孔子。戒，告誡。顏回，即顏淵。是孔子最為稱賞的學生。❼琴　撥絃樂器。又稱七絃琴，俗稱古琴。周代已有。❽和婉　和緩婉轉。❾腔子　腔調。

【語譯】鄭、衛兩國的音樂，自古以來認為是淫邪的音樂，是為什麼呢？因為鄭、衛兩國的土地處在黃河邊上，沙地的土質不深厚，那地方的人自然風氣輕浮；那土地土質粗鬆，不用翻耕鋤草，作物也能生長，所以那裡的人苟且輕率懈怠懶惰，鬆緩委靡。那地區的人情是這樣，那地區的樂聲也同樣，所以聽到他們的音樂，會使人如此懈怠輕慢。那裡土地平坦低下，那裡的人自然意氣柔弱懈怠懶惰；那裡的土地足以保證生存，古所謂「肥沃土地的民眾不成才」就是說這個的。像四夷之人就都占據高山深谷，所以他們的風氣剛強堅勁，這就是四夷往往勝過中原人的緣故。

轉移人氣質的沒有比鄭、衛的音樂更嚴重了，還沒有成就完美人性的人都會被改變，所以孔子要告誡顏回。

現今的琴曲也與鄭、衛兩國的差不遠，古代音樂必定不像這樣。古代音樂只是曼聲長吟，樂聲依附於曼聲長吟，在樂聲轉移處過渡，獲得樂聲和緩婉轉，決沒有預先定下腔調的。

禮所以持性，蓋本出於性，持性，反本也❶。凡未成性，須禮以持之，能守禮已不畔❷道矣。

禮即天地之德❸也，如顏子❹者，方勉勉❺於非禮勿言，非禮勿動。勉勉者，勉勉以成性也。

禮非止著見❻於外，亦有無體❼之禮。蓋禮之原❽在心，禮者聖人之成法❾也，除了禮天下更無道❿矣。欲養民當自井田⓫始，治民則教化刑罰俱不出於禮外。五常⓬出於凡人之常情，五典⓭人日日為，但不知耳。

今之人自少見其父祖從仕⓮，或見其鄉閭仕者⓯，其心正欲得利祿縱欲，於義理更不留意。有天生性美，則或能孝友廉節⓰者，不美者縱惡而已，性元⓱不曾識磨礪⓲。

【章　旨】論禮就是天性。

【注　釋】❶禮所以持性四句　持，保持；維持。性，指完美的人性。反，同「返」。回歸。❷畔　通「叛」。違背。❸天地之德　天地的德性。即天性。張載用指氣的無所不容、無處不在的宇宙原動力。❹顏子　對顏回的尊稱。古人以稱子為敬。❺勉勉　持續努力。❻著見　顯著表現。❼無體　不具形體。指內心素質。❽原　本源；根源。❾成法　既定的法規。❿道　指社會規則。⓫井田　相傳殷周時的一種土地制度，由於把土地劃分為九區，形如井字而得名。其中區為公田，其餘八區為八家的私田，這八家必須先種好公田，然後才能種好私田。⓬五常　指封建社會的五種基本道德：仁、義、禮、智、信。⓭五典　指封建社會的五種基本行為準則：父義、母慈、兄友、弟恭、子孝。⓮從仕　從政；當官。⓯鄉閭仕者　同鄉當官的人。鄉閭，鄉里；同鄉。⓰孝友廉節　孝是善待父母，友是善待兄弟，廉是清廉，節是有節操。⓱元　本來。⓲磨礪　磨練。

【語　譯】禮是用來保持德性的，因為禮原本出自德性，保持德性，就是回歸根本。凡是還沒有成就完美人性的，必須用禮來保持他，能夠遵守禮也就不會違背社會規則了。

禮就是天地的德性，例如顏回，正持續努力於不合禮的話不說、不合禮的事不做。持續努力，就是持續努力從而成就完美的人性。

禮不僅僅顯現於外在，也有不具形體的禮。想來禮的根源在心，禮就是聖人的既定的法規，除了禮天下更沒有別的社會規則了。謀求養育民眾應當從實行井田制開始，治理民眾就要求做到教化刑罰都不能超越禮之外。五常之德出於人之常情，五典之教是人日日所做，只是不認識罷了。

現在的人從小看見他的父親和祖輩出去當官，或者看見同鄉人當了官，他的心正想獲得利祿來放縱欲望，對於道義毫不在意。有天生來就秉性美好的，那就有可能善待父母兄弟清廉而有操守，秉性不美好的也就放縱為惡罷了，秉性本來不識得磨練的。

【說明】張載認為人的秉性只是一個可塑性極大的雛胎，必須揚長棄短，這就是「反本」，反本必須持續努力，這就是「持性」。

時措之宜便是禮，禮即時措時中見之事業者❶。非禮之禮，非義之義，但❷非時中者皆是也。非禮之禮，非義之義，又不可以一槩❸言。如孔子喪出母，子思不喪出母❹，又不可以子思守禮為非也。又如制禮者小功不稅❺，使曾子❻制禮，又不知如何，以此不可易言。時中之義甚大，須是精義入神❼以致用，始得觀其會通以行其典禮❽，此則真義理也；行其典禮而不達會通，則有非時中者矣。禮亦有不須變者，如天敘天秩❾，如何可變！禮不必皆出於人，至如無人，天地之禮自然而有，何假於人❿？天之生物便有尊卑大小之象，人順之而已，此所以為禮也。學者有專以禮出於人，而不知禮本天之自然，告子專以義為外，而不知所以行義由內也，皆非也，當合內外之道⓫。

【章　旨】禮必須適應時代的需要。

【注　釋】❶時措之宜二句　時措之宜，適應時勢採取合適的措施。即應時制宜。時措，即時措之宜。時中，應時實施的中道。也是時措之宜。見，同「現」。事業，人的經營成就。❷但　只。❸一槩　同一標準。❹如孔子二句　喪，治喪。出母，古稱被父親所離棄的母親。子思，孔子孫。《禮記・檀弓上》：「為伋也妻者，是為白也母；不伋也妻者，是不為白也母。故孔氏不喪出母，自子思始也。」❺小功不稅　小功，舊時喪服名，是五服之一。其服用較細的熟麻布做成。服期五個月。為曾祖父母、伯叔祖父母、堂伯叔父母、未嫁祖姑、堂姑、已嫁堂姐妹、兄弟妻、從堂兄弟、未嫁從堂姐妹和外祖父母、母舅、母姨等服之。稅，指日期已過才聞知從而服喪。❻曾子　名參，字子輿（西元前五〇五—前四三六年）。春秋末魯國南武城（今山東費縣）人。孔子學生，以孝著稱。❼精義入神　精微的義理進入神性。❽始得句　會通，會合變通。典禮，制度和禮儀。❾天敘天秩　天生的次序天生的品級。《正蒙・動物》：「生有先後，所以為天序；高下相並而相形焉是為天秩。」敘，同「序」。❿天地之禮二句　天地之禮，即所謂的天敘天秩之類。假，借用；憑藉。⓫告子專以義四句　告子，姓名不詳，一說名不害。戰國時人。據《孟子・公孫丑上》所載，主張「食色，性也」等，並認為不能在言語上取勝，便不必求助於思想，把內在的思想與外在的言語完全割裂開來。義，指思想行為符合一定的標準。行義，實施符合義的事。內，指內心。

【語　譯】應時制宜便是禮，禮就是適時的措置適時執中顯現在事業中的。不合於禮的禮，不合於義的義，只要不達到適時執中的都是。不合於禮的禮，不合於義的義，又不能按同一個標準來評論。例如孔子為出母治喪，子思不為出母治喪，又不能把子思守禮認為不對。又如制禮者認為小功不用行稅禮，如果讓曾子來制禮，又不知道會怎麼樣，因此不能輕易評說。適時執中的含義很大，必須精究義理進入神性從而付於施用，才能觀察會合變通從而施行他的制度和禮儀，這才是真義理；施行他的制度和禮儀卻不認識變通，就會有不是適時執中的了。禮也有不須要改變的，如天敘和天秩，怎麼能夠改變！禮不必都出於人，至於沒有人，天地的禮也自然會有的，哪要借助於人？天的生出萬物就有尊卑大小的區別，人只是遵循著它而已，這就是所以形成禮的。學者中有專門認為禮只出於人，卻不知道禮起源於天的自然，告子專門認為義是外在的，卻不知道所用來施行義的來自內在的，都是不對的，應當會合內在的和外在的統一規則。

【說　明】「時措之宜便是禮」，意味著：一、禮是要符合實際的；二、禮是發展的。這與封建禮教永恆不變的主張完全不同。是張載的進步之處。但是他把天生的差別與社會的等級混為一談，這又是他的思想局限。

能答曾子之問，能教孺悲之學❶，斯可以言知禮矣。進人❷之速無如禮。

學之行之而復❸疑之，此習矣而不察者也。故學禮所以求不疑，仁守之者在學禮也。

學者行禮時，人不過以為迂❹。彼以為迂，在我乃是徑捷❺，此則從吾所好。文則要密察，心則要洪放，如天地自然，從容中禮者盛德之至也❻。

古人無椅卓❼，智非不能及也。聖人之才豈不如今人？但席地❽則體恭，可以拜伏。今坐椅卓，至有坐到起❾不識動者，主人始親一酌❿，已是非常之欽⓫，蓋後世一切取便安也。

【章　旨】論學習禮必須堅定。

【注　釋】❶能答曾子之問二句　曾子之問，指《禮記》的篇名〈曾子問〉，由於所問多明於禮，所以就用篇首「曾子問」三字定為篇名。孺悲之學，《論語・陽貨》曰：「孺悲欲見孔子，孔子辭以疾，將命者出戶，取瑟為歌，使之聞之。」孔子的意思是讓孺悲聽見以後，知道孔子不願意見他，從而好好反思。❷進人　推進人；提高人。❸復　又；再。❹迂　拘泥固執。❺徑捷　直捷便當；便捷。❻文則要密察四句　密察，詳細明辨。洪放，洪大開拓。從容，舒緩；不急迫。中禮，符合禮。❼椅卓　泛稱坐具。椅，椅子，有靠背的坐具。卓，同「桌」。几案之類。❽席地　古人布席在地，坐臥其上。❾坐到起坐下和站起。❿一酌　一杯。⓫欽　尊敬。

【語　譯】能夠回答曾子求問，能夠教導孺悲學習，這就能夠稱得上懂禮了。促使人的快速進步沒有能比得上禮的。

學習它實行它卻又懷疑它，這是熟習了而不加以考察啊。因此學禮是用來求得無疑問，用仁守護自己的就在於學習禮。

學習禮的人執行禮的時候，人們不過會以為拘泥固執。他們以為拘泥固執，對我來說卻是直捷便當，這是從我的愛好。禮節要詳細明辨，心思要洪大開拓，如同天地的自然，舒緩地符合禮就是昌盛德性之最了。

古人沒有椅子、桌子，並不是智能不能做到。聖人的才能難道不如今人？只是席地而坐就能做到體貌恭敬，能夠下拜伏倒。現在坐上椅子、靠著桌子，竟有坐下或起來都不懂行禮的，主人起初親敬一杯，已經是非常的尊敬，想來後世一切都求方便啊。

【說　明】文中關於桌椅的議論，看似泥古崇古，其實是在論禮的基本原則，這就是要謙讓和禮敬。

氣質

【題解】本篇集中論述人的秉性，所謂「氣質」，其實就是秉性。人的秉性是不是天生？能不能改變？能改變的話又如何改變？張載的回答是：人的秉性是天生的，但是能夠改變的，改變的方法和途徑就是學習。他說：「人之氣質美惡與貴賤夭壽之理，皆是所受定分。如氣質惡者學即能移，今人所以多為氣所使而不得為賢者，蓋為不知學。」所以議論以「變化氣質」四字開門見山，提出氣質具有天生的可塑性，問題不在於能不能改變，而在於要不要改變和怎樣改變。從此引出一篇關於什麼是氣質、如何變化氣質、什麼樣的氣質才是完美的等等的大文章。他堅信能自覺學習就會有好氣質，他所說的學習，是指認識自我認識外界，在會合內外的過程中，達到完美的人性。

變化氣質❶。孟子曰：「居移氣，養移體❷。」況居天下之廣居者乎！居仁由義❸，自然心和而體正。更要約❹時，但拂去舊日所為，使動作皆中禮，則氣質自然全好。禮曰「心廣體胖」，心既弘大則自然舒泰而樂也❺。若心但能弘大，不謹敬❻則不立；若但能謹敬而心不弘大，則入於隘，須寬而敬。大抵有諸中者必形❼諸外，故君子心和則氣和，心正則氣正。其始也，固亦須矜持❽，古之為冠者以重其首，為履以重其足，至於盤盂几杖為銘❾，皆所以慎戒之。

人之氣質美惡與貴賤夭壽之理，皆是所受定分❿。如氣質惡者學即能移，今人所以多為氣⓫所使而不得為賢者，蓋為不知學。古之人，在鄉閭⓬之中，其師長朋友日相教訓，則自然賢者多。但學至於成性⓭，則氣無由勝，孟子謂「氣壹則動志」⓮，動猶言移易，若志壹亦能動氣，必學至於如天則能成性。

【章　旨】說明人的秉性具有很大的可塑性。

【注　釋】❶氣質　指人的生理、心理等素質，即人的秉性。《經學理窟・學大原上》：「氣質猶人言性氣，氣有剛柔、緩速。清濁之氣也；質，才也。氣質是一物，若草木之生亦可言氣質。」❷居移氣二句　居住條件會改變人的氣質，生活條件會改變人的體質。語出《孟子・盡心上》。移，轉移；改變。❸居仁由義　立心在仁德遵循著道義。❹要約　約束。❺禮曰二句　禮，指《禮記》。亦稱《小戴記》或《小戴禮記》，為儒家經典之一。相傳是由西漢戴聖編纂的秦、漢以前各種禮儀論著的選集，大致是孔子弟子及其再傳、三傳弟子等所記，也是講禮的古書。是研究中國古代社會情況、儒家學說和文物制度的參考書。心寬體胖，心無愧疚從而廣大寬平，身體舒泰。語出《禮記・大學》。胖，舒坦。弘大，廣大。舒泰，舒暢安泰。❻謹敬　嚴謹敬慎。❼形　表現。❽矜持　端莊嚴肅。❾盤盂几杖為銘　盤，敞口而扁淺的盛器。盂，盛飲食等的圓口器皿。几，矮或小的桌子，用來擱置物。杖，手杖。銘，文體之一，古代常刻銘於碑版或器物，內容有的稱頌功德，有的表明鑒戒。❿所受定分　指形成人時所得的既定因素。⓫氣　指氣質。⓬鄉閭　鄉里；同鄉。⓭成性　成就完美的人性。張載認為完美的人性能達到與天地之性同步運行。即聖人之性。⓮氣壹則動志　語出《孟子・公孫丑上》。壹，專一。志，心志。

【語　譯】氣質是可以變化的。孟子說過：「居住條件會轉移氣質，生活條件會轉移體質。」何況居住在天下的廣大住地呢！立心在仁德而且遵循著道義，自然心態平和而且身體端正。更進一步要求時，只要除去往日的作為，使舉動都符合禮，就會氣質自然而然完美。《禮記》說「心寬廣就能身體舒坦」，心已經廣大就自然舒泰而且歡樂。如果心只能廣大，卻不嚴謹敬慎，就不能以禮立身；如果只能嚴謹敬慎卻心不能廣大，就陷入狹隘，必須寬大並且嚴敬。大致說來有存在於內心的必然會表現在外部，所以君子心態平和就會氣質平和，心正就會氣質正。當它的開始，當然也要端正嚴肅，古代做帽子的人是為了莊重他的頭，做鞋為了莊重他的腳，至於盤、盂、几、手杖上刻著銘文，都是用來表示鑒戒的。

人的氣質好壞與貴賤短命長壽的原理，都是與生俱來所受到的既定素質。如果氣質壞的學習就能改變，現在的人之所以往往被氣質所驅使因而不能成為賢者，就是因為不懂學習。古代的人，在鄉里之中，他的師長朋友天天教導，就自然賢能的人會多。只要學習達到了成就完美的人性，那就氣質沒有辦法勝過它，孟子說「氣質專一了就能變動心志」，變動也就是改變，如果心志專一能夠變動氣質的話，必須學習達到了像天那樣就能成就完美的人性了。

【說明】常語說：江山易改，秉性難移。張載卻明確提出「變化氣質」，顯示了他的思想活力和激情。他認為氣質可以改變，也能夠改變，而且必須改變。這是他氣一元論哲學的自然引申，氣是不斷變化發展的，因而人的氣質也會不斷變化發展的。張載不僅肯定氣質的不斷變化發展，更要求必須向好的方面變化發展。古代儒家就說過：人皆可以為堯舜，張載發展了這個觀點。

誠意而不以禮則無徵❶，蓋誠非禮無以見也。誠意與行禮無有先後，須兼修之。誠謂誠有是心，有尊敬之者則當有所尊敬之心，有養愛之者則當有所撫字❷之意，此心苟❸息，則禮不備，文❹不當，故成就其身❺者須在禮，而成就禮則須至誠也。

天本無心，及其生成萬物，則須歸功於天，曰：此天地之仁❻也。仁人則須索❼做，始則須勉勉❽，終則復自然。人須常存此心，及用得熟卻恐忘了。若事有汩沒[9]，則此心旋[10]失，失而復求之則才得如舊耳。若能常存而不失，則就上日進。立得此心方是學不錯，然後要學此心之約到無去處也[11]。立本以此心，多識前言往行[12]以畜[13]其德，是亦從此而辨，非亦從此而辨矣。以此存心，則無有不善。

古人耕且學則能之，後人耕且學則為奔迫[14]，反動[15]其心。何者？古人安分，至一簞食，一豆羹[16]，易衣而出，只如此其分也；後人則多欲，故難能。然此事均是人情[17]之難，故以為貴。

所謂勉勉者，謂「繼之者善也，成之者性也」[18]，繼繼不已，乃善而能至於成性也。今聞說到中道[19]，無去處，不守定，又上面更求，則過中也，過則猶不及也。不以學為行，室則有奧而不居，反之他而求位[20]，猶此也。是處不守定，則終復狂亂，其不是亦將莫之辨矣。譬之指鹿為馬，始未嘗識馬，今指鹿為之，則亦無由識鹿也。學釋者[21]之說得便為聖人，而其行則小人也，只聞知便為了。學者深宜以此為戒。

【章旨】論提高氣質就必須心誠，立志學禮，應堅持不懈。

【注　釋】❶徵　跡象；驗證。❷撫字　愛護養育。❸苟　假如。❹文　禮儀節文。❺身　自身；本人。❻仁　仁愛。儒家一種含義極廣的道德範疇。❼須索　必須。❽勉勉　持續不已地努力。❾汩沒　沉淪；埋沒。❿旋　隨後；不久。⓫立得此心二句　此心，指誠心，即上文所謂「仁人則須索做」的決心。錯，通「措」。擱置。約，約束。無去處，再沒有想去的地方。⓬前言往行　指前賢的言行。⓭畜　積儲。⓮奔迫　奔走。⓯動　動搖。⓰一簞食二句　簞，竹或葦編的盛器，常用來盛飯。豆，古盛食器，似高足盤，有的還有蓋。羹，指五味調和的濃湯。⓱人情　人世常情。⓲繼之者善也二句　持續不已的努力是善，想成就的是完美的人性。語出《易經・繫辭上》。⓳中道　執中守正之道。也就是中庸之道。⓴室則有奧而不居二句　房屋有內室卻不居住，反過來到別的地方尋求位置。室，房屋。奧，內室。㉑釋者　指佛教徒。

【語　譯】真心實意卻不用禮就沒有辦法被驗證，想來真心實意沒有禮是無法顯現的。真心誠意與施行禮沒有先後之分，必須一齊培養。真心誠意是說確實具有這分心，有尊敬的舉動就應當有所要尊敬的心意，有養育愛撫的舉動就應當有所要愛護養育的心意，這分心如果沒有了，那就禮不能具備，禮文不會適當，所以成就他的本身必須在於禮，而成就禮就必須至誠。

天本來沒有心，等到生成萬物，一切卻必須歸功於天，說：這是天地的仁愛。具有仁心的人努力去做，開始必須持續努力，最終就回復到自然。人必須經常保有這分心，等到用得熟了卻擔心忘了。如果事情有所沉淪，這分心就會隨著消失，消失然後再去求得那才能達到原先的樣子。如果能經常保有而不消失，就向上天天進步。立得這分心才是學而不止，然後要學習的心約束到沒有想去的所在。立根本要用這分心，多多學習前賢的優秀言行用來積儲自己的德性，正確的也從這裡得到辨明，錯誤的也從這裡得到辨明。把這個保存在心，就沒有不善的了。

古人既耕且學能夠做到，後人既耕且學卻由於感受到壓力，反過來動搖了他的心。為什麼呢？古人安於本分，以至一簞食，一豆羹，換著衣服出門，只這樣是他的本分；後來人卻欲望很多，所以難於做到。但是這類事情都是人世常情難以做到的，所以認為它可貴。

所謂持續努力，是說「持續不斷地努力就是善，想要成就的是完美的人性」，持續不斷，就是善從而能達到成就完美人性的。如今聽說到中道，不會再有想去的所在，如果不守定它，又向上面追求，就是超越了中道，超越也就如同不及。不以學習作為德行，房屋裡有內室卻不居住，反而到其他的地方求取位置，就像這樣子。這一點不守定，最終就會導致狂亂，那不正確的也將不能辨別了。譬如指鹿為馬，開始未曾認識馬，現在指鹿作為馬，也就連鹿也無法認識了。學了佛教的說法以為便能夠成為聖人，但是他的行為卻是小人，只聽到便認為自己已成就了。學習的人應當深深以此為戒。

【說　明】這一章闡發學習就是培養德性，是一輩子的事情，須要有一分誠心、實心和恆心。

孔子、文王、堯、舜，皆則是❶在此立志，此中道也，更勿疑聖人於此上別有心。人情所以不立，非才之罪也。善取善者，雖於不若己采取亦有益，心苟不求益，則雖與仲尼處❷何益！君子於不善，見之猶求益，況朋友交相❸取益乎？人於異端❹，但有一事存之於心，便不能至理。其可取者亦爾，可取者不害為忠臣孝子。

如是心❺不能存，德虛牢固，操則存，捨則亡，道義無由得生。如地之安靜不動，然後可以載物，生長以出萬物；若今學者之心出入無時，記得時存，記不得時即休，如此則道義從何而生！

於不賢者猶有所取者，觀己所問何事，欲問耕則君子不如農夫，問織則君子不如婦人，問夷狄不如問夷人❻，問財利不如問商賈，但臨時己所問學者，舉一隅必數隅反❼。

「後生可畏」❽，有意於古，則雖科舉❾不能害其志。然不如絕利一源。

學者有息時，一如木偶人，搐搐則動，舍之則息，一日而萬生萬死❿。學者有息時，亦與死無異，是心死也，身雖生，身亦物也。天下之物多矣，學者本以道為生，道息則死也，終是偽物，當以木偶人為譬以自戒。知息為大不善，因設惡譬如此，只欲不息。

欲事立須是心立，心不欽則怠惰，事無由立，況聖人誠立，故事無不立也。

道義之功甚大，又極是尊貴之事。

【章　旨】學習必須要有正確的觀點做指導，必須要努力去做。

【注　釋】❶則是　只是。❷處　相處。❸交相　互相。❹異端　儒家稱儒家以外的學說、學派。❺是心　此心。指存中道之心。❻問夷狄句　夷狄，古指四方邊境的少數民族。夷人，古指異族人，此與前「夷狄」同義。❼舉一隅必數隅反　即舉一反三的意思。隅，角落。❽後生可畏　年輕人值得敬畏。語出《論語．子罕》。後生，年輕人。可，值得。畏，敬畏。❾科舉　封建社會政府設科目取士。❿一如木偶人四句　指的是木偶戲。木偶人，指木刻的人像。搐搐，牽動；抽動。

【語　譯】孔子、文王、堯、舜，都只是在這上面樹立志向，這就是中道啊，更不要懷疑聖人在這上面還有別的什麼用心。人世常情所以沒有在這上面立志，並不是才能的過錯。善於學習長處的人，即使不及自己的採取了也是有益的，心如果不求增益，那麼即使與孔子相處又會得到什麼益處呢！君子對於不善的，看見了還要求取增益，何況朋友間互相求取增益呢？人對於異端，只要有一件事情留存在心裡，便不能達到明理。那能夠學取的也是這樣，能夠學取的人不損害他成為忠臣孝子。

如果這分心不能保存，德性的牢固就是虛的，操持就保存，捨棄就亡失，道義無法得到生存。如大地安靜不動，然後能夠承載萬物，生長出萬物；像現今學習者的心出入無常，記得時保存，記不得時就放棄，像這樣子道義從哪裡生存！

對於不賢的人還能有所學取的，要看自己所問什麼事，要問耕種就君子不如農夫，問紡織就君子不如婦人，問少數民族不如問少數民族的人，問錢財取利不如問商人，只要到時候自己所請教求學的，必須能夠舉一反三。

「年輕人值得敬畏」，有志於古人，那就即使科舉做官也不能損害他的志向。但是不如杜絕謀利這一源頭。

學習者休息的時候，完全像木偶人，牽拉抽送就動了起來，放棄它就停止不動，一天之中千次生萬回死。學習者在休息的時候，也與死沒有差別，這就是心死，身體雖然活著，身體也只是物。天下的物多了，學習者本來按照道活著，道停了他就死了，終究是假的物，應當用木偶人做譬喻用來自我警戒。認識到停息是極大不好，因而做了這樣的惡譬喻，只希望不要停息。

想要事業成立必須心先立，心不謹敬就會怠惰，事業也無法成立，何況聖人至誠立心，所以事業沒有不成立的。道義的功效極大，又極是尊貴的事情。

【說　明】這一章強調學習要無時無刻地進行，而且善於發現值得學習的人和事。

苟能屈於長者，便是問學之次第云爾❶。

整齊即是如切如磋也，鞭後乃能齊也❷。人須偏❸有不至處，鞭所不至處，乃得齊爾。

不知疑者，只是不便實作，既實作則須有疑，必有不行處，是疑也。譬之通身會得一邊或理會一節未全，則須有疑，是問是學處也，無則只是未嘗思慮來也。

君子不必避他人之言，以為太柔❹太弱。至於瞻視亦有節❺，視有上下，視高則氣高，視下則心柔❻，故視國君者，不離紳帶❼之中。學者先須去客氣❽，其為人剛，行則終不肯進，「堂堂乎張也，難與並為仁矣」❾。蓋目者人之所常用，且心常記之，視之上下且試之。己之敬傲必見於視，所以欲下其視者，欲柔其心也，柔其心則聽言敬且信。

人之有朋友，不為燕安❿，所以⓫輔佐其仁。今之朋友，擇其善柔以相與，拍肩執袂以為氣合⓬，一言不合，怒氣相加。朋友之際，欲其相下⓭不倦，故於朋友之間主其敬者⓮，日相親與⓯，得效最速。仲尼嘗曰：「吾見其居於位也，與先生並行也，非求益者也，欲速成者也⓰。」則學者先須溫柔⓱，溫柔則可以進於學，《詩》曰：「溫溫恭人，惟德之基。」⓲蓋其所益之多。

多聞見適足以長小人之氣。「君子莊敬日強」⓳，始則須拳拳服膺⓴，出於牽勉㉑，至於中禮㉒卻從容，如此方是為己之學㉓。〈鄉黨〉說孔子之形色㉔之謹亦是敬，此皆變化氣質之道也。

【章旨】學習必須謙遜而敬重別人。

【注釋】❶苟能二句　屈，屈從。長者，性情謹厚有德行的人。次第，次序；前提。云爾，如此。❷整齊二句　整齊，整頓使齊一。如切如磋，磨勵加工。切與磋同義。鞭，督促。❸偏　偏偏。❹柔　稚嫩。❺瞻視亦有節　瞻視，向前看。瞻也是視。節，節制。❻柔　軟弱；謙虛。❼紳帶　古代士大夫束在衣服腰部外面的大帶。❽去客氣　去，排除。客氣，虛驕不誠的心氣。❾堂堂乎張也二句　儀態壯偉啊子張，卻難與他一起修仁德了。語出《論語・子張》。子張是孔子的學生，說這句話的曾子是他的同學。意思是子張雖然相貌堂堂，對於仁德卻淺薄。❿燕安　逸樂；安適。⓫所以　所用來。⓬擇其善柔二句　善柔，指善於阿諛奉承的人。相與，相交結。袂，衣袖。⓭相下　互相敬重。⓮主其敬者　以他敬重的人為尊。主，君；長。⓯親與　親近。⓰吾見其居四句　我看見他坐在成人的座位，與成人並列，這不是求進步，而是急想成人。語出《論語・憲問》。句中所指的一名童子，沒有成年；而「先生」是成年人，論年歲當行少長的禮，故被批評。⓱溫柔　溫和柔順。⓲溫溫恭人二句　溫和寬厚的恭謹之人，是以德作為根基的。語出《詩・大雅・抑》。溫溫，溫和寬厚的樣子。恭人，恭謹的人。惟，語助詞。⓳君子莊敬日強　君子莊嚴敬慎所以事業日進。語出《禮記・表記》。⓴拳拳服膺　牢記在心。拳拳，牢握不捨。膺，胸。㉑牽勉　刻意努力。㉒中禮　符合禮。㉓為己之學　為了提高自己的學習。㉔形色　容色。

【語譯】如果能虛心向長者學習，就是求教的前提。

整頓使之齊一也就是磨礪，督促之後才能整齊劃一。人往往有偏面不夠的地方，督促那不夠的地方，於是得到整齊劃一。

不懂得有疑問的，只是不便於實在去做，已經實在去做就必然會有疑問，必定有行不通的地方，這就是疑問。譬如全身只領會得一邊或者只理會一段沒有周全，就必然會有疑問，這正是求問和求學的所在，如果沒有就只是不曾好好思考。

君子不必回避他人的議論，被認為太稚嫩太軟弱。至於觀看也有節制，目光有高低，目光向高就意氣高傲，目光放低就心態柔和，所以看國君，不能離開腰帶之間。學習者先必須排除虛驕不誠的心氣，他的為人太剛強，德行也就始終得不到進步，所謂「相貌堂堂的子張啊，卻難與他一道修仁德了」。想來眼睛是人所常用的，而且心裡常常記著它，目光的高或低可以來試試。自己的恭敬或驕傲必定顯現在目光，所以要讓目光向下，是為了使他的心謙虛，使他的心謙虛就能做到聽和說恭敬而且誠信。

人的有朋友，不是為了享樂，是用來幫助培養自己的仁德。如今的朋友，選擇那阿諛奉承的來相交，拍肩膀拉衣袖認為意氣相投，然而一言不合，就怒氣相加。朋友之間，希望不倦地互相學習，所以朋友之間以他們敬重的為尊，天天親近，取得的效果最快。孔子曾經說過：「我看見他占著座位，與成年人並列，不是求取上進的人啊，是急想成人的人。」因此學習者先必須溫和柔順，溫和柔順就能夠促進學習，《詩經》說：「溫和寬厚的恭謹的人，是以德行為根基的。」想他所得到的益處很多。

多聞多見恰恰助長了小人的意氣。「君子莊嚴敬慎天天事業進步」，開始就必須牢記在心，出於刻意努力，到了都符合禮了卻是從容不迫，這樣才是修養自己的學習。〈鄉黨〉篇說孔子的形態面容的恭謹也就是尊敬，這都是轉移氣質的方法。

道要平曠❶中求其是，虛中求出實，而又博之以文❷，則彌堅轉誠。不得文無由行得誠。文亦有時，有庸敬，有斯須之敬❸，皆歸於是而已。存心之始須明知天德❹，天德即是虛，虛上更有何說也！

求養之道❺，心只求是而已。蓋心弘❻則是，不弘則不是，心大❼則百物皆通，心小則百物皆病❽。悟後心常弘，觸理皆在吾術內，覩一物又敲點著此心，臨一事又記念著此心，常不為物所牽引去⑨。視燈燭亦足以警⑩道。大率因一事長一智，只為持得術博，凡物常不能出博大之中。

求心之始如有所得，久思則茫然⑪復失，何也？夫求心不得其要，鑽研太甚則惑。心之要只是欲平曠，熟後無心如天，簡易不已。今有心以求其虛，則是已起一心，無由得虛。切不得令心煩，求之太切則反昏惑，孟子所謂助長⑫也。孟子亦只言存養⑬而已，此非可以⑭聰明思慮，力所能致也。然而得博學於文以求義理，則亦動⑮其心乎？夫思慮不違是心而已，「尺蠖之屈，以求伸也；龍蛇之蟄，以存身也；精義入神，以致用也；利用安身，以崇德也」，此交相養之道⑯。夫屈者所以求伸也，勤學所以修身也，博文所以崇德也，惟博文則可以力致。人平居又不可以全無思慮，須是考前言往行，觀昔人制節⑰，如此以行其事而已，故動焉而無不中理。

學者既知此心，且擇所安而行之己不愧。疑則闕之，更多識前言往行以養其德，多聞闕疑，多見闕殆⑱，而今方要從頭整理，將前言往行常合為一，有不合自是非也。

人能不疑，便是德進，蓋已於大本⑲處不惑，雖未加工，思慮必常在此，積久自覺漸變。學者惡其自足，足則不復進。

立本既正，然後修持⑳。修持之道，既須虛心，又須得禮，內外發明㉑，此合內外之道也。當是畏聖人之言，考前言往行以畜其德，度㉒義擇善而行之。致文於事業而能盡義者，只是要學，曉夕參詳㉓比較，所以盡義。惟博學然後有可得以參較琢磨㉔，學博則轉密察，鑽之彌堅，於實處轉篤實㉕，轉誠轉信。故只是要博學，學愈博則義愈精微，舜好問，好察邇言㉖，皆所以盡精微也。舜與仲尼心則同，至於密察㉗處料得未如孔子。大抵人君則有輔弼疑丞㉘，中守至正而已，若學者則事必欲皆自能，又將道輔於人。舜為人君，猶起於側微㉙。

【章　旨】培養德性要有求是之心。

【注　釋】❶平曠　平坦廣闊。❷文　指文獻。❸有庸敬二句　庸敬，常敬。斯須，一會兒。❹天德　即天性，指氣的本性。❺求養之道　謀求培養德性的原理。養，培養。❻弘　大。❼心大　心要寬闊。即《正蒙・大心》所說的「大心」，所謂「大其心則能體天下之物，物有未體，則心為有外」。❽病　阻礙。❾觸理四句　觸理，所有的理。術，學問；學術。敲點，指點；指正。記念，想念。為物所牽引去，被物拉扯過去。為，被。❿警　警悟。⓫茫然　渺茫；模糊不清。⓬助長　揠苗助長的省語，原意是揠苗助長違背本性。語出《孟子・公孫丑上》。⓭存養　存心養性。語出《孟子・盡心上》。⓮可以　能夠用。⓯動　牽動。⓰尺蠖之屈九句　尺蠖的屈體，用來求取伸展；龍蛇的冬眠，用來存養自身；精微義理進入神性，用來謀求施用；有利於施用從而使自身安樂，用來增進德性。語出《易經・繫辭下》。尺蠖，蟲名。身體細長，中國北方稱為「步曲」，南方稱為「造橋蟲」。行動作伸縮的步行，休息時能伸直如樹枝狀。交相，互相。⓱制節　約束；控制。⓲多聞闕疑二句　闕，空缺。闕疑，指有疑且暫時擱置不論，不作主觀判斷。闕殆，義同「闕疑」。⓳大本　指立志中道。⓴修持　修養護持。㉑內外發明　自身與外界互相發現闡明。㉒度　推測；估計。㉓參詳　周密審察。㉔琢磨　製玉器時的精細加工，比喻對德行、文章等的鍛鍊培養。㉕篤實　紮實；實在。㉖邇言　淺近或身邊親近者的話。㉗密察　詳細明辨。㉘輔弼疑丞　古指皇帝的輔助大臣。《尚書·皐陶謨》：「古者天子必有四鄰：前曰疑，後曰丞，左曰輔，右曰弼。」㉙側微　微賤。

【語　譯】修身要從平易寬曠之中求取那正確的，從虛中求出實的，而且又拿文獻來廣泛地學習，就會更堅定轉入真心誠意。不得到文獻無法達到真心誠意。文獻也有時機，有經常的敬，也有一會兒的敬，都歸結於正確而已。保存這分心的開始必須明確認識天德，天德就是虛心，虛心之上更有什麼可說的！

謀求修養的原理，內心只是謀求正確而已。想來心能廣大就會正確，不能廣大就不正確，心廣大就百物都溝通，心小就百物都成障礙。覺悟之後心常常廣大，一切原理都在我的學問之內，看見一個物又指點這分心，面臨一件事又想著這分心，常常不被物所拉扯過去。看見燈燭也足以警悟道理。大致經一事長一智，只要所把握的學問廣博，事物往往不能超出廣博之中。

謀求修養的心的開始如果有收穫，長久思考就模糊又消失了，這是為什麼呢？謀求修養的心沒有得到要領，鑽研太深就會迷惑。心的要領只是要求平易空曠，成熟之後就會沒有心像天一樣，簡略平易不止。現在有心來謀求虛空，就已經起了一種心，無法得到虛空。切不可令心煩躁，謀求得太急切就反而昏蒙迷惑，就是孟子所說的揠苗助長。孟子也只說存心養性而已，這是不能憑聰明思慮，主觀努力所能達到的。但是廣博學習文獻從而謀求普遍真理，就也能動搖他的心嗎？思考不違背這分心罷了。「尺蠖的屈體，用來求取伸展；龍蛇的冬眠，用來存養自身；精求義理進入神性，用來謀求施用；有利於施用從而使自身安樂，用來增進德性」，這是相互促進培養德性的方法。屈是用來謀求伸展的，勤學是用來修養自身的，廣博學習文獻是用來增進德性的，只有廣博學習文獻就能夠憑主觀努力達到。人平時又不能夠全不思考，應當考察前賢的言行，觀察古人的約束鍛鍊，這樣來實行他的事業罷了，所以行動起來沒有不符合義理的。

學習者已經認識這分心，而且選擇了所取的來施行於自己而不愧疚。有了疑問就暫且擱著，更加多多認識前賢的言行來養育自己的德性，多聽暫時擱置的疑問，多見暫時擱置的疑問，如今正要從頭整理，將前賢的言行常常合而為一，如有不合自然是不對的了。

人能夠無疑，就是德性的進步，想來已經在根本處不被迷惑，雖然沒有加工，思慮必定經常在這裡，積累久了自己覺得漸漸變化。學習者厭惡自我滿足，自我滿足就不再有進步。

確立根本已經正確，然後修養護持。修養護持的方法，既要虛心，又要合於禮，自身與外界能互相發現闡明，這就是會合自身與外界的方法。應當敬畏聖人的話，考察前賢的言行來養育那德性，斟酌道義選擇善來施行。學習文獻用於事業而能夠究明義理的，只有要學習，從早到晚一直研究比較，用來究明義理。只有廣博地學習然後才能進行比較研究，學習廣博就會轉入周密明察，鑽研它更堅定，在實事上轉為篤厚信實，轉為誠心轉為信實。所以只是要廣博學習，學習愈是廣博就會義理愈加精微，舜愛好提問，愛好審察親近人的話語，都是用來究盡精微的義理的。舜與孔子心是相同的，至於周密明察料想未必比得上孔子。大致帝王就會有眾大臣輔助，只要持中守正罷了，如果學習者就要事事都要自己能做，還要以道義輔導別人。舜作為帝王，還出身於卑微呢。

學者所志至大，猶恐所得淺，況可便志其小？苟志其小，志在行一節❶而已，若欲行信❷亦未必能信。自古有多少要如仲尼者，然未有如仲尼者。顏淵學仲尼，不幸短命，孟子志仲尼，亦不如仲尼。至如樂正子❸，為信人❹，為善人，其學亦全得道之大體，方能如此。又如漆雕開言「吾斯之未能信」❺，亦未說信甚事，只是謂於道未信也。

慎喜怒，此只矯❻其末而不知治其本，宜矯輕警惰❼。若天祺❽氣重也，亦有矯情❾過實處。

人多言安於貧賤，其實只是計窮力屈，才短不能營畫❿耳，若稍動得，恐未肯安之。須是誠知義理之樂於利欲也乃能。

天資美不足為功，惟矯惡為善，矯惰為勤，方是為功。人必不能便無是心，須使思慮，但使常游心⓫於義理之間。立本處以易簡為是，接物處以時中⓬為是，易簡而天下之理得⓭，時中則要博學素備⓮。

【章　旨】學習者應該注意的事項。

【注　釋】❶一節　一段。❷信　確實。❸樂正子　名克，戰國時人。孟子學生，孟子稱他為好人、誠實人。❹信人　誠實人。❺漆雕開句　漆雕開，漆雕，複姓，字子開，孔子學生，不樂於做官。吾斯之未能信，我連它（為官之道）都沒有學過。斯，這。前置賓語。之，表示複指。語出《論語・公冶長》。原意指孔子叫他去做官，回答說：我對於做官的事情沒有學習過。意思是不願去做官，而想學習儒家的道。❻矯　矯正。❼矯輕警惰　輕，輕浮；輕率。警，警戒。❽天祺　張載之弟，名戩，字天祺。曾任宋太常博士，不幸四十九歲因暴疾而終。❾矯情　違反常情。❿營畫　謀劃。⓫游心　潛心；專心。⓬時中　適應時勢執守中道。⓭易簡句　平易簡略從而獲得了天下的普遍真理。易簡，平易簡略。張載認為是天下真理的本色。⓮素備　平素具備。素，往常；一向。

【語　譯】學習者所立的志向極大，還擔心所獲得的太淺，何況是所立志向甚小的呢？如果立志向在小，志僅僅在於實行這上面而已，如果要實行得確實也未必能夠確實。自古以來有多少人想做到孔子的，但是沒有做到孔子的。顏淵學孔子，不幸短命，孟子立志學孔子，也不如孔子。至於樂正子，學成了實在人，學成了好人，他的為學也完全得到道的框架，才能達到這樣。又如漆雕開說「我對為官之道還沒有學習過」，也沒有能說什麼事，只是說對於道沒有學習。

謹慎喜怒，這只是矯正他的細末而不懂治理他的根本，應當矯正輕浮警戒怠惰。像天祺心氣重，也有違反常情超過事實的地方。

人們往往說安於貧賤，他的實質只是思慮、心力不足，才能短淺不能經營謀劃罷了，如果稍能行動，恐怕未必肯安於現狀。應當是確實懂得義理比利欲為快樂才能做到。

天資優秀不足以成為功效，只有矯惡為善，矯怠惰為勤奮，才是功效。人必定不能便沒有這分心，須要讓他思考，只要使他經常專心義理之中。立根本以簡略平易為正確，接待事物以適時中正為正確，平易簡略從而天下的普遍真理得到了，適時中正卻要一向廣博地學習。

【說　明】「立本處以易簡為是」指為人的基礎和理想都要把易簡作為目標，易簡就是天下之理，就是世界發展變化的根本規律，用儒家的話來說也就是仁愛。「接物處以時中為是」指待人接物堅持原則要根據時勢的實際情況。而達到「時中」「則要博學素備」，這也說得很好。此外，他又說：「人多言安於貧賤，其實只是計窮力屈，才短不能營畫耳。」對於苟且偷生或感嘆懷才不遇的人是很好的警策。

義理

【題解】義理就是普遍合宜的道理，就是儒家的經義，也就是中庸之道。張載認為是人生和社會的準則，並把它提高到是天性的表現。他一邊感嘆此道的衰落，一邊又以振興為己任，致力於探求和傳播。文中以很大的篇幅探討、總結如何從文獻中學習義理的經驗和體會。在如何讀書上，張載窮盡畢生精力，是很有成就的學者。值得我們細細體味。

學未至而好語變者，必知終有患。蓋變不可輕議，若驟然語變，則知操術❶已不正。

吾徒飽食終日，不圖義理，則大非也，工商之輩，猶能晏寐夙興❷以有為焉。

知之而不信而行之，愈❸於不知矣，學者須得中道❹乃可守。

人到向道後，俄頃不捨，豈暇安寢❺？然君子向晦入燕處❻，君子隨物而止，故入燕處。然其仁義功業之心未嘗忘，但以其物之皆息，吾兀然❼而坐，無以為接，無以為功業，須亦入息。

此學❽以為絕耶？何因復有此議論？以為興耶？然而學者不博❾。孟子曰：「無有乎爾，則亦無有乎爾。」❿孔子曰：「天之未喪斯文也，匡人其如予何⓫！」

今欲功及天下，故必多栽培學者，則道可傳矣。

【章　旨】人生當學義理。

【注　釋】❶操術　所掌握方法。操，操持掌握。❷晏寐夙興　晚睡早起。晏，晚。夙，早。興，起。❸愈　甚。❹中道　執中守正之道，即中庸之道。❺人到向道三句　向道，信仰中道。向，趨向。道，指中道，亦即義理。俄頃，一會兒；頃刻。暇，空閒。安寢，安心睡覺。❻向晦入燕處　向晦，近暮；傍晚。燕處，安居；安息。❼兀然　昏沉無知貌。❽此學　指義理之學。即儒學。❾博　廣；眾多。❿無有乎爾二句　如果認為沒有了，那也就沒有了。語出《孟子・盡心下》。原文句首還有「然而」二字，上「爾」字作「爾者」二字，意思是「然而」。⓫天之二句　上天還沒有要喪失這一文脈，匡人能拿我怎麼樣呢。語出《論語・子罕》。背景是孔子周遊列國，路過匡地，匡人誤認孔子為壞人陽貨從而為難孔子。孔子泰然自若地說了這一段話。

【語　譯】學習沒有達到境界卻喜好談論變革的人，必定知道他最終會有患難。想來變革不能輕易議論，若是突然談論變革，就知道所用的方法已經不對。

我們如果整天吃得飽飽的，不謀求義理的話，就大錯特錯了，工商這類人，還能早起晚睡謀求有所作為。知道它卻不相信但又實行它，比不知道還要差了，學習者應當獲得中道才能守得住。

人到了信仰中道以後，頃刻不離，哪有空閒安心歇息？然而君子到了日暮進入休息，君子隨物而休息，所以進入休息。但是他的仁義功業的心不曾忘記，只由於那些物都休息了，我也就昏沉地坐著，沒有可以接觸的，沒有可以創功業的，應該也進入休息。

這學問以為斷絕了嗎？為什麼又有這番議論？以為振興了嗎？但是學習者不多。孟子說：「如果認為沒有了，那也就沒有了。」孔子說：「上天還沒有要喪失這一文脈，匡地的人能把我怎樣呢！」如今想要功績遍及天下，所以務必多多栽培學習者，那就中道能夠傳承了。

人不知學，其任智自以為人莫及，以理觀之，其用智乃癡❶耳。棊酒書畫，其術固均無益也，坐寢息，其術同，差❷近有益也，惟與朋友燕會❸議論良益也。然大義大節❹須要知，若細微亦不必知也。

凡人為上則易，為下則難。然不能為下，亦未能使❺下，不盡其情偽❻也。大抵使人常在其前，己嘗為之則能使人。

凡事蔽蓋❼不見底，只是不求益。有人不肯言其道義所得，所至不得見底，又非於吾言無所不說。

人雖有功，不及於學，心亦不宜忘。心苟不忘，則雖接❽人事即是實行，莫非道也，心若忘之，則終身由之，只是俗事❾。

今人自強自是，樂己之同，惡己之異，便是有固、必、意、我❿，無由得虛。學者理會⓫到此虛心處，則教者不須言，求之書，合者即是聖言，不合者則後儒添入也。

【章　旨】學習義理先應自省。

【注　釋】❶癡　入迷；傻。❷差　略；尚。❸燕會　即宴飲。燕，同「宴」。❹大義大節　大道理大氣節。節，氣節；節操。❺使　使用；指使。❻情偽　真假。❼蔽蓋　掩蓋。❽接　接待；應酬。❾俗事　世間雜事。❿固必意我　固是停滯固執；必是有期待；意是有所求；我是自我局限。《正蒙・中正》：「天理一貫，則無意、必、固、我之鑿。意、必、固、我，一物存焉，非誠也；四者盡去，則直養而無害矣。」⓫理會　領悟。

【語譯】人如果不知道學習，只任憑聰明自以為沒有人能比得上，按常理觀察他，那聽憑聰明才是傻呆呢。棋酒和書畫，它們的技能當然都沒有益處的，無事時間坐入睡和歇息，它們的方法相同，略略有益，只有與朋友宴飲議論才是最有益處的。但是大道理大操守必須懂得，至於細微處也不必計較。

凡是人做領導就容易，做被領導就艱難。但是不能做被領導的，也不能指使被領導的，不能窮盡他們的真假。大致指使人常在他的前頭，自己曾經做過就能指使人了。

凡事掩蓋起來不露底，那只是不求提高。有人不肯說他的道義所得，所達到的不能顯露底蘊，又不是對於我說的話沒有不喜歡的。

人雖有功績，不涉及學問，心裡也不能忘記。心如果不忘記，那麼雖然接待人事也就是學問的實行，沒有不是道義。心如果忘記它，就會終身所做的，只是世間雜事。

如今的人自我逞強自以為是，喜歡與自己相同的，厭惡與自己不同的，這便是有了固、必、意、我的思想障礙，無法做到虛心。學習者領悟到這分虛心，那就教的人不必再說，往書裡尋求，合的就是聖人之話，不合的就是後來的儒者添加進去的。

要見聖人❶，無如《論》《孟》為要。《論》《孟》二書於學者大足，只是須涵泳❷。

以有限之心，止可求有限之事；欲以致博大之事，則當以博大求之，知❸周乎萬物而道濟天下也。

尊其所聞則高明，行其所知則光大❹，凡未理會至實處，如空中立，終不曾踏著實地。性剛者易立，和者易達❺，人只有立與達。「己欲立而立人，己欲達而達人」❻，然則剛與和猶是一偏，惟大達則必立，大立則必達。

學者欲其進，須欽❼其事，欽其事則有立，有立則有成，未有不欽而能立，不立則安可望有成！

人若志趣❽不遠，心不在焉，雖學無成。人惰於進道，無自得達，自非成德君子必勉勉，至從心所欲不踰矩方可放下❾，德薄者終學不成也。

【章旨】學義理當學儒家學說，《論語》、《孟子》是它的經典。

【注釋】❶聖人　道德、智慧最高的人，儒家認為孔子就是聖人。❷涵泳　沉浸。❸知　通「智」。❹光大　即廣大。❺性剛二句　剛，剛強。和，謙和。❻己欲立而立人二句　自己要立身就幫別人立身，自己要上達就幫別人上達。語出《論語·雍也》。立，立身。達，顯貴。❼欽　敬謹。❽志趣　心意所向。❾自非二句　成德君子，德性成熟的君子。勉勉，持續努力。從心所欲不踰矩，隨心所求卻不會越出規矩。從，任從。矩，規矩；原則。

【語譯】要認識聖人，沒有比得上讀《論語》、《孟子》更重要。《論語》、《孟子》兩部書對於學習者大大地足夠了，只是須要沉浸到裡面去。

以有限的心，只能夠求取有限的事；要想用來求取廣大的事，就應當以廣大的心胸求取它，智慧周遍萬物從而德性拯救天下。

尊崇他所聞知的就崇高明察，推行他所知的就廣大相容，凡是還沒有領會到實在處，就像站在空中，始終沒有踏著實地。秉性剛強的易於立身，秉性謙和的易於上達，為人只有立身與上達。「自己要立身也幫別人立身，自己要上達也幫別人上達」，但是剛強和謙和只是一個方面，惟有大上達就必定立身，大立身就必定上達。

學習者要想進步，必須敬謹他的事業。敬謹他的事業就會有樹立，有樹立就會有成效，沒有不敬謹而能有樹立的，不樹立哪能希望有成效！

為人如果志向不遠大，心不在這上面，雖然學習也不會有成效。人懶惰於修養道德，是沒有辦法得到上進的，如果不是德性成熟的君子就必須持續不斷地努力，到了隨心所欲卻不會越出規矩才能夠放下，道德淺薄的人終於學不成的。

聞見之善者，謂之學則可，謂之道則不可。須是自求，己能尋見義理，則自有旨趣，自得之則居之❶安矣。

合內外，平物我，自見道之大端❷。

道德性命是長在不死之物也❸，己身則死，此則常在。

耳目役於外❹，攬❺外事者，其實是自惰，不肯自治，只言短長❻，不能反躬❼者也。

天地之道要一言而道盡亦可，有終日善言而只在一物者，當識其要，總其大體❽，一言而乃盡爾。

釋氏之學，言以心役物，使物不役心；周孔之道，豈是物能役心？虛室生白❾。

今之人滅天理而窮人欲❿，今復反歸其天理。古之學者便立天理，孔孟而後，其心不傳，如荀揚⓫皆不能知。

義理之學，亦須深沉方有造⓬，非淺易輕浮之可得也。蓋惟深則能通天下之志，只欲說得便似聖人，若此則是釋氏之所謂祖師⓭之類也。

此道自孟子後千有餘歲，今日復有知者。若此道天不欲明，則不使今日人有知者，既使人知之，似有復明之理。志於道者，能自出義理，則是成器⓮。

【章　旨】學義理當求自身質變。

【注　釋】❶居之　作為立足點。❷合內外三句　合內外，把主觀與客觀融合為一。平物我，把個人與社會融合為一。大端，主要部分。❸道德句　道德，指社會調整人與人之間以及個人與社會之間關係的行為規範的總和。性命，性是萬物的天賦，命是後天所稟受。❹役於外　被身外之物所役使。外，外物。❺攬　包攬；把持。❻短長　是非。❼反躬　反身自省；反過來審察自己。❽大體　大要；要領。❾虛室生白　空房間產生光明，喻指心能虛靜，真理自生。❿今之人句　天理，指自然法則，張載又稱為天性、天德。人欲，人對物的欲求。⓫荀揚　荀，指荀子，名況（約西元前三一三—前二三八年），趙國人，戰國時思想家、教育家。韓非、李斯都是他的學生，當時人尊敬他，稱為「荀卿」，漢代避漢宣帝諱，又稱為孫卿。著有《荀子》。揚，指揚雄，字子雲（西元前五三—一八年），蜀郡成都（今屬四川）人。西漢文學家、哲學家、語言學家。著有《法言》、《太玄》、《方言》等，並有集，已佚。明代人輯有《揚子雲集》。⓬造　成效；造就。⓭祖師　佛教指創立教派的人。⓮成

器　成才。器，人才。

【語　譯】以聞見擅長的人，稱它為學習尚可，稱他為道德就不對了。應當自己探求，自己能求得義理，就自會有宗旨。自己得到它就會作為立足點而安定了。

融合主觀與客觀、社會與自我，是自己認識道德的要領。

道德、性和命是長生不死的東西，自己的身軀卻要死去，這類東西卻常存的。

耳目手受控於外物，把持身外事務的人，其實是自己懶惰，不肯自我整治，只是說人是非，不能反過來嚴格要求自己。

天地的原理要一句話說盡也是能夠的，有人整天滔滔不絕卻只在一件事物上，應當認識它的要點，總括它的要領，才能一句話就說盡。

佛教的學說，談論用心控制物，使物不能控制心；周公孔子的學說豈是說物能夠控制心的？心能虛靜，真理自生。

現在的人滅絕天理而窮極人欲，如今我只是努力讓人再回歸天理。古代的學者就立天理，孔子、孟子以後，這份心沒有傳承，像荀子、揚雄都不能認識。

學習義理，須要深沉才能有收穫，不是浮泛輕率就能夠得到的。因為只有深沉才能通貫天下的心志，只是能說會道就似乎是聖人，如果這樣就是佛教所說的祖師之類了。

這原理從孟子以後有一千多年了，今天才再有知道的人。如果這原理上天不想倡明，就不會讓今天有人知道，已經讓人知道它，似乎有再倡明的可能。有志於這原理的人，能夠從義理中培養體會，就成人才。

「人一能之，己百之，人十能之，己千之。」❶曰能者，是今日不能而能之，若以聖人之能而為不能，則狂者矣，終身而莫能得也。

學貴心悟，守舊無功。

知德斯❷知言，己嘗自知其德，然後能識言也。人雖言之，己未嘗知其德，豈識其言！須是己知是德，然後能識是言，猶曰知孝之德則知孝之言也。

三代❸時人，自幼聞見莫非義理文章❹，學者易為力，今須自作。

為學大益，在自求變化氣質❺，不爾❻皆為人之弊，卒無所發明，不得見聖人之奧❼。故學者先須變化氣質，變化氣質與虛心相表裡❽。

大中❾，天地之道也；得大中，陰陽鬼神莫不盡之矣。

仁不得義則不行，不得禮則不立，不得智則不知，不得信則不能守，此致一❿之道也。

大率玩心未熟，可求之平易，勿迂也⓫。若始求太深，恐自茲⓬愈遠。

學不能推究事理，只是心粗。至如顏子未至於聖人處，猶是心粗⓭。

【章　旨】學習義理貴在心靈的覺醒。

【注　釋】❶人一能之四句　語出《禮記・中庸》。百之，勝它百倍。千之，勝它千倍。❷斯　就；則。❸三代　指夏、商、周三代。也泛指上古時代。❹文章　禮樂法度。❺氣質　秉性。❻不爾　不這樣。❼奧　內室，喻指精義。❽與虛心相表裡虛心，就是張載所說的「大心」。即無所不包容的博大的心。表裡，相互補充；相互呼應。表，指外。裡，指內。❾大中　廣大而中正，即以不偏不倚為本質的中道。為儒家的指導原則。❿致一　達到專一。⓫大率三句　大率，大抵；大概。玩心，研習的心。玩，賞玩；研習。迂，拘泥固執。⓬茲　此。⓭至如二句　意指顏淵達到了聖人的框架，卻還沒有成為完美的聖人。顏子，即顏淵。稱「子」表示尊敬。

【語　譯】「別人能做好一件，自己能做好百件，別人能做好十件，自己能做好千件。」說「能」，是指今天不能做而後能做，如果把聖人的能做而認做不能的話，就是狂人了，一輩子休想達到它。

學習貴在內心的領悟，守舊是沒有功效的。

認識道德也就認識言論，自己曾經認識那道德，然後能認識言論。別人雖然講過它，自己不曾認為那道德，難道能認識那言論！應當是自己知道這道德，然後能認識這言論，如同說懂得孝的道德也就懂得孝的言論。

夏、商、周時代的人，從小所見所聞沒有不是義理文章，學習者容易著力去學，如今須要自己去做。

學習大有益處，在於自己求取改變氣質，不這樣的話都是做人的弊病，終於沒有什麼發現，不能見到聖人的奧祕。所以學習者先必須改變氣質，改變氣質與擴大心胸相互促進。

廣大中正，是天地的原理，能獲得廣大中正，陰陽鬼神沒有不窮盡的了。

仁德不得到義的配合就不能推行，不得到禮的維護也就不能樹立，不得到智慧的協調也就不能認知，不得到誠信支援也就不能執守，這是達到專一的道理。

大略說研習的不夠純熟，領會只可謀求平易，不要拘泥固執。如果一開始就鑽牛角尖的話，恐怕從此迷失就更大了。

學習不能推究事物的道理，只是心胸粗略。至於像顏回未能到達聖人，還是心胸粗略。

【說　明】張載所說的「天地之道」就是天性，而陰陽鬼神只是天性的一種展現，所以說「莫不盡之矣」。張載把天性看作人性的最高理想。

觀書必總其言而求作者之意。

學者言不能識得盡，多相違戾❶，是為無天德，今顰眉❷以思，已失其心也。蓋心本至神，如此則已將不神害其至神矣。

能亂吾所守❸。

有言經義須人人說得別，此不然。天下義理只容有一箇是，無兩箇是。

且滋養其明，明則求經義將自見矣。又不可徒❹養，有觀他前言往行便畜得己德，若要成德，須是速行之。

【章旨】學習當研究如何讀書，首先應當探究作者的意旨。

【注釋】❶違戾　背離。❷顰眉　皺眉。❸能亂吾所守　此句下有脫文。❹徒　空。

【語譯】讀書必須總括它的言論從而探求作者的意旨。

學習者如果言論認識不能透切，多互相違背，這是沒有天性，如今皺著眉頭思索，就已經喪失他的心神。因為心本來最神明，這樣就已經把不神明損害那最為神明的了。

能擾亂我所執守（脫文）。

有人說經典的含義應當人人說得不相同，這不對。天下義理只有一個是對的，沒有兩個是對的。

暫且滋養那明察，明察了去求取經典含義將會自己顯現了。又不能單一地滋養明察，有觀察前賢的言行便能積累自己道德，如果要成就德性，必須要儘快實行它。

當自立說以明性，不可以遺言附會解之❶。若孟子言「不成章不達」及「所性」「四體不言而喻」，此非孔子曾言而孟子言之，此是心解也❷。

讀書少則無由考校❸得義精，蓋書以維持此心，一時放下則一時德性有懈，讀書則此心常在，不讀書則終看義理不見。書須成誦精思，多在夜中或靜坐得之，不記則思不起，但通貫得大原❹後，書亦易記。所以觀書者，釋己之疑，明己之未達，每見每知所益，則學進矣，於不疑處有疑，方是進矣。

學者潛心❺略有所得，即且誌❻之紙筆，以其易忘，失其良心❼。若所得是，充大之以養其心，立數千題，旋注釋❽，常改之，改得一字即是進得一字。始作文字，須當多其詞以包羅❾意思。

【章旨】讀書明理應當自己有心得。

【注釋】❶不可句　遺言，前賢的遺訓。附會，把不相聯繫的事物說成有聯繫；把沒有某種意義的事物說成有某種意義。❷若孟子言三句　不成章不達，不成文章就不能通曉。語出未詳。所性，指以仁義為性。語出《孟子・盡心上》。四體不言而喻，四肢不必教導就明白了。語出《孟子・盡心上》。心解，領會精神。❸考校　考核。❹大原　大根本。❺潛心　專心從事。❻誌　用文字、符號做標記。❼良心　指仁義的心。❽旋注釋　旋，隨即。注釋，加注文和做解釋。❾包羅　統括。

【語譯】應當自己創立說法來顯明德性，不能用前賢的遺訓做牽強附會的解釋。如孟子說「不成章不達」及「所性」「四體不言而喻」，這些都不是孔子曾經說過而孟子說的，這都是心領神會。

讀書少就無法考核到義理的精微，想來書是用來維持這分心，一時放下就會一時德性有鬆懈，讀書就能使這分心常在，不讀書就始終看不見義理。讀書應當琅琅成誦精細思考，常常在夜裡或者靜坐中獲得它，不記熟來就想不起來，只要融會貫通獲得大根本以後，書也是容易記牢的。之所以要讀書，是為了解釋自己的疑問，認明自己的沒有讀通，每讀就每知道所得到的收穫，就學習有進步了，在沒有疑問的地方發現了疑問，才是有進步了。

學習者專心努力略有了收穫，立刻拿筆記下，由於它容易遺忘，會失去那仁義的心。如果所收穫的是正確的，就擴充它用來滋養那仁義的心，建立起幾千個標題，隨後加注文做解釋，常常修改它，修改得一個字就是進步了一個字。開始做文章，應當多用詞語來統括意思。

常人教小童，亦可取益。絆❶己不出入，一益也；授人數次，己亦了❷此文義，二益也；對之必正衣冠，尊瞻視❸，三益也；嘗以因❹己而壞人之才為之憂，則不敢惰，四益也。

【章　旨】教學相長，教人讀書也就是教自己。

【注　釋】❶絆　拘絆；牽制。❷了　明瞭；明白。❸尊瞻視　尊，重視；端正。瞻視，看。❹因　由於。

【語　譯】普通人教小孩，也能得到益處。牽制自己不外出，是第一個益處；教授好幾次，自己也明瞭這文章的含義，是第二個益處；對著他們必須整齊服容，端正視線，是第三個益處；曾經因為自己之故損壞人的才能而憂慮，就不敢偷懶，是第四個益處。

有急求義理復不得，於閒暇有時得。蓋意樂則易見，急而不樂則失之矣。蓋所以求義理，莫非天地、禮樂❶、鬼神❷至大之事，心不弘則無由得見。

語道不簡易，蓋心未簡易❸，須實有是德，則言自歸約。蓋趣向自是居簡，久則至於簡也。

聞之知之，得之有之。

孔子適周，誠有訪樂於萇弘，問禮於老聃❹。老聃未必是今老子，觀老子薄禮，恐非其人，然不害為兩老子，猶左丘明❺別有作傳者也。

《家語》《國語》雖於古事有所證明，然皆亂世之事❻，不可以證先王之法。

觀書且勿觀史，學理會急處，亦無暇觀也。然觀史又勝於游，山水林石之趣，始似可愛，終無益，不如游心❼經籍義理之間。

心解則求義自明，不必字字相校❽。譬之目明者，萬物紛錯❾於前，不足為害，若目昏者，雖枯木朽株皆足為梗❿。

觀書且不宜急迫⓫了，意思則都不見，須是大體上求之。言則指⓬也，指則所視者遠矣。若只泥文而不求大體則失之，是小兒視指之類也。常引小兒以手指物示之，而不能求物以視焉，只視於手，及無物則加怒耳。

博大之心未明，觀書見一言大，一言小，不從博大中來，皆未識盡。既聞中道，不易處且休，會歸諸經義⓭。己未能盡天下之理，如何盡天下之言！聞一句語則起一重心，所以處得心煩，此是心小則百物皆病也。今既聞師言此理是不易，雖掩卷守吾此心可矣。凡經義不過取證明而已，故雖有不識字者，何害為善！《易》曰「一致而百慮」⓮，既得一致之理，雖不百慮亦何妨！既得此心，復因狂亂而失之，譬諸亡羊者，挾策讀書與飲酒博塞，其亡羊則一也，可不鑒⓯！

人之迷經者，蓋己所守未明，故常為語言可以移動。己守既定，雖孔孟之言有紛錯，亦須不思而改之，復鋤去其繁，使詞簡而意備。

經籍亦須記得，雖有舜禹之智，唫⓰而不言，不如聾盲之指麾⓱。故記得便說得，說得便行得，故始學亦不可無誦記。

某⓲觀《中庸》義二十年，每觀每有義，已長得一格⓳。六經循環，年欲一觀。觀書以靜為心，但只是物，不入心。然人豈能長靜，須以制其亂。

發源端本⓴處既不誤，則義可以自求。

【章　旨】讀書不宜急躁，心要廣大。

【注釋】❶禮樂　禮制和音樂。是封建社會的兩大精神支柱。❷鬼神　張載認為鬼神就是氣的屈與伸。《正蒙・神化》：「鬼神，往來、屈伸之義，故天曰神，地曰示，人曰鬼。」弘，廣大。❸語道不簡易二句　句意謂心要平易簡略。張載認為平易簡略是天性的本色，是道德的最高境界。❹孔子適周三句　適，到。周，指東周，周王室直接管理的區域。誠，確實。訪，諮詢。萇弘，又稱萇叔（？—西元前四九二年），周景王、敬王的大臣劉文公所屬的大夫。老聃，據《史記・老子韓非列傳》記載以為就是老子。❺左丘明　春秋時史學家，魯國人。相傳曾著《左傳》，又傳《國語》亦出自其手。❻家語二句　家語，《孔子家語》的簡稱。已佚。今本為三國時王肅收集和偽造。國語，相傳左丘明著。二十一卷，以記西周末年和春秋時期周、魯等國貴族的言論為主。亂世，春秋時期中央政權衰落，諸侯國爭霸，戰亂不斷，所以稱為亂世。❼游心　專心一意。❽校　考校。❾紛錯　多而且雜亂。❿雖枯木朽株句　枯木朽株，指枯乾腐朽的樹木。株，露出地面的樹根。梗，阻塞。⓫急迫　焦急。⓬指　指示；意向。⓭經義　經書的意旨。⓮一致而百慮　趨向相同而考慮卻各不相同。語出《易經・繫辭下》。⓯譬諸亡羊者四句　亡羊，走失羊。挾策讀書，捧著書本讀書。策，書冊。博塞，古代的一種賭勝的遊戲。鑒，鑒戒；教訓。⓰唫　通「噤」。閉口。⓱指麾　指揮。麾，通「揮」。⓲某　指人、地、事、物而不明言其名的用詞。這裡為張載自稱。⓳格　一定的標準或樣式。⓴發源端本　源頭根本。發源，比喻開頭。端本，正本；本來的旨趣。端，正。

【語　譯】有急求義理再也得不到的，在閒空中有時會得到它。想來心意悅樂就容易發現，焦急不樂就失去了。因為用來探求義理的，沒有不是天地、禮樂、鬼神這類最重大的事，心不弘大就無法看見。

講述道德不能簡略平易，那是因為心沒有能夠簡略平易，必須實在有這道德，言論就會自然回歸簡約。因為旨趣所向自然在簡略，持久就達到簡略。

聽到它認識它，得到它擁有它。

孔子到了東周，確實向萇弘諮詢樂理，也向老聃問過禮。所說的老聃未必就是現在說的老子，看老子輕視禮，恐怕不是那個人，但是不妨害有兩個老子，就好像左丘明之外有著《左傳》的人。

《家語》、《國語》雖然對於古代的事有所證明，但是都是亂世的事，不能用來證明先王的法則。

讀書暫且不要讀歷史書，學習領悟到緊急處，也沒有閒空去讀它。但是讀歷史書又勝過遊山玩水，山水林泉的樂趣，開始似乎可愛，最終沒有益處，不如專心一意在經籍義理之中。

領悟就求經義自然明白，不必字字相校勘。譬如眼睛明亮的人，萬物紛紜交錯在面前，構不成損害，如果眼睛昏蒙的人，雖然枯樹爛根都能成為障礙。

讀書不應該焦急，焦急含意就會都看不見，應該從主體上去探求它。言語就是指向，指向就所看的遠了。如果只拘泥文字而不求主體就會失去它，這是小兒看視指向一類。常常引導小兒用手指著物向他展示，卻不能求取物來給他看，只看在手上，等到發現沒有物就惱怒了。

廣博弘大的心未能顯現，讀書看見一個講大，一個講小，不是從廣博弘大中出來，都是未能認識清楚。已經聽到了中道，不容易的地方暫且擱置，會合歸結它到經書的意旨。自己不能窮盡天下的道理，如何能窮盡天下的言論！聽聞一句話，就起一重心意，所以處得心煩，這是心胸狹小就百物都成為障礙。如今已經聞聽老師說這道理是不容易的，雖然蓋上書本守護我這分心就可以了。凡是經書的意旨不過取證明而已，所以雖然有不識字的人，有什麼妨害為善！《易經》說「趨向相同而考慮卻各不相同」，已經得到趨向相同的道理，雖不經過百種考慮又有什麼妨害！已經得到這分心，又因為狂亂而失去它，譬如走失了羊的人，捧著書本讀書與飲酒賭戲，那走失了羊卻是一樣的，能不加以鑒戒！

人迷信經書的，想來自己所守持的未能明確，所以常常被語言能夠動搖。自己守持已經堅定，即使孔子、孟子的話有了紛亂錯雜，也應該毫無顧忌地改正它，再刪去那些繁雜，使詞語簡略而含意完備。

經書也應該記住，即使有舜、禹的智慧，閉口而不說的話，還不如聾盲人的指揮。所以記住就能說，能說就能行，所以開始學習也不能沒有熟讀記住。

我讀《中庸》的意旨二十年了，每讀一次就每一次有深意，已經提高一個層級。六經循環著，每年讀一回。但是要心專一安靜，只有物不能讓它進入心。作為人豈能保持長久安靜，應當控制他的心亂。源頭根本處已經不錯，那麼意旨自然求得。

學者信書，且須信《論語》《孟子》。《詩》《書》無舛雜❶。《禮》❷雖雜出諸儒，亦若無害義處，如《中庸》《大學》❸出於聖門，無可疑者。《禮記》❹則是諸儒雜記，至如《禮》文❺不可不信，己之言禮未必勝如諸儒。如有前後所出不同且闕❻之，《記》有疑議亦且闕之，就有道而正❼焉。

嘗謂文字若史書歷過❽，見得無可取則可放下，如此則一日之力可以了六七卷❾書。又學史不為為人❿，對人恥有所不知，意只在相勝。醫書雖聖人存此，亦不須大段學，不會亦不甚害事，會得不過惠及骨肉間，延得頃刻之生，決無長生之理，若窮理盡性則自會得。如文集《文選》⓫之類，看得數篇無所取，便可放下，如道藏釋典⓬，不看亦無害。既如此則無可得看，唯是有義理也。故唯六經則須著循環，能使晝夜不息，理會得六七年，則自無可得看。若義理則儘⓭無窮，待自家長得一格則又見得別。

【章　旨】讀書還要看準書的價值。

【注　釋】❶舛雜　錯亂。❷禮　即《周禮》，又稱《周官》或《周官經》。係蒐集周室官制和戰國時代各國制度，添附儒家政治理想，增減排比而成的彙編。❸大學　原是《禮記》的一篇，內容提出格物、致知、誠意、正心、修身、齊家、治國平天下等條目，宋代朱熹等人把它獨立出來，與《論語》、《孟子》、《中庸》合刊為《四書》，成為宋以後封建社會的官定教科書。❹禮記　儒家的重要經典。又稱《小戴記》或《小戴禮記》。是秦、漢以前各種禮儀論著的選編，相傳由西漢戴聖編成。共四十九篇，是研究中國古代社會情況、儒家學說和文物制度的參考書。❺禮文　指《禮經》的明文。❻闕，空缺；擱下。❼正指正；改正。❽嘗謂句　嘗，曾經。文字，指文章。歷過，一一翻看過去。❾卷　指書的一部分，相當於今天說的「章」。❿不為為人　不是為了做人。前「為」是為了，後「為」是做。⓫文集文選　文集，文章的彙集。文選，總集名。南朝梁蕭統（即昭明太子）編選，世稱《昭明文選》。選錄自先秦至梁的詩文辭賦，不選經子，史書也只略選論贊，已初步注意到文學與其他類型著作的區分，是研究梁以前文學的重要參考資料。⓬道藏釋典　道藏，道教經典的總名。釋典，佛教的經典。⓭儘　儘量。

【語　譯】學習者相信書本，應當相信《論語》、《孟子》。《詩經》、《尚書》沒有錯雜。《禮記》雖然錯雜出自眾儒生之手，也似乎沒有損害義旨的地方，如《中庸》、《大學》出於聖人學派，沒有能夠懷疑的地方。《禮記》就是眾儒生的雜記，至於《禮經》的明文不能不信，自己講禮未必勝過眾儒生。如有前後所出而不相同的暫且擱置，《禮記》有疑義的也暫且擱置，尋找有修養的人從而改正它。

曾經說文章如果是史書類一一翻過，認為沒有可取的就放下，這樣用一天的力氣就能夠了卻六、七卷書。又學歷史不是為了做人，而是面對他人以有所不知為恥辱，心意只在爭勝。醫書雖然聖人保存它，也不必大略地學，不會也不太妨害事情。會了不過恩惠及到骨肉親情，延長得一會兒生存，決沒有長生不死的道理，至於窮理盡性就自然會得到。如文集、《文選》之類，看了幾篇覺得沒有可取的，便可以放下，如道藏、釋典，不看也沒有害處。既然這樣就沒有可以看的，只有義理了。所以只有六經就須要循環著讀，能使晝夜不停，領悟得六七年，就自然沒有什麼值得看了。若是義理就儘管無窮盡探索，自己提高了一個層級以後就又看得到別一境界。

語道斷自仲尼，不知仲尼以前更有古可稽❶，雖文字不能傳，然義理不滅，則須有此言語，不到得絕。

由學者至顏子一節❷，由顏子至仲尼一節，是至難進也。二節猶二關，然而得仲尼地位亦少《詩》《禮》不得。孔子謂學《詩》學《禮》，以言以立❸，不止謂學者，聖人既到後，直知須要此不可闕。不學《詩》直是無可道，除是穿鑿❹任己知。《詩》、《禮》、《易》、《春秋》、《書》，六經直是少一不得。

大凡說義理，命字為難，看形器❺處尚易，至要妙處本自博❻，以語言復小卻義理，差之毫釐，繆以千里。

從此❼學者，苟非將大有為，必有所甚不得已❽也。

【章旨】總說義理之學。

【注釋】❶稽　考核。❷一節　一個層級；一個階段。❸孔子謂二句　語本《論語・季氏》。立，立身。❹穿鑿　附會；任意牽合意義以求相通。❺形器　有定形的器物。❻博　廣博；博學。❼從此　從這裡。❽甚不得已　很是無可奈何。

【語譯】講道德依從孔子決斷，不知孔子以前更有古代能夠考核，雖然文章不能傳下來，但是義理不滅，因此必該有這樣的言語，才不至於斷絕。

由學習者到顏回是一階段，由顏回到孔子又是一階段，是很難達到的。二階段就像二道關口，但是獲得了孔子地位的也不能少了《詩經》和《禮記》。孔子說學習《詩經》學習《禮記》，用來議論用來立身，不只對學習者說的，聖人已經達到以後，只知道須要它不可缺少。不學習《詩經》簡直沒有什麼可說，除非任憑自己所知來附會。《詩經》、《禮記》、《易經》、《春秋》、《尚書》，六經簡直不能少了一個。

凡是解說義理，以用字為難，看實物還是容易的，到了美好處卻要從廣博中來，由於語言卻輕視了義理，那就差之毫釐，失之千里了。

從這裡學習的人，如果不是將大有作為，就必然有所很無可奈何的。

【說　明】最後一句，總結學習道德的重要性，一種是將大有作為，這不難理解；另一種是回頭是岸，唯有立德，做了壞事，也是能夠改惡從善的。

學大原上

【題解】〈學大原〉分上、下兩篇。學大原是學習的根本的意思。張載極其看重學習，把它看成為人的保證、人生的歷程和個人對社會的責任與貢獻，議論精闢，涉及廣泛。他的學習目標就是追求儒家經義，途徑是改善自身氣質和勇於社會實踐。他說：「大抵人能弘道，舉一字無不透徹。如義者，謂合宜也，以合宜推之，仁、禮、信皆合宜之事。惟智則最處先，不智則不知，不知則安能有為！故要知及之，仁能守之。仁道至大，但隨人所取如何。學者之仁如此，更進則又至聖人之仁，皆可言仁，有能一日用其力於仁猶可謂之仁。」他的學習方法是讀書與修身合一、理論與實踐合一。「道理須從義理生，集義又須是博文，博文則利用。又集義則自是經典」。又說：「義集須是博文，博文則用利，用利即身安，到身安處卻要得資養此得精義者。」他還鼓勵人們：「聖人設教，便是人人可以至此。『人皆可以為堯舜』，若是言且要設教，在人有所不可到，則聖人之語虛設耳。」上篇主要闡述原則，提出了學習必須具有明確目標；學習在於改善自己的氣質和在於自身堅持不懈的精神與實踐。下篇就常見的學習情況進行分析，辨別是非，決定取捨。

學者且須觀禮❶，蓋禮者滋養人德性，又使人有常業❷，守得定，又可學便可行，又可集得義。❸養浩然之氣❹須是集義，集義然後可以得浩然之氣。嚴正剛大❺，必須得禮上下達❻。義者，克己❼也。

書多閱而好忘者，只為理未精耳，理精則須記了無去處也。仲尼一以貫之，蓋只著一義理都貫卻❽。學者但養心識明靜，自然可見，死生存亡皆知所從來，胸中瑩然❾無疑，止此理爾。孔子言「未知生，焉知死」❿，蓋略言之。死之事只生是也，更無別理。

下學而上達者兩得之，人謀又得，天道又盡⓫。人私意以求是未必是，虛心以求是方為是⓬。夫道，仁與不仁，是與不是而已。

既學而先有以功業⓭為意者，於學便相害，既有意必穿鑿⓮，創意作起事也。德未成而先以功業為事，是代大匠斲希不傷手也⓯。

為學須是要進有以異於人，若無以異於人則是鄉人⓰。雖貴為公卿⓱，若所為無以異於人，未免為鄉人。

富貴之得不得，天也，至於道德，則在己求之而無不得者也。

漢儒⓲極有知仁義者，但心與迹異。

戲謔直是大無益，出於無敬心。戲謔不已，不惟害事，志亦為氣所流⓳。不戲謔亦是持氣之一端⓴。善戲謔之事，雖不為無傷。

聖人於文章不講㉑而學，蓋講者有可否之疑，須問辨而後明。學者有所不知，問而知之，則可否自決，不待講論。如孔子之盛德，惟官名禮文有所未知，故其問老子、郯子㉒，既知則遂行而更不須講。

「忠信所以進德」㉓者何也？閑邪㉔則誠自存，誠自存斯為忠信也。如何是閑邪？非禮而勿視聽言動，邪斯閑矣。

日月星辰之事，聖人㉕不言，必是顏子輩皆已理會得，更不須言也。

學者不可謂少年㉖，自緩便是四十五十。二程從十四歲時便銳然欲學聖人，今盡及四十未能及顏閔之徒㉗。小程㉘可如顏子，然恐未如顏子之無我。

【章旨】學習根本在於明確目標，做一個養德守禮的人。

【注釋】❶禮　指封建社會等級制度的社會規範和道德規範。❷常業　固定的業務。❸集得義　會集義理。指認明天下萬事萬物的規則。❹浩然之氣　正大剛直之氣。指天地正氣。❺嚴正剛大　嚴肅正直剛強無私。❻上下達　指下學而上達。下學於人，上學於天。下文說到「下學而上達者兩得之，人謀又得，天道又盡。」❼克己　指約束自己。即以禮約束自己，這樣才能立身於世。❽貫卻　貫穿完畢。❾瑩然　明亮的狀態。❿未知生二句　還沒有認識生的道理，哪能認識死的道理。語出《論語・先進》。⓫人謀二句　人謀，指人的能力。天道，指天的運行規律，即天性。《正蒙・誠明》：「天能謂性，人謀謂能。大人盡性，不以天能為能而以人謀為能，故曰『天地設位，聖人成能』。」本文所謂「兩得之」，說的就是達到了天人合一的境界。⓬人私意二句　私意，自己的心意；個人的心意。虛心，廣大的胸懷。方，才。⓭功業　功績和事業。⓮穿鑿附會；任意牽合意義以求相通。⓯是代大匠句　大匠，指木工之長。斲，同「斫」。砍；斬。希，很少。⓰鄉人　鄉里間的普通人。⓱公卿　泛指朝廷中的高級官員。⓲漢儒　指漢代的儒家學者。⓳為氣所流　氣，指習俗的氣性。流，向壞的方向發展。⓴持氣之一端　持氣，約束氣性。一端，一種方法；一個方面。㉑講　談論；講說。㉒老子郯子　老子，即老聃。姓李名耳字伯陽。楚國苦縣（今河南鹿邑東）屬鄉曲仁里人。春秋時期著名的思想家，主張有生於無。著有《老子》，又名《道德經》。後人尊他為道家及道教的始祖。郯子，春秋時期郯國的國君，魯昭公時朝魯，曾與叔孫昭子論少皞氏以鳥名官的事。㉓忠信所以進德　忠信用來增進德性。語出《易經・乾・文言》。所以，所用來。㉔閑邪　防止邪惡。㉕聖人　指孔子。㉖少年　指十二、三歲至十五、六歲的年齡。㉗二程二句　二程，指程顥、程頤兄弟。兩人都是北宋時期的哲學家和教育家，是北宋理學的奠基人，兩人都反對王安石變法。由於是河南人，並長期在洛陽講學，他們的學派被稱為洛學。銳然，突出貌。閔，指閔損，字子騫，春秋時期魯國人。孔子學生，是著名的孝子。㉘小程　指程頤，因為他是弟弟。

【語　譯】學習者還應關注禮，想來禮能夠滋養人的德性，又能夠使人有著固定的事業，把握能夠堅定，又能夠學習便能夠實行，又能夠彙集得義理。養成浩然之氣必須要彙集義理，彙集義理然後能夠養得浩然之氣。嚴肅正直剛強無私，要必須掌握禮並且下學社會上學天性。義，就是約束自己。

　書多讀卻容易遺忘的，只由於書理沒有精深罷了，書理精深就應該記住而沒有失去的。孔子用一條原則貫穿了它，想來只用一條義理全貫穿了。學習者只要修養得內心認識清明寧靜，自然能夠看見它，死生存亡都能知道來歷，胸中明亮沒有疑問，只有這個義理罷了。孔子說「還沒有認識生，哪能認識死」，想來只講大略。死的事只是生的事，更沒有別的道理。

　下學社會並且上學天性要兩者兼得，那就人的所能為得到了，天性又窮盡了。人憑自己的心意去求是不一定就是是，用博大的心去求是才成為是。所謂道，就是仁與不仁，是與不是罷了。

　已經學習卻先以求功績和事業為目標的，對於學習便有損害，已經有了意圖，就必然會牽強附會，產生意圖做起事來。德性沒有成熟卻以功績事業為目標，這是代巧匠斫木頭而很少不傷到手的。

　學習應該達到進步有高於人，如果沒有高於人那就成了鄉里間的普通人。雖然尊貴到做高官，如果所作所為沒有高於人，也不免成為鄉里間的普通人。

　富貴的得到還是得不到，在於天，至於道德，就在於自己努力追求而沒有得不到的。

　漢代的儒者很有知道仁義的，只是內心與行跡不同。

　開玩笑簡直太沒有益處，是出於沒有敬謹心。玩笑不止，不僅妨害事務，而且心志也被習俗的氣性所吸引。不開玩笑也是把握氣性的一個方面。善開玩笑的事，就是不幹也無妨。

聖人對於文章不講說而學習，想來講說有對與錯的疑問，須要問難辨別之後才明白。學習有不懂的，問了就知道了，那就對錯是自己決定，不必等待講說。例如以孔子的崇高德性，只有官名的《禮經》明文有所不知，所以請問老子和郯子，已經知道就走了更不必講說。

「忠和信用來增進德性」的是什麼意思呢？防止邪惡就能誠心自然保存，誠能自己保存就是忠和信。怎麼樣是防止邪惡？就是不合禮的不看、不聽、不言、不做，邪惡也就防止了。

日、月、星辰的事，聖人不說，必定是顏淵這些人都已經領會了，更不須要講了。

學習者不能自認為年輕，自我放鬆很快便是四十歲、五十歲。程顥、程頤二人從十四歲便努力要學聖人，如今快到四十歲還未能及到顏淵、閔子騫這些人。程頤能夠像顏淵，但是恐怕未必能夠像顏淵那樣無我。

心既虛則公平，公平則是非較然❶易見，當為不當為之事自知。

正心之始，當以己心為嚴師❷，凡所動作則知所懼。如此一二年間，守得牢固則自然心正矣。

其始且須道體用分別以執守，至熟後只一也❸。道初亦須一意慮❹參較比量，至已得之則非思慮所能致。

古者惟國家則有有司，士庶人皆子弟執事❺。又古人於孩提❻時已教之禮，今世學不講，男女從幼便驕惰壞了，到長益凶狠，只為未嘗為子弟之事，則於其親已有物我，不肯屈下，病根常在❼。

近來思慮大率少不中處❽，今則利在閑，閑得數日，便意思❾長遠，觀書到無可推考處。

顏子所謂有不善者，必只是以常意❿有迹處⓫便為不善而知之，此知幾⓬也，聖人則無之矣。

耳不可以聞道。「夫子之言性與天道」⓭，子貢以為不聞，是耳之聞未可以為聞也。

憂道則凡為貧者皆道，憂貧則凡為道者皆貧。

道理今日卻見分明，雖仲尼復生，亦只如此。今學者下達處行禮，下面又見性與天道，他日須勝孟子，門人如子夏、子貢等人，必有之乎！

【章旨】人性天生具有可塑性，學習的根本在於使自己心正。

【注釋】❶較然　明顯貌。❷正心二句　正心，使心正。嚴師，督促嚴格的師長。❸其始二句　道，指一定的人生觀、世界觀、政治主張或思想體系。體用，中國哲學的一對範疇，指本體和作用。體是最根本的、內在的，用是體的外在表現。熟，成熟。指人性修養已經成熟。❹意慮　思慮。❺古者二句　古者，古時候。有司，有職責的官員。古代設官分職都有專門的職責，因而稱官員為有司。士，商、西周、春秋時最低的貴族階層。庶人，泛指沒有官爵的平民。子弟，子姪。執事，負責做事；工作。❻孩提　幼兒。❼今世學不講七句　世學，世代相傳的學問。講，講究；重視。男女，指小孩。驕惰，傲慢懶惰。長，長大。凶狠，殘忍。子弟之事，指做小輩應該做的事，如灑掃應對。親，指父母。物我，外物與自身。屈下，屈己下人；謙卑。❽不中處　不合適的；不恰當的。❾意思　心意。❿意　料想。⓫有迹處　有行跡，即人的行為。⓬幾　先兆。⓭夫子之言性與天道　先生的講說人性和天道。語出《論語・公冶長》。

【語　譯】心胸已經寬廣就能公平，公平就會是非明白易見，應當做與不應當做的事情自己都知道。

端正思想的起始，應當用自己的心作為嚴肅的師長，凡有行動就知道應該畏懼的。這樣做得一、二年，把握能牢固就自然思想端正了。

學習的起始還應該把道的本體與作用分別把握，到了純熟以後也就知道是統一的。學道的始初也須要統一思慮、參考斟酌，到了已經得到它就不是人的思慮所能夠達到的。

古時候只要是國家都有做事的官員，士人和沒有官爵的平民都教導子姪們做事。又古時人在幼小時就已經接受禮的教育，如今世代相傳的學問不受重視，子女從小就驕慢懶惰壞了，到長大更加凶狠，只因為未曾做子姪做的事情，因而對他的父母已經有了你我的隔膜，不肯屈己居下，病根往往在這裡。

近來想法大都少有不恰當的，現在就得利於在空閒，閒得幾天，便能心思長遠，讀書達到了沒有需要推究考察的了。

顏淵所說的有不善的，必定只是以平常料想稍露行跡的便是不善從而知道它，這就是知曉先機，聖人就不用這個了。

耳不能用來聽說道。「先生的說性與天道」，學生子貢以為沒有聽說，這是耳的聽聞未能成為聽聞的。

憂慮道就凡是成為貧窮的都是道，憂慮貧窮的就凡是成為道的都是貧窮的。

道理今天卻是看得分明，即使孔子再生，也只能這樣。現今學習者向社會發展能施行禮，又能見到完美人性與天道，以後的日子應當勝過孟子，弟子如子夏、子貢等人，必定會有的吧！

【說　明】正心之所以成為學習的根本之一，是因為學習的前提要認識自己的不足，並把學習看做達到完美人性的必經之途。

氣質猶人言性氣，氣有剛柔、緩速、清濁之氣也，質，才也❶。氣質是一物，若草木之生亦可言氣質。惟其能克己則為能變，化卻❷習俗之氣性，制得習俗之氣。所以養浩然之氣是集義所生者，集義猶言積善也，義須是常集，勿使有息❸，故能生浩然道德之氣。某舊多使氣❹，後來殊減，更期一年庶幾無之，如太和❺中容萬物，任其自然。

人早起未嘗交❻物，須意銳精健平正，故要得整頓一早晨。及接物，日中須汩沒❼，到夜則自求息反靜。

仁之難成久矣，人人失其所好，蓋人人有利欲之心，與學正相背馳。故學者要寡欲❽，孔子曰：「棖也慾，焉得剛❾！」

「樂則生矣」❿，學至於樂則自不已，故進也。生猶進，有知乃德性之知⓫也。吾曹於窮神知化之事，不能絲髮⓬。

禮使人來悅己則可，己不可以妄悅於人⓭。

婢僕始至者，本懷勉勉敬心，若到所提掇，更謹則加謹，慢則棄其本心，便習以性成⓮。故仕者入治朝則德日進，入亂朝則德日退，只觀在上者有可學無可學爾。

學得《周禮》⑮，他日有為卻做得此實事。以某且求必復田制⑯，只得一邑用法。若許試其所學，則《周禮》田中之制皆可舉行，使民相趨⑰如骨肉，上之人保之如赤子⑱，謀人如己，謀眾如家，則民自信。

火宿之微茫，存之則烘然，少假外物，其生也易，久可以燎原野，彌天地，有本者如是也⑲。

孔子謂「柴也愚，參也魯」⑳，亦是不得已須當語之。如正甫之隨，昞之多疑，須當告使知其病，則病上偏治㉑。莊子謂牧羊者止鞭其後㉒，人亦有不須驅策處，則治其所不足。某只是太直無隱，凡某人有不善即面舉㉓之。

【章旨】學習的根本在於勤奮和做。

【注釋】❶氣質四句　氣質，指人的生理、心理等素質，即所謂「秉性」。性氣，性格脾氣。清濁，喻指賢愚。才，通「材」。材質。❷化卻　化解盡。❸息　停息；停歇。❹使氣　任氣；任由脾氣。❺太和　最大的融和。特指陰陽未分而孕育演化的渾沌狀態。❻交　交接。❼汩沒　沉淪；埋沒。❽寡欲　要使對物的欲望不斷減少。❾棖也慾二句　申棖啊多欲求，哪稱得上剛直。語出《論語・公冶長》。棖，申棖，春秋時魯國人，孔子學生。剛，剛直；剛正。❿樂則生矣　歡樂就能進步了。語出《孟子・離婁上》。⓫德性之知　張載把認知分為物交所知與德性之知，物交所知相當於感性認識；德性之知相當於理性認識。⓬吾曹二句　我們。曹，群；眾。窮神知化，窮盡神性認識變化。絲髮，指一絲一髮的差距。⓭妄悅於人　妄，胡亂。悅於人，被人所喜歡。⓮婢僕六句　婢僕，奴僕。勉勉，持續努力。提掇，提攜；提拔。慢，怠慢。性成，從此成為性。⓯周禮　儒家經典之一。係搜集周王室官制和戰國時代各國制度，添加儒家政治理想彙編而成。編者與寫作年代，說法不一，近人考定為戰國時代人所作。⑯田制　指井田制。相傳因周代土地為國家公有，由國家將每方里土地按「井」字形劃作九區，分配農民耕種；中一區為公田，餘八區為私田分授八家；公田由八家助耕全部收入繳給統治者。⑰趨　奔赴；歸附。⑱赤子　初生的嬰兒。⑲火宿七句　火宿，即二十八宿的心宿。又名「大火」。夏夜星空中主要亮星之一，是有名的紅巨星。微茫，隱約；景象模糊。存，親近。烘然，溫暖的樣子。烘，向火取暖。假，借。彌，滿；遍。⑳柴也愚二句　語出《論語・先進》。柴，指高柴，字子羔。春秋時衛國人。孔子學生。也，相當於「啊」。愚，愚直。參，指曾參，字子輿（西元前五〇五－前四三六年）。春秋末魯國南武城（今山東費縣）人。孔子學生，以孝著稱。魯，遲鈍。㉑如正甫之隨四句　正甫，姓孫，名路，字正甫。開封人。官至兵部尚書、龍圖閣學士。隨，隨任；順喜歡從。昞，字季明，宋代人，曾從張載學。偏治，側重治療。㉒牧羊者止鞭其後　牧羊人趕羊只用鞭驅趕最後面的羊。語出《莊子・達生》。㉓面舉　當面提出。

【語　譯】氣質如同人說的性格脾氣，脾氣有剛強或柔和、寬緩或急速、賢能或愚笨，質，就是材質。氣質是一種物，像草木的生長也可以叫氣質。只要他能夠約束自己就是能夠變化，能化盡習俗的脾氣，控制得習俗的脾氣。所以培養浩然之氣是彙集義理所生成的，彙集義理如同積累善行，義理應該常常彙集，不讓有停歇，所以能生成浩然之氣。我以往常放任脾氣，後來努力改正，更期望一年以後差不多除掉它，像太和包容萬物，任其自然。

人清早起來還沒有交接物，應當是心意敏銳精健平正，所以要能整頓自己在早晨。等到交接物以後，中午就沉淪，到了夜裡就自己要求息心返回寧靜。

仁德的難以成就很久了，人人失去他所愛好的，因為人人有了利欲的心，與學習正相背道而馳。所以學習者要不斷減少物欲，孔子說：「申棖啊多欲，哪能剛強！」

「喜歡就能進步」，學習到了喜歡就會自然不停歇，所以進步。生如同進步，有認知就是理性的認知。我們對於窮盡神性究明變化的事，不能有一絲一髮的錯失。

禮讓人來喜歡自己就是對的，自己不可以胡亂被人所喜歡。

奴婢初到的，本都懷著持續努力敬謹的心，若到有所提拔，更要謹上加謹，怠慢就會丟棄他的本心，便習慣成性。所以當官的進入治理得好的朝廷就德性天天進步，進入治理混亂的朝廷就德性天天退步，只看上面領導有可學無可學罷了。

學了《周禮》，以後日子有所作為卻要做一些實在的事。以我來說權且謀求恢復井田制，只要得到一城實施井田法。如果允許試行那所學，那就《周禮》井田制都能施行，使民眾相互扶持如同親骨肉，在上位的人保護民眾如同自己的嬰兒，為人謀劃如同為自己，為眾謀劃如同為自己的家，那麼民眾自然信奉。

火宿的隱約，接近它就暖烘烘，很少依靠外部因素，它的成長很容易，久了能夠燎原野，遍天地，有根本的就是這樣的。

孔子說「高柴啊愚笨，曾參啊遲鈍」，也是不得已應當說他們。如正甫的隨和，蘇昞的多疑，應當告訴他使他知道那弊病，就在弊病上側重醫治。莊子說放羊的只用鞭趕後面的羊，人也有不須要驅使的地方，那就治療他所不足的地方。我向來直率沒有隱忍，凡是那個人有不善就當面指責他。

學大原下

天下之富貴，假外者皆有窮已，蓋人欲無饜而外物有限，惟道義則無爵而貴，取之無窮矣❶。

聖人設教❷，便是人人可以至此。「人皆可以為堯舜」❸，若是言❹且要設教，在人有所不可到，則聖人之語虛設耳。

慕學之始，猶聞都會❺紛華盛麗，未見其美而知其有美不疑，步步進則漸到，畫❻則自棄也。觀書解大義，非聞❼也，必以了悟❽為聞。

人之好強者，以其所知少也，所知多則不自強❾滿。「學然後知不足」❿，「有若無，實若虛」⓫，此顏子之所以進也。

【章　旨】人生的價值在於學習道德和義理。

【注　釋】❶天下之富貴五句　假，憑藉。窮已，窮盡。人欲，人的欲望。饜，飽；滿足。外物，身外物。道義，道德和義理。爵，爵位。❷聖人設教　聖人，指道德和智能都最高的人。設教，實施教化。❸人皆可以為堯舜　語出《孟子・告子下》。堯舜，都是中國古代部族聯盟的領袖。歷史上稱頌的賢明君主。❹是言　指「人皆可以為堯舜」句。❺都會　都市；人及貨物彙集的地方。❻畫　劃斷；停止。❼聞　知識見聞。❽了悟　徹底領會。❾強　勉強。❿學然後知不足　學習以後才認識自己的不夠。語出《禮記・學記》。⓫有若無二句　有知如同無知，飽學如同無學。語出《論語・泰伯》。顏子，對顏淵的尊稱。他是孔子最為讚賞的學生，一生好學不倦，不幸早死。

【語譯】天下的富貴，凡是憑藉身外的物的都是有窮盡的，因為人的欲望沒有極限而身外的物有限，只有道德和義理就沒有官爵而尊貴，取之無窮無盡的了。

聖人實施教化，便是人人都能夠達到。「人都能夠成為堯舜」，如果依照這觀點並實施教化，對於人有不可能達到的話，那麼聖人的話是空設的罷了。

仰慕學習的開頭，如同聽聞都市繁華豔麗，沒有看見它的美卻知道它具有美好而不懷疑，一步步地前進就會漸漸到達，劃界不前就是自我放棄。讀書停留在了解大意，不是真知，必須以領會精神為真知。

人的好勝逞強，是由於所知甚少，所知多了就不會自負逞強。「學然後知道自己的不足」，「有知如同無知，飽學如同無學」，這就是顏淵所以進步的緣故。

今人為學如登山麓，方其迤邐❶之時，莫不闊步大走，及到峭峻之處便止，須是要剛決❷果敢以進。

學之不勤者，正猶七年之病不蓄三年之艾❸。今之於學，加工數年，自是享之無窮。

人多是恥於問人，假使今日問於人，明日勝於人，有何不可！如是則孔子問於老聃、萇弘、郯子、賓牟賈，有甚不得❹！聚天下眾人之善者是聖人也，豈有得其一端而便勝於聖人也！

【章　旨】學習要奮進，不畏難，不以問人為恥。

【注　釋】❶迤邐　曲折連綿。❷剛決　剛毅果斷。果敢，果斷勇敢。❸艾　多年生草本植物。揉之有香氣，葉加工後如絨，是灸法治病的藥料。❹如是二句　老聃，據《史記・老子韓非列傳》記載就是老子。萇弘，又稱「萇叔」（？—西元前四九二年）。周景王、敬王的大臣劉文公所屬的大夫。郯子，春秋時郯國的國君。魯昭公時朝魯，曾與叔孫昭子論少皞氏以鳥名官的事。賓牟賈，春秋時人，嘗侍坐於孔子，相與問答音樂的事。孔子很稱讚他。甚，什麼。

【語　譯】現在人的學習如同登山，當他在平緩的山坡的時候，沒有不大步前進的，等到遇到高峻的地方便停止，應當要剛毅果斷勇敢地前進。

學習的不勤奮，正如七年的疾病卻沒有保存三年的艾草。如今對於學習，再加工數年，自然能夠享受到無窮的樂趣。

人大多是以問人為恥的，假如今天問人，明天就勝過人，有什麼不可以！如果能這樣也就是孔子求問於老子、萇弘、郯子、賓牟賈，有什麼不能夠！聚集天下人的美好的是聖人，哪有得到一點便自認為勝過聖人的！

心且寧守之，其發明❶卻是末事❷，只常體❸義理，不須❹思更無足疑。天下有事，其何思何慮！自來只以多思為害，今且寧守之以攻其惡也。處得安且久，自然文章出，解義明。寧者，無事也，只要行其所無事。

心清❺時常少，亂時常多。其清時即視明聽聰，四體❻不待羈束❼而自然恭謹，其亂時反是。如此者何也？蓋用心未熟，客慮❽多而常心少也，習俗之心未去而實心❾未全也。有時如失者，只為心生，若熟後自不然。心不可勞，當存其大者，存之熟後，小者可略。

人言必善聽乃能取益，知德斯知言。

所以難命辭❿者，只為道義是無形體之事。今名者已是實之於外，於名也命之又差，則繆益遠矣⓫。

人相聚得言，皆有益也，則此甚善。計天下之言，一日之間，百可取一，其餘皆不用也。

答問者命字為難，己則講習慣，聽者往往致惑。學者用心未熟，以中庸文字輩⓬，直須⓭句句理會過，使其言互相發明，縱其間有命字未安處，亦不足為學者之病。

草書⓮不必近代有之，必自筆札⓯已來便有之，但寫得不謹⓰，便成草書。其傳已久，只是法備於右軍⓱，附以己書為說。既有草書，則經中之字，傳寫失其真者多矣，以此《詩》《書》之中字，儘有不可通者。

靜有言得大處，有小處，如「仁者靜」大也，「靜而能慮」則小也。始學者亦要靜以入德，至成德亦只是靜。

學不長者無他術，惟是與朋友講治⑱，多識前言往行以畜其德，非禮勿言，非禮勿動，即是養心之術也。苟以前言為無益，自謂不能明辨是非，則是不能居仁由義⑲自棄者也決⑳矣。

【章　旨】學習要排除雜念和干擾，專心修養德性。

【注　釋】❶發明　發現闡明。❷末事　不是根本的事；細微的事。❸體　體驗；實行。❹不須　不必。❺心清　思慮清明無雜念。❻四體　即四肢。泛指身體。❼羈束　約束。❽客慮　浮泛的思慮，指雜念。❾實心　真實的心。❿命辭　使用辭語。⓫今名者三句　名，名與實是中國哲學的一對範疇，通常指辭、概念（或名稱）與實在的關係。繆，通「謬」。錯誤。⓬中庸文字輩　普通文章水準。中庸，平常；普通。⓭直須　如說「就應該」。⓮草書　為書寫便捷而產生的一種漢字字體。⓯筆札　公文；書信。⓰謹　謹慎；小心。⓱法備於右軍　法，法式；標準；規範。右軍，東晉書法家。姓王，名羲之，字逸少（西元三二一—三七九年，一說西元三〇三—三六一年）。琅邪臨沂（今屬山東）人，後定居會稽山陰（今浙江紹興）。因官至右軍將軍會稽內史，人稱「王右軍」。書法備精諸體，尤擅長正、行。字勢雄健多變化，為歷代學書法者所宗尚，影響極大。⓲講治　講論研討。⓳居仁由義　居心在仁遵從道義。⓴決　斷定。

【語　譯】心要靜默地守著義理，至於那發現闡明倒是不要緊的事，只要常常體念著義理，不必思慮更無須懷疑。天下有事，將思慮什麼！從來只由於多思慮成為禍害的，如今還是靜默地守著它從而克服那惡處。處得安寧並且長久，自然文章出，解釋意義能明白。寧，就是沒有事，只要實行那所沒有事。

心清靜的時候常常少，而混亂的時候常常多。那清靜的時候就會看得明白聽得靈敏，身體不須控制能自然恭敬謹慎，那混亂的時候就與此相反。為何會這樣呢？因為用心還沒有達到純熟，雜念多恆心少，習俗的心態沒有除去因而真實的心態沒有完備。有時候如同失掉了，只因為心生了雜念，如果純熟以後自然不會這樣。心不能太操勞，應當保存重大的，保存得純熟以後，細小的可以忽略。

人們的話必須善於聽取才能獲得益處，認識德性就能認識言論。

使用辭語之所以困難，只因為道德與義理是沒有形體的東西。如今概念已經是實質的外表，對於名稱的確定又有差距，那就錯誤更大了。

人相聚在一起能夠言談，所談都有益處的，這很好。大約計天下的言語，一天之內，百中能夠取一，其餘都不能用。

回答提問的人以使用文字為困難，自己是已經講習慣了，聽的人往往導致迷惑。學習者用心還沒有純熟，那普通文字，就應該一句句理會過去，使那言辭互相闡明，即使其中有用字不妥當的地方，也不足以成為學習者的障礙。

草書不一定近代才有的，必定自有公文書信以來便有了，只要寫得不認真細緻，便成為草書。它的流傳已經很久，只是王右軍完備了規範，並用自己的書法作為解說。已經有了草書，經典中的文字，傳寫失真的就多了，因此《詩經》、《尚書》中文字，老是有不能通的。

靜，有的講到大處，有的講到小處，如「仁者靜」是講大處，「靜而能慮」是講小處。初學習的人也要以靜心進入德性，到了德性成熟也只是靜。

學習不長進沒有別的方法，只要與朋友研討，多記住前賢的言行從而培養自己的道德，不合乎禮的不講，不合乎禮的不做，就是修養心靈的方法。如果以為前賢的言行為沒有用處，自稱不能明辨是非，那肯定是不能居心仁德和遵從道義的自暴自棄的人了。

人欲得正己而物正❶，大抵道義雖不可緩，又不欲急迫，在人固❷須求之有漸，於己亦然。蓋精思潔慮❸以求大功，則其心隘，惟是得心弘放❹得如天地易簡❺，易簡然後能應物皆平正。博學於文者，只要得習坎心亨❻，蓋人經歷險阻艱難，然後其心亨通。捷文❼者皆是小德應物，不學則無由知之，故《中庸》之欲前定，將所如❽應物也。

人當平物我，合內外，如是以身鑒物便偏見，以天理中鑒則人與己皆見❾，猶持鏡在此，但可鑒彼，於己莫能見也，以鏡居中則盡照。只為天理常在，身與物均見，則自不私，己亦是一物，人常脫去己身則自明。然身與心常相隨，無奈何有此身，假以接物則舉措須要是。今見人意、我、固、必以為當絕，於己乃不能絕，即是私己❿。是以大人⓫正己而物正，須待自己者皆是著見⓬，於人物自然而正。以誠⓭而明者，既實而行之明也，明則民斯信矣。己未正而正人，便是有意、我、固、必。鑒己與物皆見，則自然心弘而公平。意、我、固、必只為有身便有此，至如恐懼、憂患、忿懥⓮、好樂，亦只是為其身處，亦欲忘其身賊害⓯而不顧。只是兩公平，不私於己，無適無莫⓰，義之與比⓱也。

【章　旨】道德最高標準是排除自我，執守中道。

【注　釋】❶正己而物正　正己，使自己正確。物正，外物也能夠正確。大抵，大都。❷固　固然；本該。❸精思潔慮　精打細算。❹弘放　廣大開放。❺易簡　平易簡略。這是天性的特點。❻習坎心亨　習是《易經》的卦名。習有重襲的意思，坎是艱難。心亨指這卦的九二爻和九五爻都是以陽爻而居中位，意謂內心通暢。句意是經歷重重困難能取得通暢。❼捷文　作文敏捷。❽所如　所適合。❾人當平物我四句　物我，指外物與自身。內外，指自身的內質與外部環境。鑒，照；審察。偏，片面；側重。天理，指自然法則。中鑒，居中審察。❿私己　偏愛自己。⓫大人　古代稱道德高的人。⓬著見　顯現。⓭誠　真心實意。⓮忿懥　忿怒。⓯賊害　殘害。⓰無適無莫　指對人一視同仁，沒有親疏厚薄。⓱義之與比　和道義相同。義，道義。即合宜。之，複指「義」。比，相並。

【語　譯】人要想達到使自己正直而且外物也正直，大致說來道德和義理雖然不能放鬆，又不要過於急躁，對於別人當然要求他有逐步達到的過程，對於自己也應該這樣。想來精打細算從而求取大功業，就會導致他的心態狹隘，只有達到心態廣大開放到像天地那樣平易簡略，平易簡略以後就能交接人與物都做到公平正直。廣泛學習文獻的人，只要克服重重艱難，想來人經歷險阻艱難，然後他的心能夠暢通。能敏捷寫文章都是小德行做應酬，不學習也就無法懂得它，所以《中庸》的要求預先確定，用所適合的來交接人和物。

人應當擺平外物與自我，會合身內與身外，如果以自身審察外物便是偏面地看，以天理居中審察就人與自己都看見，如同拿著鏡在這裡，只能照他們，對於自己就不能看見，拿著鏡站在中間就一切都照到了。只因天理總是存在，自己與外物一樣看見，自己就不會有私心，自己也只是一個物，人常常拋開自己就自然明白。但是身與心往往相跟隨，沒有辦法有了這個身，用來交接外物就舉措必須正確。如今看見別人有意、我、固、必的心態就認為應當拋棄，對於自己卻不能拋棄，這就是自私。因此道德高的人使自己正直的同時也使外物能正直，須等到自己的都透明，至於別人和物自然就正直了。用真心實意做到透明，已經是實實在在的透明，透明了民眾就信任。自己不正直卻要求別人正直，便是有了意、我、固、必的心態。照自己與外物都顯現，就自然心態廣大開放從而達到公平。意、我、固、必的心態只是由於有自身便有，至如恐懼、憂患、忿怒、愛悅之情，也只由於這身的存在，也想忘卻這身障礙而不顧。只要是兩方面都公平，不偏私於自己，一視同仁，沒有厚薄親疏，就和道義相同了。

教之而不受，雖強告之無益，譬之以水投石，必不納也。今夫石田❶，雖水潤沃❷，其乾可立待者，以其不納故也。莊子言「內無受者不入，外無主者不出」。學者不論天資美惡，亦不專在勤苦，但觀其趣嚮著心處如何。學者以堯舜之事須刻日月❸要得之，猶恐不至，有何媿❹而不為！此始學之良術也。

義理有疑，則濯❺去舊見以來新意。心中苟有所開❻，即便劄記❼，不思則還塞之矣。更須得朋友之助，一日間朋友論著，則一日間意思差別，須日日如此講論，久則自覺進也。

學行之乃見，至其疑處，始是實疑，於是有學在。可疑而不疑者不曾學，學則須疑。譬之行道者，將之南山❽，須問道路之自出，若安坐則何嘗有疑。

【章旨】學習要求自覺主動，勤做筆記，能發現疑問。

【注釋】❶石田　不能耕種的多石的田。❷潤沃　滋潤灌溉。❸刻日月　限定日月。❹媿　同「愧」。❺濯　洗。❻開　啟發。❼劄記　同「札記」。把讀書心得、體會或聞見所及隨時記錄下來。❽南山　指終南山，屬秦嶺山脈，在今陝西西安南。

【語譯】教他卻不能接受，即使用強也沒有用，譬如以水澆石頭，必定不吸納。現今多石的土田，雖然用水滋潤澆灌，它的乾燥能夠立刻等到，是它不吸納的緣故。莊子說過「內部沒有容受能力的不能進入，外部沒有主持的不能引出」。

學習者不論天分的好壞，也不專在於勤奮和刻苦，只看他的旨趣如何。學習者把堯、舜的事業限定時日要達到它，還擔心達不到，有什麼羞愧而不去做！這是初學的好方法。

義理有了疑問，就洗去舊看法從而引來新看法。心中如果有了啟示，就立即做筆記，不思考的話就回復到封閉了。還要得到朋友的幫助，一天裡與朋友談論，就一天裡有意思差異，須要天天這樣議論探討，久了就自己也覺得進步了。

學習要實踐才會有發現，到那疑問的地方，開始是實在的疑問，於是就有學習的需要。能有疑問卻不發覺疑問的是沒有認真學習，學習就應該有疑問。譬如走路，將要到終南山去，應該問清楚道路從哪裡走，若是安穩地坐著那麼何曾會有疑問。

學者只是於義理中求，譬如農夫，是穮是蔉❶，雖在饑饉❷，必有豐年，蓋求之則須有所得。

道理須從義理生，集義又須是博文，博文則利用❸。又集義則自是經典❹，已除去了多少挂意❺，精其義直至於入神，義則一種❻是義，只是尤精。雖曰義，然有一意、必、固、我便是繫礙❼，動輒❽不可。須是無倚，百種病痛除盡，下頭有一不犯手勢自然道理，如此是快活，方真是義也❾。孟子所謂「必有事焉」❿，謂下頭必有此道理，但起一意、必、固、我便是助長⓫也。浩然之氣本來是集義所生，故下頭卻說義。氣須是集義以生，義不集如何得生？「行有不慊於心則餒矣」⓬。義集須是博文，博文則用利，用利即身安，到身安處卻要得資養⓭此得精義者。脫然[14]在物我之外，無意、必、固、我，是精義也。然立[15]則道義從何而生？灑掃應對[16]是誠心所為，亦是義理所當為也。

凡所當為，一事意[17]不過，則推類如此善也；一事意得過，以為且休，則百事廢，其病常在。謂之病者，為其不虛心也。又病隨所居而長，至死只依舊。為子弟則不能安灑掃應對，在朋友則不能下[18]朋友，有官長不能下官長，為宰相不能下天下之賢，甚則至於狥[19]私意，義理都喪，也只為病根不去，隨所居所接而長。人須一事事消了病則常勝，故要克己。克己，下學也，下學上達交相培養，蓋不行則成何德行哉！

大抵人能弘道，舉一字無不透徹。如義者，謂合宜也，以合宜推之，仁、禮、信皆合宜之事。惟智則最處先，不智則不知，不知則安能為！故要知及之，仁能守之。仁道至大，但隨人所取如何。學者之仁如此，更進則又至聖人之仁，皆可言仁，有能一日用其力於仁猶可謂之仁。又如不穿窬[20]已為義，精義入神亦是義，只在人所弘。

在始學者，得一義須固執，從麤[21]入精也。如孝事親，忠事君，一種是義，然其中有多少義理也。

【章　旨】學習者一心探求客觀規則和立身處世的準則。

【注　釋】❶是穮是蓘　穮，耘田除草。蓘，用泥土壅苗根。❷饑饉　遭災荒挨餓。❸集義二句　集義，彙集義理。即積善，指行事合乎道義。博文，通曉古代文獻。利用，指物盡其用，即使事物或人發揮效能。❹經典　指作為典範的儒家著作。❺挂意　在意；牽掛。❻一種　一樣；同樣。❼繫礙　束縛阻礙。❽輙　同「輒」。每每；就。❾須是無倚五句　倚，偏於一邊。下頭，下方；下面。這裡應是指肢體。不犯，不必；用不著。快活，高興；快樂。❿必有事焉　語出《孟子・公孫丑上》。事，指內在因素。⓫助長　人為的做作。⓬行有不慊於心則餒矣　行為有不快於心的就喪氣了。慊，滿意；快意。餒，喪氣；萎靡不振。語出《孟子・公孫丑上》。⓭資養　供養；養育。⓮脫然　超脫無牽累。⓯立　停止；停留。⓰灑掃應對　指對人應有的最基本的禮數。⓱意　思念；放在心上。⓲下　虛心學習。⓳狥　同「徇」。順從；迎合。⓴穿窬　指挖牆洞爬牆頭的小偷行為。窬，越。㉑麤　同「粗」。

【語　譯】學習者只在義理中探求，譬如農民，又是耘田除草又是壅土護苗，雖然受飢挨餓，也必定會有豐收年，想來追求它就必將會有所得。

道理只能從義理中產生，匯聚義理又應該廣泛學習文獻，廣泛學習文獻就能物盡其用。又廣泛學習文獻就自然是儒家經典，就已經除去了多少牽掛，使義理精微直到了天性，義理就只是一種義理，只是更加精微。雖然說義理，但是有了一種意、必、固、我的心態就成束縛，一動就不對。必須是沒有偏向，所有的病痛也就都除盡，下面肢體有用不著手勢自然動作的道理，這樣才是快樂，才真正是義理。孟子所說「必有內部因素在啊」，是說下面肢體必定有這個道理，但是起了一種意、必、固、我的心態就是揠苗助長。浩然之氣本來就是由匯聚義理所產生，所以下面回到說義理。浩然之氣應該從匯聚義理中產生，義理不匯聚如何能產生？「行為有不快意於心的就會氣餒了」。義理匯聚應該是廣泛學習文獻，廣泛學習文獻就能施用順利，施用順利就能自身安泰，到了自身安泰又回過來得到了護養這取得精微義理的途徑。超脫於外物與自我之外，沒有意、必、固、我的心態，這就是精微的義理。然而停止的話，那麼道義從哪裡產生？灑掃應對是誠心實意去做，也是義理所應當做的。

凡所應當做的，有一件事情意想不過，就類推這事情的善；一件事情意想得過，以為暫且甘休，就會所有事情都荒廢，他的病常在。稱它為病，是因為他的不虛心。又病隨所停留而增長，到死還是依舊。做小輩不能安心於灑掃應對，在朋友之間不能虛心向朋友學習，被領導的不能虛心向領導謙恭，做宰相不能向天下的賢人學習，嚴重的到了順從私心，義理全都喪失，也只由於病根不除，隨著所停留所交接而滋長。人必須一件件事情都消除了病就常常戰勝，所以要約束自己。約束自己，就是向下學習社會，向下學習社會與向上認知天性相互培養，若是不實踐能成就什麼德行呢！

大致人能弘揚道，舉一個字來說沒有不透徹的。譬如義字，是說合宜，以合宜推論它，仁、禮、信都是合宜的事情。只有智慧就擺在最前面，沒有智慧就不能認知，不能認知哪能做什麼！所以要認知到它，仁德能守住它。仁道極為廣大，只是隨人怎麼取。學習者的仁是這樣，更向前推進就又到了聖人的仁，都能夠叫做仁，有能一天用力於仁的還是能夠稱他為仁。又如不偷竊已經是義，精究義理進入天的神性也是義，只在人去弘揚。

在初學的人，得到一分義應當把握住不放，從粗進到精微。如以孝事奉父母，以忠心事奉君王，同樣是義，然而其中有著多少義理啊。

學者大不宜志小氣輕❶。志小則易足，易足則無由進❷；氣輕則虛而為盈，約而為泰❸，亡而為有，以未知為已知，未學為已學。人之有恥於就問，便謂我好勝於人，只是病在不知求是為心，故學者當無我。

聖人無隱者也，聖人，天也，天隱乎？及有得處，便若日月有明，容光❹必照焉，但通得處則到，只恐深厚，人有所不能見處。以顏子觀孔子猶有看不盡處，所謂「顯諸仁藏諸用」❺者，不謂以用藏之，但人不能見也。

虛❻則事物皆在其中，身亦物也，治身以道與治物以道，同是治物也。然治身當在先，然後物乃從，由此便有親疏遠近先後之次，入禮義處。

只有責己，無責人。人豈不欲有所能，己安可責之？須求其有漸。

世儒❼之學，正惟灑掃應對便是，從基本一節節實行去，然後制度文章從此而出。

【章旨】這五節可以看做全篇的結語。

【注釋】❶志小氣輕　心志小而且氣質輕浮。❷無由進　無法進步。由，途徑。❸約而為泰　約，約束；困窘。泰，通順。❹容光　罅隙。❺顯諸仁藏諸用　顯現在廣施天下的仁德，包含在實際效用之中。語出《易經・繫辭上》。❻虛　指虛心，即大心。是廣大無外之心。❼世儒　世俗儒生，即普通儒生。

【語譯】學習者千萬不可心志小而且氣質輕浮，心志小就容易滿足，容易滿足就無法進步；氣質輕浮就把空虛作為滿盈，困窘作為通泰，無作為有，以尚未知道作為已經知道，尚未學習作為已經學習。有人以向人請教為恥，便說自己勝過他人，只是弊病在於不懂以求是為用心，所以學習者應當無我。

聖人是沒有隱藏的人，聖人，像天，天有隱藏嗎？凡所到之處，便如日月有光明，孔隙必定照到，只要通得到的地方就一定通到，只是擔心它的深厚，人有所看不見的地方。以顏淵觀察孔子還有看不盡的地方，所謂「顯現在廣施天下的仁德包含在實際效用之中」的，不說包含在效用中，只怕人不能看見它。

虛心就事物都在它的裡面，自身也是物，以原則治理自身與以原則治理外物，一樣是治理物。但是治理自身應當擺在第一位，然後治理外物跟著來，由此便有了親疏遠近先後的次序，從而進入禮義。只有責己，沒有責人的。人難道不想有作為，自己哪能責備他？必須期盼他有一個過程。

世俗儒生的學習，正只是灑掃應對便是，從基本一節節地實行開去，然後禮樂制度就從這裡產生。

自道

【題解】「自道」相當於「自述」，也就是自我評價。張載是一位嚴肅認真的學者，他的自述應是可信的。從中可以看出他是一心求經義，並以道統自居的人，他勇於不泥古，「觀古人之書，如探知於外人」；他也不嫌通俗，竟然用小偷來比喻讀書，「譬之穿窬之盜，將竊取室中之物而未知物之所藏處，或探知於外人，或隔牆聽人之言，終不能自到，說得皆未是實。」這些話都是求實者的真切體會。讀書、修身與參與社會，在他是合為一體的，所以自信地說道：「某平生於公勇，於私怯，於公道有義，真是無所懼。大凡事不惟於法有不得，更有義之不可，尤所當避。」他行事極其認真，如他對孔子肖像的態度，又如他敢於回答皇上說「有是心則有是迹」，不要空論。令人欣喜的是他對學術的追求及所取得的成就，得到當時和後代的稱頌；令人遺憾的是他一直沒有得到在社會上施展抱負的機遇。

某學來三十年，自來作文字說義理無限，其有是者皆只是億則屢中❶。譬之穿窬之盜，將竊取室中之物而未知物之所藏處，或探知於外人，或隔牆聽人之言，終不能自到，說得皆未是實。觀古人之書，如探知於外人，聞朋友之論，如聞隔牆之言，皆未得其門而入，不見宗廟❷之美，室家之好。比歲❸方似入至其中，知其中是美是善，不肯復出，天下之議論莫能易此。譬如既鑿一穴已有見，又若既至其中卻無燭，未能盡室中之有，須索❹移動方有所見。言移動者，謂逐事要思，譬之昏者觀一物必貯目❺於一，不如明者舉目皆見。此某不敢自欺，亦不敢自謙，所言皆實事。學者又譬之知有物而不肯捨去者有之，以為難入不濟事❻而去者有之。

祭祀用分至四時，正祭也，其禮，特牲行三獻之禮，朔望用一獻之禮，取時之新物，因薦以是日，無食味也❼。元日❽用一獻之禮，不特殺❾，有食；寒食❿、十月朔日皆一獻之禮。喪自齊衰⓫以下，朔不可廢祭。

【章　旨】總結三十年的治學歷程發生了一次質的變化。

【注　釋】❶億則屢中　億，臆測；預料。張載認為要根據基本精神去領會。屢，每每；常常。❷宗廟　舊稱祭祀祖先的建築。❸比歲　近年。比，近來。❹須索　必須。❺貯目　目光停在。貯，盯住。❻不濟事　不成事。❼祭祀用八句　祭祀，指祭祖和祀神。分至，分指春分和秋分；至指夏至和冬至。都屬於舊曆二十四節氣。正祭，首日的祭，與次日祭相對。特牲，祭禮或賓禮只用一種牲畜。三獻，古代祭祀時獻酒三次，即初獻爵、亞獻爵和終獻爵。朔望，舊曆一月中的初一和十五。一獻，古代祭祀和飲酒時進酒一次為一獻。時之新物，指時鮮物。食味，吃食物，品嘗滋味。❽元日　正月初一。❾特殺　殺牲。❿寒食　時節名，在清明前一日或二日。⓫齊衰　喪服名，五服之一，服用粗麻布製成，以其緝邊縫齊而得名。服期有三年、五月和三月的差等。此指當服齊衰的親屬。

【語　譯】我治學以來三十年了，從來作文章解說經典的義理不知有多少，其中有正確的都只是臆測而每每得中的。譬如爬牆挖洞的小偷，要想偷取屋內的物件，卻不知道物件所藏的處所，或者向外人打聽，或者隔牆聽屋內人講話，終究不能自己親到，說的都不一定是真實。讀古人的書，如同向外人打聽，聽朋友的談論，如同隔牆聽話，都沒有找到門口進去，看不見宗廟的壯美，居室的豪華。近年來才似乎進入其中，知道其中這樣壯美這樣豪華，不肯再出來，天下的議論沒有能改變這一點。譬如已經鑿開一個洞已經有所見，又譬如已經進到其中卻沒有燈燭，沒有能看盡室內的所有物件，必須移動才能看見。說「移動」，是說每個事情都要想一想，譬如昏暗時看一件物必須目光凝視著它，不如明亮時放眼都看見。這一點我不敢欺騙自己，也不敢自作謙虛，所說的都是實在事。學習者又譬如知道確實有東西卻不肯放棄的，也有以為難以進入做不成事而離開的。

祭祀採用四季分、至，是首日的正祭，它的禮儀，是特牲進行三獻的儀式，朔望採用一獻的儀式，採取時鮮物，在這一天供奉，沒有熟食。正月初一採用一獻的禮儀，不殺牲，有熟食；寒食、十月朔日都是一獻的禮儀。喪事從齊衰以下的人，朔日不能放棄祭祀。

【說　明】張載總結三十年治學的經驗，歸結到一點，就是要親到親見，不能靠道聽塗說的第二手材料。甚至說：「觀古人書，如探知於外人，聞朋友之論，如聞隔牆之言」，這真是實實在在的求真務實的精神。

某向時謾說❶以為已成，今觀之全未也，然而得一門庭❷，知聖人可以學而至。更自期一年如何，今且專與聖人之言為學，閒書❸未用閱，閱閒書者蓋不知學之不足。

思慮要簡省❹，煩則所存都昏惑，中夜因思慮不寐則驚魘不安❺。某近來雖終夕不寐，亦能安靜，卻求不寐，此其驗也。

家中有孔子真❻，嘗欲置於左右，對而坐又不可，焚香又不可，拜而瞻禮皆不可，無以為容❼，思之不若卷而藏之，尊其道。若召伯之甘棠，始也勿伐，及教益明於南國，則至於不敢拜❽。

近作十詩❾，信知不濟事，然不敢決道不濟事。若孔子於石門，是信其不可為，然且為之者何也❿？仁術⓫也。如《周禮》救日之弓，救月之矢⓬，豈不知無益於救？但不可坐視其薄蝕⓭而不救，意不安也。

凡忌日必告廟，為設諸位，不可獨享，故迎出廟，設於他次，既出則當告諸位，雖尊者之忌亦迎出⓮。此雖無古，可以意推。薦用酒食，不焚楮幣⓯，其子孫食素。

書啟稱台候⓰，或以此言無義理。眾人皆台⓱，安得不台！

上⓲曰：「慕堯舜者不必慕堯舜之迹。」有是心則有是迹，如是則豈可無其迹！上又曰：「嘗謂孝宣能總人君之權，繩漢之弊⓳。」曰：「但觀陛下志在甚處。假使孝宣能盡其力，亦不過整齊⓴得漢法，漢法出於秦法㉑而已。」

祭用分至，取其陰陽往來，又取其氣之中，又貴其時之均㉒。寒食者，《周禮》四時變火，惟季春最嚴，以其大火㉓心星，其時太高，故先禁火以防其太盛。既禁火須為數日糧，既有食復思其祖先祭祀。寒食與十月朔日展墓㉔亦可，為草木初生初死。

【章　旨】嚴於律己，一絲不苟。

【注　釋】❶謾說　虛說；隨便說。❷門庭　方法；門徑。❸閒書　指不是儒家經典的書籍，如史書、醫書、文集、文選、道經和佛典等書。參見《經學理窟・義理》。❹思慮要簡省　意指要排除一切雜念。❺中夜句　中夜，半夜。寐，睡眠。驚魘，指為惡夢所驚駭。❻孔子真　指孔子的肖像。真，肖像。❼容　容納。❽若召伯四句　召伯之甘棠，事見《詩・召南・甘棠》，周朝大臣召虎奉命征伐南方民族，立了大功。據說出征途中曾在一棵甘棠樹下休息。當地因敬人而及樹，視作象徵加以保護。南國，大約指今河南與湖北之間的地域。拜，祭拜。❾十詩　指〈八翁吟十首〉，見宋阮閱《詩話總龜》後集十九。內容評論八位古人事跡，如第六首，全文為：「青牛西去伯陽翁，當年夫子歎猶龍。立言為恐真風喪，豈知言立喪真風。」明顯把老子作為道教的代表來批評的。❿若孔子三句　語據《論語・微子》。據說孔子周遊列國，在石門命弟子子路去問渡口，遇一老人，老人認為世道不可改變，勸孔子不如隱退。孔子的回答是：知其不可為而為之。這是孔子知難而進精神的表現。石門，在今山東平州平陰，縣西二十五里山上有石門，東西相向，可通行人，相傳為子路宿處。⓫仁術　施行仁道的方法。術，方法。⓬周禮救日之弓二句　周禮，儒家經典之一，係搜集周王室官制和戰國時期各國制度，添加儒家政治理想彙編而成，編者和寫作年代，說法不一，近人考定為戰國時人所作。救日之弓，日蝕時所用的弓。救月之矢，月蝕時所用的箭。事見《周禮・地官・鼓人》。⓭薄蝕　日月相互掩蝕。⓮凡忌日必告廟七句　忌日，指父母及其他親屬逝世的日子。廟，祭祀祖先的建築。位，祭祀時為鬼神所設立的位置。他次，別處。忌，指忌日。⓯楮幣　指供祭祀用的紙錢。⓰書啟稱台候　書啟，信箚的通稱。台候，用於問候對方寒暖、起居的敬辭。⓱台　用於稱呼對方或跟對方有關行為的敬辭。⓲上　專指帝王。此指宋神宗。宋神宗，姓趙名頊，西元一〇六七－一〇八五年在位，曾重用王安石進行變法。⓳嘗謂孝宣二句　孝宣，即漢宣帝。姓劉名詢，西元前七四－前四九年在位。總，統領；統管。繩，糾正。⓴整齊　整頓；使有條理。㉑秦法　秦代法制，被儒家斥為苛法。㉒祭用分至四句　陰陽往來，指陰陽二者的此消彼長。氣，哲學概念，張載用指一種極細微的構成世界萬物的本原。氣之中、時之均，都是指春分和秋分、夏至和冬至。㉓大火　即心宿。有星三顆，主星稱大火，又稱商辰、大辰、鶉火。㉔展墓　省視墳墓；掃墓。

【語　譯】我以前隨便說以為已經學成，如今看來完全沒有啊，但是獲得了一條門徑，知道聖人是能夠通過學習來達到的。更自己期許一年之後如何，如今暫且專門以聖人的言論來學習，不緊要的書不必去看，看不需要的書的人想來不懂自己學習的不夠。

思慮應該簡略，煩雜會導致所存留的都是昏蒙疑惑，半夜裡因為思考而睡不著就導致做惡夢受驚嚇。我近來雖然整夜不眠，也能夠安靜，反而要求不眠，這就是它的驗證。

家裡有孔子的肖像，曾經想掛在座位左右，對面而坐又覺得不合適，點香禮拜又覺得不合適，禮拜瞻仰都不合適，沒有辦法安置，想來還不如捲起來收藏，尊崇他的思想原則。就像召伯的甘棠樹，開始是不許砍伐，到了教化進一步彰明於南國，就形成不敢用世俗的禮拜來褻瀆它。

近來寫了十首詩，確實知道成不了事，但是不敢一定說成不了事。就像孔子到了石門，這是明知濟世不能做，但是仍要去做，所據的又是什麼呢？就是施行仁德的方法。如同《周禮》有救日的弓和救月的箭，豈不知道對救助無用？但是不能看著它被侵蝕而不救，心意有不安啊。

凡是父母親屬的忌日必定稟告祖廟，為他設立神位，不能夠單獨受祭，所以迎出廟來，設立在別的地方，一經迎出就應當稟告他的神位，即便尊高者的忌日也要迎出來。這事雖然沒有古法可依，但是能夠用心意推測。供奉用酒和食物，不燒紙錢，他的子孫吃素。

書信稱台候，有人認為這說法沒有道理。大家都稱台，哪能不台！

皇上說：「羨慕堯、舜不必羨慕堯、舜的行跡。」有這樣的思想就會有這樣的行跡，這樣的話，哪能沒有行跡！皇上又說：「曾說漢代孝宣帝能總攬國君的大權，糾正漢代的弊病。」我回答：「只要看陛下心志在哪裡。假使孝宣帝能盡他的力，也不過整頓了漢代的法制，漢代的法制出於秦代的法制罷了。」

祭祀用分至，採取它的陰陽二者此消彼長，又採取那氣的中和，又看重季節的均分。寒食，《周禮》認為四季火星變化，惟有春末最為嚴重，由於大火的心宿，這時候太高，所以先禁火用來防止它的太盛。已經禁火就需要準備幾日的食物，已經有了食物又會想到祖先的祭祀。寒食與十月朔日掃墓也是好的，因為這時候草木始生始死。

某自今日欲正經為事，不奈何❶須著從此去，自古聖賢莫不由此始也。況如今遠者大者❷又難及得，惟於家庭間行之，庶可見也。今左右前後無尊長可事，欲經之正，故不免須責於家人輩，家人輩須不喜亦不奈何，或以為自尊大亦不奈何。蓋不如此則經不明，若便❸行之，不徒❹其身之有益，亦為其子孫之益者也。今衣服以朝、燕、齊、祭四等分之，朝則朝服也，燕則尋常衣服也，齊則深衣，祭則緇帛，通裁寬袖，須是教不可便用❺。

某既聞居橫渠❻說此義理，自有橫渠未嘗如此。如此地又非會眾❼教化之所，或有賢者經過，若此則似繫著在此，某雖欲去此，自是未有一道理去得。如諸葛孔明在南陽，便逢先主相召入蜀❽，居了許多時日，作得許多功業。又如周家發迹於邠，遷於岐，遷於鎬❾。春積漸❿向冬，周積漸入秦，皆是氣使之然。大凡能發見⓫即是氣至，若仲尼在洙、泗之間⓬，修仁義，興教化，歷後千有餘年用之不已。今倡此道不知如何，自來元不曾有人說著，如揚雄⓭、王通⓮又皆不見，韓愈⓯又只尚閒言詞⓰。今則此道亦有與聞者，其已乎？其有遇乎？

某始持期喪⓱，恐人非笑⓲，己亦自若羞恥，自後雖大功小功⓳亦服之，人亦以為熟，己亦熟之。天下事，大患只是畏人非笑，不養車馬，食麤衣惡，居貧賤，皆恐人非笑。不知當生則生，當死則死，今日萬鍾⑳，明日棄之，今日富貴，明日饑餓亦不卹㉑，惟義所在。

人在外姻㉒，於其婦氏之廟，朔望當拜。古者雖無服之人，同爨猶緦，蓋同爨則有恩，重於朋友也㉓。故壻之同居者當拜，以其門內㉔之事，異居則否。

「人而不為〈周南〉〈召南〉，其猶正牆面而立」，近使家人為之㉕。世學泯沒㉖久矣，今試力推行之。

祭堂後作一室，都藏位板㉗，如朔望薦新只設於堂，惟分至之祭設於堂。位板，正位與配位宜有差㉘。

日無事，夜未深便寢，中夜已覺，心中平曠㉙，思慮逮㉚曉。加我數年，六十道行於家人足矣。

某平生於公勇，於私怯，於公道有義，真是無所懼。大凡事不惟於法有不得，更有義之不可，尤所當避。

忌日變服，為曾祖、祖皆布冠而素帶麻衣，為曾祖、祖之妣㉛皆素冠布帶麻衣，為父布冠帶麻衣麻履，為母素冠布帶麻衣麻履，為伯叔父皆素冠帶麻衣，為伯叔母麻衣素帶，為兄麻衣素帶，為弟姪易褐㉜不肉，為庶母㉝及嫂亦不肉㉞。

【章　旨】張載身體力行，學用合一。

【注　釋】❶不奈何　沒辦法；無可奈何。❷遠者大者　指大原則、大目標、大事業。❸便　熟習。❹不徒　不只。❺今衣服七句　朝，指朝服，即君臣朝會時所穿的禮服，舉行隆重典禮時也穿。燕，通「宴」。宴飲。這裡指宴飲所穿的服裝。齊，古人在祭祀或其他典禮前整潔身心時所穿的服裝，以示莊重。深衣，古代上衣和下裳相連綴的一種服裝，為諸侯、大夫、士家居常服，也是普通人的常禮服。緇帛，黑色帛做的服裝。通裁，漢代稱布單衣。❻橫渠　鎮名，在今陝西郿縣。張載的故鄉和常居地。❼會眾　會合眾人。❽如諸葛孔明二句　諸葛孔明，即諸葛亮（西元一八一—二三四年），字孔明，琅邪陽都（今山東沂南南）人，三國蜀漢政治家、軍事家。南陽，古郡名，轄境約當今河南的葉縣、內鄉和湖北的應山、鄖縣間地。先主，指劉備，他是三國蜀漢的創建者。蜀，古郡名，其地相當今四川的一部分。❾又如周家三句　周家，指周王室。發迹，指由隱微而得志顯通。邠，同「豳」。古都邑名。在今陝西旬邑西南。周族后稷的曾孫公劉由邰遷居到此，到周文王祖父太王又遷到了岐。岐，古邑名，在今陝西岐山縣東北。周族古公亶父因受戎狄威逼，自豳遷到岐山下周原，築城郭居室，讓四方來歸附的民眾居住。鎬，古都名，在今陝西西安西。❿積漸　逐漸形成。⓫發見　顯現。見，同「現」。⓬洙泗之間　指山東曲阜一帶。洙，洙水。泗，泗水。都是古河流名，並在山東中部。⓭揚雄　字子雲，蜀郡成都（今屬四川）人，西漢文學家、哲學家和語言學家。⓮王通　字仲淹。隋代龍門（約今山西河津一帶）人。今存的著作有《中說》，提出儒、佛、道三教合一的主張。⓯韓愈　字退之，河南河陽（今河南孟縣南）人。唐代文學家和哲學家。⓰閒言詞　無用的話；不相干的話。⓱期喪　為期一年的喪禮。⓲非笑　譏笑。⓳大功小功　大功，喪服的五服之一，服期九個月。服裝用熟麻布做成，較齊衰為細，比小功要粗，所以稱為大功。凡為堂兄弟、未嫁的堂姐妹、已嫁的姑和姐妹、又已嫁女為伯叔父、兄弟等都要穿它。小功，喪服的五服之一，服期五個月。服裝用熟麻布做成，比大功要細。凡為曾祖父母、伯叔祖父母、堂伯叔父母、未嫁祖姑和堂姑、已嫁堂姐妹、兄弟妻、從堂兄弟及未嫁從堂姐妹，又為外祖父母、母舅、母姨等穿它。⓴鍾　古代的計量單位。㉑卹　同「恤」。畏懼；害怕。㉒外姻　由婚姻關係而結成的親戚。㉓古者雖無服四句　服，照喪禮規定穿戴一定的喪服，也指居喪。同爨，同灶吃飯。爨，燒火煮飯。緦，喪服的五服中最輕的，為期三個月。用細麻布做成。凡為高祖父母、曾伯叔祖父母、族伯叔族兄弟及未嫁族姐妹，又為中表兄弟、岳父母穿它。㉔門內　家中。㉕人而不為三句　人如果不學習《詩經》的〈周南〉和〈召南〉的詩篇的話，就好像面對牆壁站著，什麼也沒有看見。語出《論語·陽貨》。近使家人為之，意思是使家人讀

〈周南〉和〈召南〉。㉖泯沒　消失。㉗位板　書寫神位的板。㉘正位句　正位，指主位、中位。配位，指配享合祭的位、附祭的位。㉙平曠　平坦寬廣。㉚逮　到；及。㉛妣　指亡母。㉜褐　粗布衣。㉝庶母　父親的妾。㉞不肉　不露出肉，即不露身。

【語　譯】我從今天開始要按原則做事，沒辦法必須照這樣去做，自古聖賢之人沒有不從這裡著手的。何況現在遠的大的又難以做得到，只有在家庭裡推行它，差不多能夠見效。如今左右前後沒有道德高尚的人得以侍奉，要想原則端正，所以不免要嚴格要求家裡一班人，家裡一班人會不歡喜也沒有辦法，有的以為我妄自尊大也沒有辦法。因為不這樣做就原則不能嚴明，如果熟練地推行它，不僅他們自身有益，也對他們的子孫有益。

如今衣服以朝、燕、齊、祭四等來劃分，朝就是上朝的服裝，燕就是宴會服裝，齊就是常禮服，祭就是黑綢單衣廣袖的祭服，應該教人不可亂穿。

我已經聽說住在橫渠說義理的，自有橫渠以來不曾有過這樣的。而這個地方又不是會合眾人進行教化的場所，偶而有賢人經過，像這樣就似乎困在這裡，我雖然想離開，卻是沒有找到一個理由。如諸葛孔明隱居南陽，就遇到先主劉備召請他進入蜀郡，住了許多時間，作出許多功業。又如周族在邠地興起，遷到了岐，又遷到了鎬。春逐步發展到冬，周代逐步發展到秦，都是氣的發展促使成這樣的。大致上凡是能夠發達顯現的就是氣到達了，像孔子在洙水和泗水之間，施行仁義，推行教化，經歷一千餘年用之不竭。如今宣導這一原理不知道又會怎麼樣，從來就不曾有人說過，如揚雄、王通又都沒有看到，韓愈又只是崇尚不相干的空話。現在這義理也有參與人了，將會了結嗎？將是有機遇了嗎？

我開始執行一年的喪禮，擔心別人譏笑，自己也好像感到羞恥，但從這以後雖是大功小功也實行，別人也習慣了，自己也習慣了。天下的事情，最大的毛病只是怕別人譏笑，不擁有車馬，吃粗食穿差的，居所貧賤，都要擔心別人譏笑。不懂得應當生就要生，應當死就要死，今天擁有萬鍾的俸祿，明天就會失去，今天富貴，明天就飢餓也不計較，只看道義在哪裡。

人在妻子的娘家，在她娘家的祖廟裡，初一、十五都應當拜祭。古時候，雖然是沒有喪服的人，同灶吃飯的還是要穿黑色的祭服，想來同灶就有恩情，重過朋友。所以女婿的作為同居人應當祭拜，由於是家內的事情，不同居就不要這樣。

「人如果不讀〈周南〉和〈召南〉的話，就如同面對牆壁站著」，最近讓家裡人讀這些詩篇。傳統學問消失久遠了，如今嘗試努力推行它。

祭堂後面建一房間，都存放著神位板，如初一、十五進獻時新物只設立在堂上，只有春分、秋分、夏至和冬至的祭祀設立在堂上。神位板，正位和配位應該有差等。

白天沒有事，夜沒有深就睡，半夜醒來，心情平坦寬廣，思慮到天亮。如果添加我幾年，到了六十歲，我的主張在家裡得到實現就滿足了。

我一生對於公事能勇敢，對於私事很膽怯，對於公道能堅持原則，真是無所畏懼。所有事情不只對於法不能犯，對於道義不允許的，尤其應當回避。

忌日換衣服，為曾祖和祖父都是布帽白帶麻布衣，為曾祖和祖父的亡母都是白帽布帶麻布衣，為父布帽布帶麻布衣麻鞋，為母親白帽布帶麻衣麻鞋，為伯叔父都是白帽布帶麻衣，為伯叔母麻衣白帶，為弟姪換粗布衣不露身，為父親的小妾及嫂子也不露身。

張子語錄

【說　明】《張子語錄》收集專書所未收錄的語錄，正因為未收錄，所以別有價值。內容繁富，編排沒有一定系統，分上下兩篇。現選取一部分譯注如下，其中頗有與以上諸書中的語錄能夠相互補充的。

子貢曰：「夫子之文章，可得而聞也，夫子之言性與天道，不可得而聞也。」❶子貢曾聞夫子言性與天道，但❷子貢自不曉，故曰「不可得而聞也」。若夫子之文章則子貢自曉。聖人語動皆示人以道❸，但人不求耳。

【章　旨】張載認為「聞」有兩層含義，聽到不等於懂得，只有懂得才是真正的聽到。《經學理窟・學大原上》：「耳不可以聞道。『夫子之言性與天道』，子貢以為不聞，是耳之聞未可以為聞也。」語錄的意旨是作為求學的人不應全憑感官，更要用心去理解並掌握。

【注　釋】❶子貢曰五句　子貢，端木氏，名賜，春秋時衛國人（西元前五二〇—？年）。孔子學生，善於辭令。夫子之文章四句，語出《論語・公冶長》。夫子，孔子學生對孔子的尊稱。文章，指禮樂法度。性，指天生的人性。天道，自然規律。❷但　只。❸聖人句　聖人，指道德和才能都是最高的人。這裡指孔子。語動，言語和行動。示人，向人展示。

【語　譯】子貢說：「先生的禮樂法度，是能得到從而知曉的，先生的講說人性和天道，是不能得到從而知曉的。」子貢曾經聽到孔子講說人性和天道，只是子貢自己不懂，所以說「不能得到從而知曉的」。至於孔子的禮樂法度卻是子貢自己懂得了。聖人一言一行都拿天道向人們展示，只是人們不求取罷了。

上智與下愚不移❶，充❷其德性則為上智，安於見聞則為下愚，不移者，安於所執❸而不移也。

【章　旨】張載認為下愚之所以成為下愚是由於安於現狀不肯改變，並不是天生的。《正蒙・誠明》：「上智下愚，習與性相遠既甚而不可變者矣。」所說的是上智與下愚的差距很大，應當配合起來理解張載對上智下愚的看法。

【注　釋】❶上智句　上智，最聰明的人。下愚，最笨的人。移，改變。❷充　充實。❸所執　所持的。

【語　譯】上智的人和下愚的人不會改變，充實他的德性就成為上智的人，安於所見所聞就成為下愚的人，所謂不會改變，是說安於所持有的並且不肯改變。

毋固❶者不變於後，毋必❷者不變於前。毋四者則心虛❸，虛者，止❹善之本也，若實則無由納善矣。

【章　旨】博大之心要排除一切偏見。與《正蒙・中正》所說「意，有思也；必，有待也；固，不化也；我，有方也」互補。又《經學理窟・學大原下》說：「己未正而正人，便是有意、我、固、必。鑒己與物皆見，則自然心弘而公平。」

【注釋】❶固　固執；停滯。❷必　期待。❸毋四者句　毋四者，不能有這四種弊病，語出《論語・子罕》：「子絕四：毋意，毋必，毋固，毋我。」意，指有所求。我，指自我局限。心虛，指心胸廣大，善於吸納。❹止　存留；吸納。

【語譯】不固執是事後不改變，不預期是指事前不改變。不要有這四種弊病就能心胸廣大，心胸廣大，是吸取善的基礎，如果不廣大就沒有辦法吸取善了。

生知有大小之殊，如賢不肖莫不有文、武之道也❶。「忠信如丘」，生知也；「克念作聖」，學知也❷。仲尼謂我非生知，豈學而知之者歟？以其盡學之奧，同生知之歸，此其所以過堯、舜之遠也❸。

【章旨】強調學而知之勝過天生之知。

【注釋】❶生知二句　生知，天生而知。殊，差別。不肖，不賢。文武之道，指儒家所尊崇的聖人之道。文武，指周文王與周武王。兩人都是儒家所推崇的聖明君王。❷忠信如丘四句　忠信如丘，忠心誠信像我孔丘。語出《論語・公冶長》：「子曰：『十室之邑，必有忠信如丘者焉，不如丘之好學也矣』。」丘，孔子名。克念作聖，能念於善就能成為聖人。語出《尚書・多方》。克，能。❸以其三句　奧，深奧；精義。歸，歸宿；結局。過，超過。堯舜，兩人都是傳說中父系氏族社會後期部落聯盟的領袖，是儒家推崇的聖明君王。

【語譯】天生而知也有大小的差別，如同賢和不賢沒有不具有聖人德性的。「忠心誠信像我孔丘」，是天生而知；「能用心於善就成為聖人」，是學習而知。孔子說我不是天生而知，豈不是學習而知的嗎？由於他學習能窮盡精義，與天生而知的效果相同，這就是他超過堯、舜的緣故。

仲尼自志學至老，德進何晚❶？竊意仲尼自志學固已明道，其立固已成性，就上益進，蓋由天之不已❷。為天已定，而所以為天❸不窮。如有成性❹則止，則舜何必孜孜❺，仲尼何必不知老之將至，且歎其衰，不復夢見周公❻？由此觀之，學之進德可知矣。

【章旨】就孔子一生，論證學習能夠培養德性，而且學無止境。

【注釋】❶仲尼二句　仲尼，孔子字。志學，立志學習。《論語・為政》：「吾十有五而志於學，三十而立，四十而不惑，五十而知天命，六十而耳順，七十而從心所欲不踰矩。」這是孔子自述。張載認為這正是一個學習培養德性的過程。《正蒙・三十》：「常人之學，日益而不自知也。仲尼學行、習察異於他人，故自十五至於七十，化而裁之，其進德之盛者與！」❷竊意四句　竊意，我個人認為。竊，常用作表示個人意見的謙詞。固，本來。立，建樹；成就。益，更。蓋，推原或傳疑之詞。想來。為天已定，掌握普遍真理已經確定。天，自然。張載用指氣的本性，即普遍真理。已，止。❸所以為天　之所以成為天的動力。❹成性　成就完美人性，即成就與天性一致的人性。❺孜孜　努力不息。❻仲尼何必三句　語本《論語・述而》。張載自己的解釋見《正蒙・三十》：「從心莫如夢。夢見周公，志也；不夢，欲逾矩也，不願乎外也，老而安死也，故曰『吾衰也久矣』。」句意說孔子孜孜不倦地求進步。周公，名旦，姬姓，封邑在周（今陝西岐山縣北），因而有周公之稱。曾輔助兄周武王滅商興周，後又為年幼周成王攝政，功業卓著。相傳曾創制禮樂等一系列典章制度，被封建社會奉為典範。

【語譯】孔子從立志學習一直到老，道德的進步為什麼這樣慢？我個人認為孔子從立志學習本來已經認明大道，他的立志本來已經德性成熟，向上面進一步努力，想來是由於天是不停止的。成為天已經確定無疑，但是，之所以成為天一樣的動力則不會停止。如果成熟德性就停止，那麼，舜何必孜孜不倦地努力，孔子何必不知就要老了，尚且感嘆他的衰老，說不再夢見周公了呢？由此看來，學習而推進德性就能夠知道了。

「禹吾無間然」，無間隙也，故其下所舉之事皆善也❶。聖人❷猶看之無隙，眾人則可知。

【章　旨】孔子讚揚禹能約束自己。

【注　釋】❶禹吾三句　禹吾無間然，對於禹，我是提不出什麼欠缺的了。語出《論語・泰伯》。間隙，空隙。其下所舉之事，據《論語・泰伯》所舉，是粗菜淡飯卻祭品豐盛，衣服粗惡卻祭服盛裝，居室卑下卻盡力開通溝渠。❷聖人　指孔子。《橫渠易說・乾・文言》：「又克己若禹，則與聖人直無間別，孔子亦謂『禹於吾無間然矣』。」

【語　譯】「對於禹，我是提不出什麼欠缺的了」，是說沒有缺失，所以這下面所舉的事情都是好的。連孔子看他都覺得沒有缺點，大眾的看法也就能夠知道了。

「誦《詩》三百止亦奚以為」❶，誦《詩》雖多，若不心解❷而行之，雖授之以政則不達❸，使❹於四方，言語亦不能❺，如此則雖誦之多奚以為？

【章　旨】強調讀書要能真正理解，才能運用自如。

【注　釋】❶誦詩三百句　語見《論語・子路》：「子曰：『誦《詩》三百，授之以政不達，使于四方，不能專對，雖多亦奚以為？』」孔子是說讀《詩經》要求能運用。張載認為讀與用之間有一個理解精神實質的問題。誦，朗讀。詩，《詩經》的簡稱。它是中國最早的詩歌總集。三百，三百篇。《詩經》有詩三〇五篇，三百是約數。止，表示句斷，相當今天用的逗號。亦，又。奚以為，拿它做什麼用。❷心解　理解精神實質。❸達　通暢。❹使　出使。❺能　善於，勝任。

【語　譯】「讀《詩經》三百篇，又有什麼用」，讀《詩經》雖多，如果不能理解精神實質從而運用它，即使任命他行政也不能通暢，派他出使天下，言語也不能溝通，這樣的話，雖然讀得多又有什麼用呢？

「聖之時」❶，當其可之謂時，取時中❷也。可以行，可以止，此出處❸之時也，至於言語動作皆有時也。

【章旨】強調一切都要適應時勢。

【注釋】❶聖之時　聖人的適應時勢。時，適合時勢。語出《孟子・萬章下》：「孔子，聖之時者也。」❷時中　適合時勢的準則。❸出處　做官或隱退。

【語譯】「聖人的能適應時勢」，合宜就稱它為時，指採用適合時勢的準則。能夠依據它施行，能夠依據它退止，這是出仕做官還是退隱的時勢，至於言語動作都有它的時勢。

【說明】張載很看重適合時勢，反對固執不變。他反覆闡明這個道理，如《正蒙・誠明》中就說：「天理者時義而已。君子教人，舉天理以示之而已；其行己也，述天理而時措之也。」又說：「能使天下悅且通，則天下必歸焉；不歸焉者，所乘所遇之不同，如仲尼與繼世之君也。」《經學理窟・詩書》解釋堯與舜對四大惡人的處置不同也由於「時」，「萬事只一天理。舜舉十六相，去四凶，堯豈不能？堯固知四凶之惡，然民未被其虐，天下未欲去之。堯以安民為難，遽去其君則民不安，故不去，必舜而後因民不堪而去之也」，等等。

盡天下之物，且未須道窮理，只是人尋常據所聞，有拘管局殺心，便以此為心，如此則耳目安能盡天下之物❶？盡耳目之才，如是而已。須知耳目外更有物，盡得物方去窮理，盡了心❷。性又大於心❸，方知得性便未說盡性❹，須有次敘❺，便去知得性，性即天也。

【章　旨】關於人的認識過程及境界的論述。

【注　釋】❶盡天下六句　未須，沒有必要。窮理，探求事物的內在規律。理，指事物的規則。尋常，普通；平常。拘管，管束。局殺，局限。耳目，泛指人的感覺器官。安，哪。❷心　古人認為它是思維器官。❸性又大於心　性指完美的人性，即聖人的性，也就是天性，指毫無局限的認識能力。這裡的心指有局限的心，如有意、必、固、我四弊的心。❹盡性　窮盡天性。❺次敘　次第。

【語　譯】識遍天下物，暫且沒有必要去說窮盡天下物的內在規律，只是人平常根據所聽聞，具有一種受管束限制認識的心，就把它看作認識的心，這樣的話，憑耳目哪能識遍天下物？窮盡耳目的能力，便是這種狀況罷了。應當懂得耳目以外還有物，識遍物才能去窮盡天下物的內在規律，充分發揮心的認識。德性又比心大，剛認識性便未能說窮盡性，應該有一個次序，就能懂獲得性，性就是天啊。

【說　明】張載把人的認識分成三個層級，先是耳目聞見的感性認識，其次是「心」的理性認識，最後是與自然完全一致的自由自在的認識。他看到了感性認識與理性認識的區別，又要求把人的理性認識排除一切偏見，達到客觀、公正、公平。

「毋意」，毋常心也，無常心，無所倚也，倚者，有所偏而係著處也，率性之謂道則無意也❶。性何嘗有意？無意乃天下之良心也❷，聖人則直是無意求斯良心也❸。顏子之心直欲求為聖人。學者亦須無心❹，故孔子教人絕四❺，自始學至成聖❻皆須無此，非聖人獨無此四者，故言「毋」，禁止之辭也。所謂倚者，如夷清惠和❼，猶有倚也。夷惠亦未變其氣❽，然而不害成性者，於其氣上成性也。清和為德亦聖人之一節❾，於聖人之道取得最近上，直鄰近聖人之德也。聖人之清直如伯夷之清，聖人之和直如下惠之和，但聖人不倚著於此，只是臨時應變，用清和取其宜。若言聖人不清，聖人焉有濁？聖人不和，聖人焉有惡？

【章旨】聖人的德性完滿而沒有偏向。

【注釋】❶毋意七句　毋意，不要有所求取。語出《論語・子罕》。倚，偏向一邊；靠。係，依附。率性，儒家概念，指人和物遵循性的自然。道，指宇宙萬物的本源。❷性何嘗二句　何嘗，不曾。良心，本心；天地的心。❸聖人則句　句意謂聖人是通過自我修養而功到自然成的。直，特；但；只。❹無心　沒有私心和偏面之心。❺絕四　四謂意、必、固、我。❻自始學至成聖　指孔子從十五志於學到七十從心所欲而不踰矩的過程。❼夷清惠和　伯夷清純柳下惠融和。夷，即伯夷，他是孤竹君的兒子，與弟叔齊為推讓繼承王位而逃亡。後又遇上周武王興兵伐紂，二人叩馬勸阻，不成，即立誓不食周朝的糧食，終於餓死在首陽山上。儒家稱頌他為最清純的人。清，清純；清高。惠，即魯國大夫展禽，惠是他的謚號。因封地在柳下，又被稱為柳下惠。他以講「禮」善於交際著名當時。和，和睦；融和；和諧。❽氣　氣質。即人的秉性。❾一節　一個方面；一端。

【語譯】「不能有求取」，不要有普通的心，沒有普通的，就是沒有偏執的，偏執，就是有偏執著的地方，遵循天性就叫做道也就沒有求取了。天性哪會有所求取呢？沒有求取就是天地良心，聖人卻是沒有刻意去求取這良心。顏子的心只想求做聖人。學習的人也應該沒有求取心，所以孔子教導人們要做到絕四，從開始學習到成就聖性都應該沒有這些毛病，並不是只有聖人沒有這四種毛病，所以說「毋」，這是禁止的辭語。所說的「倚」，如伯夷的清純柳下惠的融和，都還是有偏執的。伯夷、柳下惠也沒有改變他們的氣質，但是不妨害成就聖性的原因，是由於在氣質上成就聖性。清純、融和成為德性也是聖人的一個方面，在聖人的道路上取得最直捷的提升，直接靠近聖人的德性。聖人的清純正如伯夷的清純，聖人的融和正如柳下惠的融和，但是聖人並不偏執在這一點，只是臨時應變用清純融和來取得它的適宜。若是說聖人不清純，聖人哪有汙濁的？若是說聖人不融和，聖人哪有厭惡的？

【說明】關於清與和的辨析，可參看《正蒙‧中正》的一段話，他說：「無所雜者清之極，無所異者和之極。勉而清，非聖人之清；勉而和，非聖人之和。所謂聖者，不勉不思而至焉者也。」

「作者七人」，伏羲也，神農也，黃帝也，堯也，舜也，禹也，湯也❶。所謂作者，上世未有作而作之者也。伏羲始服牛乘馬者也，神農始教民稼穡者也，黃帝始正名百物者也，堯始推位者也，舜始封禪者也，堯以德，禹以功，故別數之❷。湯始革命❸者也。若謂武王為作，則已是述湯事也，若以伊尹為作，則當數周公，恐不肯以人臣謂之作❹。若孔子自數❺為作，則自古以來實未有如孔子者，然孔子已是言「述而不作」❻也。

【章旨】解說「作者」是指首創者。《正蒙‧作者》說「『作者七人』，伏羲、神農、黃帝、堯、舜、禹、湯，制法興王之道，非有述於人者也。」這裡有具體的說明。

【注釋】❶作者七人八句　作者七人，首創者七位。語出《論語‧憲問》，原意是隱居避世的賢者有七位。作，創作。伏羲，又作庖犧，風姓。古代傳說中的部落首領。以創制八卦，教民捕魚、畜牧得到天下擁戴。神農，又稱炎帝。古代傳說中的帝王。以教民造農具從事農作和嘗百草取藥得到天下擁戴。黃帝，號軒轅氏，屬有熊氏，姬姓。古代傳說中的部落聯盟領袖，以創制養蠶、舟車、音律、文字和算數等得到天下擁戴。堯，名放勳，陶唐氏。古代傳說中的父系氏族社會後期部落聯盟領袖，以設置百官掌管時令、制定曆法、推位讓賢等得到天下擁戴。舜，名重華，姚姓，有虞氏。古代傳說中的父系氏族社會後期部落聯盟領袖，以先後巡行四方，除去鯀、共工、驩兜和三苗得到天下擁戴。禹，夏氏，姒姓。古代部族聯盟領袖，以治洪水得到天下擁戴。湯，又名成湯。商族領袖，以推翻暴君夏桀得到天下擁戴。但是，稱這七人為作者，張載自有說法，詳下文。❷伏羲八句　服牛乘馬，駕牛騎馬。指馴用牲畜。稼穡，耕種，指農業。正名百物，為各種物制定規範的名稱。推位，讓王位。封禪，戰國時齊魯有些儒士認為五嶽中泰山最高，帝王應登泰山築壇祭天叫做封，在山南梁父山上闢基祭地叫做禪。張載以後人的觀念往上推。別數，另外列舉。❸革命　古代以為王者受命於天，所以稱王者改姓、改朝換代為革命。❹若謂五句　作，創作。述，闡述前人成說。伊尹，是成湯的輔佐，後人稱為賢相。數，首推。周公，是周武王弟，既是周武王的輔佐，又是周成王的攝政，後人稱為賢相。❺數　算做。❻述而不作　語出《論語・述而》。

【語　譯】「首創者七位」，就是伏羲、神農、黃帝、堯、舜、禹和湯。所謂首創者，是說以前未曾有過而能創制的人。伏羲是開始馴用牛馬的人，神農是開始教民眾從事農業耕作的人，黃帝是開始為各種物制定規範名稱的人，堯是開始主動讓位的人，舜是開始封禪的人，堯憑藉道德，禹憑藉功業，所以另外列舉。湯是最早推翻暴政的人。如果稱周武王為首創，卻已經是闡述湯的事業，如果把伊尹看成首創，就應當首推周公，恐怕都不肯把人臣稱為首創。如果把孔子算作首創者，那自古以來確實不曾有像孔子這樣的人，但是孔子已經說是「述而不作」的了。

學者當須立人之性❶。仁❷者，人也，當辨其人之所謂人。學者學所以為人。

【章　旨】有志學習的人應當培養人的德性。

【注　釋】❶立人之性　立，建立；培養。性，德性；道德。❷仁　仁愛。儒家含義極廣的道德範疇。

【語　譯】有志學習的人應當培養人的德性。仁就是人，應當認識那人之所以叫做人的道理。有志學習的人就是學習之所以成為人的。

【說　明】這段語錄雖短，含義卻深長。「人」是一個具有尊嚴的字眼。

學者觀書，每見每知新意則學進矣。

【章　旨】讀書要努力爭取每次都有新的領會。

【語　譯】學習的人讀書，每次讀書每次都能有新的領會，學習也就有進步了。

【說　明】學習怎樣才能深入？就要「每見每知新意」。每見不能每知新意，也就是沒有深入。

有志於學者，都更不論氣❶之美惡，只看志如何。「匹夫不可奪志也」❷，惟患學者不能堅勇❸。

【章　旨】學習的好壞不取決於秉性的優劣，而在於決心和努力。

【注　釋】❶氣　氣質；秉性。❷匹夫不可奪志也　普通人也不可能強迫他改變志向的。語出《論語・子罕》。匹夫，古指平民中的男子。❸惟患句　患，憂慮。堅勇，堅持精進。

【語　譯】有志於學習的人，完全不必考慮氣質的好與壞，只要看志向怎麼樣。「普通人也不可能強迫他改變志向的」，唯有擔心學習的人不能堅持精進。

學須以三年為期，孔子曰：「朞月可也，三年有成。」❶大凡事如此，亦是一時節❷。朞月是一歲之事，舉偏❸也，至三年事大綱慣熟❹。學者又且須以自朝及晝至夜為三節，積累功夫❺，更有勤學，則於時又以為限。

【章旨】學習必須善於爭取時間，設定日程，並確定具體目標就是最好的辦法。

【注釋】❶朞月可也二句　一週年就能夠了，三年能夠成功。語出《論語．子路》，原作「朞月而已可也，三年有成」，稍有不同。朞月，一週年的時間。❷時節　劃分時段。❸舉偏　完成一部分。❹大綱慣熟　大綱，總體。慣熟，成熟。❺功夫　做事所費的精力和時間。

【語譯】學習應當以三年作為期限，孔子說過：「一週年就夠了，三年有了成功。」大致上事情就是這樣，也是一種時段的劃分。期月是一周歲的事情，完成一部分，至於三年的事情就要總體成熟了。學習的人又必須把從早晨到白天到夜裡分為三段，積累功夫，更有勤奮學習的人，那就在時段上又劃分出時限來。

【說明】善於學習的人總是在時間上精打細算，善於利用時間是學習進步的保證之一。

人與動植之類已是大分❶不齊，於其類中又極有不齊。某❷嘗謂天下之物無兩箇有相似者，雖則一件物亦有陰陽❸左右。譬之人一身中兩手為相似，然而有左右，一手之中五指而復❹有長短，直❺至於毛髮之類亦無有一相似。至如同父母之兄弟，不惟其心之不相似，以至聲音形狀亦莫有同者，以此見直❻無一同者。

【章 旨】張載以簡明而形象的語言說明萬物之中沒有一個是相似的。

【注 釋】❶大分 大致；大體。❷某 自稱之詞，指代「我」。❸陰陽 古指貫通物質和人事的兩大對立面。❹復 又。❺直 一直。❻直 居然；簡直。

【語 譯】人與動植物之類已經大體不齊等，在那同類之中也很不齊等。我曾經說天下物沒有兩個有相似的，即使就一件物來說也存在陰和陽、左和右。譬如人的一身之中兩手算相似，但是有左有右，一手之中的五個指頭又有長短，一直到毛髮之類也沒有一個是相似的。至於同父母的兄弟，不僅他們的心不相似，以至於聲音形狀也沒有相同的，據此可見簡直沒有一個相同的。

「君子之道費而隱」❶。費，日用；隱，不知也。匹夫匹婦可以與知與行❷，是人所常用，故曰費，又其至也雖聖人有所不知不能，是隱也。聖人若夷、惠❸之徒，亦未知君子之道，若知君子之道亦不入於偏❹。

【章 旨】聖人之道有日用與精微兩方面，關鍵在人的認識。

【注 釋】❶君子之道句 君子之道，即無過無不及不偏不倚的中庸之道，也就是宇宙的普遍真理。儒家主張的最高準則。費而隱，詳下文。語出《禮記‧中庸》。❷匹夫匹婦句 匹夫匹婦，古指沒有爵位的平民。與知，參與認識。與，參與。❸夷惠 兩位儒家稱頌的人。詳前「毋意」條注。❹偏 一個方面。

【語 譯】「君子之道日用卻難以認識」。費，是日用的意思；隱，是難以認識的意思。普通平民能夠認知能夠實踐，是人們所常用的，所以叫做費，但是它的終極即使聖人也有所不能認識不能做到的，這才是難以認知。聖人像伯夷、柳下惠這些人，也不認識君子之道，如果能認識君子之道也就不會陷入到只某一面了。

世學不明千五百年❶，大丞相言之於書，吾輩治之於己，聖人之言庶可期乎❷！顧所憂謀之太迫則心勞而不虛，質之太煩則泥文而滋弊，此僕所以未置懷於學者也❸。

【章　旨】這是張載對王安石變法的明確態度，肯定要變，但是不能急迫。

【注　釋】❶世學句　世學，世代相傳的學問。指儒學。千五百年，指儒學自佛教傳入而遭排擠的時間。《正蒙・乾稱》所謂：「一出於佛氏之門者千五百年，自非獨立不懼，精一自信，有大過人之才，何以正立其間，與之較是非，計得失！」史載佛教傳入中國在東漢明帝永平十年（西元六七年），而張載生於西元一〇二〇年，約距千年。千五百年之說是大約之數。❷大丞相三句　大丞相，指宋代主持變法的名相王安石。治，實行。庶，差不多；幾乎。❸顧所憂三句　顧，但；只不過。虛，指心靜能容納。質，評斷；評量。泥文，拘泥條文。滋弊，滋生弊病。僕，自稱的謙詞。

【語　譯】世代相傳的儒學不能彰顯有一千五百年了，大丞相把它寫在書上，我們在自己身上實行，聖人的話幾乎能夠期待實現了！只是所憂慮的是求之太迫切就會心勞累而不能容納，評論太煩瑣就會拘泥文辭從而滋生弊病，這是我所以沒有完全贊同學者的地方。

【說　明】張載的仕途浮沉都與王安石變法相連。宋神宗熙寧二年重用王安石，推行變法。曾召張載入宮，只因政見與王安石不同，不久辭職回家。熙寧九年變法失敗，重召張載，復還舊職。又因與反對變法者政見不合，稱疾回家。終生得不到施展的機會。

陰陽者，天之氣也，亦可謂道❶。剛柔緩速，人之氣也。亦可謂性❷。生成覆幬，天之道也；亦可謂理❸。仁義禮智❹，人之道也；亦可謂性。損益盈虛❺，天之理也；

亦可謂道。壽夭貴賤，人之理也，亦可謂命❻。天授於人則為命，亦可謂性。人受於天則為性；亦可謂命。形得之備，不必盡然❼。氣得之偏❽，不必盡然。道得之同，理得之異。亦可互見。此非學造至約不能區別，故互相發明，貴不碌碌也❾。

【章旨】以極簡明的語言闡述天與人的關係及異同，可以看做張載理論的概括。

【注釋】❶陰陽者三句　陰陽，古指貫通物質和人事的兩大對立面。氣，氣質；秉性。道，運行規律。❷性　秉性。❸生成三句　覆幬，覆蓋；庇護。理，條理；規則。❹仁義禮智　四種道德。❺損益盈虛　減少增加充滿空虛。是四種演變。❻壽夭三句　壽夭貴賤，人的四種演變。壽夭，長壽早死。命，命運。❼形得之二句　形，形體。備，完備。盡然，都這樣。❽偏　一個方面；一部分。❾此非三句　造，達到。至約，最簡約。最簡約是真理的本色。發明，發現闡明。碌碌，形容忙碌平庸的樣子。

【語　譯】陰陽是自然的秉性，也能夠稱它為道。剛強柔和緩慢快速是人的秉性。也能夠稱它為性。生成並覆育萬物是自然的運行規律；也能夠稱它為規則。仁義禮智是人的運行規律；也能夠稱它為秉性。減損增益充盈空虛是自然的規則；也能夠稱它為道。長壽早死尊貴卑賤是人壽的規則，也能夠稱它為命。自然授於人就成為命，也能夠稱它為秉性。人從自然接受到的就成為秉性；也能夠稱它為命。形體得到它的完備，不一定都這樣。秉性得到它的一個方面，不一定都這樣。運行規律得到它們的共同，規則得到它們的差別。也能夠互見。這道理不是學問達到最簡約是不能分辨的，所以互相發現闡明，可貴在不必忙忙碌碌。

人生固有天道❶。人之事在行❷，不行則無誠❸，不誠則無物❹，故須行實事。惟聖人踐形❺為實之至，得人之形。可離非道也。

【章　旨】人生的意義在於實現天所賦予的品質。

【注　釋】❶天道　自然變化的規律。❷行　行動。指遵循天道而行。❸誠　誠實。❹不誠則無物　不誠實就是虛假，虛假就是空的，所以說「無物」。❺踐形　體現人所天賦的品質。

【語　譯】人生本來就有自然變化的規律。人的職責在於遵行這個規律，如果不遵行這個規律就沒有誠實可言，不誠實也就是虛假，所以應該多做實在事。只有聖人把體現天所賦予的品質看成做實在事的極致，能得人之天賦的品質。凡是可以拋離的都不是自然之道。

【說　明】此條可與「學者當須立人之性。仁者，人也，當辨其人之所謂人。學者學所以為人」合起來看。人的尊嚴就在於誠實做人。

天地之道❶無非以至虛為實，人須於虛中求出實。聖人虛之至，故擇善自精。心不能虛，由有物榛礙❷。金鐵有時而腐，山嶽有時而摧，凡有形之物即易壞，惟太虛無動搖❸，故為至實。《詩》云：「德輶如毛。」❹毛猶有倫❺，「上天之載，無聲無臭。」❻至矣。

【章　旨】闡發虛與實的關係，最虛就是最實。所謂有容乃大，能容受一切，也就成為最廣大了。

【注　釋】❶天地之道　天地發展的規律。❷心不能二句　心不能虛，心不能空曠。虛，指能容納一切。榛礙，阻塞。❸太虛無動搖　太虛，指沒有具體形態的原始宇宙。張載認為宇宙渺茫都是氣，所以叫做太虛。動搖，改變。❹德輶如毛　道德輕如毛。語出《詩．大雅．烝民》。輶，古代的一種輕便車。引申為輕的意思。❺倫　同類。❻上天之載二句　天的行事，沒有聲音沒有氣味。這表示一種完全自然的狀態。語出《詩．大雅．文王》。載，事。臭，氣味。

【語　譯】天地的原理無非把最虛的成為最實在的，人應當在虛中求取實在的。聖人是最虛的，所以選取善的達到精闢。心之所以不能做到虛，是由於有物阻塞著。金鐵時候到了會腐爛，高山時候到了會摧頹，凡是有形的物體就容易毀壞，只有太虛不會改變，所以成為最實在的。《詩經》說：「道德輕如毛。」毛還有同類可比擬，「天的行事，無聲無息，毫無痕跡。」這就到終極了。

「時雨化之者」❶，如春誦夏弦❷亦是時，反而教之亦是時，當其可之謂。言及而言亦是時，言及而言，非謂答問也，亦有不待問而告之，當其可告而告之也，如天之雨，豈待望而後雨？但時可雨而雨。

【章　旨】藉古人的話闡明什麼叫做適時。

【注　釋】❶時雨化之者　及時雨的化育萬物。語出《孟子・盡心上》。時雨，指及時的雨。❷春誦夏弦　指按季節而採用不同的學習方法。誦，歌樂。弦，用絲樂播詩。

【語　譯】「及時雨的化育萬物」，如春誦夏絃按不同季節而採用不同學習方法是適時，反過來教導他們也是適時，時機恰當就叫它為適時。到了該說就說也是適時，到了該說而說，不是指答問，也有不等到問就告訴的，是正當能告訴就告訴的，如天的下雨，豈是等待人們盼望然後才下雨的？只是適時能下雨就下雨了。

「私淑艾者」❶，自修使人觀己以化也。如顏子大率私艾也❷，「以能問於不能，以多問於寡，有若無，實若虛」❸，但修此以教人。顏子嘗以己德未成而不用❹，隱而未見，行而未成故也。至於聖人神道設教❺，正己而物正❻，皆是私淑艾，作於此，化於彼，如祭祀❼之類。

【章旨】學習應當自覺，教育在於感化。

【注釋】❶私淑艾者　沒有直接師承關係而私自學他的感化方法。語出《孟子・盡心上》。私，私下。淑艾，拾取。❷如顏子句　顏子，即顏回，是孔子最讚賞的學生。稱顏子，是表示尊敬。大率，大致。私艾，意同「私淑艾」。❸以能四句　語出《論語・泰伯》。❹用　施展。❺神道設教　利用鬼神之道進行教化。❻正己而物正　端正自己，物也端正。❼祭祀　祀神供祖。

【語譯】「私下自學的方式」，是自我進修讓人觀察自己從而感化。如顏回大致就是私下自學的，「以能請問於不能，以多知請問於少知，有知似乎無知，充實似乎空虛」，只是修養自己來教化人。顏回曾經由於自己德性沒有成熟而沒有施用，隱退而沒有顯現，進行而沒有完成的緣故。至於聖人利用鬼神之道進行教化，修正自己從而使外物得到修正，都是私下自學一類，這裡在實施，那裡受感化，如祭祀之類。

某比年所思慮事漸不可易動，歲年間只得變得些文字，亦未可謂辭有巧拙，其實是有過❶。若果是達者❷，其言自然別，寬而約，沒病痛。有不是，到了是不知。知一物則說得子細❸必實。聖人之道，以言者尚其辭❹，辭不容易❺，只為到其間知得詳，然後言得不錯，譬之到長安❻，極有知長安子細者。然某近來思慮義理，大率億度屢中可用，既是億度屢中則可以大受❼。某唱此絕學亦輒欲成一次第❽，但患學者寡少，故貪於學者。今之學者大率為應舉❾壞之，入仕則事❿官業，無暇及此。由此觀之，則呂、范⓫過人遠矣。呂與叔資美，但向學差緩，惜乎求思也褊⓬。求思雖猶似褊隘，然不害於明。褊何以不害於明？褊是氣⓭也，明者所學也，明何以謂之學？明者言所見也。大凡寬褊者是所稟⓮之氣也，氣者自萬物散殊⓯時各有所得之氣，習者自胎胞⓰中以至於嬰孩時皆是習也。及其長而有所立⓱，自所學者方謂之學，性⓲則分明在外，故曰氣其一物爾。氣者在性、學之間，性猶有氣之惡者為病，氣又有習以害之，此所以要鞭辟⓳至於齊，強⓴學以勝其氣、習。其間則更有緩急精粗，則是人之性雖同，氣則有異。天下無兩物一般，是以不同。孔子曰：「性相近也，習相遠也。」㉑性則寬褊昏明名不得㉒，是性莫不同也，至於習之異斯㉓遠矣。雖則氣稟之褊者，未至於成性時則暫或有暴發㉔，然而所學則卻是正，當其如此，則漸寬容，苟志於學則可以勝其氣與習，此所以褊不害於明也。須知自誠明與自明誠者有異。自誠明者，先盡性以至於窮理也，謂先自其性理會來，以至窮理；自明誠者，先窮理以至於盡性也，謂先從學問理會，以推達㉕於天性也。某自是以仲尼為學而知者，某今亦竊㉖希於明誠，所以勉勉㉗安於不退。孔子稱顏淵曰：「惜乎吾見其進也，未見其止也。」㉘苟惟未止，則可以竊冀㉙一成就。自明誠者須是要窮理，窮理即是學也，所觀所求皆學也。長而學固謂之學，其幼時豈可不謂之學？直自在胎胞保母㉚之教，己雖不知謂之學，然人作之而己變以化於其教，則豈可不謂之學？學與教皆學也，惟其受教即是學也，只是長而學，庸㉛有不待教習便謂之學，只習有善惡。某所以使學者先學禮者，只為學禮則便除去了世俗一副當世習熟纏繞㉜。譬之延蔓㉝之物，解㉞纏繞即上去，上去即是理明矣，又何求！苟能除去了一副當世習，便自然脫灑㉟也。又學禮則可以守得定。所謂長而學謂之學者，謂有所立自能知向學，如孔子十五而志於學是也。如謂有所成立㊱，則十五以前庸有不志於學時。若夫今學者所欲富貴聲譽㊲，博聞繼承㊳，是志也。某只為少小時不學，至今日勉強，有太甚則反有害，欲速則不達，亦須待歲月至始得。

【章　旨】此章結合自身經歷，闡發學習的重要。

【注　釋】❶某比年四句　某，自稱的代詞。比年，近年。易動，改動。歲間，年來。辭，文辭。過，過錯；失誤。❷達者　通達事理的人。❸子細　詳情；底細。❹尚其辭　重視他的文辭。❺容易　隨便。❻長安　歷代古都之一，在今西安市。❼然某三句　義理，指儒家經義。大率，大致。億度，推測。大受，承受重大的任務。❽某唱此句　唱，通「倡」。倡導。絕學，失傳的學問。輒，往往；總是。次第，規模。❾應舉　參加科舉考試。❿事　從事。⓫呂范　呂，指宋人呂大臨，曾是張載的學生。范，指宋人范育。曾從張載學，也曾推薦張載。⓬呂與叔三句　與叔，是上句中呂大臨的字。資，資質。差，尚；

略。褊，狹隘。⑬氣 氣質；秉性。⑭稟 承受。⑮萬物散殊 指氣化生為不同的萬物。⑯胎胞 胎衣。⑰所立 所成就。⑱性 指天性。張載用指氣的由陰陽兩面構成的內在動力。⑲鞭辟 鞭策；勉勵。⑳強 勉強；努力。㉑性相近也二句 語出《論語・陽貨》。㉒性則句 性是不能用寬褊昏明來稱名的。名，稱名。㉓斯 這就。㉔暴發 急起。㉕推達 推究到。㉖竊 表示個人意見的謙詞。㉗勉勉 形容勤懇不倦。㉘惜乎二句 語出《論語・子罕》。㉙冀 希望。㉚保母 古代宮廷或貴族家負責扶養子女的女妾。㉛庸 豈；難道。㉜某所以二句 禮，指封建等級制度的社會規範和道德規範。當世習，當世習俗。熟，緊。㉝延蔓 蔓延。㉞解 懂得。㉟脫灑 超脫；不拘束。㊱成立 成就。㊲聲譽 名聲；榮譽。㊳博聞繼承 博聞，廣聞。繼承，繼承族權與財產。

【語譯】我近年來所思考的事情漸漸不能更改，年間只改得些許文字，也還不能說文辭有巧有拙，其實只是有失誤。如果真是通達事理之人，他的話自然不同，寬容而簡約，沒有缺陷。有不是，終究是不知曉。知道一個物就說得詳細實在。聖人的原則，使用言語便應當重視文辭，文辭不能隨便，只因為到了那地步知道得詳細，然後言語能不錯，譬如教人到長安去，很有了解長安底細的。但是我近來思考儒家經義，大致上主觀推測往往都對並能採用，既是如此應當就可以承受重大任務。我倡導這門絕學也總想成規模，只是憂慮學的人太少，所以急於希望有肯學的人。如今學習的人大都被科舉考試敗壞了，一當了官就忙於官事，沒有時間來學習。由此看來呂、范二位就遠遠超出一般人了。呂與叔資質好，只是有志於學習略為緩慢一些，可惜他思路狹隘。思路雖然好似狹隘，但是狹隘不妨害認明事理。狹隘為什麼不妨害認明呢？狹隘是一種氣質，而認明是所學的，認明為什麼叫做學習？認明是說所認識的。大致上寬容與狹隘都是人的天賦的一種氣質，氣質是氣化生為不同的萬物時各自所獲得的氣，習慣是自胚胎中以至於嬰孩時都是習慣。到了他成長而有所立志，自己所學習的才叫做學，性就分明在它們之外，所以說氣只是一個物罷了。氣質在性與學之間，性還有壞的氣質成為弊病，氣質又有習慣來損害它，這就是之所以要用鞭策來達到齊一的原因，鼓勵學習用來改善氣質與習慣。這中間更有緩急精粗，因此是人的性雖然相同，氣質卻有不同。天下沒有兩個物是完全一樣的，因為因此不同。孔子說：「人性是相近的，而習氣是相遠了。」性卻是不能用寬容狹隘糊塗聰明來稱呼的，因為性是沒有不相同的，至於習慣的不同就差別很遠了。雖然氣質的天賦很狹隘，沒有達到成性時暫時會急躁暴發，但是所學的卻是正確的，當這樣的時候，就能漸漸寬容，只要有志於學習也就能夠改善氣質與習慣，這就是狹隘之所以不妨害認明的原因。應當認識自誠明與自明誠是有不同的。自誠明，是先窮盡性從而達到窮盡萬物的規律，是說先從那性領會來，從而達到窮盡萬物的規律；自明誠，是先窮盡萬物的規律從而達到窮盡性，是說先從學問領會來，從而達到天性。我自己以為孔子是通過學習而認知的，我現在也希望能做到明誠，所以勤懇努力安心於不退卻。孔子稱讚顏淵說：「可惜啊我看見他的進步，而沒有看見他的達到目標啊。」如果尚未達到目標，就有希望達到某一成就。自明誠必須要窮盡萬物的規律，窮盡萬物的規律就是學習，所觀察所求取都是學習。長大了學習當然叫做學習，幼小時候難道就不能叫做學習？一直從胚胎受保母的教育，自己雖然不知道叫它為學習，然而別人在做而自己受他的教育而感化，豈能不把它叫做學習？學與教都是學習，只要受教就是學習，只是成長才學習，哪有不必教導便把它叫做學習，只是習氣有善與惡的分別。我之所以讓學習的人先學禮的原因，只為了學禮就會除去世俗那些時尚習俗的糾纏。譬如蔓延的植物，一有可糾纏的就立即上去，上去就是規律認明了，還求什麼呢！只要能除去那些時尚習俗，便自然灑脫。又學禮就能夠守得定。所謂長大的學習才叫學習，是說有所立志自己能懂得去學習，像孔子十五歲就立志學習就是如此。如說有所成就，那麼十五歲以前哪有不立志學習的時候。至如現在學習的人所欲追求的富貴名聲，廣博見聞與繼承財產族權，這也是一種志向。我只為年少時不學習，至今日勤懇努力，但有時太過就反而有害，一心求快反而達不到，必須等時機成熟了才會有所成就。

湯征而未至怨者，非史氏之溢辭，是實怨❶。今郡縣素困弊政，亦望一良吏，莫非至誠，平居亦不至甚有事，當其時則傾望其上之來，是其心若解倒懸也❷。

天下之望湯是實如父母，願耕願出❸莫非實如此。至如朋來❹而樂，方講道義有朋來，盡是實可樂也。

【章　旨】坦承現狀存在弊政，寄希望於良吏與明君。

【注　釋】❶湯征三句　湯征而未至怨者，由於湯王還沒有征討到而有了怨言。目的是希望湯王來征討。語據《孟子・滕文公下》。湯，商王朝的開創者。史氏，史學家。溢辭，過分稱譽的文辭。❷今郡縣六句　郡縣，本指由春秋、戰國到秦代逐漸形成的地方行政組織，後泛稱地方行政組織。素，一向。弊政，黑暗的政治；敗壞的政治。良吏，好官。平居，平日。傾望，傾情盼望。倒懸，比喻處境的痛苦和危急像人被倒掛著一樣。❸願耕願出　都願意在他的土地上耕作、都願意在他的道路上來往。語據《孟子・梁惠王上》。❹朋來　指志同道合的朋友來會聚。

【語　譯】由於湯王的征討還沒有來到而有怨言，這不是史學家過分稱譽的文辭，而是實在的怨言。現在郡縣一向被敗壞的政治所困擾，百姓也希望有一位好官，沒有一個不是出於至誠，平日也不至於有什麼事情，當到了那時候就誠心盼望他們長官的到來，這是他們的心情好像求解除倒懸一樣啊。天下的盼望湯王確實同盼望父母一樣，都願意在他的土地上耕作、都願意在他的道路上來往，沒有一個不是確實如此。至於志同道合的朋友來會聚從而歡樂，當講論道義而有志同道合的朋友來到，確實是真正值得歡樂的啊。

古籍今注新譯叢書

【哲學類】

新譯四書讀本　謝冰瑩等編譯
新譯學庸讀本　王澤應注譯
新譯孝經讀本　賴炎元等注譯
新譯易經讀本　郭建勳注譯
新譯乾坤經傳通釋　黃慶萱著
新譯禮記讀本　姜義華注譯
新譯儀禮讀本　顧寶田等注譯
新譯孔子家語　羊春秋注譯
新譯老子讀本　余培林注譯
新譯老子解義　吳　怡著
新譯莊子讀本　黃錦鋐注譯
新譯莊子讀本　張松輝注譯
新譯莊子本義　水渭松注譯
新譯莊子內篇解義　吳　怡著
新譯列子讀本　莊萬壽注譯
新譯管子讀本　湯孝純注譯
新譯墨子讀本　李生龍注譯
新譯公孫龍子　丁成泉注譯
新譯晏子春秋　陶梅生注譯
新譯鄧析子　徐忠良注譯
新譯荀子讀本　王忠林注譯
新譯尹文子　徐忠良注譯
新譯尸子讀本　水渭松注譯
新譯韓非子　傅武光等注譯
新譯呂氏春秋　朱永嘉等注譯
新譯韓詩外傳　孫立堯注譯
新譯淮南子　熊禮匯注譯
新譯春秋繁露　朱永嘉等注譯
新譯新書讀本　饒東原注譯
新譯新語讀本　王　毅注譯
新譯潛夫論　彭丙成注譯
新譯論衡讀本　蔡鎮楚注譯
新譯申鑒讀本　林家驪等注譯
新譯人物志　吳家駒注譯
新譯張載文選　張金泉注譯
新譯近思錄　張京華注譯
新譯傳習錄　李生龍注譯
新譯明夷待訪錄　李廣柏注譯

【文學類】

新譯詩經讀本　滕志賢注譯
新譯楚辭讀本　傅錫壬注譯
新譯文心雕龍　羅立乾注譯
新譯世說新語　劉正浩等注譯
新譯昭明文選　周啟成等注譯
新譯古文觀止　謝冰瑩等注譯
新譯古文辭類纂　黃　鈞等注譯
新譯樂府詩選　溫洪隆注譯
新譯古詩源　馮保善注譯
新譯千家詩　邱燮友等注譯
新譯詩品讀本　成　林等注譯
新譯花間集　朱恒夫注譯
新譯南唐詞　劉慶雲注譯
新譯唐詩三百首　邱燮友注譯
新譯宋詞三百首　汪　中注譯
新譯元曲三百首　賴橋本等注譯
新譯明詩三百首　趙伯陶注譯
新譯清詩三百首　王英志注譯
新譯唐人絕句選　卞孝萱等注譯
新譯唐才子傳　戴揚本注譯
新譯拾遺記　石　磊注譯
新譯搜神記　黃　鈞注譯
新譯唐傳奇選　束　忱等注譯
新譯宋傳奇小說選　束　忱注譯

新譯明傳奇小說選　陳美林等注譯
新譯容齋隨筆　朱永嘉等注譯
新譯明散文選　周明初注譯
新譯人間詞話　馬自毅注譯
新譯白香詞譜　劉慶雲注譯
新譯幽夢影　馮保善注譯
新譯菜根譚　吳家駒注譯
新譯郁離子　吳家駒注譯
新譯歷代寓言選　黃瑞雲注譯
新譯賈長沙集　林家驪注譯
新譯揚子雲集　葉幼明注譯
新譯曹子建集　曹海東注譯
新譯阮籍詩文集　林家驪注譯
新譯嵇中散集　崔富章注譯
新譯陸機詩文集　王德華注譯
新譯陶淵明集　溫洪隆注譯
新譯江淹集　羅立乾等注譯
新譯駱賓王文集　黃清泉注譯
新譯王維詩文集　陳鐵民注譯
新譯孟浩然詩集　楊　軍注譯
新譯李白詩全集　郁賢皓注譯
新譯杜甫詩選　張忠綱等注譯
新譯昌黎先生文集　周啟成等注譯
新譯柳宗元文選　卞孝萱等注譯
新譯白居易詩文選　陶　敏等注譯
新譯元稹詩文選　郭自虎注譯
新譯李賀詩集　彭國忠注譯
新譯杜牧詩文集　張松輝注譯
新譯李商隱詩選　朱恒夫等注譯
新譯范文正公選集　王興華等注譯
新譯蘇洵文選　羅立剛注譯
新譯蘇軾文選　滕志賢注譯
新譯蘇軾詞選　鄧子勉注譯
新譯蘇轍文選　朱　剛注譯
新譯曾鞏文選　高克勤注譯
新譯王安石文選　沈松勤注譯
新譯李清照集　姜漢椿等注譯
新譯陸游詩文選　韓立平注譯
新譯歸有光文選　鄔國平注譯
新譯薑齋文集　平慧善注譯
新譯顧亭林文集　劉九洲注譯
新譯聊齋誌異選　任篤行等注譯
新譯閱微草堂筆記　嚴文儒注譯

【歷史類】

新譯史記　韓兆琦注譯
新譯漢書　吳榮曾注譯
新譯後漢書　魏連科注譯
新譯三國志　吳樹平注譯
新譯資治通鑑　韓兆琦等注譯
新譯尚書讀本　吳　璵注譯
新譯尚書讀本　郭建勳注譯
新譯左傳讀本　郁賢皓等注譯
新譯公羊傳　雪　克注譯
新譯穀梁傳　顧寶田注譯
新譯春秋穀梁傳　周　何注譯
新譯戰國策　溫洪隆注譯
新譯國語讀本　易中天注譯
新譯說苑讀本　左松超注譯
新譯說苑讀本　羅少卿注譯
新譯新序讀本　葉幼明注譯
新譯吳越春秋　黃仁生注譯
新譯西京雜記　曹海東注譯
新譯列女傳　黃清泉注譯
新譯越絕書　劉建國注譯
新譯燕丹子　曹海東注譯
新譯東萊博議　李振興等注譯
新譯唐六典　朱永嘉等注譯
新譯唐摭言　姜漢椿注譯

宗教類

新譯金剛經	徐興無注譯
新譯高僧傳	朱恒夫等注譯
新譯碧巖集	吳　平注譯
新譯百喻經	顧寶田注譯
新譯楞嚴經	賴永海等注譯
新譯梵網經	王建光注譯
新譯六祖壇經	李中華注譯
新譯禪林寶訓	李中華注譯
新譯維摩詰經	陳引馳等注譯
新譯經律異相	顏洽茂注譯
新譯無量壽經	邱高興注譯
新譯妙法蓮華經	張松輝注譯
新譯景德傳燈錄	顧宏義注譯
新譯大乘起信論	韓廷傑注譯
新譯釋禪波羅蜜	蘇樹華注譯
新譯八識規矩頌	倪梁康注譯
新譯永嘉大師證道歌	蔣九愚注譯
新譯華嚴經入法界品	楊維中注譯
新譯地藏菩薩本願經	李承貴注譯
新譯悟真篇	劉國樑等注譯
新譯无能子	張松輝注譯
新譯坐忘論	張松輝注譯
新譯列仙傳	張金嶺注譯
新譯抱朴子	李中華注譯
新譯神仙傳	周啟成注譯
新譯性命圭旨	傅鳳英注譯
新譯老子想爾注	顧寶田等注譯
新譯周易參同契	劉國樑注譯
新譯道門觀心經	王　卡注譯
新譯養性延命錄	曾召南注譯
新譯樂育堂語錄	戈國龍注譯
新譯冲虛至德真經	張松輝注譯
新譯長春真人西遊記	顧寶田等注譯
新譯黃庭經・陰符經	劉連朋等注譯

軍事類

新譯司馬法	王雲路注譯
新譯尉繚子	張金泉注譯
新譯三略讀本	傅　傑注譯
新譯六韜讀本	鄔錫非注譯
新譯吳子讀本	王雲路注譯
新譯孫子讀本	吳仁傑注譯
新譯李衛公問對	鄔錫非注譯

教育類

新譯爾雅讀本	陳建初等注譯
新譯顏氏家訓	李振興等注譯
新譯曾文正公家書	湯孝純注譯
新譯三字經	黃沛榮注譯
新譯百家姓	馬自毅等注譯
新譯幼學瓊林	馬自毅注譯
新譯增廣賢文・千字文	馬自毅注譯
新譯格言聯璧	馬自毅注譯

政事類

新譯商君書	貝遠辰注譯
新譯鹽鐵論	盧烈紅注譯
新譯貞觀政要	許道勳注譯

地志類

新譯山海經	楊錫彭注譯
新譯水經注	陳橋驛等注譯
新譯佛國記	楊維中注譯
新譯大唐西域記	陳　飛等注譯
新譯洛陽伽藍記	劉九洲注譯
新譯徐霞客遊記	黃　珅注譯
新譯東京夢華錄	嚴文儒注譯

◎新譯學庸讀本

王澤應／注譯

《大學》和《中庸》是儒家心性之學的精華。《大學》的「三綱領」、「八條目」強調修己是治人的前提，說明個人道德修養和治國平天下的一致性。《中庸》彰顯的「中庸之道」、「慎獨」、「致誠工夫」等，則影響了中國一代又一代的讀書人。本書透過重新注譯，除了將正文翻譯成白話，幫助讀者理解掌握外，也試圖經由「研析」的單元，將這些老祖宗的智慧，賦予現代的意義。